Oldenbourgs Lehr- und Handbücher der Wirtschafts- und Sozialwissenschaften

Bisher erschienene Werke:

Altrogge, Investition, 4. A.
Bamberg · Baur, Statistik, 10. A.
von Böventer · Illing, Einführung in die Mikroökonomie, 9. A.
Bohnet, Finanzwissenschaft: Staatliche Verteilungspolitik
Bühner, Betriebswirtschaftliche Organisationslehre, 8. A.
Domschke, Logistik: Transport, 4. A.
Domschke, Logistik: Rundreisen und Touren, 4. A.
Domschke · Drexl, Logistik: Standorte, 4. A.
Frerich, Sozialpolitik, 3. A.
Gehrels, Außenwirtschaftstheorie, 2. A.
Hammer, Unternehmensplanung, 7. A.
Hanssmann, Einführung in die Systemforschung, 4. A.
Hanssmann, Quantitative Betriebswirtschaftslehre, 4. A.
Hauptmann, Mathematik für Betriebs- und Volkswirte, 3. A.
Holub · Schnabl, Input-Output-Rechnung: Input-Output-Analyse
Holub · Schnabl, Input-Output-Rechnung: Input-Output-Tabellen, 3. A.
Krug · Nourney · Schmidt, Wirtschafts- und Sozialstatistik, 4. A.
May, Ökonomie für Pädagogen, 7. A.
Meyer · Müller-Siebers · Ströbele, Wachstumstheorie, 2. A.
Oberhofer, Wahrscheinlichkeitstheorie, 3. A.
Oechsler, Personal und Arbeit – Einführung in die Personalwirtschaft unter Einbeziehung des Arbeitsrechts, 6. A.
Peters · Brühl · Stelling, Betriebswirtschaftslehre, 8. A.
Schertler, Unternehmensorganisation, 7. A.
Schneider, Allgemeine Betriebswirtschaftslehre, 3. A.

Unternehmens-organisation

Lehrbuch der Organisation und strategischen Unternehmensführung

Von
Universitätsprofessor
Dr. Walter Schertler

7., unwesentlich veränderte Auflage

R. Oldenbourg Verlag München Wien

Die Deutsche Bibliothek - CIP-Einheitsaufnahme

Schertler, Walter:
Unternehmensorganisation : Lehrbuch der Organisation und strategischen Unternehmensführung / von Walter Schertler. - 7., unwes. veränd. Aufl. – München ; Wien : Oldenbourg, 1998
ISBN 3-486-24810-3

Rosenheimer Straße 145, D-81671 München
Telefon: (089) 45051-0, Internet: http://www.oldenbourg.de

Gedruckt auf säure- und chlorfreiem Papier
Gesamtherstellung: R. Oldenbourg Graphische Betriebe GmbH, München

ISBN 3-486-24810-3

Für Loretta und Christoph Alexander

Vorwort

Besonders im Hinblick auf die Änderungsdynamik der Umweltfaktoren einer Unternehmung und der externen und internen Bedingungen, unter denen heute das Management einer Unternehmung langfristige Entscheidungen treffen muß, kommt dem Beitrag der Organisationslehre zur Lösung strategischer Probleme der Unternehmungsführung eine immer größer werdende Bedeutung zu.

Dieser instrumentelle Ansatz einer betriebswirtschaftlich orientierten Organisationslehre äußert sich in der Konzeption einer „Strategischen Unternehmungsorganisation“:

Organisation wird als Führungsaufgabe und -instrument verstanden, um die strukturellen Voraussetzungen einer effizienten Unternehmensführung zu schaffen. Maßstab für eine solche Effizienz soll der langfristige Erfolg einer Unternehmung sein, der nur dann erreicht werden kann, wenn es dem Management gelingt, die relativen Stärken der Unternehmung gegenüber den Konkurrenten wirken zu lassen.

Wettbewerb bedeutet, Dynamik, Veränderung und Innovation als permanente Entscheidungsgrößen der Unternehmungsführung zu berücksichtigen. Der strategische Ansatz der Unternehmungsführung wird als methodisches Denkraster diesem aktuellen Bedingungsrahmen gerecht. Er bildet deshalb auch die Basis für die Beantwortung der Fragen nach dem Beitrag der Unternehmungsorganisation zur Lösung solcher komplexer, einer dynamischen Entwicklung unterworfener Probleme der Unternehmungsführung.

Bestehende Strukturen und Prozesse wirken sich auf die Entwicklung und Formulierung von Unternehmungsstrategien sowie auf deren Durchsetzung je nach tatsächlicher Ausprägung fördernd oder hemmend aus; die getroffenen strategischen Entscheidungen wiederum haben umfangreiche Auswirkungen auf Prozesse und Strukturen für die zukünftige Funktions- und Zweckerfüllung der Unternehmung.

Organisation und Strategie werden in diesem Wechselspiel zu sich gegenseitig bedingenden Faktoren. Nicht die Frage „Zuerst Strategie – dann Struktur?“, sondern die Frage nach dem Problemzusammenhang „Strategie **und** Organisation“ muß einer Lösung zugeführt werden.

Der Beitrag der Organisation konzentriert sich dann auf

* die Analyse der organisatorischen Voraussetzung für den Prozeß der strategischen Unternehmungsführung,
* die Analyse der organisatorischen Konsequenzen des Prozesses der strategischen Unternehmungsführung und

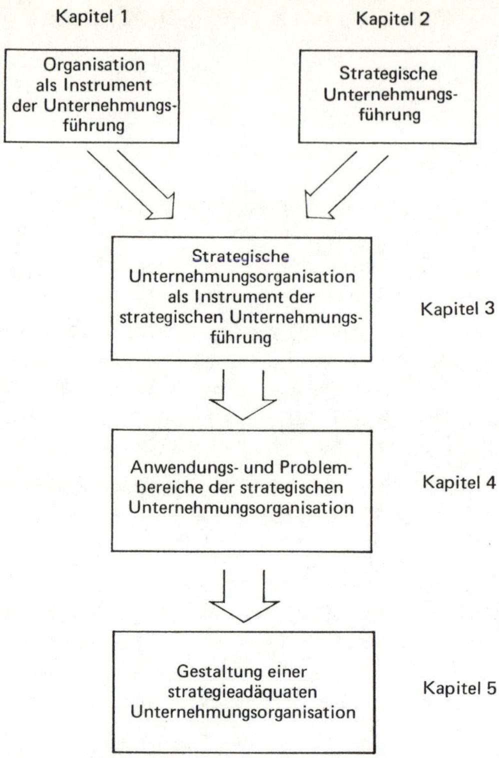

Abb 1: Konzeptioneller Aufbau des Buches

* die Analyse der Zusammenhänge mit Problemen der Organisations- und Unternehmungsentwicklung.

Das vorliegende Buch soll somit **Studenten** der Sozial- und Wirtschaftswissenschaften ermöglichen,

• problemsensibel für die organisatorischen Fragen der strategischen Unternehmungsführung zu werden,

• den Beitrag der Unternehmungsorganisation zur Lösung strategischer Probleme der Unternehmungsführung zu erkennen und

• ein anwendungsorientiertes Verständnis der strategischen Unternehmungsorganisation zu entwickeln.

Neben dieser Zielgruppe soll das vorliegende Buch auch all jene Personen aus der betrieblichen Praxis (Geschäftsleitung, Stabsstellen, Zentralbereiche, Generalsekretariate, Projektgruppen etc.) ansprechen, in deren Verantwortungsbereich die Beschäftigung mit Problemen der strategischen Unternehmungsführung liegt.

Dieses Buch soll Vertretern der betrieblichen **Managementpraxis** dazu dienen,

• einen Überblick über die Organisationsproblematik bei strategischen Planungsprozessen zu gewinnen,

- eine Orientierungshilfe bei der eigenen Bearbeitung strategischer Probleme der Unternehmungsführung verfügbar zu haben und
- bei der innerbetrieblichen Ausbildung von Führungskräften als anwendungsnahes Buch zur gesamten strategischen Unternehmungsführung Verwendung zu finden.

Die Konzeption des Buches orientiert sich an den bekannten Grundsätzen der modernen Hochschuldidaktik. Zur Verbesserung der Transparenz bei der Wissensvermittlung und zur Klärung der Erwartungen hinsichtlich Problemverständnis und vermitteltem Inhalt wird jedes Kapitel durch Ziele eingeleitet, durch eine Struktur des Inhaltes visualisiert und durch Hinweise auf weiterführende Literatur für ein vertiefendes Studium der einzelnen Kapitel abgeschlossen.

Um dem engen Problemzusammenhang zwischen der Unternehmungsplanung als inhaltlich-gestaltendes und der Unternehmungsorganisation als strukturell-gestaltendes Führungsinstrumentarium Rechnung zu tragen, entstand parallel zu diesem Buch das ebenfalls im Oldenbourg Verlag erschienene Lehrbuch „Unternehmungsplanung" von *R. Hammer.*

Mit diesen beiden Büchern soll die Schnittstelle der Bereiche Unternehmungsplanung und -organisation als Problembereiche der Unternehmungsführung abgedeckt sowie in ihrer strategisch relevanten Dimension erfaßt und erweitert werden.

Auch soll damit der Notwendigkeit Ausdruck verliehen werden, Probleme der strategischen Unternehmungsplanung und -organisation nicht isoliert, sondern als interdependente Probleme der strategischen Unternehmungsführung zu verstehen.

Abschließend möchte ich es nicht versäumen, meinem verehrten akademischen Lehrer und Institutsvorstand Univ. Prof. Dipl.-Ing. Dr. Hans H. Hinterhuber für die wertvollen fachlichen Hinweise, Diskussionen und sein großzügiges Entgegenkommen herzlich zu danken.

Danken möchte ich auch allen, die mir mit Rat und Tat zur Seite gestanden und mir geholfen haben, diese Arbeit fertigzustellen: Univ.-Prof. Dr. Richard Hammer, Univ.-Prof. Dipl.-Ing. Dr. Heinz Hübner, Dr. Michael Haidinger, Dr. Elmar Wiederin und meinem Bruder Markus Schertler. Herrn Weigert vom Verlag Oldenbourg sei für seine Mühen und für die sorgfältige Drucklegung bestens gedankt. Mein größter Dank gilt jedoch meiner lieben Frau Loretta, die mit viel Charme und großem Verständnis meine Arbeit begleitet hat.

Walter Schertler

Inhaltsverzeichnis

Kapitel 1: Organisation als Instrument der Unternehmungsführung

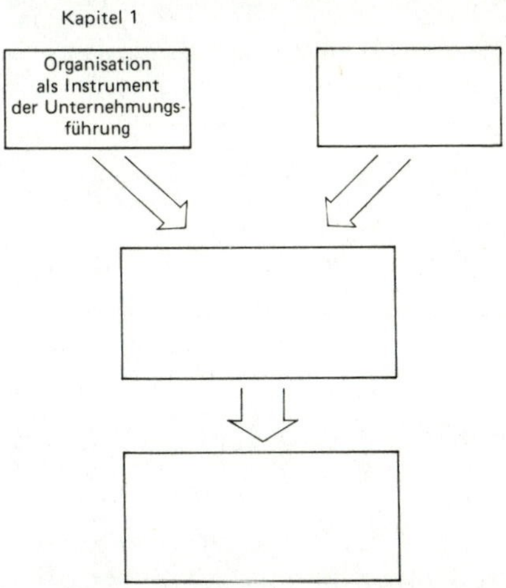

Problemstruktur und Zielsetzung

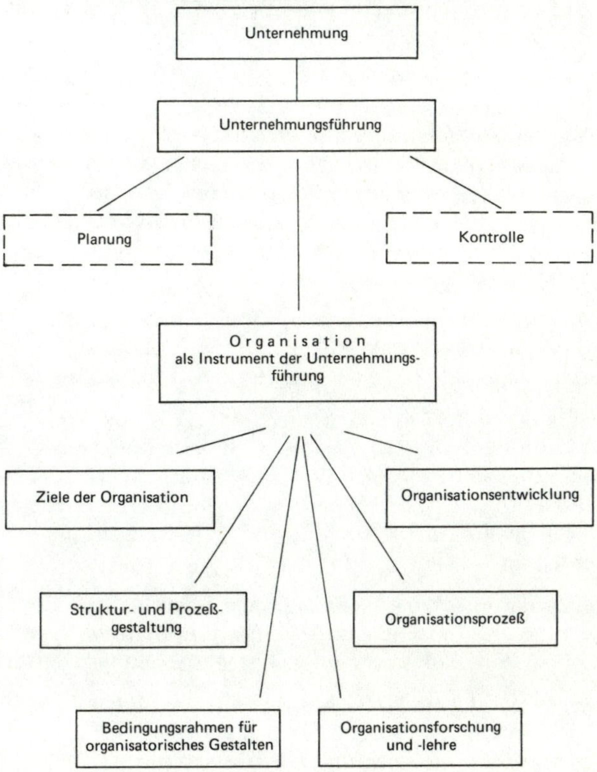

Mit Kapitel 1 werden die folgenden Ziele angestrebt:

- Unternehmungsorganisation als einen der wichtigsten Aufgabenbereiche der Unternehmungsführung neben Planung und Kontrolle erkennen
- Unternehmungsorganisation als Instrument der Unternehmungsführung zur Ziel- und Zweckerfüllung der Unternehmung verstehen
- Organisation als Problem erkennen, wie organisatorische Instrumente unter Berücksichtigung von Bedingungen zur Erreichung organisatorischer Ziele eingesetzt werden können
- ausgewählte Ansätze der Organisationslehre beschreiben
- einen Überblick über praktische Organisationshilfsmittel und -techniken zur Formalisierung der Aufbau- und Ablauforganisation gewinnen.

1. Unternehmung und Unternehmungsführung

In der wirtschaftswissenschaftlichen Literatur finden sich nicht nur sehr unterschiedliche Ansätze, den Unternehmungsbegriff zu definieren, auch die Bezeichnung für dieses „Objekt" ist nicht einheitlich geregelt, so daß neben „Unternehmung" noch andere Bezeichnungen wie „Betrieb", „Einzelwirtschaft" oder „Betriebswirtschaft" Verwendung finden.

Akzeptiert man die These, daß die Unternehmung als reales Gebilde ein äußerst komplexes System ist, so stellt *Ulrich* fest, daß eine Definition in Form eines einzigen Satzes diese vielfältige Wirklichkeit nie darstellen kann. „Dies bedeutet praktisch, daß wir die Unternehmung so definieren müssen, wie es unser jeweils gerade zur Diskussion stehendes Problem erfordert; wir heben dann jeweils das uns gerade Interessierende an diesen Gebilden heraus und lassen andere Dinge, die in einem spezifischen Denkzusammenhang nicht interessieren, eben als „Unwesentlichkeiten" weg" (Ulrich, 1970, S. 154).

Ulrich grenzt die Unternehmung als produktives, soziales System gegenüber anderen Gebilden ab und charakterisiert die Unternehmung anhand der folgenden allgemeinen Merkmale (vgl. Ulrich, 1970, S. 155ff.):

- **Die Unternehmung besteht aus Menschen und „Dingen"** (Anlagen, Materialien, Geld, Energie, Informationen). Der Mensch bringt in seine Arbeitssituation in der Unternehmung seine eigenen Wertvorstellungen, Absichten und Ziele ein. Er stellt selbst ein komplexes System mit hoher Verhaltensvarietät und somit vielseitigen Einsatzmöglichkeiten dar und gehört ebenfalls noch anderen sozialen Systemen an.
- **Die Unternehmung weist eine Ordnung, eine Struktur auf,** die als Beziehungs- und Prozeßstruktur Menschen und Dinge miteinander verbindet und nicht von Natur aus besteht, sondern zuerst von Menschen geschaffen werden muß.
- **Die Unternehmung ist kein statisches, sondern ein dynamisches, „offenes" Gebilde,** d.h. sie steht in dauernder Austauschbeziehung zu ihrer Umwelt und stellt einen Komplex von vielzähligen Prozessen dar.

* **Die Unternehmung ist zweck- und zielgerichtet.** Sie füllt gegenüber ihrer Umwelt verschiedene Funktionen aus und formuliert als relativ autonomes Gebilde Zielsetzungen für ihr eigenes, produktives Handeln.
* **Die Unternehmung ist ein soziales Gebilde,** dem seitens der Gesellschaft ganz bestimmte Funktionen zugesprochen werden und das selbst eine Gruppierung von Menschen darstellt, die in zwischenmenschlichen Beziehungen und Interaktionen Werte und Bedürfnisse auch in der Unternehmung realisieren.

Diese Merkmale des unternehmungsspezifischen Wesens zeigen auch deutlich die Komplexität der in einem solchen System ablaufenden Problemlösungsprozesse auf, die seitens der Unternehmungsmitglieder einer Lösung zugeführt werden müssen, wobei je nach Art der Problemlösungsprozesse (innovative/repetitive) unterschiedliche Aufgabenstellungen und Funktionen auftreten.

Die **hierarchische Differenzierung** und das **Prinzip arbeitsteiliger Gestaltung** von Problemlösungsprozessen haben zur Trennung von **Führungsaufgaben** im Sinne von Entscheidungsaufgaben im Unterschied zu **Ausführungsaufgaben** im Sinne von operativen Aufgaben geführt.

„Bei der Identifizierung der Führung werden in der Literatur in der Regel der **sachliche** und der **humane** Aspekt in unterschiedlicher Weise berücksichtigt. Dabei betonen die **betriebswirtschaftlich** orientierten Autoren vorrangig die sachlichen Aspekte der Zielsetzung und Aufgabenorientierung, während die **sozialpsychologisch/soziologisch** orientierten Verfasser in erster Linie die humanen Aspekte der sozialen Beeinflussung und Sozialintegration herausstellen" (Bleicher/Mayer, 1976, S. 34).

Geht man von einem Unternehmungsverständnis aus, das die Unternehmung in ihrem Verhalten gemäß den oben beschriebenen Merkmalen sieht, so bezieht sich der Problembereich der **Unternehmungsführung**

a) **auf die Gesamtheit aller Bestimmungshandlungen, die das Verhalten der Unternehmung in der Zukunft festlegen** (funktionaler Begriff der Unternehmungsführung),

b) **auf die obersten Führungsinstanzen einer Unternehmung** (institutioneller Begriff der Unternehmungsführung)

c) **auf die Prozesse der Verhaltensbestimmung** (prozeßorientierter Begriff der Unternehmungsführung).

1.1 Unternehmungsführung als Aufgabe

Dem funktionalen Begriffsinhalt der Unternehmungsführung kommt besondere Bedeutung zu, da bestimmte Probleme der Unternehmungsführung weniger durch ein „Instanzendenken", sondern vielmehr durch ein „Aufgabendenken" einer Lösung zugeführt werden müssen.

Eine exakte Bestimmung der Unternehmungsführungsfunktionen ist erst dann sinnvoll, wenn der Bezugsrahmen für die Realisierung dieser Funktionen abgegrenzt ist. Der Aufgabenbereich der Unternehmungsführung umfaßt sämtliche betriebsmittel- und marktleistungsorientierte Funktionsbereiche, die sich mit der Betriebsmittelbeschaffung und -verwaltung bzw. mit der Marktleistungsentwicklung, -erstellung und -verwertung befassen; m.a.W. umfaßt der **Führungsbereich**

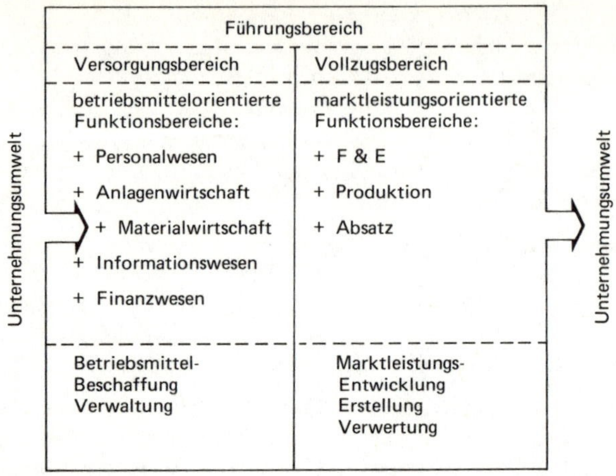

Abb. 1.1 Unternehmungsbereiche (vgl. Ulrich, 1970)

einer Unternehmung sowohl den **Versorgungs-** als auch **Vollzugsbereich** einer Unternehmung (vgl. Ulrich, 1970, S. 297).

Führung in funktionalem Sinn gründet auf der Überlegung, daß Entscheidungen der Unternehmungsführung die Erfüllung ganz bestimmter **Führungsaufgaben** notwendig macht. Zur Erfassung und Beschreibung dieser Führungsaufgaben werden in der Literatur unterschiedliche Funktionskataloge der Führung herangezogen.

Neuberger (1977, S. 83) leitet das Verständnis der Funktionsrolle aus der Realisierung folgender **Führungsfunktionen** ab:

„1. Allgemeine formale Vorgaben mit Inhalten ausfüllen
2. Konkrete Vorkommnisse in allgemeine Schemata einordnen
3. In Bewegung setzen und halten (aktivieren, motivieren, beeinflussen, initiieren)
4. Verbindung herstellen und halten (koordinieren, informieren, den Zusammenhalt der Gruppe sichern, emotionaler Bezugspunkt sein)
5. Repräsentieren (z. B. Außendarstellung, Symbolisierung, Vertretung)"

Ulrich subsumiert unter den Begriff **Gesamtführung** die Aufgabenbereiche:

„Zielbestimmung:
1. Bestimmung des allgemeinen Zielsystems der Unternehmung
2. Koordination der Bereichsziele

Systemgestaltung:
1. Bestimmung des zur Zielerreichung notwendigen Leistungspotentials
2. Bestimmung der grundsätzlichen Unternehmungsstruktur

Prozeßabwicklung:
1. Bestimmung von allgemeinen Verhaltensnormen (Grundsätze, „Policies" i. e. S.) zur Zielerreichung
2. Einleitung der wichtigsten Führungsprozesse, insbesondere zur Verwirklichung von Neuerungen
3. Treffen von Einzelentscheidungen von großer Tragweite

4. Überwachung des Unternehmungsgeschehens in den großen Linien und Wertung der erzielten Ergebnisse" (Ulrich, 1970, S. 324)

Hinterhuber hebt spezifisch drei **Dimensionen** hervor, die das Wesen und die Weite **der Führung einer Unternehmung** ausmachen:

„1. Strategieformulierung und -durchführung
2. die In-Gang- und Zusammenhaltung der betrieblichen Prozessse in allen Teilbereichen und
3. die Leistung eines Beitrages zur gesellschaftlichen Entwicklung" (Hinterhuber, 1980, S. 290)

Trotz unterschiedlicher Ansätze lassen sich einige **gemeinsame Elemente der Führungsaufgaben** als Funktionen der Unternehmungsführung definieren:

Planen:

Darunter wird die Tätigkeit verstanden, durch systematisches Vorausbestimmen das zukünftige Verhalten, die zukünftige Stoßrichtung der Unternehmung inhaltlich und strukturell im vorhinein so festzulegen, daß die Nutzung von Erfolgspotentialen von Anfang an gewährleistet ist. Das Ergebnis liegt in Form von Strategien, operativen Plänen, Standards, Richtlinien u.a. vor. Das Zielsystem für die Unternehmung als Ganzes, aber auch für Teilbereiche des Unternehmungsgeschehens wird in Form von anzustrebenden **Soll-Größen** festgelegt.

Planung steht im Mittelpunkt eines **konzeptiven Gestaltens** und folgt dem iterativ angeordneten Prozeß der Ziel-Mittel-Verfahrensbestimmung in zeitlich differenzierten Planungshorizonten.

Organisieren:

Durch diese Aktivität werden Aufgaben, Kompetenzen und Verantwortungsbereiche verschiedenen Aufgabenträgern zugeordnet sowie deren Beziehungsgefüge untereinander festgelegt, damit sowohl von der Struktur (Aufbauorganisation) als auch vom Prozeß der Aufgabenerfüllung (Ablauforganisation) her der Unternehmungszweck und die Unternehmungsziele erreicht werden können.

In-Gang-Setzen:

Zielvorstellungen, Konzepte u.a. müssen in konkrete Maßnahmen und Ergebnisse umgesetzt werden. Dieser Führungsaufgabe obliegt es, für die Initiierung von Prozessen (z.B. Änderungsprozessen), für die konsequente Weiterverfolgung von Prozessen (z.B. Projektorganisation), für die permanente Innovation in der Unternehmung zu sorgen.

Kontrollieren:

Werden vorliegende Ergebnisse (Ist-Ergebnisse) mit den ihnen zugrundeliegenden Zielvorstellungen (Soll-Größen) verglichen, können Abweichungen festgestellt und auf ihre Ursachen (z.B. Fehlentscheidungen) hin analysiert werden. Kontrollieren bedeutet demnach Soll-Ist-Vergleiche durchführen, Fehlerquellen und Abweichungen von den Zielgrößen feststellen und entsprechende Korrekturmaßnahmen setzen.

Repräsentieren:

Ziele, Entscheidungen und Ergebnisse müssen gegenüber anderen Systemen (z.B. Abteilungen, Lieferanten, Kunden, Öffentlichkeit) in und außerhalb der

Unternehmung vertreten werden. Die Interaktion mit anderen Systemen bzw. deren Vertretern und das Eingehen von Koalitionen setzt die Realisierung der Repräsentationsfunktion voraus.

1.2 Unternehmungsführung als Institution

Bedeutsam ist, daß die Führungsaufgaben, wie sie oben kurz beschrieben wurden, im Problemlösungsprozeß als **Führungsentscheidungen** im Sinne von *Gutenberg* verstanden werden, der sie als Entscheidungen kennzeichnet, die von Führungsorganen der Unternehmung getroffen werden „und die durch ihre Relevanz für den Unternehmungsbestand, ihren Bezug auf die gesamte Unternehmung und ihre Nicht-Delegierbarkeit charakterisiert sind" (Gutenberg, 1966, S. 132).

Die funktionale Betrachtung der Aufgaben der Unternehmungsführung muß somit um den **institutionalen** Begriffsaspekt der Unternehmungsführung ergänzt werden, wenn wir mit *Hahn* (1974) und *Hinterhuber* (1980) die Aufgaben der Unternehmungsführung als *Hauptaufgaben der Führungsspitze* verstehen.

Die Führungsfunktionen Planen, Organisieren, In-Gang-Setzen, Kontrollieren und Repräsentieren der Führungspitze unterscheiden sich nach Merkmal und Gegenstand von denen unterer Führungsebenen (vgl. Abb. 1.2).

1.3 Unternehmungsführung als Prozeß

Das prozeßorientierte Verständnis der Unternehmungsführung verlagert die verschiedenen Funktionen der Unternehmungsführung von einer statischen auf

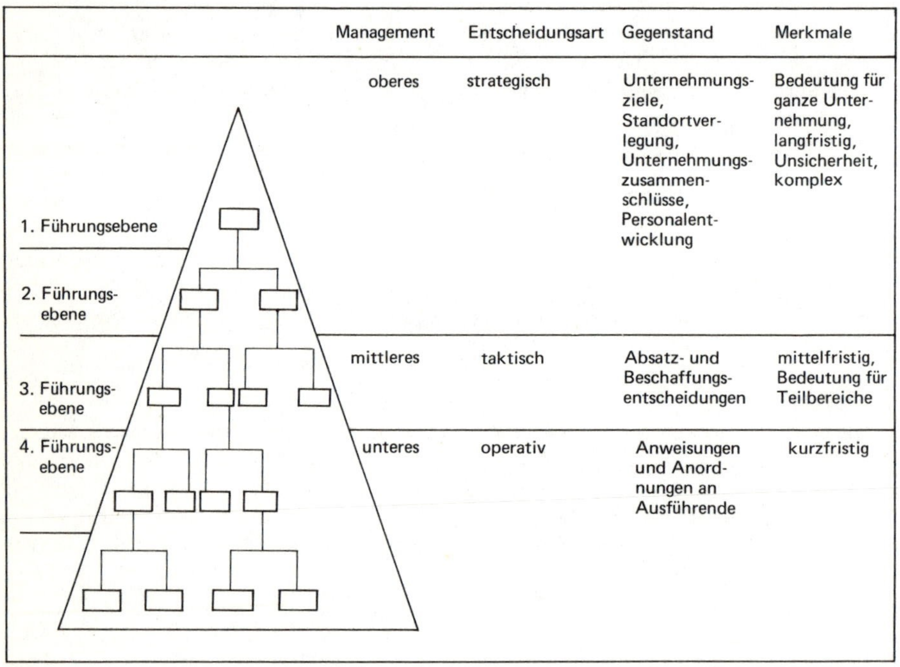

Abb. 1.2 Unternehmungshierarchie und Entscheidungsarten

eine **dynamische Betrachtungsebene.** Nicht Zustände oder Ergebnisse, sondern die **Entwicklung von Aktivitäten** interessieren. Unternehmungsführung als Prozeß fragt nach der Entstehung und Durchsetzung von Entscheidungen, die von der Institution „Unternehmungsführung" getroffen werden, und zerlegt die nacheinandergekoppelten Problemlösungsaktivitäten in einzelne Prozeßstufen, -phasen oder -schritte, die sich aufgrund ihrer logischen Abhängigkeit oft gegenseitig bedingen (originäre/derivative Prozesse).

Man kann auch sagen, daß die Entscheide, welche in den meisten Prozessen gefällt werden sollen, in ihrem Inhalt bereits durch vorhergegangene Entscheide höherer Stufe teilweise vorbestimmt worden sind. Originäre Prozesse der Willensbildung, welche am Anfang des Unternehmungsgeschehens stehen, sind deshalb lediglich diejenigen der allgemeinsten Ziel- und Verhaltensbestimmung für die Unternehmung als Ganzheit; alle folgenden Prozesse sind bereits durch diese Grundentscheide präjudiziert und können als „derivative Prozesse" aufgefaßt werden" (Ulrich, 1970, S. 205).

Damit wird auf die **hierarchische Verknüpfung von Problemlösungs- und Entscheidungsprozessen** hingewiesen, die je nach Hierarchieebene unterschiedliche Inhalte diesen Prozessen zuordnet.

Wie oben erwähnt, hat die Führungsspitze einer Unternehmung vor allem die zukünftige Ausrichtung der gesamten Handlungsvorgänge in der Unternehmung durch Unternehmungsziele und Unternehmungsstrategien zu bestimmen. Daraus folgt, daß besonders strategische Problemstellungen als Gegenstand von Problemlösungs- und Entscheidungsprozessen der Unternehmungsführung Berücksichtigung finden müssen. Diese Prozesse müssen den nachstehenden Anforderungen genügen (vgl. Bircher, 1976, S. 75 f.):

* **Strukturiertheit:**
  Da es sich um komplexe Prozesse der Problemlösung und der Varietätsbewältigung von Entscheidungsgrößen (-parameter) handelt, wird erst durch Strukturieren (d.h. Auflösen eines komplexen Problembereiches in überschaubare Teilprobleme) die Vielfalt der Einflußfaktoren transparent.
* **Flexibilität und Lernfähigkeit:**
  Die Prozesse müssen sich (neuen) konkreten Situationen anpassen können und so gestaltet sein, daß sie zwar auch bei schlechter Informationslage zu einem Ergebnis führen, aber in sich über Mechanismen verfügen, die diese Informationslage ergänzen, den Output kritisch überprüfen und die Prozeßabwicklung aufgrund der gemachten Erfahrung nachhaltig verbessern.
* **Organisationsbezogenheit:**
  Die Prozesse dürfen nicht nur funktional gemäß der Sachlogik ausgelegt sein, sondern müssen den spezifischen organisatorischen Gegebenheiten entsprechen und auch institutional gestaltet werden.
* **Einfachheit und Wirtschaftlichkeit:**
  Zu vielschichtige, komplizierte Problemlösungs- und Entscheidungsprozesse stoßen bei den Unternehmungsmitgliedern auf Ablehnung. Durch Aus- und Weiterbildung können Entscheidungsfähigkeit und -bereitschaft (z.B. Motivation) erhöht werden. Die Wirtschaftlichkeit hat dort ihre Grenzen, wo die zu erzielenden Ergebnisse den Kapazitätsaufwand nicht mehr rechtfertigen.

2. Begriff und Aufgaben der Organisation als Instrument der Unternehmungsführung

Unter dem Begriff „Organisation“ können grundsätzlich **mehrere Begriffsinhalte** subsumiert werden. So kann unter Organisation beispielsweise eine Institution (z. B. Organisation der Vereinten Nationen) oder ein System von Handlungsvorschriften und Regelungen (z. B. Organisationsrichtlinien) oder die Aktivität des Organisierens (z. B. Organisation der Informationsverarbeitung) in einem System verstanden und je nach beobachtetem Objektbereich ein anderes Organisationsverständnis entwickelt werden:

- Die Unternehmung **ist** eine Organisation, d. h. ein zielgerichtetes, produktives soziales System.
- Die Unternehmung **hat** eine Organisation, d. h. ein System von Regelungen und Handlungsvorschriften.
- Die Unternehmung **wird** organisiert, d. h. Aufgabeninhalte und Aktivitäten werden geordnet.

Der Begriff **Unternehmungsorganisation** bildet ein spezifisch auf den erwerbswirtschaftlichen Betrieb (Unternehmung) ausgerichtetes Integral des Organisationsbegriffes, indem er Beziehungen zu allen drei Begriffsinhalten aufnimmt.

Bezogen auf den Problembereich der Unternehmungsführung ordnen wir dem Begriff „Unternehmungsorganisation“ einen rein **instrumentellen** Charakter zu:

Gefragt wird nach dem Beitrag, den die Organisationslehre zur Lösung struktureller Probleme der Unternehmungsführung leisten kann. Unter *„Unternehmungsorganisation“* versteht man dann die Summe der Gestaltungsmaßnahmen zur Schaffung einer die Erreichung der Unternehmungsziele fördernden *Gebilde- und Prozeßstruktur (Aufbau- und Ablauforganisation)* (vgl. Grochla, 1972, S. 13, Hill et al., 1981, S. 17 ff., Kieser/Kubicek, 1977, S. 1 ff.)

Die Hauptaufgaben der Unternehmungsorganisation konzentrieren sich auf:

- das *Schaffen* einer der Unternehmung angepaßten *Struktur* zur Bewältigung sowohl repetitiver als auch innovativ anfallender Arbeitsinhalte und -prozesse
- das *Fixieren* organisatorischer *Ziele und Normen*, nach denen Organisationsentscheidungen im Unternehmen getroffen werden
- die *Planung* der organisatorischen *Entwicklung* der Unternehmung in der Zukunft
- die *Bereitstellung* und den *Einsatz* von *Methoden* und *Techniken* zur Analyse der organisatorischen Stärken und Schwächen der Unternehmung
- die *Kontrolle der Effizienz* getroffener Organisationsentscheidungen und deren *Akzeptanz* durch die Organisationsmitglieder.

Die wichtigsten **Voraussetzungen** für eine effiziente Realisierung dieser Aufgaben sind:

- ein *Organisationsverständnis seitens der Unternehmungsleitung*, welches die Unternehmungsorganisation eindeutig als Führungsaufgabe festlegt und deren Unterstützung sichert

* die *klare Zuordnung* der Kompetenz- und Verantwortungsbereiche an die Unternehmungsmitglieder bezüglich der Analyse, Entscheidung, Durchsetzung und Kontrolle organisatorischer Problemstellungen
* die Formulierung von *Leistungsstandards für die Unternehmungsorganisation*, um eine Kontrolle der Aufgabenerfüllung zu ermöglichen
* ein gegenüber organisatorischen Änderungen *offenes Betriebsklima*.

3. Ziele der Organisation

Die Notwendigkeit, Ziele auch für organisatorische Gestaltungsmaßnahmen zu setzen, ergibt sich aufgrund des instrumentellen Verständnisses der Unternehmungsorganisation: Der Beitrag, den die Unternehmungsorganisation zur Lösung von Problemen der Unternehmungsführung leistet, muß bestimmt werden, will man überhaupt vom Nutzen organisatorischer Handlungen sprechen.

Ziele sind somit ein *Maßstab* für die Aufgabenerfüllung, mit dessen Hilfe der *Problemlösungsbeitrag* der Unternehmungsorganisation bewertet werden kann (vgl. diesen Abschnitt 3. mit Hill et al., 1981, S. 141 ff.)

Damit Ziele als klarer Maßstab zur Bewertung herangezogen werden können, müssen sie operational und konsistent sein. Die *Operationalität* organisatorischer Ziele ist dann gegeben, wenn sie realisiert und die Zielrichtung kontrolliert werden können. Voraussetzung dafür ist eine genaue Bezeichnung des Zielinhaltes und der Bemessungsgrundlagen, zeitlicher und räumlicher Werte sowie die Anpassung an die Fähigkeitsprofile der Handlungsträger.

Die *Konsistenz* von Zielen ist gewährleistet, wenn sich die Ziele sowohl vertikal (Mittel/Zweck-Beziehung) als auch horizontal (Komplementaritäts-/Indifferenz-/Konkurrenzbeziehungen) ordnen lassen.

Ziele (z. B. Unternehmungsziele) werden nicht einfach von außen in das System eingesetzt, sondern sind *Ergebnis eines Zielbildungsprozesses*, der von den *Teilnehmern* (Koalitionspartner der Unternehmung) an diesbezüglichen Willensbildungs- und Entscheidungsprozessen getragen wird und grundsätzlich eine *Verteilungsproblematik* von Interessen, Machtpositionen, Ansprüchen und Leistungen sowie Ressourcen beinhaltet.

Die Unternehmungsorganisation als Instrument der Unternehmungsführung verfolgt als oberste Zielsetzung (Metaziel) die *Kontinuität* der Erfüllung des Unternehmungszwecks (Erhaltung, Überleben der Unternehmung). Bei der Realisierung dieser Zielsetzung kann der Beitrag der Unternehmungsorganisation aber nur schwer, wenn überhaupt eindeutig und kausal festgestellt werden, denn die Erreichung von unternehmungspolitischen Zielsetzungen hängt nicht nur von organisatorischen Maßnahmen ab.

Eine Vielzahl von Zielbildungskriterien beeinflußt ja die Gestaltung und Ausprägung von Systemzielen. Deshalb werden unter die folgenden Organisationsziele nur jene subsumiert, die als „*Formalziele*" für die Organisation jedes Systems als Bewertungs- und Kontrollkriterium herangezogen werden können und sich sowohl auf den Vollzug von Aufgaben (repetitive und innovative) im System Unternehmung *(instrumentell rationale Ziele der Organisation)* als auch auf die Befriedigung von Bedürfnissen der Organisationsmitglieder *(sozio-emotio-*

nale Ziele der Organisation) beziehen. Bei beiden Arten von Formalzielen muß immer nach der *Notwendigkeit flexibler* oder *stabiler* Verhaltensmuster der Organisationsmitglieder gefragt werden.

Im einzelnen versteht man unter Organisationszielen den Beitrag organisatorischer Maßnahmen zur

(1) Erhöhung der Produktivität:

Teilziele sind z. B.
- Vermeidung von Doppelspurigkeiten in der Aufgabenerfüllung
- Vermeidung von Leerkapazitäten und Engpässen
- klare Abgrenzung von Aufgaben- und Kompetenzbereichen der Organisationsmitglieder
- Routinisierung von Arbeits- und Informationsprozessen
- Vermeidung von Spannungen und Konflikten zwischen den Organisationsmitgliedern
- Fixierung der Verhaltenserwartungen der Mitarbeiter

(2) Erhöhung der Flexibilität und Anpassungsfähigkeit:

Teilziele sind z. B.:
- Erhöhung der Innovationsfähigkeit
- Unterstützung kreativer Prozesse durch bestimmte Arbeitstechniken und Arbeitshilfsmittel
- Erfassung von Änderungspotentialen, die einer organisatorischen Lösung bedürfen (z. B. Bereich der betrieblichen Aus- und Weiterbildung, Produktentwicklung)
- Informationsbeschaffung (Datenzugriff) und schnelle Weitergabe (z. B. Berichtswesen, Planungssysteme)

(3) Erhöhung der Sicherheit der Organisationsmitglieder: durch Abschirmung der Arbeitssituation vor Ungewißheit und durch Spezifikation der Rollen der Organisationsmitglieder

Teilziele sind z. B.
- Abgrenzung der Verhaltenserwartungen (z. B. durch klare Aufgabenteilung) der Organisationsmitglieder
- klare Bestimmung von Kontrollmaßnahmen (Zeitpunkt, Häufigkeit)
- Aufbau von Vertrauensverhältnissen
- Transparenz über Bewertungskriterien bei der Leistungsbeurteilung

(4) Erhöhung des Reifegrades der Organisationsmitglieder: durch Schaffen der organisatorischen Voraussetzungen zur Selbstentfaltung des Individuums in seiner Arbeitssituation.

Teilziele sind z. B.
- konsequente Realisierung des Delegationsprinzips
- Erfassung von Aus- und Weiterbildungspotentialen
- Schaffen von (Entscheidungs-) Freiheitsräumen in der Arbeitssituation
- „Ergebniskontrolle statt Fortschrittskontrolle!"

Wichtig bei diesen hier nur kurz beschriebenen Organisationszielen ist *die Frage nach* der oben erwähnten *Konsistenz* dieser Ziele. Gerade bei den sozioemotionalen Organisationszielen liegt zwischen den Zielen der Erhöhung der Sicherheit und der Erhöhung des Reifegrades der Organisationsmitglieder eine

Konkurrenzbeziehung vor. So kann z. B. durch zunehmende Strukturierung der Aufgaben die Sicherheit der Arbeitssituation erhöht werden. Gleichzeitig aber wird der Ermessensspielraum bzw. Freiheitsraum eigener Entscheidungen reduziert. Dieses Dilemma kann nur über die Einführung zusätzlicher Präferenzkriterien gelöst werden, indem über eine *Gewichtung der Ziele* die notwendige Konsistenz erreicht wird (vgl. Heinen, 1966).

4. Organisation als formales Problem

Der Gestaltungsprozeß resultiert aus der Notwendigkeit, die Verhaltenserwartungen und Arbeitsprozesse der Systemmitglieder zu ordnen. Diese Ordnungsakte bzw. -entscheidungen der Unternehmungsleitung oder von ihr dazu ermächtigter Personen sind Ausdruck des zur „Einübung" der Unternehmungsziele gewollten und erwarteten Verhaltens der Unternehmungsmitglieder. In diesem Zusammenhang wird auch von formalen bzw. formalisierten Verhaltenserwartungen gesprochen und diese gegenüber den informalen Sozialordnungen bzw. „anderen" Erwartungen abgegrenzt (vgl. Luhmann, 1976, S. 29 und S. 285).

Formale Verhaltenserwartungen lassen sich durch die nachstehenden *Merkmale* charakterisieren (vgl. Hill et al., 1981, S. 25):

- *aktiv* gesetzt
- im Hinblick auf die Erreichung bestimmter *Ziele* gestaltet
- *unpersönlich*, d. h. unabhängig von bestimmten Individuen gültig
- meist *schriftlich* fixiert
- durch die *Systemleitung als gültig* erklärt
- ihre *Anerkennung* ist die grundlegende *Mitgliedschaftsbedingung* des Systems

Gegenstand der formalisierten Verhaltenserwartungen bilden

- Aufgaben und Aktivitäten
- Kompetenzen und Verantwortlichkeiten
- Stellen und Verbindungswege zwischen Stellen
- Organisationsgrundsätze und -prinzipien
- Organisationstechniken und -hilfsmittel

4.1 Aufgaben und Aktivitäten

Aufgaben sind formulierte Leistungserwartungen (Soll-Leistungen) an die Aufgabenträger (Menschen, Maschinen, Mensch-Maschine-Kombinationen). Die Summe der Aufgaben (-erfüllung) in einer Unternehmung bildet den Umfang des Unternehmungszwecks, der demgemäß auch die Art, den Inhalt, die Häufigkeit und andere Kriterien der Aufgabenbestimmung festlegt.

Aufgaben lassen sich nach verschiedenen Aspekten analysieren; die wichtigsten Analysekriterien sind:

- **Verrichtung** (Funktionsbereich): z. B. Einkauf, Produktion, Verkauf
- **Objekt** (nach dem sich eine Aufgabe ausrichtet): z. B. Rohstoffe, Fuhrpark
- **Phase** (der Aufgabenerfüllung im Entscheidungsprozeß): z. B. Planung, Bewertung, Durchführung, Kontrolle

- **Häufigkeit** (der Aufgabenerfüllung): z. B. repetitive oder innovative Aufgaben
- **Rang** (der Aufgabenerfüllung): Entscheidungs-, Ausführungsaufgaben

Werden die Aufgaben in ihrer zeitlichen Dimension gesehen, d. h. betrachtet man einzelne Schritte, Elemente der Aufgabenerfüllung und ihre gegenseitigen Abhängigkeiten, so spricht man von **Aktivitäten** und deren Beziehungen zueinander. Die Folge von logisch aneinandergefügten Aktivitäten wird als Prozeß bezeichnet:

a) **physische Transformationsprozesse** (Arbeitsprozesse): Transportieren, Teilen, Montieren.

b) **nicht physische Transformationsprozesse** (Kommunikations-, Informationsverarbeitungsprozesse):

Aktivitäten in den einzelnen Prozeßphasen sind:

Phase 1 **Informationen erschließen:** Gewinnung von Informationen

Phase 2 **Informationen transformieren:** Sortieren, Kombinieren, Verdichten

Phase 3 **Informationen speichern**

Phase 4 **Informationen abgeben:** Output des Verarbeitungsprozesses

Phase 5 **Informationen übermitteln**

c) **Problemlösungs- und Entscheidungsprozesse:**
Aktivitäten in den einzelnen Phasen sind (Ulrich, 1970, S. 204)

1. Anregungs-Phase
- Erkennen eines Problems
- Feststellen der Ausgangslage und der Umweltbedingungen
- Klären der möglichen Absichten

2. Such-Phase
- Bestimmen der Ziele bzw. der Entscheidungskriterien
- Suchen und Ausarbeiten von alternativen Lösungsmöglichkeiten
- Ermitteln und Beurteilen der Konsequenzen alternativer Lösungen

3. Entscheidungs-Phase
- Beurteilen der Lösungsmöglichkeiten
- Wahl der günstigsten Lösung

4. Realisierungs-Phase
- Bestimmen der Sollwerte
- Umsetzen in Maßnahmen und Handlungsvorschriften (Programmierung)
- Anordnen, Instruieren, Orientieren
- Ausführen der vorbestimmten Handlungen

5. Kontroll-Phase
- Überwachen der programmgemäßen Ausführung (Fortschrittskontrolle)
- Ermitteln der Ergebnisse
- Bewerten der Ergebnisse

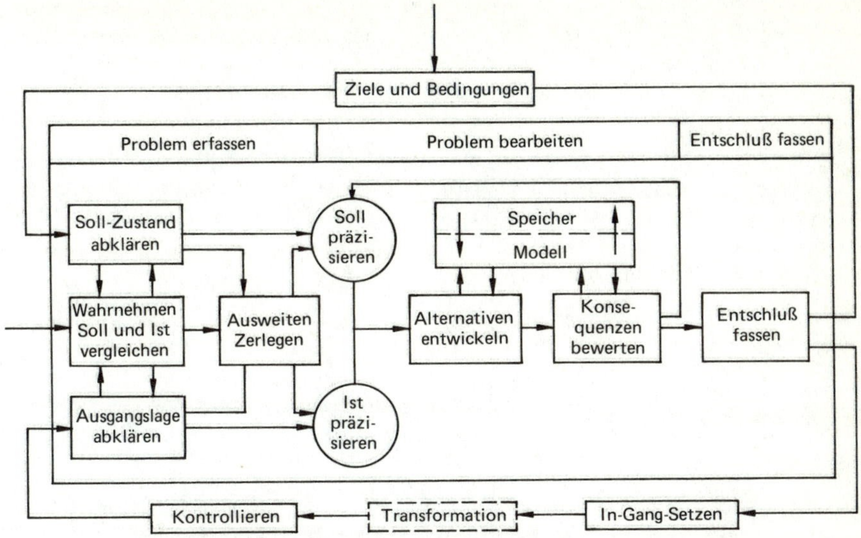

Abb. 1.3 Problemlösungsablauf (nach Brauchlin, 1981)

4.2 Kompetenzen und Verantwortlichkeiten

Kompetenzen liefern die Legitimationsbasis für die Aufgabenerfüllung, d.h. durch Kompetenzen hat man das **Recht** zum Handeln in einer bestimmten Arbeitssituation.

Arten von Kompetenzen:

- Entscheidungskompetenz = das Recht, zwischen Handlungsalternativen zu wählen
- Ausführungskompetenz = das Recht, die übertragenen Aufgaben auszuführen
- Mitsprachekompetenz = das Recht, in einer bestimmten Angelegenheit angehört zu werden
- Anordnungskompetenz = das Recht, andere zu einem bestimmten Tun bzw. Nichttun zu veranlassen
- Vertretungskompetenz = das Recht, z.B. eine Unternehmung nach außen zu vertreten (Unterschriftenberechtigung, Prokura usw.)
- Verfügungskompetenz = das Recht, im Rahmen der Aufgabenerfüllung über Objekte oder Informationen selbständig verfügen zu können
- Kontrollkompetenz = das Recht, Handlungsergebnisse bzw. den Fortschritt von Aktivitäten im Hinblick auf Zielsetzungen zu überprüfen und den Soll-Ist-Vergleich durchzuführen.

Wer eine spezifische Aufgabe zugewiesen bekommen hat und mit den entsprechenden Kompetenzen ausgerüstet ist, trägt natürlich auch die Verantwortung für deren richtige Erfüllung. Dabei muß zwischen der sogenannten **Handlungs-**

und Führungsverantwortung unterschieden werden. Die **Führungsverantwortung** liegt immer beim Vorgesetzten. Er ist von seiner Führungsaufgabe her dafür verantwortlich, daß er einem Aufgabenträger (z. B. einer Person) die richtigen Ziele vorgibt oder mit ihm vereinbart, daß er den richtigen Aufgabenträger mit den entsprechenden Fähigkeiten für die Erfüllung der Aufgaben aussucht, daß er den Fortschritt und das Ergebnis der Aufgabendurchführung kontrolliert usw.

Die **Handlungsverantwortung** bezieht sich auf die Realisierung der übertragenen Aufgaben, d. h. der Aufgabenträger ist dafür verantwortlich, daß die Aufgaben ordentlich, den quantitativen und qualitativen Soll-Vorgaben entsprechend (z. B. Termine, Mengen, Qualitätsstandard etc.) erfüllt werden.

Je **nach Grad der Aufgabenerfüllung** bzw. je nach Zielerreichungsgrad müssen **Sanktionen** (positiv: z. B. Lob, Beförderung/negativ: z. B. Tadel, Versetzung, Entlassung) zur Aufrechterhaltung der Konsequenz und Zielkonformität der Aufgabenerfüllung bzw. der Kompetenzdurchsetzung vorhanden sein und zwar so, daß für die Organisationsmitglieder Transparenz sowohl über die Sanktionsart als auch über den Sanktionseintritt besteht.

4.3 Stellen und Verbindungswege zwischen Stellen

Unter einer **Stelle** (oder auch Aktionseinheit) versteht man eine **personenunabhängige, abstrakt gedachte Einheit** von einem oder mehreren Aufgabenträgern, dem (denen) bestimmte Aufgaben-, Kompetenz- und Verantwortungsbereiche sowie die Verbindungswege zu anderen Stellen zugeordnet sind. Eine Stelle ist die **kleinste organisatorische Einheit** und muß durch mindestens eine Person als Aufgabenträger und Verantwortlicher besetzt sein (vgl. Hill et al., 1981, S. 130). **Ausführende Stellen** sind Stellen auf unterster hierarchischer Ebene (operativer Ebene); **Leitungsstellen (Instanzen)** sind Stellen, in deren Aufgabenbereich Leitungsfunktionen (z. B. Planen, Kontrollieren) fallen.

Mehrere Stellen – als kleinste organisatorische Einheiten – können zu sogenannten **Stellengruppen** bzw. Abteilungen zusammengefaßt werden, die einer **Instanz** unterstellt sind (z. B. Abteilungsleiter) und die Erfüllung einer Gesamtaufgabe bzw. -funktion (z. B. Produktion) übertragen bekommen haben. Durch dieses für die Koordination von Teilaufgaben unbedingt notwendige Vorgehen der Abteilungsbildung in einem sozialen System entsteht ein Aufbau der Über- und Unterordnung von Stellen zu einer hierarchischen Struktur.

Die **Verbindungswege zwischen Stellen** bzw. Stellengruppen (Abteilungen) werden als **Transportwege** bzw. **Informationswege** bezeichnet, die zum Austausch von physischen bzw. nicht physischen Objekten (z. B. Mitteilungen, Entscheidungen) zwischen den Stellen dienen.

Organisatorisch festgelegte, also formalisierte Verbindungswege zwischen den Stellen bilden das **Beziehungsgefüge,** die Struktur der Unternehmung. Die dadurch geschaffenen **Kommunikationsbeziehungen** werden über führungsorganisatorische Maßnahmen formalisiert.

4.4 Organisationsgrundsätze und -prinzipien

Zur formalen Organisation sind neben den oben kurz beschriebenen formalen Elementen auch die Organisationsgrundsätze und -prinzipien zu zählen.

Organisationsgrundsätze sind **Empfehlungen** für das organisatorische Gestalten und den Gebrauch formaler Elemente der Organisation. Dieser rein normative Charakter der Organisationsgrundsätze liefert auch den Hauptkritikpunkt, nämlich den Mangel an situativer Relativierung ihres Einsatzes. Es wird nicht gesagt, unter welchen Bedingungen und unter welchen Ausprägungen ganz spezifischer Situationskriterien die Organisationsgrundsätze eingesetzt werden können. Ihre einzige Aussage ist, daß durch ihre Beachtung beim Organisieren bestimmte Fehler unter Umständen vermieden werden.

Beispiele von Organisationsgrundsätzen:
- Grundsatz der **Übereinstimmung** von Aufgaben-, Kompetenz- und Verantwortungsumfang
- Grundsatz der **sachlichen Einheit** bei der Übertragung von Aufgabenbereichen an Aufgabenträger
- Grundsatz der **Einhaltung des Dienstweges**
- Grundsatz der **offenen Kommunikation**
- Grundsatz der **Wirtschaftlichkeit**

4.5 Organisatorische Hilfsmittel zur Formalisierung

Unter organisatorischen Hilfsmitteln zur Formalisierung werden **Darstellungstechniken** verstanden, die als verbale Beschreibungen/Graphiken/Tabellen/Checklisten/Diagramme usw. geeignet sind, organisatorische Strukturen und Prozesse auf den verschiedenen Führungsebenen einer Unternehmung im Sinne von **Verhaltensregeln** zu fixieren.

Die Organisationspraxis setzt eine Vielzahl solcher Formalisierungshilfsmittel zur Darstellung von Programmen, Verhaltensrichtlinien, Strukturen und Prozessen ein, die vor allem als Analyseinstrumentarien und Präsentationstechniken

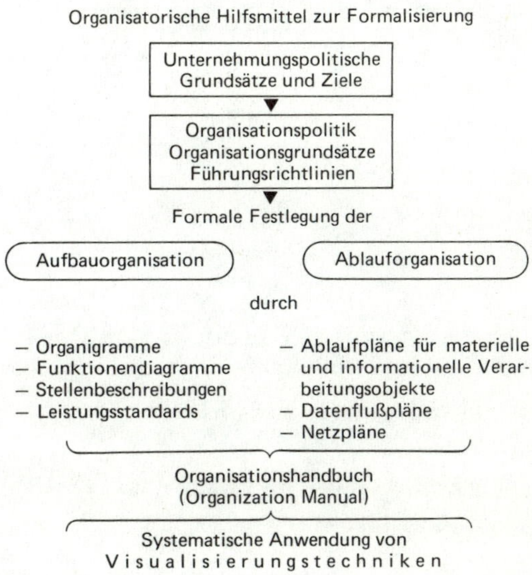

Abb. 1.4 Organisatorische Hilfsmittel zur Formalisierung (vgl. Staerkle/Heeb, 1976)

Anwendung finden. Dies kommt auch in der großen Anzahl von Publikationen zum Thema Organisationstechniken und -methoden zum Ausdruck. Als Beispiele wollen wir auf die Formalisierungshilfsmittel **Organigramm, Funktionendiagramm** und **Führungsrichtlinien** kurz näher eingehen.

⋆ **Organigramm**

- **Zweck**
graphische Darstellung der Organisationsstruktur (Aufbauorganisation)

- **gibt Auskunft über:**
die Art der Aufgabengliederung (Kriterien der Stellenbildung)
die Über-/Unterordnung der Stellen (hierarchische Rangstufen)
die hierarchische Position der Stelleninhaber
den Dienstweg

- **gibt nicht Auskunft über:**
konkrete Aufgabenverteilung
Kompetenzverteilung und -umfang der einzelnen Stellen

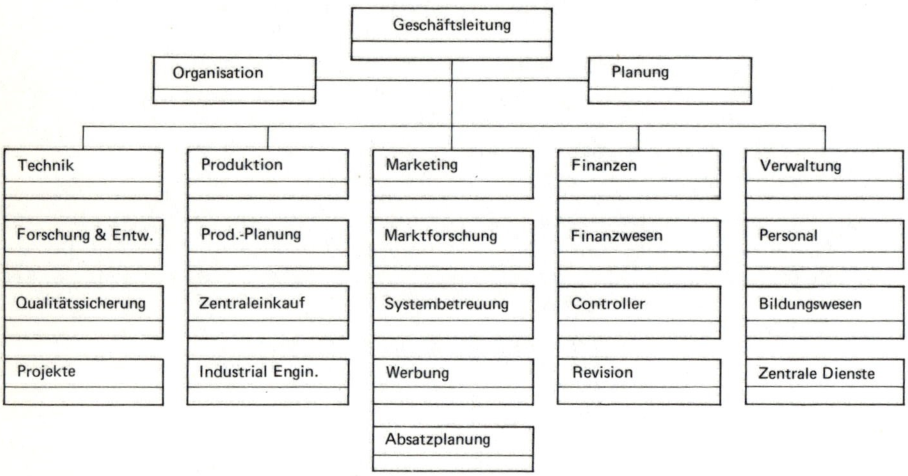

Abb. 1.5 Aufbau eines Organigramms

⋆ **Funktionendiagramm** (vgl. Menzl/Nauer, 1972)

- **Zweck**
graphische Darstellung (Matrix) der Funktions- und Kompetenzverteilung auf organisatorische Stellen zur Erfüllung bestimmter Aufgaben

  Überblick schaffen über das Zusammenwirken mehrerer Stellen

- **gibt Auskunft über:**
die Folge der wichtigsten Aufgaben im Rahmen eines Aufgabenkomplexes

  die an einem Aufgabenkomplex beteiligten Stellen

  die Art der Funktionen und Kompetenzen (Kompetenzkatalog in Legende zum Funktionsdiagramm)

Aufgaben	Stellen						
	A	B	C	.	.	.	N
1	EG		EM		EF	P	
2		A		AW		V	
3	I			EM	K	M	
.							
.							
n	P						

Abb. 1.6 Aufbau eines Funktionendiagramms

1. Stelle trifft Grundsatzentscheidung (Ziele, Richtlinien, generelle Weisungen, Verhaltensgrundsätze u.ä.)	E_G
2. Stelle entscheidet im Normalfall (im Rahmen gegebener Ziele, Grundsätze und Normen)	E_N
3. Stelle entscheidet in wichtigen Einzelfällen	E_W
4. Kollektiventscheidung: Entscheid muß von mehreren Stellen gemeinsam getroffen werden (Kollegialorgan)	E_K
5. Mitentscheidungsrecht: Stelle muß mit der von einer anderen Stelle vorgeschlagenen Entscheidung einverstanden sein, andernfalls nächsthöhere Instanz	E_M
6. Fachtechnische, sog. „funktionale" Entscheidungs- und Anordnungskompetenz: Sachlich beschränkte Kompetenz zu verbindlichen Anordnungen gegenüber nicht direkt unterstellten Stellen.	E_F
7. Planungsfunktion: Stelle ist verantwortlich für entscheidungsvorbereitende Funktionen (Analysen und Planung)	P
8. Planungsfunktion federführend: Planungssystem, sachliche und zeitliche Koordination (erforderlich bei mehreren P)	P_F
9. Mitspracherecht: Stelle muß vor dem Entscheid konsultiert, um ihre Auffassung befragt werden; Ratschlag ist verbindlich	M
10. Vorschlagsrecht: Stelle ist berechtigt, Vorschläge und Anträge zu unterbreiten	V
11. Recht auf Information: Stelle muß über einen Entscheid oder ein Arbeitsergebnis informiert werden	I
12. Ausführung der Arbeit, Sachbearbeitung	A
13. Ausführung in wichtigen Fällen	A_W
14. Kontrollrecht: Stelle ist berechtigt, Ergebnisse anderer Stellen zu kontrollieren und auszuwerten	K

Abb. 1.7 Abkürzungen und Hinweise zur Legende eines Funktionendiagramms (vgl. Staerkle/Heeb, 1976)

die Funktionen und Kompetenzen einer bestimmten Stelle bezüglich verschiedener Aufgaben

die Verteilung der Funktionen und Kompetenzen auf verschiedene Stellen zur Realisierung einer bestimmten Aufgabe

die Art des Zusammenwirkens mehrerer Stellen

• **gibt nicht Auskunft über:**
Aufgaben-, Kompetenz- und Verantwortungsbereiche einer Stelle und ihrer Verbindungswege („Passerellen") zu anderen Organisationseinheiten (dazu eignet sich die Stellenbeschreibung).

* **Führungsrichtlinien**

Führungsrichtlinien (Führungsgrundsätze) beschreiben die Regeln, nach denen Mitarbeiter und Unternehmungsleitung gemeinsam gestellte Ziele erreichen wollen. Ihre schriftliche Festlegung soll die verantwortungsbewußte Zusammenarbeit erleichtern und die Initiative und Aktivität des einzelnen fördern.

Die **Formulierung von Führungsrichtlinien** sollte weniger eine Vorgabe der Unternehmungsleitung sein als vielmehr das **Ergebnis eines Prozesses,** in dessen Verlauf Vorgesetzte und Mitarbeiter sich auf diese Formen und Regeln des Zusammenarbeitens geeinigt haben. Ausgangsbasis dafür können die folgenden grundsätzlichen Überlegungen sein:

• In jedem Unternehmen wird **arbeitsteilig** vorgegangen, d.h. vom Prinzip der Arbeitsteilung her muß miteinander- und zusammengearbeitet werden. Einsam und isoliert getroffene Entscheidungen dürfen praktisch nicht vorkommen.

• Je mehr leistungsfähige und leistungsbereite Mitarbeiter konsultiert werden, umso höher ist die Entscheidungsqualität und umso geringer der Widerstand bei der Durchsetzung von Entscheidungen.

• Informierte Mitarbeiter arbeiten effizienter als teil- oder schlechtinformierte. Je besser ein Unternehmen in der Lage ist, seine Ziele und Probleme den Mitarbeitern transparent zu machen, umso höher ist der **Teamgeist** und die **Identifikation** der Mitarbeiter mit ihrem Unternehmen (corporate identity).

• Ziele sind Soll-Größen und damit **Maßstäbe** zur Beurteilung des Unternehmenserfolges. Fehlen klar formulierte Ziele, wird es der Unternehmensführung nicht möglich sein, Betriebsergebnisse zu kontrollieren (= Soll-Ist-Vergleich) und Korrekturentscheidungen zu treffen.

• Zusammenarbeit setzt auch die **Akzeptanz** und gegenseitige Achtung der Gesprächspartner untereinander voraus. Fehlt eine dieser beiden Voraussetzungen, so ist die Gefahr von Mißverständnissen, Konflikten und Frustrationen hoch.

Der **Nutzen von Führungsgrundsätzen** liegt in den folgenden Aspekten:

1. Führungsgrundsätze zeigen den Vorgesetzten **Grundsätze und Methoden** der Führung von Mitarbeitern sowie zur eigenen Arbeitsgestaltung auf.

2. Führungsgrundsätze sollen den Mitarbeitern Gelegenheit geben, sich ihren menschlichen und fachlichen Qualitäten gemäß **entfalten** zu können, **aktiv** am Führungsprozeß **mitzuwirken** und ihre **Aufgaben sachgerecht zu erfüllen.**

3. Führungsgrundsätze sollen die **Zusammenarbeit** aller Stellen über die Grenzen des eigenen Zuständigkeitsbereiches hinweg fördern.

4. Führungsgrundsätze wollen einen **reibungslosen** Geschäftsgang ermöglichen.

5. Führungsgrundsätze sind unabdingbare **Bedingung für die Führungsschulung.**

Hinweise, aus denen ein unternehmungsspezifisches Konzept von Führungsrichtlinien abgeleitet werden kann, liefert folgendes Beispiel (vgl. Schertler, 1981 a,):

1. **Situatives Führen**
Mitarbeiter können nicht nach einem einheitlichen starren Führungssystem geführt werden. Führungskräfte sollten vielmehr sensibel sein für die jeweilige Situation.

2. **Ziele festlegen**
Betont wird die gemeinsame Erarbeitung und Vereinbarung von Zielen. Ziele müssen eindeutig und verständlich formuliert sein (Management by Objectives).

3. **Aufgaben delegieren**
Die Bedeutung der Delegation von Aufgaben und Kompetenzen wird herausgestellt.

4. **Mitarbeiter informieren**
Sowohl die Information der Mitarbeiter durch den Vorgesetzten als auch in umgekehrter Richtung wird behandelt. Die Querinformation wird besonders betont.

5. **An Entscheidungen beteiligen**
Hier wird darauf hingewiesen, daß sachgerechte Entscheidungen nur dann getroffen werden können, wenn die hierfür wesentlichen Informationen vollständig herangezogen und bewertet werden.

Von den Mitarbeitern wird erwartet, daß sie die getroffenen Entscheidungen anerkennen, beachten und vertreten.

6. **Erfolg kontrollieren**
Der Vorgesetzte sollte – von Fall zu Fall – überprüfen, ob die Arbeit zielgerecht mit der erforderlichen Intensität termin- und kostengerecht durchgeführt wurde. Vom Mitarbeiter wird erwartet, daß auch er selbst den Ablauf und die Ergebnisse seiner Arbeit kritisch überprüft.

7. **Mitarbeiter beurteilen**
Der Vorgesetzte sollte seine Mitarbeiter darüber informieren, wie er ihre Leistungen und ihr Arbeitsverhalten beurteilt. Dies wird positive Auswirkungen auf das Selbstvertrauen der Mitarbeiter haben. Von den Mitarbeitern wird erwartet, daß sie sich mit der Beurteilung auseinandersetzen.

8. **Mitarbeiter fördern**
Der Vorgesetzte sollte seine Mitarbeiter fördern und sie entsprechend ihren Fähigkeiten und Kenntnissen einsetzen. Von den Mitarbeitern wird erwartet, daß sie in Bezug auf ihre Weiterbildung selbst Initiative ergreifen und eigene Beiträge leisten.

9. **Mitarbeiter beraten und unterstützen**
Der Vorgesetzte sollte seine Mitarbeiter dadurch, daß er einen offenen Gedankenaustausch ermöglicht, unterstützen. Von Mitarbeitern wird andererseits er-

wartet, daß auch ihr Verhalten zu einer positiven Atmosphäre beiträgt. Sie sollen ihren Vorgesetzten rechtzeitig auf Probleme ansprechen.

10. **Zusammenarbeit fördern**
Der Vorgesetzte sollte auf die Notwendigkeit einer intensiven Zusammenarbeit sowohl innerhalb als auch außerhalb seines Bereiches hinweisen und helfen, bei Schwierigkeiten in den Kontaktbeziehungen diese abzubauen. Von den Mitarbeitern wird die Bereitschaft zu einer kollegialen Zusammenarbeit erwartet.

Bei der Erarbeitung von Führungsrichtlinien muß man sich ihrer **Stellung im unternehmungsspezifischen Normensystem** bewußt sein, d.h. Führungsrichtlinien dürfen nicht als isoliertes Dokument entstehen.

Möglichkeiten einer sinnvollen Eingliederung sind z.B.

a) die Darstellung als eine geschlossene Gesamtheit von Grundsätzen, die aus einer Personalpolitik hergeleitet ist, die ihrerseits eine Teilpolitik der Unternehmungspolitik darstellt oder

b) Führungsrichtlinien neben anderen Führungsmitteln dem Instrumentarium eines Gesamtführungskonzeptes zuzuordnen (vgl. Tschirky, 1981, S. 352 f.)

5. Struktur- und Prozeßgestaltung

5.1 Horizontale Strukturierung: Aufgabengliederung und Abteilungsbildung

Je nach Zweck eines Systems wird die Art und der Umfang der Aufgaben, die ein System zu erfüllen hat, unterschiedlich sein. Die **Gesamtheit der Aufgaben** eines Systems resultiert somit aus der Summe der Ansprüche und Bedürfnisse der Umwelt, denen es aufgrund der **Zwecksetzung** entsprechen bzw. die es gemäß definierter Ziele befriedigen will.

Nachdem die Gesamtheit der Aufgaben erfaßt worden ist, müssen **Kriterien** definiert werden, nach denen diese Aufgaben-Gesamtheit in Teilaufgaben zerlegt werden kann (**Aufgabenanalyse**). Die Strukturierung ist jedoch erst dann abgeschlossen, wenn die analytisch gewonnenen Teilaufgaben zu **Aufgabenbündeln** zusammengefaßt werden, die – als formale Einheit – einzelnen spezialisierten Aufgabenträgern zugewiesen, ein koordiniertes Zusammenwirken gewährleisten (**Aufgabensynthese**).

Über die Aufgabensynthese erfolgt die Festlegung der Anzahl und die inhaltliche Beschreibung und **Bildung von Stellen** mit unterschiedlich großem Aufgabeninhalt und -umfang.

Durch die Zusammenfassung von Stellen zu Gruppen, von Gruppen zu Abteilungen usw. wird im Rahmen der Aufgabengliederung jedoch noch keine hierarchische Über- und Unterordnungsbeziehung geschaffen. Eine hierarchische Beziehung zwischen Vorgesetzten und Untergebenen entsteht erst über die Kompetenzausübung. Man kann bei der Aufgabengliederung und Stellenbildung deshalb auch von einer „**horizontalen**“ **Strukturierung** sprechen, bei welcher nach bestimmten Gliederungskriterien ein Nebeneinander von z.B. Abteilungen oder Gruppen geschaffen wird **(Aufbauorganisation)**.

Die wichtigsten Kriterien, nach denen eine Aufgabensynthese bzw. eine Aufgabengliederung und Abteilungsbildung z.B. im Falle einer industriellen Unternehmung vorgenommen werden können, sind:

* Gliederung nach Funktionsbereichen bzw. Aktivitäten/Verrichtungen
* Gliederung nach Produktbereichen/Sparten/Divisionen
* Gliederung nach Marktbereichen/Regionen
* Gliederung nach Phasen des Entscheidungsprozesses bei der Aufgabenerfüllung
* Gliederung nach Projekten

5.1.1 Gliederung nach Funktionsbereichen

Grundsätzlich richtet sich eine Gliederung nach Funktionsbereichen nach den Aufgaben, die als Folge der Zwecksetzung z.B. einer industriellen Unternehmung zu erfüllen sind (Führungs-, Versorgungs-, Vollzugsbereich). Deshalb wird dieses Organisationsmodell auch als Verrichtungsmodell oder verrichtungsorientiertes Modell bezeichnet (vgl. auch Bleicher, 1981).

Bei der Gliederung nach Funktionsbereichen bzw. Verrichtungen wird folglich versucht, **eine hohe Spezialisierung auf Verrichtungen bzw. Tätigkeiten (Verrichtungszentralisation)** zu erreichen. Mit zunehmender Arbeitsteilung wird das Ausmaß der Spezialisierung größer, weil immer mehr Teilaufaben unterschiedlicher Art entstehen. Ein Vorgehen nach dem Prinzip der **Gliederung nach Funktionsbereichen** findet vor allem dort Anwendung, wo folgende **Voraussetzungen** bestehen (Beispiele):

- relativ kleines, enges Produktprogramm (Transparenz etc.)
- relativ stabile Nachfrageverhältnisse auf den Absatzmärkten (Verbraucherverhalten etc.)
- relativ stabile Umwelt (z.B. rechtliche Vorschriften, politische Strukturen etc.)

Argumente für eine Anwendung der Gliederung nach Funktionsbereichen sind zum Beispiel:

- die Arbeitsteilung entspricht dem logischen Ablauf eines Produktionsprozesses (Denken in Funktionen)
- die Arbeitsteilung entspricht der beruflichen Spezialisierung und Ausbildung
- der direkte Kontakt der Unternehmungsspitze mit den operativen Einheiten der Unternehmung
- die relativ niedrigen Kosten durch Einfachbesetzung von Funktionsspezialisten.

Problembereiche bei der Gliederung nach Funktionsbereichen können sein:

- bei einer Ausweitung des Produktionsprogrammes (Heterogenität der Produkte) leidet die „organisatorische Betreuung" einzelner Produkte bzw. Produktgruppen, die z.B. einen besonders hohen Deckungsbeitrag erzielen und deshalb in allen Funktionsbereichen eine spezielle Priorität und Aufmerksamkeit eingeräumt bekommen sollten

- hoher Koordinationsaufwand wegen des Ineinandergreifens der Aufgaben
- die Gewinn- bzw. Kostenverantwortung einzelner Funktionsbereiche ist kaum zu ermitteln
- Schwachstellen in der Führung eines einzelnen Funktionsbereiches wirken sich (über die Produkte) auch auf alle anderen Funktionsbereiche aus.

Struktur einer Aufgabengliederung nach Funktionsbereichen:

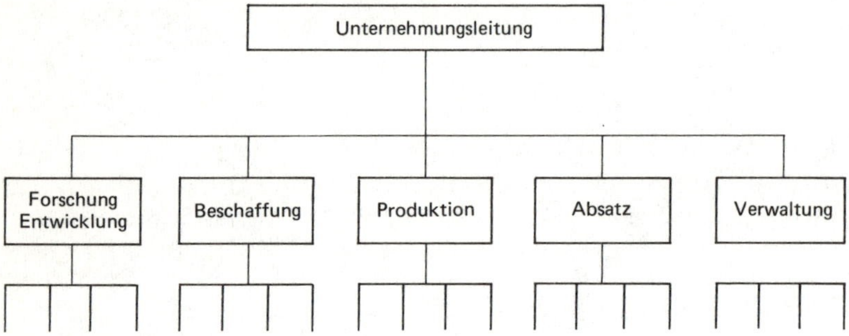

Abb. 1.8 Aufgabengliederung nach Funktionsbereichen (Verrichtungsmodell)

5.1.2 Gliederung nach Produktbereichen, Divisionen, Sparten

Das **Kriterium der Aufgabengliederung** auf der zweiten Führungsebene (Geschäftsleitung, Vorstand, Konzernleitung sind auf der ersten Führungsebene) bilden **Produktbereiche,** die auch als **Sparten** oder **Divisionen** bezeichnet werden. Die Zusammenfassung von solchen Produkten, die sich z.B. bezüglich Vertrieb, Produktionsprozeß, Ressourcenbeschaffung usw. ähnlich sind und Synergieeffekte nutzbar machen, zu einem homogenen Produktbereich repräsentiert eine Gesamtheit der zu erfüllenden Aufgaben, die sich klar gegenüber den Aufgaben anderer Produktbereiche unterscheidet. Es liegt eine **Spezialisierung auf Objekte (Objektzentralisation)** vor, nämlich auf Produkte bzw. Produktgruppen, bei welchen die Spartenleitung ihre Spezialistenkenntnisse realisieren kann.

Als Division wird eine Produktsparte dann bezeichnet, wenn sie über sämtliche Funktionsbereiche der Leistungsentwicklung, -erstellung und -verwertung direkt und relativ autonom verfügen kann, rechtlich aber unselbständig ist. Da jede divisionale Gliederung von Aufgabenbereichen eindeutig beschrieben und abgegrenzt werden kann (z.B. Aufgaben im Zusammenhang mit Division A), bietet diese Form der organisatorischen **Verselbständigung** auch die Möglichkeit einer **Anwendung spezifischer Führungsinstrumente** wie z.B. des Profit-Center-Konzepts, welches die Gewinnverantwortung allein der Sparte bzw. Division zuordnet und ihr sowohl die Kostengestaltung als auch die Investitionsentscheidungen in ihrem Bereich überläßt.

Die wichtigsten **Voraussetzungen** für ein Funktionieren **der Aufgabengliederung nach Produktbereichen (Divisionen)** sind:

- ein breites, heterogenes Produktprogramm, welches eine produktorientierte Zusammenfassung der Funktionsbereiche F & E, Produktion und Absatz erlaubt,

- heterogene Märkte mit hoher produktbezogener Dynamik,
- das finanzielle Potential für den Mehrfachaufwand bei Funktionsbereichen (z.B. bei drei Divisionen drei F & E-Abteilungen).

Die **Argumente für** eine divisionale Aufgabengliederung konzentrieren sich auf

- die Kenntnis der spezifischen, produktorientierten Umwelt- und Marktverhältnisse
- die Möglichkeit, auf Änderungen schnell zu reagieren und Innovationsentscheidungen rechtzeitig zu treffen
- Entlastung der Unternehmungsspitze von Koordinationsaufgaben zwischen Funktionsbereichen
- Entwicklung von „All-round"-Chefs an der Spitze der Sparten anstelle von „Funktionsspezialisten"
- Klarheit der Aufgabentrennung und Zuordnung von Verantwortlichkeiten
- Fehler im Top-Management einer Sparte wirken sich nur gering auf die Entscheidungsqualität anderer Sparten aus
- Einsatz finanzieller Führungsinstrumente (z.B. Profit Center) wird möglich und kann als Führungskonzeption eingesetzt werden.

Die Spartengliederung bzw. Divisionalstruktur bringt in ihrer Anwendung natürlich auch Kritik mit sich. Die wichtigsten **Problembereiche** sind z.B.

- die Gefahr der Suboptimierung in den Sparten bzw. Divisionen durch das relativ kurzfristige Erfolgsnachweissystem (z.B. bei Profit Center-Konzept).
- durch zu hohe Autonomie der Sparten Isolierung gegenüber der Gesamtunternehmung und Verlust der Schlagkraft eines größeren Systems
- Bedarf nach aufwendigen, in ihrer Gesamtheit sehr komplexen Koordinationsmechanismen (z.B. Planungssysteme, Führungskonzepte, zentrale Dienste usw.)
- der Mangel einer „corporate identity" bei den Organisationsmitgliedern in bezug auf die Gesamtunternehmung (Konzern) durch geringere Beziehungen zur Muttergesellschaft.

Struktur einer Aufgabengliederung nach Produktbereichen (Spartenorganisation, Divisionalstruktur):

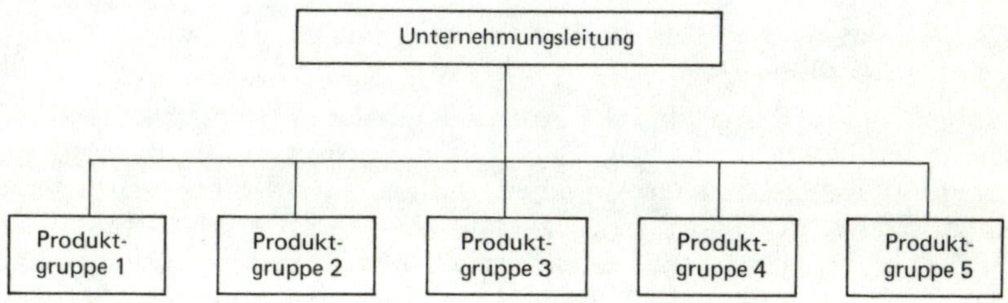

Abb. 1.9 Aufgabengliederung nach Produktbereichen, Sparten, Divisionen

5.1.3 Gliederung nach Marktbereichen, Regionen

Wird die Aufgabengliederung auf der zweiten Führungsebene nach regional unterschiedlichen Marktbereichen getroffen, so sind es vor allem die regionalen Besonderheiten, die ein „organisatorisches Näherrücken" an den jeweiligen Markt in Form von Niederlassungen, Filialgründungen, eigenen Produktionsstätten usw. notwendig machen.

Aus dieser Überlegung resultieren auch die **Hauptvorteile** einer solchen Strukturierung:

- klare Zuordnung der Leitungsverantwortung für bestimmte Märkte
- dauernde Präsenz am Markt (Nähe zum Markt) und dadurch schnellere Anpassung an regionale Besonderheiten (z.B. wirtschaftspolitische Maßnahmen einer Regierung)
- geringe Transportkosten
- geringe Interdependenz der Marktbereiche eines gesamten Konzerns und damit Reduzierung von Konflikten und Überschneidungen

Der Autonomiegrad einer solchen Aufgabeneinheit ist natürlich besonders hoch, ebenso die Gefahr zu schwacher Gesamtführung durch die geringe Beziehung zum Gesamtsystem. Ähnlich wie bei der Gliederung in Produktbereiche gelten auch hier die **Problembereiche,** die einem **stark dezentralisierten System** eigen sind. Was die rechtliche Selbständigkeit der Marktbereiche betrifft, so werden diese sehr oft rechtlich von der Muttergesellschaft abgekoppelt und bilden juristisch selbständige Einheiten, die nur über finanzielle Koordinationsinstrumente (z.B. Beteiligungen) noch mit den Stammsitz-Land verbunden sind (vgl. Holding-Gesellschaften, Konglomerate).

Struktur einer Aufgabengliederung nach Marktbereichen, Regionen:

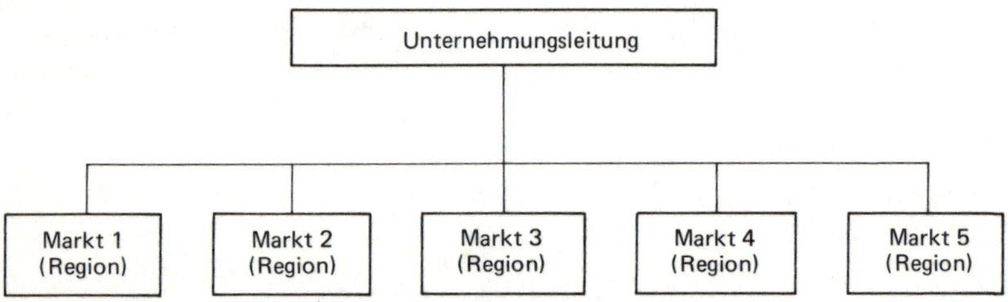

Abb. 1.10 Aufgabengliederung nach Marktbereichen, Regionen

5.1.4 Gliederung nach Phasen des Entscheidungsprozesses bei der Aufgabenerfüllung

Gegenstand dieses Kriteriums der Aufgabengliederung sind die verschiedenen Phasen des Problemlösungs- bzw. Entscheidungsprozesses, die als logische Aktivitäten grundsätzlich bei jeder Aufgabenerfüllung anfallen. Die Arbeitsteilung in einem größeren sozio-technischen System ist so weit fortgeschritten, daß bei vielen Aufgabenbereichen eine Trennung nach den Phasen des Problemlösungs- und Entscheidungsprozesses erfolgt und sie zu eigenen Aufgaben-, Kompetenz- und Verantwortungseinheiten (Stellen) zusammengefaßt werden.

Voraussetzungen für eine Aufgabengliederung nach dem Kriterium der Phasen des Entscheidungsprozesses bei der Aufgabenerfüllung sind:

- hinreichende Größe der Unternehmung (Aufgabenumfang, finanzielle Kapazität usw.)
- große Interdependenz mit Umweltsystemen (= externe Partner der Unternehmung)
- dynamische Umweltveränderungen in Versorgungs- und Vollzugsbereichen der Unternehmung.

Als **Vorteile** eines solchen Vorgehens bei der Stellenbildung gelten die nachstehenden Argumente:

- Entlastung der Unternehmungsspitze durch Ausgliederung der Entscheidungsvorbereitungsaufgaben
- Verbesserung der Entscheidungsqualität durch Einsatz von Expertenwissen
- Koordination der Subsysteme der Unternehmung durch Bereitstellen der Leistungen dieser Stabsexperten.

Aus der Beschreibung der Einsatzvorteile wird ersichtlich, daß diese Art der Aufgabengliederung bei der Stellenbildung nur in ganz bestimmten Fällen – je nach gegebenen Voraussetzungen – zur Anwendung kommt und als sogenannte **Stabsstellen** bzw. als **zentrale Dienste** zwischen den Führungsebenen institutionalisiert werden. Besonders bedeutsam ist, daß diese Problemlösungs- und Entscheidungsprozesse die logische Grundlage jedes Unternehmungsgeschehens sind, ungeachtet der Tatsache, ob eine eigene Stelle in der Organisationsstruktur dafür vorgesehen ist (betriebsgrößenneutrales Problem).

Als mögliche **Problembereiche** seien bei diesem Kriterium der Aufgabengliederung erwähnt:

- die fachspezifische Abhängigkeit der Führungskräfte von Experten
- die fast ausschließliche Anwendbarkeit auf Stabsstellenaufgaben
- die Gefahr des „Abhebens" von der Unternehmungsrealität durch mangelnde Integration in das gesamte Unternehmungsgeschehen („Theoretiker"-Rolle von Stäben)

Die **Struktur** der Aufgabengliederung nach Phasen des Entscheidungsprozesses zur Aufgabenerfüllung:

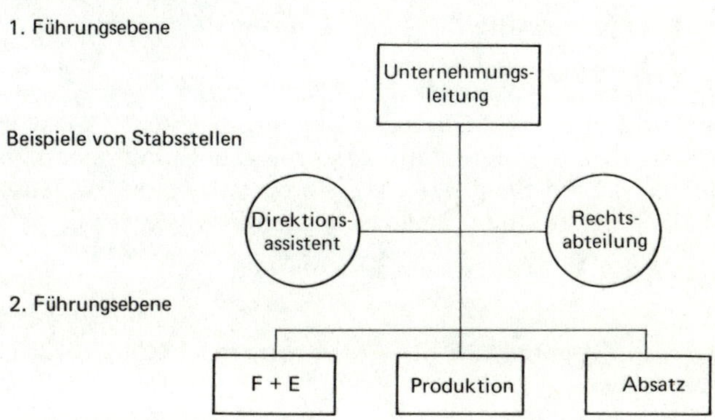

Abb. 1.11 Beispiel einer Aufgabengliederung nach Phasen des Entscheidungsprozesses

5.1.5 Gliederung nach Projekten

Bei diesem Kriterium der Aufgabengliederung steht die **„Fristigkeit" der Aufgabenerfüllung** im Vordergrund. Projekte sind nämlich zeitlich befristete, einmalige Organisationsformen, die ihre Anwendung dann finden, wenn folgende **Voraussetzungen** gegeben sind:

- komplexe, innovative Aufgabenstellung (Unsicherheit, Risiko)
- Ziel der Aufgabenerfüllung ist festgelegt
- Projektbeginn und -ende sowie die Leistungsstandards sind bekannt
- mehrere verschiedene Stellen bzw. Interessen sind an der Realisierung beteiligt
- Zeitdruck

Die Projektorganisation wird für **Sonderaufgaben** geschaffen, für deren rasche und konsequente Erfüllung im Rahmen der bestehenden Struktur keine bzw. nur geringe „organisatorische Freiräume" vorhanden sind. Damit wird aber ein Problem des Leitungszusammenhanges tangiert, dessen Strukturformen im folgenden Abschnitt 5.2 eingehender behandelt werden.

Die horizontale Strukturierung von Aufgaben (Aufgabengliederung, Stellenbildung) muß **als Prozeß** verstanden werden, bei welchem permanent analytische und synthetische Aktivitäten einander abwechseln, d.h. **Differenzierung** einer Gesamtaufgabe in Teilaufgaben **und Integration** der Teilaufgaben zu einer funktionsfähigen Einheit sind zur Schaffung einer Struktur notwendige, sich gegenseitig bedingende Maßnahmen. Davon ausgehend bedingt eine starke/schwache Differenzierung eine starke/schwache Integration. Ist ein Aufgabenbereich einer Unternehmung stark differenziert und sind nur wenige, schwache Integrationsmechanismen (z.B. Planungs-, Informations- und Führungssysteme, zentrale Dienste, usw.) im Einsatz, so wird der Autonomiegrad dieses Bereiches erhöht und die Gefahr einer „Absplitterung" bzw. einer Isolierung gegenüber dem Gesamtsystem eintreten. Bei schwacher Differenzierung und starker Integration entsteht ein restriktives Organisationsklima, welches den Trägern von Teilaufgaben geringe Freiräume einräumt (vgl. auch Hübner, 1979).

5.2 Vertikale Strukturierung: Kompetenzzuteilung und Leitungsbeziehungen

Bei der vertikalen Strukturierung steht das Problem der **hierarchischen Über- und Unterordnung** von Stellen im Mittelpunkt organisatorischen Gestaltens. Wurde bei der Aufgabengliederung eine Differenzierung in Teilaufgaben angestrebt, so werden bei der vertikalen Strukturierung **Kompetenzen** zur Willensbildung und -durchsetzung nach bestimmten Strukturformen **differenziert.**

Das Verhältnis von Vorgesetztem und Mitarbeitern läßt sich wie folgt gestalten:

- **zeitlich unbefristete, permanente Strukturformen der Leitungsbeziehungen**
  - Linienorganisation
  - Stab-Linien-Organisation
  - Matrixorganisation

- ⋆ **zeitlich befristete Strukturformen der Leitungsbeziehungen**
  - Projektorganisation

5.2.1 Zeitlich unbefristete, permanente Strukturformen der Leitungsbeziehungen

- ⋆ **Linienorganisation**
  Eine hierarchische Struktur, bei der ein Organisationsmitglied nur einen unmittelbaren Vorgesetzen hat, wird als **„Ein-Linien-Organisation"** bezeichnet, weil die Leitungsbeziehungen nach dem Prinzip der „Einheit der Auftragserteilung" gestaltet werden. Jede Stelle, jede Abteilung bzw. jede organisatorische Einheit ist nur mit einer einzigen Linie mit ihrer vorgesetzten Instanz verbunden (= Dienstweg für Anordnungen, Mitteilungen, Anträge etc.).

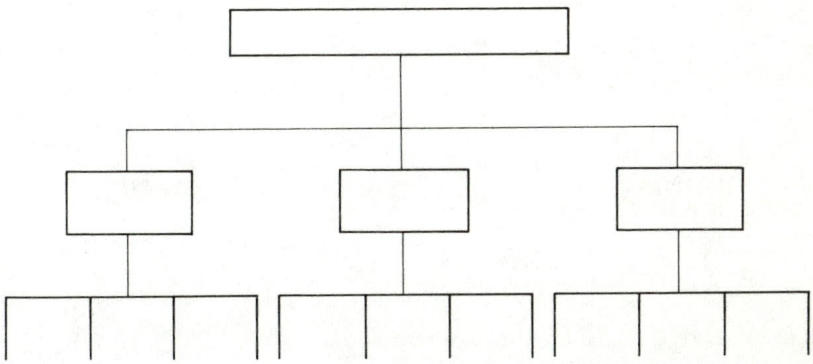

Abb. 1.12 Strukturform der Ein-Linien-Organisation

Argumente, die **für** eine Anwendung der Ein-Linien-Organisation sprechen sind z.B.

- das Vorhandensein von Aufgaben mit relativ stabilem, repetitivem Charakter
- eindeutige Zuordnung von Aufgaben-, Kompetenz- und Verantwortungsbereichen (= Einheit der Leitung)
- klare Unterstellungsverhältnisse und Zielausrichtung bei Entscheidungen
- Sicherheit durch genaue Aufgaben- und Kompetenzabgrenzung sowie Verantwortungszuordnung (Rollenspezifikation)

Problembereiche bei der Realisierung dieser Strukturform liegen vor allem in

- der organisatorischen Berücksichtigung von neuen Problem- bzw. Aufgabenbereichen
- der Tendenz, Probleme immer „nach oben" zu tragen (Problemstau, Überlastung der Unternehmungsspitze mit Koordinationsaufgaben)
- der Frage, wie ein multistabiles Verhalten des Systems bzw. der Subsysteme erreicht werden kann („Fließgleichgewicht")
- der Gefahr der Informationsfilterung durch Zwischeninstanzen bei Einhalten des Dienstweges
- dem Problem der horizontalen Zusammenarbeit gleichrangiger Stellen

• der Gefahr der „Verbürokratisierung" bzw. des zu hohen Organisationsgrades (= Verhältnis von Vorschriften zu Freiräumen).

Neben der oben beschriebenen „Ein-Linien-Organisation" gilt es im Rahmen der Linienorganisation noch das sogenannte **„Mehr-Linien-System"** zu berücksichtigen, welches vom **Grundsatz der funktionalen Spezialisierung** ausgeht und über mehrere Linien das Leitungsverhältnis bestimmt. Im Unterschied zur Ein-Linien-Organisation wird das Verhalten einer bestimmten Stelle nicht durch eine, sondern durch **mehrere direkt vorgesetzte Instanzen** festgelegt (z.B. durch Anweisungen).

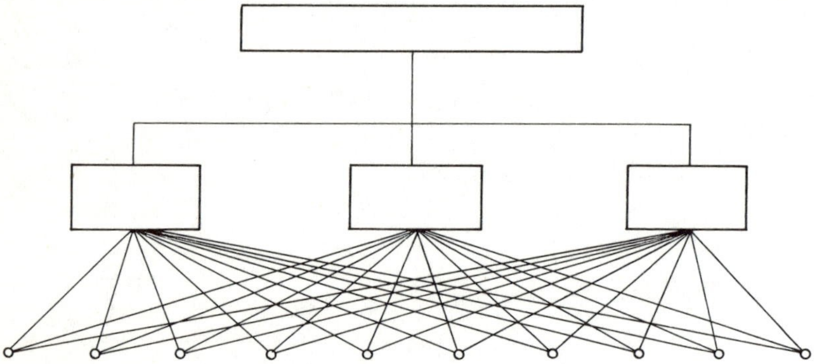

Abb. 1.13 Strukturform der Mehr-Linien-Organisation

Die **Vorteile** der Mehr-Linien-Organisation liegen vor allem in

• der Verkürzung der Entscheidungs- bzw. Mitteilungswege (= Prinzip des kürzesten Weges)

• der Übereinstimmung von Fach-und Entscheidungskompetenz (Fachpromotor = Machtpromotor).

Als **Nachteile** sind besonders zu nennen

• die unübersichtliche Mehrfachunterstellung und das damit verbundene Konfliktpotential

• keine einheitliche Leitung und Zuordnung der Gesamtverantwortung

• die Möglichkeit für untergeordnete Stellen, spezialisierte Vorgesetzte gegeneinander „auszuspielen"

• die Unsicherheit der Mitarbeiter bei lückenhaften oder sich widersprechenden Anweisungen

• der fehlende Blick der vorgesetzten Spezialisten für das Ganze.

Grundsätzlich muß bemerkt werden, daß sowohl die Ein-Linien-Organisation als auch die Mehr-Linien-Organisation idealtypische Formen darstellen und somit in der Praxis häufig Mischformen Anwendung finden, die Elemente beider Strukturformen beinhalten.

* **Stab-Linien-Organisation**

Die Grundüberlegung bei dieser Strukturform geht von der Tatsache aus, daß bei zunehmender Größe und Komplexität des Unternehmungsgeschehens die

Entscheidungsqualität von Linieninstanzen tendenziell abnimmt, weil in Anbetracht der Problemkomplexität eine adäquate **Entscheidungsvorbereitung und -kontrolle** nicht mehr gewährleistet ist (z.B. durch Überlastung der Führungskräfte).

Strukturell wird nun die Aufgabengliederung nach Phasen des Entscheidungsprozesses bei der Aufgabenerfüllung vorgenommen und – hierarchisch zwischen den Linieninstanzen – die Aufgaben der Entscheidungsvorbereitung, der Kontrolle und fachlichen Beratung sogenannten Stabsstellen bzw. Stäben zugeordnet.

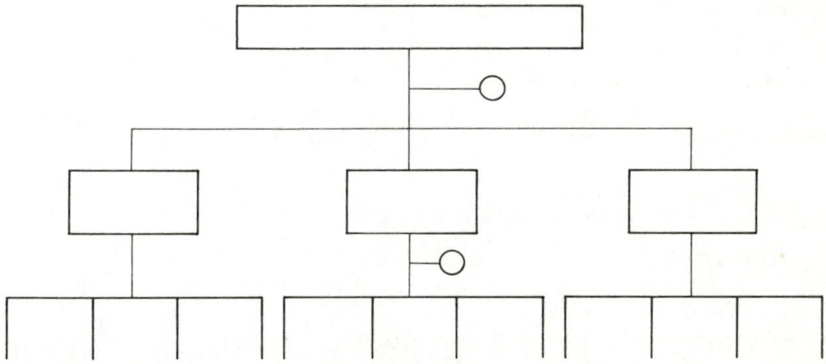

Abb. 1.14 Strukturform der Stab-Linien-Organisation

Weil Stabsstellen Aufgaben übernehmen, die der Entscheidungsphase vor- oder nachgelagert sind, sie daher eine Unterstützungsfunktion für die Linieninstanzen im Sinne von Fachberatung, methodischer Vorbereitung etc. erfüllen, besitzen sie formal keine Anordnungs- und Entscheidungskompetenzen. Eine solche klare Abgrenzung bei der Kompetenzaufteilung zwischen Linieninstanz und Stabsstelle ist in der Praxis jedoch nicht anzutreffen und stellt eine idealtypische, prinzipielle Strukturform der Leitungsbeziehungen dar, denn Stabsstellen haben aufgrund ihrer hohen fachspezifischen Autorität starken Einfluß auf Entscheidungen der Vorgesetzten.

Deshalb müssen die Stabsstellen in Ergänzung zu den Linienfunktionen mit zusätzlichen Kompetenzen z.B. für Projekte, Spezialaufträge etc. ausgerüstet werden, die ihnen Mitsprache- und Mitentscheidungskompetenzen sowie Anordnungskompetenzen in spezifischen Fachfragen einräumen. Damit kein Konfliktpotential zwischen Linie und Stabsstelle entsteht, kommt bei der Strukturform der Stab-Linien-Organisation einer klaren Abgrenzung der Entscheidungs- und Anordnungskompetenzen und der daraus resultierenden Verantwortlichkeiten eine besondere Bedeutung zu. Eine Anwendung der Stab-Linien-Organisation bringt folgende **Vorteile** mit sich:

- Entlastung der Linieninstanzen in spezifischen Fachfragen, bei der Entscheidungsvorbereitung und Kontrolle
- Verbesserung der Koordination durch Entlastung der Führungskräfte
- Fusion des Spezialistendenkens mit dem Problemlösungsdenken der Linie (Verbesserung der Entscheidungsqualität)
- konsequenter Einsatz zeitgemäßer Managementmethoden.

Problembereiche können bei der Stab-Linien-Organisation vor allem dort auftreten, wo

- keine klare Kompetenzabgrenzung zwischen Stab und Linie vorhanden ist
- die Gefahr der Entwicklung zu großer Stabsstelleneinheiten übersehen wird
- die Stabsstelle zur „Grauen Eminenz" wird
- Linieninstanzen die Vorschläge der Stäbe unkritisch übernehmen
- die Transparenz von Entscheidungsprozessen verloren geht.

Stabsstellen sind besonders gut als **Integrationsinstrument** einzusetzen, um die Aktivitäten der einzelnen Stellen bzw. Gruppen zu koordinieren (z.B. über Direktionsassistent, Planungsstab, Controller etc.).

Besonders bei größeren Unternehmungen werden aus diesem Grund nicht nur Stabsstellen (z.B. Generalsekretariate), sondern auch sogenannte **zentrale Stellen oder zentrale Dienste** eingerichtet, die weit über den Kompetenzrahmen von Stabsstellen hinaus mit umfangreichen **funktionalen Kompetenzen** ausgestattet sind.

Beispiele solcher zentraler Dienste sind

- die zentrale Kontrollstelle (z.B. Rechnungswesen, Controller)
- die zentrale Dienstleistungsstelle (z.B. EDV-Rechenzentrum, Marktforschung)
- die zentrale Planungsstelle (z.B. Strategische Planung, corporate planning)
- die zentralen Funktionsbereiche (z.B. zentraler Einkauf, Forschung, Personal).

Neben dem Integrationsaspekt gilt es, eine Reihe anderer Gründe für den Aufbau zentraler Dienststellen zu berücksichtigen, so etwa die Nutzbarmachung und Auslastung kostenintensiver Fachspezialisten und Anlagen für die gesamte Unternehmung, die effiziente zentrale Koordination spezifischer Aufgabenstellungen oder die Ausschöpfung von **Synergiepotentialen** (vgl. Kapitel 4).

* **Matrixorganisation**
  Bei der Matrixorganisation wird die Dominanz eines Strukturkriteriums bzw. einer Dimension bei der Aufgabengliederung aufgehoben und zwei (oder mehrere) Strukturkriterien gleichzeitig und gleichrangig, matrixartig in Verbindung gebracht. Eine Primärstruktur wird durch eine Sekundärstruktur überlagert (= mehrdimensionale Struktur).

Ziel der Matrixorganisation ist die Erhöhung der Flexibilität der Organisationsstruktur, und zwar nicht kurzfristig, sondern mit längerfristiger Kontinuität. Die gewählten Dimensionen (Funktionen, Produkte, Region, Rang und Projekte) sind gleichwertig: „... das Prinzip der ‚Einheit der Auftragserteilung' wird fallengelassen zugunsten einer Aufteilung der Leitungsfunktion nach Dimensionen. In einer vierdimensionalen Struktur beispielweise werden Leitungsfunktionen mit funktionaler Weisungskompetenz von folgenden Managern wahrgenommen:

- der Product Manager sorgt für eine einheitliche Produktpolitik in seinem Bereich bzw. koordiniert einen Leistungsbereich
- der Regional Manager koordiniert die Aktivitäten in seiner Region
- der Functional Manager koordiniert sein Fachgebiet (seinen Zweckbereich)
- der Project Manager koordiniert die Abwicklung des ihm zugewiesenen Projektes.

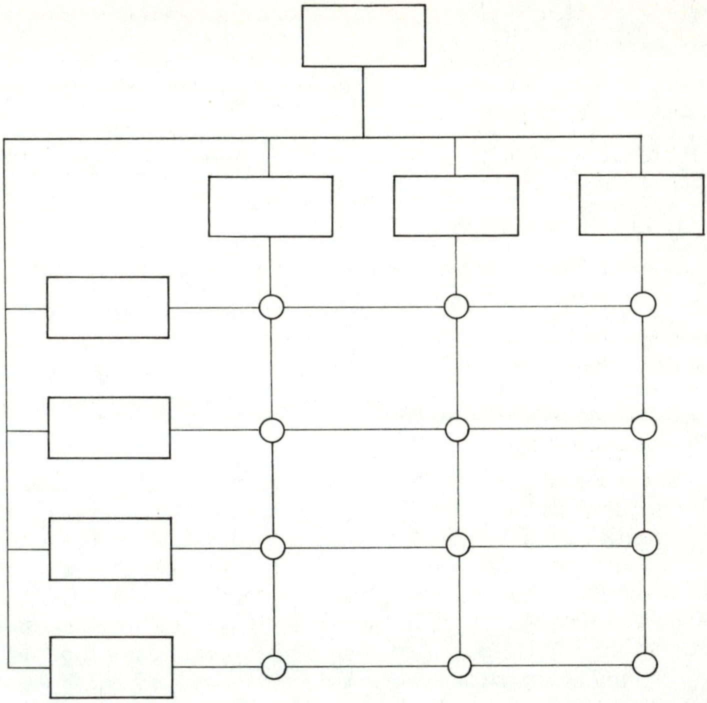

Abb. 1.15 Strukturform der Matrixorganisation

Einer dieser Manager wird entsprechend der Gewichtung der Dimensionen primus inter pares sein und kann als eingeschränkter Linienvorgesetzter gelten. Grundsätzlich ist aber die Verantwortung geteilt" (Hill et al., 1981, S. 206 f.).

Hohe Aufmerksamkeit muß jedoch der **„Schnittstelle" gewidmet werden, wo Primär- und Sekundärstruktur** sich überlappen und **„Kompetenzkreuzungen"** gleichwertiger Dimensionen mit geteilter Verantwortung entstehen. Um die dadurch entstehenden Konfliktpotentiale zu vermeiden, ist es notwendig, formal ganz genau zu bestimmen, welche Kompetenzen wem zukommen.

Zusammenfassend können folgende **Argumente für** den Einsatz der **Matrixorganisation** angeführt werden:

* hohes Problemlösungspotential durch kombinierten Einsatz verschiedener Fachspezialisten (z.B. Funktions- mit Produktspezialist)
* direkte Kommunikationswege
* große Flexibilität und Anpassungsfähigkeit an Umweltveränderungen durch Querverbindungen (z.B. bei product manager)
* Entlastung der Unternehmungsspitze
* Betonung der Teamarbeit (Irrtumsausgleichsmechanismus, Persönlichkeitsbildung) und kein hierarchisches „Pyramiden-Denken"

Als mögliche **Problembereiche** beim Einsatz der Matrixorganisation sollen berücksichtigt werden:

* hohes Konfliktpotential bei Überlappungen mit funktionalen Kompetenzbereichen (Zwang zur Regelung)
* keine Einheit der Leitung aufgrund Mehrfachunterstellung der Organisationsmitglieder
* großer Kommunikationsbedarf
* Gefahr zu vieler Kompromisse und Zeitverluste bis zur Entscheidung

Wurden bisher Strukturformen der permanenten bzw. langfristigen Gültigkeit von Kompetenzzuteilungen behandelt, so beziehen sich die folgenden Ausführungen auf die zeitlich befristete Leitungsstruktur der Projektorganisation.

5.2.2 Zeitlich befristete Strukturformen der Leitungsbeziehungen: die Projektorganisation

Wie schon bei der horizontalen Strukturierung durch Aufgabengliederung erwähnt, werden über die Projektorganisation Aufgaben mit ganz spezifischen Merkmalen (zeitlich befristet, einmalig, komplex, innovativ) im Rahmen einer gegebenen Grundstruktur (Primärstruktur) realisiert. Neben diesem aufgabenorientierten Charakter der Projektorganisation impliziert diese Organisationsform auch eine vertikale, strukturelle Änderung in den Leitungsbeziehungen einer Unternehmung. Wichtigste Kriterien der Projektorganisation in diesem Sinne sind ihr *abteilungsüberschreitender Charakter* und die Zuordnung von Entscheidungskompetenzen an den **Projektleiter bzw. Projektmanager.**

Je nach Art der Projektorganisation ist das Verhältnis der Kompetenzen der Linieninstanzen zu den Kompetenzen des Projektleiters unterschiedlich:

Kompetenzverhältnis Linieninstanzen/Projektleiter:	**Art der Projektorganisation:**
Linie dominiert	Projektkoordination
ausgeglichenes Verhältnis	Projektmatrixorganisation
Projektleiter dominiert	reine Projektorganisation

* **Projektkoordination**
  Weil Projekte innovative Aufgaben- und Problemstellungen zum Inhalt haben, stellt der damit entstehende Koordinationsaufwand auch andere Anforderungen an die betriebliche Koordination als die permanent wahrzunehmenden, repetitiven und abteilungshomogenen Aufgaben der Grundstruktur. Die Projektkoordination kann, muß aber nicht, in den Verantwortungsbereich einer einzigen Stelle (sehr oft einer Stabsstelle), der Projektleitung, integriert werden, da auch über Koordinationsausschüsse Projekte durchgeführt werden können.

  Manchmal werden beide Möglichkeiten miteinander kombiniert: Die Instanzen der betroffenen organisatorischen Einheiten bilden einen Steuerungs- oder Leitungsausschuß („steering commitee“) und beschränken sich auf die Vorgabe von Richtlinien und die Entscheidung grundsätzlicher Fragen, zumeist in der Form von Genehmigungen vorbereiteter Vorschläge. Der Projektmanager sorgt hingegen für die laufende Abstimmung zwischen allen beteiligten Stellen, sammelt Informationen, arbeitet Vorschläge aus, legt sie dem Ausschuß vor und dient anschließend wieder als Verbindungsstelle zu den einzelnen beteiligten Stellen. Entscheidungs- und Weisungsbefugnisse besitzt er jedoch nur im Rahmen der Kompetenzen, die ihm der Ausschuß von Fall zu Fall überträgt (Kieser/Kubicek, 1977, S. 118 f.).

Anwendungsbeispiele für die Projektkoordination sind:

- die Reorganisation einer Abteilung
- die Prüfung und Durchführung von Rationalisierungsmaßnahmen
- die Anwendung bestimmter Managementmethoden zur Weiterentwicklung von Produkten.

Diese Art der Projektorganisation ist die schwächste Form der Beeinflussung einer Grundstruktur durch zeitlich befristete Leitungsbeziehungen bei der Lösung von Sonderaufgaben und ist gekennzeichnet durch relativ leicht koordinierbare, überschaubare Aufgabenstellungen.

* **Matrixprojektorganisation**
Die Leitungsbeziehungen im Zusammenwirken von Primär- und Sekundärstruktur richten sich bei dieser Form der Projektorganisation nach dem Prinzip der Matrixorganisation; allerdings mit dem Unterschied, daß als **Sekundärstruktur** eben eine **zeitlich befristete Strukturdimension** eingeführt wird. Der Projektmanager koordiniert sämtliche funktionalen Aktivitäten der Linieninstanzen, deren Vertreter sehr oft zu einer Projektgruppe zusammengefaßt werden. Gegenüber der Linie ist er letztverantwortlich in bezug auf Termin-, Kapazitäts- und Kosteneinhaltung sowie für die Erreichung der Projektziele. **Anwendung** findet die Matrixprojektorganisation beispielsweise bei

- Einführung von EDV-Anlagen
- Produktinnovationen
- Aufbau von Planungs- und Kontrollsystemen

Durch die zentrale Planung, Leitung und Kontrolle der Projekte ermöglicht die Matrixorganisation einen wirkungsvollen Einsatz und die Zusammenarbeit mit den Fachspezialisten der Linieninstanzen. Sie bildet eine geeignete Organisationsform, um Veränderungen von Bedeutung im Markt und in der Unternehmungsumwelt schnell, flexibel und konsequent zu entsprechen.

Ähnlich wie bei der Matrixorganisation gilt es auch bei dieser Form der Projektorganisation, die Kompetenzkonflikte durch die Schnittstellen- bzw. Kompetenzkreuzungsproblematik bei Mehrfachunterstellung organisatorisch besonders zu beachten. Generell hat die Linieninstanz die Fachverantwortung, der Projektmanager die Vorgehens- und Koordinationsverantwortung zu tragen.

* **Reine Projektorganisation**
Bei sehr großen Projekten mit hohem Aufgaben- und Kostenvolumen wird für die Realisierung des Projektes eine sogenannte „Schattenorganisation" („shadow organization") aufgebaut, d.h. parallel zur Organisation der Unternehmung wird ein eigenes Projektteam organisiert, für die Dauer des Projektes aus der Grundstruktur herausgelöst und organisatorisch verselbständigt. Die bisherigen Vorgesetzten besitzen gegenüber den Projektgruppenmitgliedern keine Weisungsbefugnisse mehr; sie werden vom Projektleiter gemäß seiner Planungs-, Leitungs- und Kontrollfunktionen wahrgenommen.

Diese Art der Projektorganisation hat den Vorteil, daß die Projektgruppenmitglieder sich mit ihrer ganzen Kapazität auf das Projekt konzentrieren können, somit Doppelunterstellungen und Kompetenzkonflikte vermieden werden.

Durch den Entzug hochqualifizierter Mitarbeiter aus den Linieninstanzen, besteht jedoch die **Gefahr des Auftretens von Führungslücken** in Managementpositionen. Andererseits muß für den Projektleiter und dessen Mitarbeiter ein Karriereplanungssystem vorhanden sein, um dem Personenkreis des Projektteams die **Reintegration** in die Primärstruktur der Unternehmung zu gewährleisten.

5.3 Strukturierung des Führungsprozesses

Dem hier angesprochenen Problembereich „Führung" sind wir schon in Abschnitt 1.1 begegnet. Wir haben dort verschiedene Aspekte des Begriffs Unternehmungsführung aufgezeigt, die alle geeignet sind, ihn von anderen Problembereichen des Unternehmungsgeschehens abzugrenzen. Bei der Strukturierung von Führungsprozessen fragen wir nun nach den Möglichkeiten, wie das **wechselseitige Verhältnis Führer und Geführte(r) grundsätzlich in der Unternehmung (formal) gestaltet werden kann. Dabei gehen wir von einem Führungs-Verständnis aus, das unter Führung** versteht (vgl. Wunderer/Grunwald I, 1980, S. 104 f.):

* Die **Einflußnahme** auf andere Menschen mit dem Ziel, gegebene Zustände (z.B. Einstellungen, Handlungsweisen) zu verändern,
* die **soziale** Einflußnahme im Sinne zwischenmenschlicher Prozesse der Verhaltenssteuerung, die immer durch Personen (und nicht durch Sachmittel) zu initiieren und zu verantworten ist,
* die **zielorientierte** soziale Einflußnahme, die direkt oder mittelbar auf die Erfüllung der als organisatorisch relevant angesehenen Ziele gerichtet ist,
* die zielorientierte soziale Einflußnahme zur Erfüllung **gemeinsamer Aufgaben,** bei der nicht die Aufgabenteilung, sondern ihre Integration betont wird.

Führung in einer Unternehmung vollzieht sich im Rahmen einer durch den Unternehmungszweck bestimmten Arbeitssituation, die durch formale Elemente sowohl sachlich als auch sozial strukturiert ist.

Weiters vollzieht sich Führung in Form **wechselseitiger Einflußausübung** zwischen Vorgesetzten und Mitarbeitern. „Beide antizipieren in ihrem Handeln erwartete Reaktionen des anderen. So berücksichtigt der beeinflussende Vorgesetzte bei kooperativer Führung die Situation und Problemsicht des Mitarbeiters – sei es implizit oder über ausdrückliche Beteiligung an Informationen und Entscheidungen. Und Mitarbeiter orientieren ihren Einfluß im Führungsbereich an den Intentionen, Entscheidungen Verhaltensweisen des Vorgesetzten. Dieser wechselseitige Einflußprozeß ist also nicht einzelnen Handlungen bzw. einzelnen Beteiligten zurechenbar, sondern muß als Zusammenspiel aller gesehen werden" (Wunderer/Grunwald I, 1980, S. 104).

Führung bildet auch den Ausgangspunkt für vielfältige **Arbeits- und Sozialbeziehungen** zwischen Vorgesetzten und Mitarbeitern (berufliche und private Beziehungsmuster), die auf der Basis von wechselseitiger Akzeptanz, Toleranz, Unterstützung, Achtung der Menschenwürde, Solidarität, Vertrauen und Sensitivität aufgebaut werden müssen (Bedeutung von Werten).

Wesensmerkmale der Führung, wie sie hier nun beschrieben sind, verlangen eine **präzisere Begriffsbestimmung** von Führung, nämlich im Sinne von **kooperativer Führung,** deren Definition wie folgt lautet (Wunderer/Grunwald I, 1980, S. 105):

Kooperative Führung wird verstanden als:

(1) Zielorientierte soziale Einflußnahme zur Erfüllung gemeinsamer Aufgaben	**Ziel-Leistungs-Aspekt**	**Führung in Organisationen**
(2) in/mit einer strukturierten Arbeitssituation	**Organisations-Aspekt**	
(3) unter wechselseitiger, tendenziell symmetrischer Einflußausübung	**partizipativer Aspekt**	**Qualität kooperativer Führung**
(4) und konsensfähiger Gestaltung der Arbeits- und Sozialbeziehungen	**prosozialer Aspekt**	

5.3.1 Merkmale kooperativer Führung

„Kooperative Führung" unterscheidet sich von „nicht-kooperativer Führung" durch die folgenden Merkmale, die nicht als voneinander isoliert und unabhängig, sondern als zusammenhängende Merkmalsdimensionen mit unterschiedlicher Ausprägung verstanden werden (vgl. Wunderer/Grunwald I, 1980, S. 99 ff.):

1) **Gemeinsame Einflußausübung** von Vorgesetzten und Mitarbeitern, wobei jeweils der in einer bestimmten Situation Geeignete seinen Einfluß ohne Zwang, Druck oder Manipulation geltend machen soll. In der Literatur wird zur kooperativen Führung neben Art und Ausmaß der Entscheidungsbeteiligung in zunehmendem Maße die wechselseitige, tendenziell symmetrische Einflußausübung möglichst vieler Organisationsmitglieder betont. Dies geschieht durch:

- **Entscheidungsbeteiligung (Partizipation):**
der Vorgesetzte soll seinen Mitarbeitern Einfluß auf ökonomisch wichtige Entscheidungen gewähren und den damit verbundenen Machtausgleich akzeptieren;

- **Einflußverteilung und -ausübung:**
Machtverteilung und ihre Legitimationsbasen werden – wie z.B. im Konzept der funktionalen Autorität – grundsätzlich zur Diskussion gestellt. Einfluß und Macht werden nicht mehr als Selbstwerte, sondern als funktionale Beiträge zur Systemstabilisierung und -entwicklung begriffen.

2) **Funktionale Rollendifferenzierung und Sachautorität** rücken als Legitimationsbasis an die Stelle von personen- und positionsspezifischer Autoritätausübung (z.B. Aufgabenart, Fähigkeiten).

3) **Multilaterale Informations- und Kommunikationsbeziehungen:** d.h. an die Stelle hierarchisch strukturierter Beziehungen tritt ein umfangreiches Netz vertikaler, horizontaler und diagonaler Informations- und Kommunikationsbeziehungen, um die sachgerechte Aufgabenerfüllung und die sozialen Beziehungen zwischen den Organisationsmitgliedern zu fördern.

4) **Konfliktregelung durch Aushandeln und Verhandeln:** Hierarchisch strukturierte Organisationen mit bürokratisch-autoritärer Führung regeln Konflikte zumeist durch einseitige Entscheidungen der Vorgesetzten. Bei kooperativer Führung wird angestrebt, die konfliktären Interessen der Organisationsmitglieder in Prozessen des Aushandelns und Verhandelns nutzbar zu machen (Bargaining-Prozesse).

5) **Gruppenorientierung:** gemeinsames Problemlösen, mehr Partizipation usw. machen es auch notwendig, vermehrt Gruppen (Teams) in strukturelle Überlegungen einzubeziehen (z.B. Projektgruppen, autonome Arbeitsgruppen).

6) **Vertrauen als Grundlage der Zusammenarbeit:** partnerschaftliche Zusammenarbeit und gegenseitige Akzeptanz sind Voraussetzung für konsensfähige Arbeits- und Sozialbeziehungen.

7) **Bedürfnisbefriedigung der Mitarbeiter und Vorgesetzten:** Während Bedürfnisbefriedigung in der Vergangenheit oftmals auf jene Motive bezogen wurde, die zur Steigerung der Produktivität beizutragen schienen, wird Bedürfnisbefriedigung im Rahmen kooperativer Führung auch **als Mittel und Ziel der persönlichen und/oder beruflichen Entwicklung** der Organisationsmitglieder gesehen. Durch kooperative Führung wird versucht, die Bedürfnisse der Mitarbeiter und Vorgesetzten weitgehend zu berücksichtigen. Kooperative Führung gilt auch in dem Maße als erfolgreich, wie sie die Arbeitszufriedenheit der Organisationsmitglieder sichert bzw. erhöht.

8) **Ziel- und Leistungsorientierung:** Bei der kooperativen Führung wird auch Antinomie zwischen Organisations- und Individualzielen akzeptiert, die aber durch aktive Mit- und Selbstbestimmung aller Beteiligten bzw. durch Abbau von Fremdbestimmung gemildert werden kann. Kooperative Führung ist in dem Maße erfolgreich, wie sie auch die Arbeitsleistung der Organisationsmitglieder sichert bzw. erhöht.

9) **Bedürfnisorientierte Personal- und Organisationsentwicklung:** Bedürfnisorientierte Personal- und Organisationsentwicklung geht von einer ständigen Lernbereitschaft und -fähigkeit der Organisationsmitglieder aus und versucht, durch externe und interne Aus- und Weiterbildungsmaßnahmen die persönlichen und beruflichen Entwicklungsziele der Mitarbeiter mit den Organisationszielen zu verbinden.

Bisherige Erklärungsversuche haben die kooperative Führung zu stark auf die Entscheidungspartizipation reduziert und die wechselseitige Interaktion zwischen Vorgesetzten und Mitarbeitern nur unzureichend berücksichtigt (Führungsprozeß). Die Sicht des Vorgesetzten wurde überbewertet und z.B. sozialethische Grundlagen wurden oft ohne näheres Reflektieren außer acht gelassen.

5.3.2 Der kooperative Führungsstil im Kontext anderer Führungsformen

Das Führungsverhalten bzw. die wechselseitigen Prozesse der Verhaltensbeeinflussung zwischen Vorgesetzten und Mitarbeitern finden im kooperativen Führungsverständnis nur eine von vielen möglichen Verhaltensäußerungen, die durch die beiden Führungsdimensionen (vgl. Wunderer/Grunwald I, 1980, S. 113f.):

* **Partizipative Orientierung (Machtgestaltung):**
  Information, Konsultation, gemeinsame Konferenzen und Besprechungen,

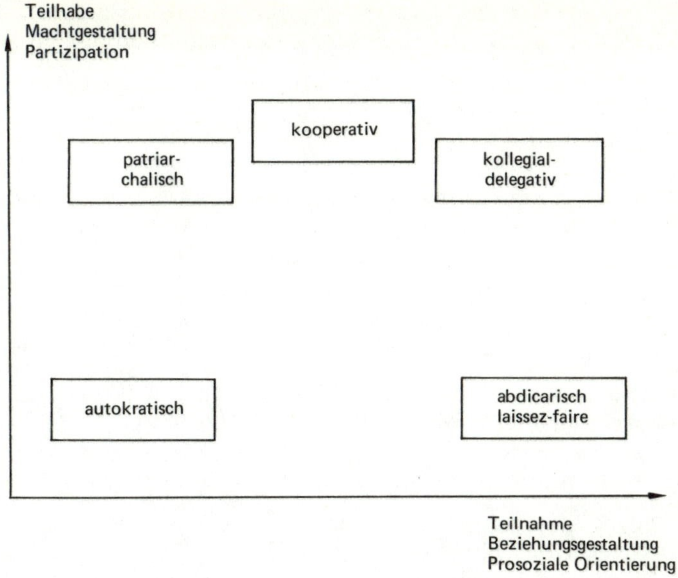

Abb. 1.16 Führungsformen und Führungsdimensionen (nach Wunderer/Grunwald I, 1980)

Begründung von Entscheidungen, gemeinsame Entscheidungsvorbereitung, kollegiale Entscheidung, Vorschlagsrechte, Mitentscheidung, Vetorechte, mehr Selbst- als Fremdkontrolle

* **Prosoziale Orientierung (Zwischenmenschliche Beziehungsgestaltung):** Offenheit, Vertrauen, Verständnis, Akzeptanz, Einfühlungsvermögen, mitmenschliche Orientierung, wechselseitige Unterstützung und Kommunikation, Gruppenorientierung, Kompromißfähigkeit, Verhandlungsbereitschaft

bestimmt und schematisch wie folgt dargestellt werden können.

Aus Abbildung 1.16 geht hervor, daß die **polare Gegenüberstellung** von autokratischem und kooperativem Führungsstil eigentlich eine unzulässige **Vereinfachung** darstellt. Ohne diesem Fehler zu unterliegen, soll aber, da autokratisches Führungsverhalten gerade in bürokratisch strukturierten Organisationen eine heute noch sehr häufig anzutreffende Führungsform ist, dieses Führungsverhalten in seinen strukturellen Ausprägungen Erwähnung finden.

Beispiele struktureller Ausprägungen eines autokratischen Führungsverhaltens:

- Einflußnahme erfolgt überwiegend aufgrund positionsspezifischer Autorität
- ganz bewußt werden Statussymbole (z.B. Titel, Büroausstattung) verteilt und als Instrumente zur Statusdifferenzierung eingesetzt
- Versachlichung der Beziehungen zwischen Vorgesetzten und Mitarbeitern: starke Aufgaben-/Leistungsorientierung der Vorgesetzten, bewußt betonte soziale Distanz zu Mitarbeitern

- scharfe Trennung der Aufgaben in planende, innovative Bereiche der Vorgesetzten und stark strukturierte operative Aufgabenteilungen der Mitarbeiter

- eine Gruppenintegration wird vom Vorgesetzen nicht angestrebt

- die Willensbildung (Entscheiden) erfolgt – ohne Einflußmöglichkeit der Mitarbeiter – autonom durch den Chef

- Basis der Willensdurchsetzung ist das Ausmaß der Ausstattung einer Stelle mit Entscheidungs-, Anordnungs- und Kontrollkompetenzen.

5.3.3 Delegation

Im Rahmen dieses Beziehungsgefüges wird das **Abtreten** von Entscheidungskompetenzen an nachgeordnete Stellen als **Prozeß der Kompetenzübertragung** bzw. als **Delegation** bezeichnet (während mit dem Begriff Partizipation das zwischen vorgesetzten und nachgeordneten Stellen gemeinsame Ausüben von Kompetenzen, also die Beteiligung von Mitarbeitern an der Willensbildung einer hierarchisch höheren Ebene der Organisation gemeint ist).

Soll der Prozeß der Kompetenzübertragung zu einem funktionierenden, möglichst konfliktfreien Verhältnis zwischen Chef und Mitarbeiter beitragen, müssen bestimmte **Voraussetzungen** bei der Delegation berücksichtigt werden. Die Delegationsmöglichkeiten hängen in erster Linie vom Grundprinzip ab, daß die Fachkompetenz eines Stelleninhabers und die formellen Entscheidungs- und Mitsprachekompetenzen seiner Stelle im Gleichgewicht sein sollen. Dieses Gleichgewicht wird durch das Verhältnis zwischen

a) **stellenbezogenen Voraussetzungen** und
b) **entscheidungsbezogenen Voraussetzungen**

bestimmt (vgl. Hill et al., 1981, S. 227).

Zu a) **Stellenbezogene Voraussetzungen dienen zur Bestimmung der Kompetenzmöglichkeiten einer Stelle bzw. des Stelleninhabers, z.B.:**

- Die Delegation von Aufgaben und Kompetenzen muß sich auf **alle** hierarchischen Ebenen einer Unternehmung beziehen, auch auf die Unternehmungsleitung. Delegation soll als Managementprinzip eingesetzt werden, welches die gesamte Unternehmung „von oben nach unten" erfaßt (Top-down-Vorgehen).

- Es sollen möglichst **Einheiten von Aufgaben** und nicht nur isolierte Teilaufgaben delegiert werden.

- Es soll nicht nur eine **klare Abgrenzung** der delegierten Aufgaben, sondern auch der entsprechend notwendigen Kompetenzen erfolgen.

- Die Delegation soll **geplant** werden und auf die **dauerhafte Übertragung** gleichartiger Aufgaben ausgerichtet sein. Zu vermeiden ist eine Ad-hoc-Delegation von Aufgaben, je nach momentaner Einstellung und Arbeitsbelastung des Vorgesetzten.

- Die Delegation enthebt den Vorgesetzten **nicht** seiner Verantwortung, d.h. durch die Delegation bleibt die Führungsverantwortung (richtige Übertragung, Fähigkeiten der Mitarbeiter usw.) weiterhin beim Vorgesetzten, nur die Handlungsverantwortung (Qualität der Ausführung, Termineinhaltung usw.) kann delegiert werden.

• Der **Aufgabenträger** ist umfassend zu informieren, zu instruieren und, falls notwendig, zu kontrollieren. Die Umstellung auf vermehrte Delegation muß in einem stufenlosen **Lernprozeß** geschehen.

• Die delegierten Aufgaben sollen den **Fähigkeiten** und der **Leistungsbereitschaft** des Mitarbeiters entsprechen. Da ein Mitarbeiter durch eine plötzliche, starke Aufgabendelegation überfordert werden kann, soll diese in sinnvollen Stufen gemäß dem **Subsidiaritätsprinzip** erfolgen.

• **Nicht delegierbare** Aufgaben- und Kompetenzbereiche einer Stelle müssen ebenso Berücksichtigung finden.

Zu b) **Entscheidungsbezogene Voraussetzungen dienen zur Bestimmung der Delegierbarkeit** einer bestimmten Entscheidung und hängen vom Charakter und der Tragweite der zu treffenden Entscheidungen ab. Als **Kriterien der Tragweite einer Entscheidung** können genannt werden:

1. **Zeitliche Reichweite:** Entscheidungen mit kurzer Reichweite sind weiter hinab delegierbar als solche mit langer Reichweite.

2. **Wirkungsbreite:** je vielfältiger die Wirkungen auf andere Bereiche (oder auf das gesamte soziale System), um so weniger ist eine Entscheidung delegierbar.

3. **Personelle Wirkungen:** Entscheidungen mit direkten menschlichen Auswirkungen sind auf höherer Ebene als rein sachtechnische Entscheidungen zu fällen.

4. **Unsicherheit und Risiko:** je größer das Risiko in finanzieller und sonstiger Hinsicht und je unsicherer die Entscheidungssituation im allgemeinen ist, um so weniger ist eine Entscheidung delegierbar.

5. **Häufigkeit:** sich ständig wiederholende Entscheidungen nehmen den Charakter von „Routinefällen" an, während seltene Entscheidungen als „Ausnahmefälle" erscheinen. Die Routinefälle verlangen keine „echte" Entscheidung mehr. Nach dem Ausnahme-Prinzip (Management by Exception) sind sie an untergeordnete Stellen zu delegieren, wobei die Toleranzgrenzen zur Aussonderung der „Ausnahmefälle" genau definiert werden müssen.

Durch den Einsatz der Delegation im Führungsprozeß lassen sich folgende **Vorteile** erreichen:

• Entlastung der übergeordneten Stellengruppen und Vorgesetzten von Aufgaben, die untergeordnete Stellen zufriedenstellend erfüllen können

• Konzentration der Leitungsspitze und Führungsinstanzen auf wichtige, strategische, planerische und dispositive Entscheidungen

• Entscheidungen liegen innerhalb jener Stellengruppe, bei der die Folgen unmittelbar wirksam werden

• Entlastung der Kommunikationskanäle durch Reduktion auf die notwendigen Anordnungen

• relativ autonome, konfliktfreie Aufgabenerfüllung unterer Stellen- und Stellengruppen durch Übereinstimmung von Aufgaben und Kompetenzen

• Zwang zur sorgfältigen Analyse der Entscheidung über den Einsatz des „Management by Exception" (vgl. Grochla, 1972, S. 229)

- Selbstkoordination unterer Stellen und Stellengruppen
- Entfaltungsraum und persönliche Entwicklung nicht nur an der Führungsspitze, sondern auch auf unteren Stufen
- Förderung des Selbstvertrauens, der Sicherheit und der Motivation bzw. der Leistungsbereitschaft der Mitarbeiter.

Als **Problembereiche** bei der Anwendung der Delegation müssen besonders berücksichtig werden:

- Bedarf an qualifizierten und verantwortungsbewußten Mitarbeitern
- Notwendigkeit erhöhter Ergebniskontrolle
- aufwendige Analyse der Aufgabenstellungen und Entscheidungssituationen sowie Schulungs- und Lernprozesse
- Gefahr einseitiger, stellenbezogener Entscheidungen (Suboptimierung)
- Gefahr der Überforderung einzelner Mitarbeiter durch Zuordnung von neuen Aufgaben-, Kompetenz- und Verantwortungsbereichen (Änderungswiderstand).

5.3.4 Koordination und Koordinationsinstrumente

Überall dort, wo kollektive Entscheidungs- und/oder Handlungsprozesse ablaufen, treten in der Unternehmung Koordinationsprobleme auf. Die Tatsache, daß z.B. alle betrieblichen Entscheidungen als Ergebnis vielfältiger multipersonaler Entscheidungsprozesse zu begreifen sind, bringt die überragende Bedeutung und Notwendigkeit eines koordinierten Verhaltens der Organisationsmitglieder zum Ausdruck, dem in der betriebswirtschaftlichen Literatur ein breiter Raum eingeräumt wird (z.B. Meier, in: Grochla (Hrsg.), 1969, Frese, in: Grochla/Wittmann (Hrsg.), 1975, Mellerowicz, 1976, S. 279 ff.).

Die organisatorische Differenzierung folgt dem Zweck, die Gesamtaufgabe einer Unternehmung in überschaubare, relativ homogene Bündel von Teilaufgaben zu zerlegen und so die durch die Umwelt und durch interne Faktoren entstandene Komplexität des Unternehmungsgeschehens zu reduzieren (Prinzip der Arbeitsteilung).

Koordination verstehen wir daher als bewußte, unternehmungszielorientierte Abstimmung und Ausrichtung dezentraler, genereller und fallweiser Handlungen und/oder Entscheidungen voneinander abhängiger Stellen unter Anwendung struktureller, technokratischer und personaler **Koordinationsinstrumente** (vgl. Hoffmann, 1980, S. 305).

Koordinationsmaßnahmen können – je nach Wirkung auf den Koordinationsbedarf – noch eingeteilt werden in a) **koordinationsbedarfsreduzierende** Maßnahmen und b) **koordinationsbedarfsdeckende** Maßnahmen, die *Hoffmann* auf die Koordinationsinstrumente wie folgt anwendet (vgl. Hoffmann, 1980, S. 328 ff.):

Instrument	Koordinationsform	Merkmal
A) *Koordinationsbedarfsreduktion*		
1. Abteilungs-, Sparten/Divisions-, Funktionsbereichsbildung 2. Vernachlässigung von Interdependenzen als Strategie	koordinationsbedarfsreduzierende Strategien im Rahmen der Differenzierungsphase	– geringe Komplexität der Interdependenzen zwischen spezialisierten Organisationseinheiten – quasi-autonome Verantwortungsbereiche Anwendung des Prinzips des „Self-containment"
B) *Koordinationsbedarfsdeckung*		
B1) Koordinationsinstrumente zur vertikalen Koordination 1. Unipersonale Koordinationsinstrumente 1.1. Hierarchie (Instanzen)	– direkt, personenorientiert durch persönliche Anweisungen der Instanzen	– häufige und regelmäßige persönliche Anweisungen und Anordnungen von Vorgesetzten – hierarchische ad-hoc-Entscheidungen – Zentralisation von Entscheidungsbefugnissen – hierarchische Unter- und Überordnungsverhältnisse – häufige und regelmäßige Interaktion zwischen Vorgesetzten und Mitarbeitern zur Erteilung von Anweisungen und persönlichen Kontrollen durch den Vorgesetzten – direkter Kontakt zwischen Vorgesetzten und Mitarbeitern
(ergänzend: 1.2. Stabsstellen 1.3. Zentralstellen) 2. Multipersonale Koordinationsorgane 2.1. Stabsabteilungen 2.2. Zentralabteilungen, -bereiche	– strukturell durch Wahrnehmung von Koordinationsaufgaben	– intensive Wahrnehmung von Koordinationsaufgaben – Anzahl institutionalisierter Stabs-, Zentralbereiche – Anzahl der in diesen Koordinationseinheiten tätigen Mitarbeiter/Gesamtbeschäftigung
B2) Koordinationsinstrumente zur horizontalen und lateralen Koordination 1. Unipersonale Koordinationsinstrumente 1.1. Produkt-, Projekt-, Regionalbereichsleiter 1.2. Spezielle Integratoren (z. B. Verbindungs- und Kontaktstellen) mit Weisungsbefugnis	– direkt, personenorientiert durch persönliche Anweisungen	– wie B1)1.
2. Multipersonale Koordinationsinstrumente 2.1. Komitees 2.2. Ausschüsse 2.3. Kollegien 2.4. Kommissionen 2.5. Teams 2.6. Sitzungen, Konferenzen, Besprechungen, Verhandlungen 2.7. Projektgruppen (Task Forces, Projectorganization)	– direkt, durch Selbstabstimmung	– Verhandlungsprozesse – Intensität (Häufigkeit und Regelmäßigkeit) der Institutionalisierung von (1)–(7) – Anteil der Gruppenentscheidungen an der Gesamtheit der Entscheidungen – Gemeinschaftliche Entscheidungsbefugnis – Intensität (Häufigkeit und Regelmäßigkeit) horizontaler Kommunikation mit Mitarbeitern aus anderen Bereichen der gleichen Hierarchie-Ebene oder anderen Hierarchie-Ebenen (laterale Koordination) – Existenz von Verhaltensmustern zur Handhabung sachbezogener Konflikte – Organisierte Zusammenarbeit – Fallweise Interaktion nach eigenem Ermessen – Fallweise institutionalisierte Interaktion

Abb. 1.17 Strukturelle Koordinationsinstrumente (nach Hoffmann, 1980)

Instrument	Koordinationsform	Merkmale
A) *Koordinationsbedarfsreduktion*		
1. Installation von organisatorischem Überschuß zur Reduktion und Stabilisierung von Programminterdependenzen 2. Antizipation und Kontrolle von Input-/Output-Transaktionen 3. Glättung der Input-/Output-Transaktionen 4. Rationierung der Organisations-Umwelt-Beziehungen 5. Ausgestaltung des Informationssystems	Koordinationsbedarfs-reduzierende Strategien im Rahmen der Differenzierungsphase	– Aufbau von Lägern, Bereitstellung von Reservekapazitäten – flexible Produktionseinrichtungen – Forschung und Entwicklung, langfristige Belieferungs- und Absatzkontrakte – antizyklische Werbung – Preisdifferenzierungsstrategien – Programmbereinigung – offener Informationsaustausch
B) *Koordinationsbedarfsdeckung*		
I. Planung (Ziel- und Mittelvorgabe)	indirekt, technokratisch durch quantifizierte Ziele	– Regelmäßig erstellte Pläne unterschiedlicher zeitlicher Reichweiten mit Sollvorgabefunktion – Stabsstellen zur Erstellung und Abstimmung von Plänen – hohe Quantifizierung betrieblicher Vorgänge und ihrer Beziehungszusammenhänge – partizipative Budgetplanung – Verwendung von Kennzahlen (ROI, Residualgewinn) und -systemen
II. Regeln und Programme		
1. Rollen, Stellen, Positionen (z. B. Aufgabenstellung und -erfüllung) 2. Beziehungsgefüge zwischen Stellen und Aufgaben (z. B. Autoritäts-, Kommunikations-, Arbeitsbeziehungen) 3. Prozesse 3.1. Operative Prozesse (physische Transformationsprozesse, administrative Prozesse) 3.2. Aufgaben- und personenbezogene Leitungsprozesse (Planungs-, Budgetierungs-, Kontollprozesse; Prozesse der Personaleinstellung, -entlohnung, -beurteilung, -aus- und -weiterbildung, -entlassung, -planung)	indirekt, technokratisch durch generelle Regelungen schriftlicher bzw. nicht schriftlicher Form	– klare Entscheidungsregeln, Genauigkeit von Kompetenzabgrenzungen – hohe Transparenz von Entscheidungsprozessen und Prognostizierbarkeit ihrer Ergebnisse – Gefühl der „Ver"bürokratisierung bei Organisationsmitgliedern – Häufigkeit von Klagen über Monotonie – Anzahl programmierter Entscheidungen zur Anzahl nicht programmierter Entscheidungen – Häufigkeit, mit der Instanzen zur Lösung von Problemen angerufen werden, und Anweisungen wiederholt in gleicher Form geben müssen, aufgrund a) genereller, nicht schriftlicher Regelungen b) genereller, schriftlicher Regelungen in Form der – Regelmäßigkeit, Intensität (Umfang, Anzahl), Relevanz, Häufigkeit der Verwendung, Genauigkeit, Detailliertheit und Vollständigkeit von Stellenbeschreibungen, Dienstvorschriften, Ausführungsbestimmungen, Arbeitsverteilungsplänen, Arbeitsplatzbeschreibungen, Arbeitsverträgen, Richtlinien, Führungsanweisungen, Verfahrensrichtlinien und -handbüchern, Reglementen, Check-Listen, Manualen – Verwendung von Organisationsplänen, -handbüchern, -schaubildern und -diagrammen, Informationshandbüchern

Abb. 1.18 Technokratische Koordinationsinstrumente (nach Hoffmann, 1980)

Instrument	Koordinationsform	Merkmale
A) *Koordinationsbedarfsreduktion*		
1. Personalaus- und -Weiterbildung 2. Transfer von Mitarbeitern 3. Interne Rekrutierung von Mitarbeitern	direkt, personenorientiert durch Indoktrination, Ideen	– Beeinflussung nicht an der Zielbildung beteiligter Organisationsmitglieder durch Indoktrination und Ideen – Art, Häufigkeit und Regelmäßigkeit der Personalweiterbildung – Grundsatz der ausschließlich internen Rekrutierung von Mitarbeitern bei Stellenbesetzungen
B) *Koordinationsbedarfsdeckung*		
1. Partizipativer Führungsstil	direkt, personenorientiert durch partizipative und beratende Entscheidungsfindung	– engagiertes Mitdenken und Handeln der Mitarbeiter
2. „Autoritativer“ (im weitesten Sinne) Führungsstil	direkt, personenorientiert durch persönliches Eingreifen von Vorgesetzten	– siehe hierzu die Merkmale struktureller Koordination durch unipersonale Koordinationsorgane (Instanzen) in Übersicht 1

Abb. 1.19 Personale Koordinationsinstrumente (nach Hoffmann, 1980)

5.3.5 Optimale Leitungsspanne als Organisationsproblem

Unter dem Begriff „Leitungsspanne“ (auch „span of control“) wird ebenfalls auf die Gestaltung der Beziehungen zwischen Vorgesetzten und Mitarbeitern eingegangen.

Unter strukturellen Aspekten wird unter Leitungsspanne die **Anzahl der direkt unterstellten Mitarbeiter** verstanden, die ein Vorgesetzter führt.

Damit wird der Leitungszusammenhang zwischen Vorgesetzten und Mitarbeitern berührt, der als vertikale Strukturierungsmaßnahme die Gliederungstiefe („Konfiguration“) einer Organisationsstruktur bestimmt:

Die Gestaltung der Leitungsspanne ist aber nicht nur ein strukturelles Problem, das ausschließlich von der Anzahl der einem Vorgesetzten direkt unterstellten Mitarbeiter abhängt, sondern auch ein Problem der Gestaltung von Führungsprozessen. Unter prozeßorientierten Aspekten interessiert die Kontaktnähe („closeness of supervision“) zwischen Vorgesetzten und unterstellten Mitarbeitern, die besonders von den Kriterien Häufigkeit (Anzahl) und Intensität (z.B. Zeitaufwand) der Beziehungen beeinflußt wird.

In der Organisationsforschung werden daher zahlreiche Studien auf die Problematik der „optimalen“, „richtigen“ Leitungsspanne angesetzt (z.B. Koontz/O'Donnell 1964, Ouchi/Dowling 1974), die infolge der Beziehungskomplexität sehr unterschiedliche Ergebnisse liefern. Sicher ist jedoch – und das wurde relativ früh schon festgestellt –, daß mit wachsender Zahl der unterstellten Mitarbeiter die Zahl der möglichen Beziehungen überproportional steigt.

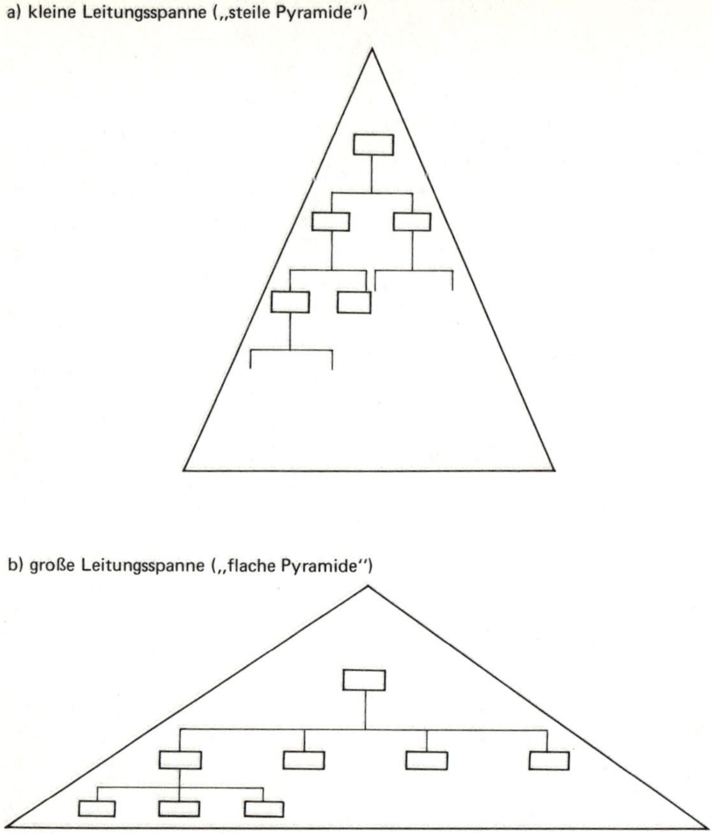

Abb. 1.20 Formen von Leitungsspannen

In Anbetracht dieser Meßschwierigkeiten sollen die unterschiedlichen **Einflußfaktoren** (z.B. der Aufgaben, Eigenschaften der Personen) auf die Gestaltung der **„optimalen" Leitungsspanne** in Thesenform erörtert werden:

- Je häufiger sich die Aufgaben ändern, je schwieriger diese Aufgaben sind, je weniger Routineaufgaben, sondern innovative Probleme zu lösen sind, je mehr die Vorgesetzten und die Mitarbeiter die Aufgabenschritte aufeinander abstimmen müssen und voneinander abhängig sind und je kleiner der Entscheidungsspielraum des einzelnen Mitarbeiters ist, desto stärker ist die Belastung des Vorgesetzten und desto **kleiner** muß die Leitungsspanne sein.
- Je größer die fachlichen Fähigkeiten des Mitarbeiters, seine Selbständigkeit und seine Verantwortungsbereitschaft sind und je größer die fachlichen und persönlichen Führungsqualitäten des Vorgesetzten, sein Vertrauen in die Mitarbeiter, seine Durchsetzungskraft, seine Energie und seine Übersicht sind, umso geringer ist die Belastung beim Vorgesetzten und umso **größer** kann die Leitungsspanne sein.
- Je klarer die Aufgaben strukturiert sind, je mehr der Vorgesetzte durch Assistenten, Stabsstellen und zentrale Stellen unterstützt wird, je mehr der Vorge-

setzte Aufgaben und Kompetenzen delegiert, je mehr die Aufgabenerfüllung im Rahmen geplanter und standardisierter Abläufe bzw. Prozesse erfolgt und je kooperativer der Führungsstil, d.h. je mehr der Führungsstil eine Selbstkoordination in der Stellengruppe zuläßt, umso geringer ist die Belastung des Vorgesetzten und umso **größer** kann die Leitungsspanne sein.

* Je mehr standardisierte Informationsträger (z.B. Formulare) eingesetzt werden, je mehr arbeitssparende Hilfsmittel und Maschinen (z.B. Telefon, Transportmittel, Arbeitsvorrichtungen, Meßvorrichtungen, Automaten, Computer u.a.) eingesetzt werden können, umso geringer die Belastung des Vorgesetzten und umso **größer** kann die Leitungsspanne sein.

5.4 Strukturierung von Transformationsprozessen

Hauptzweck der organisatorischen Gestaltung von Transformationsprozessen ist die **Strukturierung von Aktivitätsfolgen.** Neben einer **Aufbaustruktur,** die als Ausdruck der relativ dauerhaften horizontalen und vertikalen Beziehungen in einem System gilt, müssen nun die im Zeitablauf anfallenden und zur Zweckerfüllung des Systems notwendigen Aktivitäten ebenfalls strukturiert werden.

Die **Ablaufstruktur (Ablauforganisation)** orientiert sich an den zur Erstellung eines physischen (Güter-) bzw. nicht physischen (Informationen-) Outputs notwendigen Transformationsprozessen, denen ein **routiniertes** oder **problemlösendes Verhalten** der Aufgabenträger zugrundeliegen kann. Mit Hilfe der **Standardisierung** können Transformationsprozesse formal gestaltet und geordnet werden.

5.4.1 Standardisierung

Unter **Standardisierung** wird generell die **Einschränkung der Verhaltensvarietät** durch Programmierung von Aktivitätsfolgen verstanden. „Standardisierung wird als Variable vorgesehen, mit deren Hilfe Prozesse, die im System wiederholt auftreten, spezifiziert (d.h. detailliert beschrieben) und generalisiert (d.h. unabhängig von einzelnen Personen und Ereignissen dauerhaft geregelt) werden können" (Hill et al, 1981, S. 266).

Arbeits- und/oder Informationsprozesse werden durch **Programme** strukturiert, d.h. dem Aufgabenträger (z.B. Mensch, Computer) werden Handlungsanweisungen für die einzelnen, im Prozeß enthaltenen Be- und Verarbeitungsaktivitäten sowie Transport- und Lager- bzw. Speicheraktivitäten erteilt.

Eine zunehmende Strukturierung von Aufgaben und Prozessen hat zur Folge, daß das Ausmaß an **Entscheidungsfreiheit** (Verhaltensvarietät) des Aufgabenträgers **immer geringer** wird. Da **Programme** sich nicht nur auf Computerprogramme, sondern im Sinne einer **Handlungsanweisung** natürlich auch auf die Verhaltensvarietät der Organisationsmitglieder beziehen (= organisatorische Programme), sind hier enge Beziehugnen zu anderen formalen Gestaltungsbereichen gegeben.

Neben der routinisierbaren, durch Programme determinierten Verhaltensform bei der Erfüllung von Aufgaben gibt es **das problemlösende, innovative Verhalten** von Aufgabenträgern, bei dem das Strukturieren von Aufgaben und Prozessen in weit beschränkterem Rahmen nur möglich ist und durch Anwendung **heuristischer** Verfahren erfolgt. Darunter versteht man Methoden, die bei innovativen

Problemlösungsprozessen eingesetzt werden und im statistischen Durchschnitt den Problemlösungsaufwand verkürzen, jedoch im Einzelfall weder einen verkürzten Suchprozeß noch überhaupt eine Lösung garantieren (vgl. Hill et al., 1981, S. 279).

In ihrer Bedeutung darf die Heuristik nicht unterschätzt werden. Sehr oft ist die Voraussetzung für einen gezielten Einsatz **deterministischer Methoden** und Algorithmen. Beispiele heuristischer Verfahren sind all die Methoden, die zur Strukturierung komplexer Probleme in überschaubare Teilprobleme herangezogen werden, wie z.B. das System-Engineering, die Ziel-Mittel-Verfahren-Analyse, der allgemeine Problemlösungsprozeß oder Problemlösungstechniken.

Die organisatorische Festlegung von Aktivitätsfolgen (Programmierung) und die Bestimmung der Anzahl möglicher Verhaltensweisen bei der Abwicklung von Prozessen (Verhaltensvarietät) determinieren gemeinsam die Einsatzbreite und die Bezugspunkte der Standardisierung.

Argumente für den Einsatz der Standardisierung lassen sich folgendermaßen zusammenfassen:

1) **Standardisierung erhöht die Produktivität (Effizienz)**
Da Abläufe i.d.R. nur für gleichartige und mehrmals anfallende Arbeitsprozesse organisatorisch festgelegt werden, ist eine weitgehende Rationalisierung der Aktivitäten möglich. Durch eine Analyse und Synthese der zur Erbringung eines bestimmten Outputs notwendigen Arbeitsprozesse soll erreicht werden, daß

- ablaufmäßig zusammengehörende Verrichtungen Aufgabenträgern zugewiesen werden, die qualitativ (Fähigkeiten) und quantitativ (Belastbarkeit) geeignet sind,
- die vorhandenen Sachmittel ökonomisch eingesetzt und
- die Zahl der Arbeitsstationen bzw. die Transportwege minimiert werden.

2) **Standardisierung erleichtert die Koordination**
Die Festlegung der Struktur der Aktivitäten ist eines der wichtigsten organisatorischen Hilfsmittel zur Koordination der Aktivitäten von Stellen. Die Standardisierung soll helfen, daß:

- Doppelspurigkeiten vermieden werden
- die zu bearbeitenden Objekte (Güter, Informationen) zur richtigen Zeit, in der richtigen Art und Menge bei der zuständigen Stelle bereitgestellt sind und
- durch klare Kompetenznormen das „organisatorische Konfliktpotential" reduziert, bzw. ein lückenloses Ineinandergreifen der Verrichtungshandlungen gewährleistet ist.

3) **Standardisierung entlastet die Führungskräfte**
Durch die Strukturierung von Arbeitsabläufen werden die Führungskräfte von den alltäglichen Routineaufgaben weitgehend befreit. Die Steuerung der Prozesse wird in einem gewissen Sinne „automatisiert", indem zu Beginn einer Aktivität bestimmte Eingabedaten vorliegen müssen und mit Abschluß der Aktivität Ausgabedaten für den folgenden Aufgabenträger erstellt werden, die wiederum die nächste Aktivität steuern. Darüberhinaus können die eigenen Leitungsprozesse zeitliche Einsparungen erreichen und wiederum gezielt Schwerpunkte setzen (Realisierung der Führungsfunktionen, Delegation).

4) **Standardisierung erhöht die Stabilität**
Die Standardisierung der Arbeitsprozesse hat eine höhere Verhaltensstabilität des Systems zur Folge, da die einzelnen Aktivitätsfolgen von den beteiligten Personen weitgehend unabhängig werden.

Als **Gefahrenpotentiale** geringer Verhaltensvarietät bzw. hoher Programmierung können angesehen werden:

* Verminderung der Anpassungsfähigkeit an nicht vorgesehene Einflüsse (hohe Umstellungskosten, geringe Flexibilität)
* Verlust an Initiative zu neuen Problemlösungswegen und Innovationen
* Überbetonung der Bürokratisierung und des Formalismus
* Motivations- und Identifikationsprobleme bei den Mitarbeitern durch Verlust an bzw. mangelnder Chance zur Selbständigkeit
* Fremdbestimmung des Verhaltens der Mitarbeiter hindert die Entwicklung eines höheren „Reifegrades" der Organisationsmitglieder.

5.4.2 Arbeitsorganisation

Arbeitsorganisatorische Maßnahmen orientieren sich

a) an der **Strukturierung von Arbeiten** (Arbeitszerlegung) und
b) an der **Gestaltung von Arbeitsbedingungen** (z.B. Technologie, Raum, Hilfsmittel),

wobei sowohl **repetitive** als auch **innovative** Aufgabenstellungen diesen organisatorischen Maßnahmen zugänglich sein müssen.

zu a) **Strukturierung von Arbeiten** (Arbeitszerlegung)

Unter Arbeitszerlegung wird die rein arbeitstechnische, unternehmungsinterne Zerlegung eines operativen Prozesses (physischer Transformations- oder Administrationsprozeß) in einfache, untereinander abhängige Teilarbeiten und ihre Zuweisung an einzelne Stellen bzw. Organisationsmitglieder verstanden (vgl. Hill et al. 1981, S. 298).

Folgende Abbildung gibt eine Kurzbeschreibung möglicher Formen der Arbeitszerlegung über eine Analyse arbeitsorganisatorischer Kriterien und Maßnahmen wieder (vgl. auch Kieser/Kubicek, 1977, S. 363 f.)

Als **Vorteile einer ausgeprägten Arbeitszerlegung** gelten

* kurze Anlern- und Einarbeitungszeiten bei Stellenbesetzung
* zentralisierte Planung und Steuerung der Arbeitsprozesse möglich (Trennung von Planung und Ausführung)
* Ablaufoptimierung z.B. durch Arbeitsvorbereitung
* einfache Leistungsstandards und -kontrolle

Nachteile einer ausgeprägten Arbeitszerlegung sind z.B.

* starke Trennung von Entscheidung und Ausführung (mangelnde Lernfähigkeit!)
* Gleichgültigkeit der Mitarbeiter („Abstumpfung")

Arbeitsorganisatorische Maßnahmen	Kriterien der Arbeitsorganisation Länge des Arbeitszyklus (Repetitivität)	Sinnzusammenhang	Planung und Kontrolle	Kommunikation mit Menschen
A) *Einfach-Teilarbeit:* Elementare Teilarbeit	extrem kurz, höchste Routinisierung, sehr kurze Einübungsfrist	keine Beziehung zum Endprodukt, abgebrochene und unvollendete Arbeit	völlige Fremdplanung und -kontrolle, völlige „Trennung des Denkens vom Tun"	nicht angestrebt, unmöglich, störend
B) *Mehrfach-Teilarbeit:* a) Springer-Prinzip:	nicht für einen, sondern für mehrere Arbeitszyklen angelernte Arbeiten	größere Abwechslung durch „Lückenbüßerfunktion"	Fremdbestimmung bleibt (durch Vorgesetzte bzw. maschinellen Sachzwang)	größer, aber immer nur dann wenn Arbeitslücken entstehen, höherer Status als Einfach-Teilarbeit
b) Job-Rotation:	keine Integration zu einer größeren Arbeitsrolle, geplante Abwechslung, Arbeitszyklus bleibt kurz	Weiterverwendung des Outputs seines Arbeitszyklus bekannt	Fremdbestimmung bleibt	größer als bei Einfach-Teilarbeit, abhängig vom Rotationsmaß
c) Job-Enlargement:	Verlängerung des individuellen Arbeitszyklus, „horizontale Ausweitung"	umfangreicherer Arbeitsinhalt, noch keine vollständige Arbeit, komplexere Arbeitsvollzüge	Fremdbestimmung bleibt	immer noch stark behindert durch Isolation der einzelnen Arbeitsplätze
C) *Ganzheitliche Arbeit:* Job-Enrichment	Arbeitszyklus umfaßt natürliche Arbeitseinheit, Anforderungen sind an die Fähigkeiten des Individuums angepaßt, Ausweitung der Arbeitsinhalte gemäß Lernprozeß des Individuums	Output ist eine abgeschlossene, für sich allein sinnvolle Leistung, Delegation	weitgehend Selbstplanung und -kontrolle, direkter Feedback über die Resultate an den Ausführenden, Mitarbeiter bekommt Vorgesetztenfunktion	Isolation der Arbeitsplätze wird aufgehoben, Partizipation, Gruppenarbeit möglich
D) *Teilautonome Arbeitsgruppen:*	wie bei ganzheitlicher Arbeit, kann strukturell ganze Abteilungen bzw. Stellengruppen umfassen, Spezialfunktionen werden vermieden	sehr ausgeprägt, Erstellung ganzer Systeme	plant und kontrolliert „selbstleitend", Gruppenleiter wird autonom, von der Gruppe bestimmt	sehr hoch, Gruppenarbeit, vollkommen neue Führungsorganisation notwendig

Abb. 1.21 Formen der Arbeitsorganisation im Sinne der Arbeitszerlegung (nach Kieser/Kubicek, 1977)

- Mensch als „Lückenbüßer der Mechanisierung"
- Verschwendung nicht genutzter menschlicher Fähigkeiten
- höhere Fluktuations- und Absenzraten
- Mangel an Kapazitäts- und Prozeßflexibilität
- Gefahr der Entfremdung

zu b) **Gestaltung von Arbeitsbedingungen**

Neben arbeitsorganisatorischen Maßnahmen stellt die **Mechanisierung und Automatisierung** das wichtigste Rationalisierungspotential in der industriellen Fertigung und in Zukunft verstärkt auch im Verwaltungsbereich von Organisationen dar (z.B. Einsatz von Textsystemen, Computer am Arbeitsplatz).

<table>
<tr><th>Aufgabenverteilung</th><th>Stufe im Mechanismus</th><th colspan="3">Bezeichnung der Mechanisierungsstufe des Mechanismus</th></tr>
<tr><td>Menschliche Führung
Menschliche Steuerung
(Mechanische Führung)</td><td>I
II</td><td rowspan="4">Mechanisierung (Mechanismus)</td><td></td><td rowspan="3"></td></tr>
<tr><td>Menschliche Kontrolle
(mechanische Steuerung)
Partiale mechanische Steuerung
Totale mechanische Steuerung</td><td>III 1
III 2</td><td rowspan="3">Automatisierung (Automatismus)</td></tr>
<tr><td>Menschliche Bedienung
(mechanische Kontrolle)
Menschliche Korrektur</td><td>IV 1</td></tr>
<tr><td>Mechanische Korrektur</td><td>IV 2</td><td>Vollautomatisierung (Vollautomatismus)</td></tr>
</table>

Abb. 1.22 Klassifikation der Mechanisierungsstufen (nach Kosiol/Szyperski/Chmielewicz in: Gaitanides, 1976, S. 27)

Arbeitszerlegung, Mechanisierung und Automatisierung sind aber nicht nur arbeitsorganisatorische Gestaltungsmöglichkeiten, sondern auch von **hohem gesellschaftspolitischem** Interesse, welches z.B. über die zahlreichen gesetzlichen Maßnahmen zur Problematik **„Humanisierung der Arbeitswelt"** zum Ausdruck kommt. Dies kann als Folge der zu stark mechanistisch-ökonomisch ausgelegten Arbeitsorganisation angesehen werden (vgl. z.B. die Arbeiten zum „scientific management" von *Taylor*, 1911/1922), denn die Arbeitssituation als Objekt der Arbeitsorganisation wird nicht nur durch technologisch-formalorganisatorische Maßnahmen bestimmt, sondern ebenso durch **Elemente der individuellen Persönlichkeitsstruktur** des Aufgabenträgers beeinflußt (vgl. Gaitanides, 1976, S. 100).

Von besonderer Bedeutung wird in Zukunft das Schaffen **innovationsfreundli-**

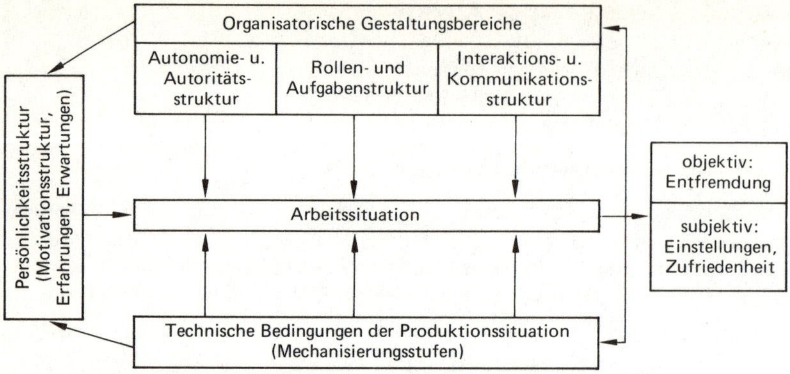

Abb. 1.23 Einflußgrößen der Arbeitssituation und ihre Folgen (nach Gaitanides, 1976)

cher und -fördernder Arbeitsbedingungen in einer Unternehmung sein, weil die **Wettbewerbsfähigkeit** einer Unternehmung verstärkt vom Ausmaß an Leistungs- (Produkt-, Prozeß-) und Strukturinnovationen abhängt (vgl. Schertler, 1981, S. 24ff.).

6. Der Bedingungsrahmen organisatorischen Gestaltens

Aus dem Verständnis der Unternehmung als offenes, dynamisches System folgt zwingend, bei organisatorischen Maßnahmen auf die **Einflußnahme zahlreicher Umweltfaktoren** Rücksicht zu nehmen.

6.1 Beziehung zwischen Situation und Organisationsstruktur

Sehr oft ist ein bestimmter Umweltfaktor im Moment nicht relevant, er kann sich jedoch z.B. im Hinblick auf zukünftige Zielordnungen als potentiell relevant erweisen und einen wichtigen Bestandteil der Umweltanalyse darstellen (vgl. Höfer, 1977, S. 53ff.) Wir differenzieren daher die Umwelt der Unternehmung in eine generelle Umwelt und in die Aufgabenumwelt, wie sie von *Hoffmann* (1980, S. 102) vorgeschlagen wird:

Die Aufgabenumwelt beinhaltet nur die Umweltfaktoren, die einen unmittelbaren Bezug auf die Zielsetzung und die Austauschbeziehungen der Unternehmung mit spezifischen Umweltbereichen herstellen (Dimensionen der Situation). Die „Generelle Umwelt" (Makro-Umwelt) weist ein – gegenüber der Aufgabenumwelt – höheres Abstraktionsniveau auf. Die Analyse der Makro-Umwelt ist vom Standpunkt einer einzelnen Unternehmung aus gesehen für deren Strategiefestlegung sehr wichtig. Die als relevant eingeschätzten Umweltentwicklungen sind Grundlage für die unternehmungspolitische Beurteilung zukünftiger Marktsituationen, d.h. die Bereiche der Makro-Umwelt wirken indirekt auf das Verhalten der unmittelbaren Interaktionspartner der Unternehmung, die den aufgabenspezifischen Umweltbereich bilden.

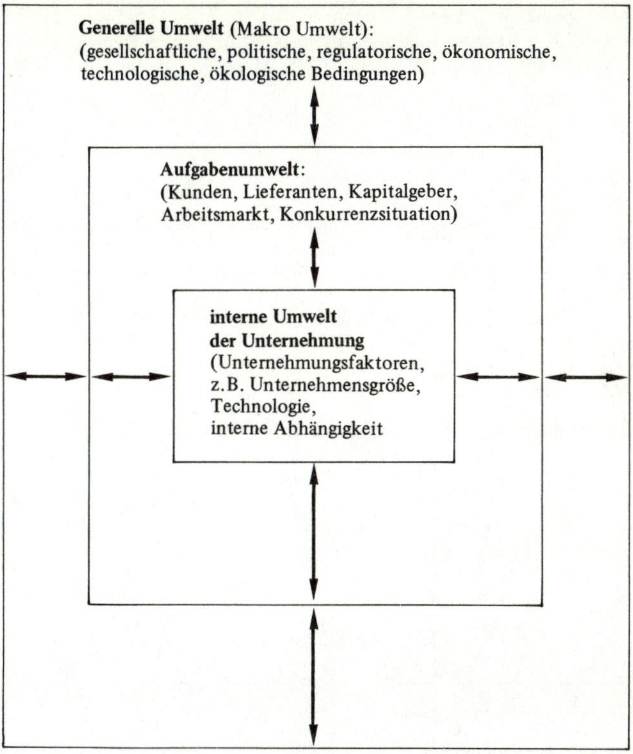

Abb. 1.24 Ebenen und Elemente der Umweltanalyse (nach Hoffmann, 1980)

Es müssen also multilaterale Beziehungen der Makro-Umwelt über die Komponenten der Aufgabenumwelt zu der Unternehmung angenommen werden. Ein Beispiel hierfür ist der Einfluß des Bildungssystems auf die Einstellungen und Werthaltungen der Arbeitskräfte, die sich die Unternehmung vom Arbeitsmarkt beschafft.

Am besten wird bei den Faktoren der internen Umwelt der Unternehmung (Unternehmungsfaktoren) klar, wie eng der Zusammenhang zwischen Umwelt und organisatorischem Gestalten ist; die Unternehmungsgröße, die zur Anwendung gelangte Technologie u.a. sind direkt zu beachtende Einflußgrößen beim Organisieren.

In der Organisationsforschung und -lehre werden dieses auf die jeweilige Situation, in der organisatorische Maßnahmen zu treffen sind, abgestimmte Vorgehen und die Berücksichtigung von relevanten Umweltfaktoren als **situativer Ansatz** bezeichnet (vgl. auch Staehle, 1973, Kubicek, 1980), dem monokausale und/oder multikausale Erklärungsansätze zugrunde liegen.

Monokausale Ansätze versuchen, die Situation von Organisationen durch einen einzigen Faktor (z.B. Größe, Technologie, Bedürfnisse der Organisationsmitglieder, Veränderungen in der Umwelt) zu beschreiben, der zur Begründung geeignet ist, Unterschiede zwischen formalen Strukturen zu erklären.

Multikausale Ansätze zur Erklärung von Strukturunterschieden durch die Situation verstehen die Situation mehrdimensional und fragen nach dem relativen Beitrag, den jeder Faktor im Vergleich zu den übrigen bei der Erklärung von Strukturunterschieden leistet (Nettoeffekt von Einflußfaktoren der Umwelt auf die Organisationsstruktur).

	Strukturdimensionen								
Situationsdimensionen	Verrichtungsorientierte Spezialisierung	Produktspezialisierung	Persönliche Weisungen	Selbstabstimmung	Programmierung	Planung	Entscheidungsdelegationen	Formalisierung	Anmerkungen
Diversifikation		+			+	+	+		nur auf die Koordination zwischen Sparten bezogen
Größe	+				+	+	+	+	
Geographische Diversifikation	–						–		
Größe der Mutterorganisation	+				+	+		+	
Integration des Fertigungsflusses	+		–		+	+	–		auf den Fertigungsbereich begrenzt
Computereinsatz			–		+		+	+	auf den Benutzerbereich begrenzt
Öffentliche Kontrolle					+	+		+	
Konkurrenzintensität		+	–	+			+	+	
Preisempfindlichkeit			+	+	+		+	+	
Technologische Dynamik	–	+		+		+	+		

Abb. 1.25 Zusammenfassung der wichtigsten Einflußbeziehungen zwischen Situation und Organisationsstruktur (nach Kieser/Kubicek, 1977)

Der Zusammenhang zwischen **Situation** (auch als **Kontext** der Organisationsstruktur bezeichnet) und **Organisationsstruktur** kann wie folgt beschrieben werden:

- die **Summe** der herrschenden Bedingungen macht die Organisationssituation aus;
- es handelt sich um **Anpassungsprozesse** und nicht um deterministische Wirkungsgefüge;
- die Faktoranalyse muß **multikausal** ausgelegt sein (Situationsparameter als unabhängigeVariable – Parameter der Organisationsstruktur als abhängigeVariable);
- die Situationsparameter müssen geeignet sein, **Unterschiede** bei formalen Organisationsstrukturen zu definieren.

Kieser/Kubicek (1977, S. 307) geben einen kurzen Überblick über die wichtigsten Einflußbeziehungen zwischen Situation und Organisationsstruktur:

Die Hypothesenbeispiele von *Hoffmann*, die er einem umfangreichen Forschungsprojekt zugrunde legt, sind ebenfalls geeignet, den Zusammenhang Situation und Organisationsstruktur aufzuzeigen (vgl. Hoffmann, 1980, S. 131 ff.):

⋆ **Externe Abhängigkeit der Unternehmung von Umweltfaktoren**
- Je stärker die externe Abhängigkeit einer Unternehmung ist, desto stärker ist die Formalisierung der Organisationsstruktur ausgeprägt.
- Je stärker die externe Abhängigkeit der Unternehmung ist, desto höher ist der Grad der Entscheidungsdezentralisation.

⋆ **Umweltdynamik**
- Je dynamischer die Umweltverhältnisse sind, desto höher ist der Grad der Entscheidungsdezentralisation.
- Je dynamischer die Umweltverhältnisse sind, desto geringer ist das Ausmaß technokratischer Koordination in Form von generellen Regelungen (Standardisierung und Formalisierung).
- Je dynamischer die Umweltverhältnisse sind, desto höher ist der Grad struktureller Koordination durch Selbstabstimmung in Form von Teambildung und horizontaler Kommunikation.

⋆ **Unternehmungsgründung, Unternehmungsalter, historische Ereignisse**
- Mit der Anzahl historischer Ereignisse steigt die Tendenz zu verstärkter Entscheidungsdelegation.
- Gleichzeitig erhöht sich die Zahl der Leitungsstellen in der Unternehmung.

⋆ **Größe der Unternehmung**
- Je größer eine Unternehmung ist, desto stärker werden Entscheidungskompetenzen auf nachgeordnete Hierarchieebenen verteilt.
- Mit wachsender Unternehmungsgröße steigt der relative Anteil des Stabs- und Verwaltungspersonals (unterstützende Stellen) bezogen auf die Gesamtheit des administrativen Personals.
- Mit zunehmender Größe steigt die Zahl direkt unterstellter Mitarbeiter der obersten Hierarchieebene.

⋆ **Produktionstechnologie**
- Mit wachsendem Automatisierungsgrad und Integration der Fertigung werden Entscheidungen zunehmend auf höhere Ebenen verlagert.

• Mit zunehmender Automatisierung und Übergang zur Prozeßfertigung wächst die administrative Komponente bezogen auf die Gesamtbeschäftigung.

⋆ **Produktionsprogramm**

• Mit steigendem Diversifikationsgrad wächst die Tendenz zur Entscheidungsdelegation.

• Mit wachsender Heterogenität des Leistungsprogramms steigt tendenziell der horizontale Differenzierungsgrad.

• Zunehmende Programmdynamik führt zu einer verstärkten Entscheidungsdelegation.

⋆ **Informationstechnologie**

• Mit zunehmender Computerisierung der Datenverarbeitung steigt die Anzahl unterstützender Stellen.

6.2 Beziehung zwischen Organisationsstruktur und Organisationsmitglieder

Formale Strukturen weisen Unterschiede nicht nur durch spezifische **„Umwelt-Situation-Beziehungen"** auf, die gewissermaßen von außen nach innen (Umwelt – Struktur) wirken und auf die Erfüllung der Umweltanforderungen gerichtet sind, sondern auch durch **„Struktur-Mitglieder-Beziehungen"**.

„*Lorsch* (1973) spricht in diesem Zusammenhang davon, daß Organisationen mit ihren formalen Strukturen eine doppelte Kongruenz oder einen doppelten „Fit" herstellen müssen, um erfolgreich zu bestehen. Ihre Struktur muß die Leistungsprozesse so steuern, daß einerseits die Anforderungen der Umwelt erfüllt werden, an die die Organisation ihre Leistungen abgeben will, und andererseits die Anforderungen der Mitglieder befriedigt werden, die diese Leistungen erbringen sollen.

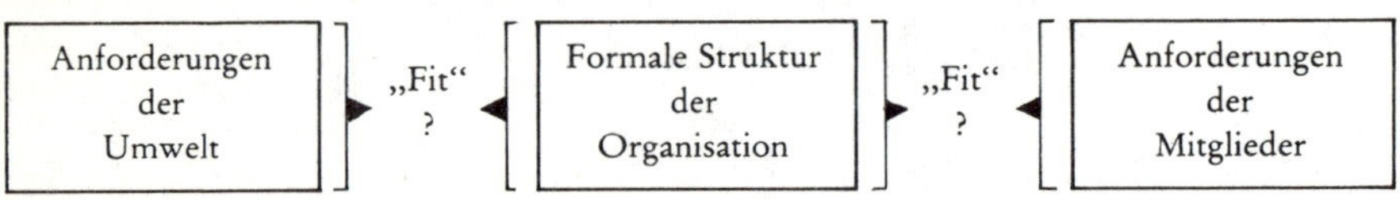

Abb. 1.26 Doppelter „Fit" der Organisationsstruktur (nach Kieser/Kubicek, 1977)

Die Frage nach den Einflußgrößen formaler Organisationsstrukturen bezieht sich auf den Zusammenhang zwischen Kontext und Struktur, während sich die Frage nach den Auswirkungen formaler Organisationsstrukturen auf den Zusammenhang zwischen Struktur und individuellem Verhalten erstreckt" (Kieser/Kubicek, 1977, S. 186ff.)

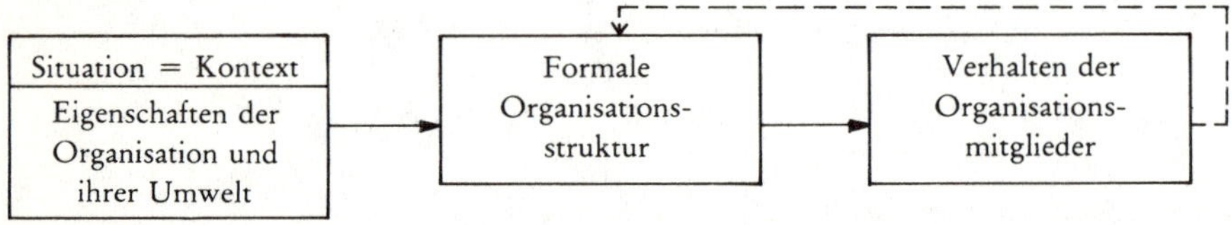

Abb. 1.27 Direkte und indirekte Einflußgrößen der Organisationsstruktur (nach Kieser/Kubicek, 1977)

Kieser/Kubicek (1977) erweitern also den dargestellten Umwelteinfluß auf Organisationsstrukturen um den **Verhaltensaspekt** von Struktur-Mitglieder-Beziehungen. Sie sehen in diesen Beziehungen eine Wechselseitigkeit, die über Rückkoppelungsbeziehungen vom Verhalten der Organisationsmitglieder (als Folge struktureller Maßnahmen) auf die formale Organisationsstruktur indirekt Einfluß ausübt.

Formale organisatorische Regelungen definieren über die Abgrenzung und Zuordnung von Aufgaben-, Kompetenz- und Verantwortungsbereichen den **Handlungsspielraum** der betroffenen Stellen bzw. der Stelleninhaber. Gegenstand dieser Formalisierung können zweckmäßig nur solche Aufgabeninhalte sein, die nicht nur einmalig, sondern über einen bestimmten Zeitraum öfters anfallen.

Durch organisatorische Gestaltungsmaßnahmen werden relativ stabile Verhaltenserwartungen und Beurteilungskriterien der Organisationsmitglieder im Hinblick auf die Erreichung der Unternehmungsziele festgelegt. Welchen Beitrag organisatorische Gestaltungsmaßnahmen zur **Befriedigung individueller Bedürfnisse und Anforderungen** der Organisationsmitglieder leisten, hängt grundsätzlich davon ab, ob die Organisationsmitglieder die Organisationsziele und die durch die formale Struktur bewirkte Ordnung akzeptieren bzw. in der Lage sind, die Organisationsziele mit ihren eigenen Zielen gleichzusetzen (Identifikation/Änderungswiderstand).

Ebenfalls können **organisatorische Regelungen** keine mechanistische Verhaltenssteuerung bei den Organisationsmitgliedern realisieren, sondern – gemäß dem Rollenkonzept der Soziologie – lediglich **Verhaltenserwartungen** darstellen und **als Stimulus** für das tatsächliche Verhalten verstanden werden.

Das beobachtbare, aufgabenbezogene Verhalten ist das Ergebnis mehrerer Kausalketten, die mit dem Prozeß Organisationssituation – Organisationsstruktur – organisatorische Rolle – Rollenperzeption – Verhalten verbunden sind (vgl. Kieser/Kubicek, 1977, S. 340).

7. Der Organisationsprozeß

Die bisherige Beschreibung organisatorischer Problembereiche hat die Organisation mehr als Zustand denn als Prozeß verstanden. Die Organisation wurde im formal-instrumentellen Sinn dargestellt.

Organisation als Prozeß dynamisiert nun die Organisation als Instrument der Unternehmungsführung und stellt die verschiedenen, einer logischen Sequenz folgenden Aktivitäten der Organisation zur Erfüllung ihrer Zweck- und Zielsetzungen in den Mittelpunkt des Interesses.

Mit *Bleicher* teilen wir den Organisationsprozeß in die folgenden voneinander abhängigen Stufen (vgl. Bleicher, 1979, S. 152).

Jede Stufe dieses Prozesses, der dem allgemeinen Problemlösungs- und Entscheidungsprozeß folgt, beinhaltet die konzeptiven Merkmale der **Zielsetzung-Mittel-Kapazitäts-Bestimmung** (Finanzen, Personen, Zeit, Raum) und **Verfahrensbestimmung** (Methodenwahl).

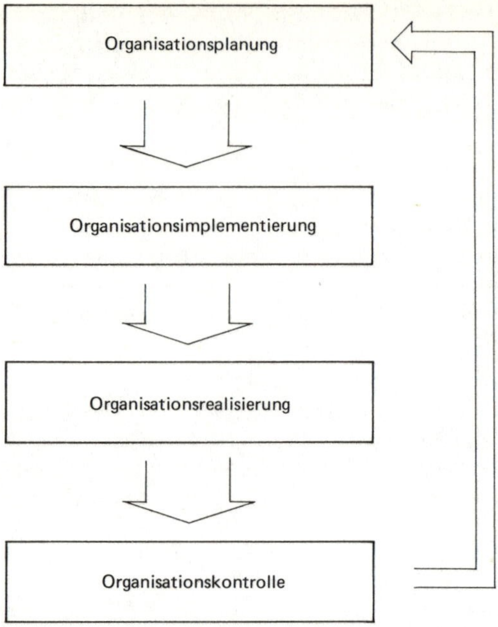

Abb. 1.28 Stufen des Organisationsprozesses (nach Bleicher, 1979)

Durch die **Rückkoppelungsbeziehung** zwischen den Stufen Organisationskontrolle und Organisationsplanung wird über den Soll-Ist-Vergleich nicht nur die Grundlage für Korrekturmaßnahmen im Sinne von **Anpassungsmaßnahmen** geschaffen. Auch werden **Lernprozesse** ermöglicht, die im strukturellen Rahmen Weiterentwicklungen des Organisationssystems erlauben (Verbesserung der strukturellen Rationalität) und ebenso Motivationseffekte erzielen (Verbesserung der sozio-emotionalen Rationalität).

7.1 Organisationsplanung

Von Organisationsplanung ist immer dann die Rede, wenn als **Objekt** der Planung die **Organisation** – als Instrument der Unternehmungsführung zur Erreichung der Unternehmungsziele – verwendet wird. *Zangemeister* versteht unter **Planung** ein vorausschauendes, systematisches Durchdenken und Formulieren von Zielen, Handlungsalternativen und Verhaltensweisen, deren optimale Auswahl sowie die Festlegung von Anweisungen zur rationellen Realisierung der ausgewählten Alternative (vgl. Zangemeister, 1970, S. 20).

Dieser Planungsbegriff beinhaltet als **Charakteristik von Planungshandlungen**

- die Orientierung an **zukünftigen Einflußgrößen**
- die **systematisch-analytische** Vorgehensweise
- die Funktion der **Formulierung von Alternativen, Bandbreiten** und **Wenn-Dann-Konstellationen**
- die Festlegung von **Zielen, Maßnahmen** und **Vorgehensweisen**
- die Suche nach **Bewertungskriterien** für die Alternativenauswahl und Realisierung (Standards).

Ergänzt werden muß dieses Planungsverständnis noch um die folgenden Wesensmerkmale:

- Planung als **Führungsaufgabe**
- **permanente** Wahrnehmung der Planungsfunktion
- **umfassend-integrierte** statt isolierte Problemanalyse.

Aufbauend auf einem solchen Planungsverständnis kann als **Organisationsplanung** gelten

a) die permanente Überprüfung der Funktionstüchtigkeit bestehender Aufgaben- und Leitungsstrukturen sowie der Führungs- und Transformationsprozesse

b) die Formulierung von organisatorischen Struktur- und Prozeßzielen durch die Unternehmungsführung

c) die systematische Informationsbeschaffung und -auswertung zum Aufbau zukünftiger, vor allem für die strategische Aufgabenerfüllung notwendiger Strukturen und Abläufe, aber auch notwendiger Führungskräfte und Führungssysteme

d) die Festlegung organisatorischer Verantwortlichkeiten für die rechtzeitige Implementierung und Realisierung der geplanten organisatorischen Maßnahmen (unter Berücksichtigung der organisatorischen Ziele und Bedingungen).

Anlässe für die Initiierung von Organisationsplanungsaktivitäten resultieren aus Entscheidungen über

a) **Neugründung**: Neu- oder Erstorganisation oder

b) **Reorganisation**: organisatorische Korrektur-/Verbesserungsmaßnahmen.

⋆ **strukturelle Anlässe:**
- Änderungen in Größe, Zielen, Produktionsstruktur
- mangelnde Rollenspezifikation (Aufgaben-, Kompetenzzuordnung)
- Doppelspurigkeiten
- Anforderungen der Umwelt (Flexibilität, Innovation)

⋆ **technologische Anlässe:**
- Veralterung von Produktionsanlagen, Informationstechnologie
- Kostendruck (Rationalisierung)
- Mechanisierung und Automatisierung

⋆ **personelle Anlässe:**
- Konflikte über Zuständigkeiten
- Macht-, Karrieremotive
- Veränderungen in der Personalstruktur (Alter, Qualifikation)

Bei der Analyse der verschiedenen Anlässe zur **Reorganisation** fällt auf, daß reorganisatorische Maßnahmen in ihrer Konzeption **mehrdimensional** ausgelegt sein müssen. Nicht nur die **strukturelle** Problematik, sondern auch **technologische** und **personelle Einflußfaktoren** gilt es, beim Reorganisieren **gleichzeitig** zu beachten (Anpassungsfelder).

Als Problemlösungsschritte bei der Organisationsplanung gelten (vgl. Bleicher, 1979, S. 164ff.)

1. **permanente Beobachtung und Analyse von Anpassungsfeldern** (unternehmungsinterne und -externe)

2. **Mobilisierung von Unterstützung für eine Reorganisation** (z. B. beim Vorstand, Machtpromotor)

3. **Problemanalyse**
a) Definition des zu planenden betriebswirtschaftlich-organisatorischen Tatbestandes
b) Definition zu beachtender Restriktionen aus anderen Planungsbereichen
c) Ableitung von Planungsaufträgen („organizing for reorganization")
d) Bereitstellung der notwendigen Ressourcen (finanzielle, personelle, zeitliche)

4. **Datenanalyse**
a) Erfassen des gegenwärtigen Ist-Zustandes der Organisation
b) Überprüfung der Ist-Organisation
c) Ermittlung problemrelevanter Anforderungen an die zukünftige Soll-Organisation

5. **Entwicklung einer Soll-Konzeption** (Vorstudie, Haupt-, Teilstudien)
a) Entwurf organisatorischer Strukturierungsalternativen
b) Bewertung organisatorischer Strukturierungsalternativen (Vor-/Nachteile, Kosten-Nutzen-Analysen, Entscheidungsanalysen usw.)
c) Dokumentation und Präsentation (Empfehlung) der Soll-Konzeption

6. **Entscheidung über den Organisationsplan**
Eine empirische Untersuchung von *Knopf/Esser/Kirsch* über Ursachen eines frühzeitigen Abbruchs von Reorganisationsprozessen hat gezeigt, „daß der überwiegende Teil der Reorganisationen bis zum Frühstadium der Implementierung der organisationalen Veränderung ein vorzeitiges Ende findet. Am häufigsten werden Reorganisationsprozesse während der Entwurfs- und Planungsaktivitäten vorzeitig beendet, wohl weil hier erstmals die Veränderung nicht nur abstrakt, sondern konkret in Angriff genommen wird. Es ist allerdings bemerkenswert, daß ein nicht unbeträchtlicher Teil der Unternehmen sich nicht scheut, den Prozeß auch noch in einem relativ weit fortgeschrittenen Stadium abzubrechen" (Knopf/Esser/Kirsch, 1976, S. 67).

7.2 Organisationsimplementierung

Bei dieser Stufe des Organisationsprozesses stehen die Probleme der **Überführung der geplanten in eine realisierte Organisationsstruktur** im Vordergrund. Es muß die Frage nach der Durchsetzbarkeit und Durchsetzung organisatorischer Änderungen gestellt werden (Reorganisation als Struktur-Innovation, vgl. Schertler, 1979, a, S. 53).

Die im Zuge der Implementierung von Reorganisationsmaßnahmen anfallenden Probleme können folgendermaßen zusammengefaßt werden (Beispiele):

⋆ **strukturelle Probleme der Durchsetzung organisatorischer Änderungen**
- Abbau des Informationsgefälles zwischen Planenden und von der Planung Betroffenen durch eine **gezielte Informationspolitik** (z. B. Präsentationen, Berichterstattung in Werkszeitungen, Referate bei Versammlungen usw.) – **„unfreezing"**
- **organisatorische Begleitung** der Reorganisation durch Projektmanagement
- **Schulung,** Instruktion und fachliche Beratung

• Stabilisierung der „Störung des organisatorischen Gleichgewichtes“ („**re-freezing**“)

* **technische Probleme der Durchsetzung organisatorischer Änderungen**
  • Bereitstellung finanzieller und materieller Ressourcen (z. B. Kapitalbedarf, Hilfsmittel)
  • Überwachung der **Einrichtung** der für eine erfolgreiche Reorganisation notwendigen Räumlichkeiten und Sachmittel (z. B. EDV)
  • **Umgruppierung, -gestaltung von Arbeitsplätzen**
  • **zeitliche Abstimmung der Reorganisationsmaßnahmen**
  a) Reorganisation sporadisch oder permanent
  b) Implementierung schlagartig, stufenweise, permanent

* **personelle Probleme der Durchsetzung organisatorischer Änderungen**
  • mangelnde fachliche **Qualifikation** (Leistungsfähigkeit) für neue Aufgaben (fachlicher Reifegrad)
  • mangelnde **Bereitschaft**, Reorganisation mitzumachen (Willensbarrieren)
  • **Änderungswiderstand** gegenüber organisatorischen Neuerungen

7.3 Organisationsrealisierung

Unter Organisationsrealisierung verstehen wir die **längerfristige Bewährung** der Reorganisationsmaßnahmen in den vielfältigen Transformations- und Kommunikationsprozessen einer Unternehmung. Diese Stufe des Organisationsprozesses zielt auf die **Stabilisierung** eines neuen „organisatorischen Gleichgewichtes“ ab. Die neuen aufbau- und ablauforganisatorischen Elemente der Reorganisation müssen vertraut und selbstverständlich werden, die neuerlernten Verhaltensweisen der Organisationsmitglieder haben sich wieder in relativ stabilen und dauerhaften Beziehungsmustern zu finden.

„Zeitlich stellt die Organisationsrealisation die Frage nach der optimalen Geltungsdauer des implementierten Organisationsplanes. Als Geltungsdauer wird die Zeitspanne verstanden, die vom Inkrafttreten der neuen organisatorischen Regelung bis zum Ersatzzeitpunkt durch eine neue Organisationsstruktur reicht. Sie wird dann als optimal bezeichnet, wenn bei Erreichen einer kritischen Effizienzgrenze der Organisationsstruktur eine Neuregelung erfolgt“ (Bleicher, 1979, S. 201).

Der **Effizienzverlauf** organisatorischer Strukturierungsalternativen und deren **Geltungsdauer** müssen von grundsätzlich verschiedenen Entwicklungsmöglichkeiten aus gesehen und verstanden werden.

Die **Geltungsdauer** organisatorischer Strukturen (Aufgaben-, Prozeßstrukturen) hängt in erster Linie von **der Unternehmungsentwicklung** ab.

Die Aufgabengliederung in Funktionsbereiche wäre demgemäß weniger elastisch bezüglich einer Unternehmungsentwicklung mit starker Diversifikation als eine Divisionalstruktur, welche eine hohe Elastizität bezüglich der Aufnahme neuer Produktsparten aufweist.

Wir haben bei den Organisationsgrundsätzen (Grundsatz der Wirtschaftlichkeit) festgestellt, daß auch organisatorisches Gestalten sich an Kosten-Nutzen-

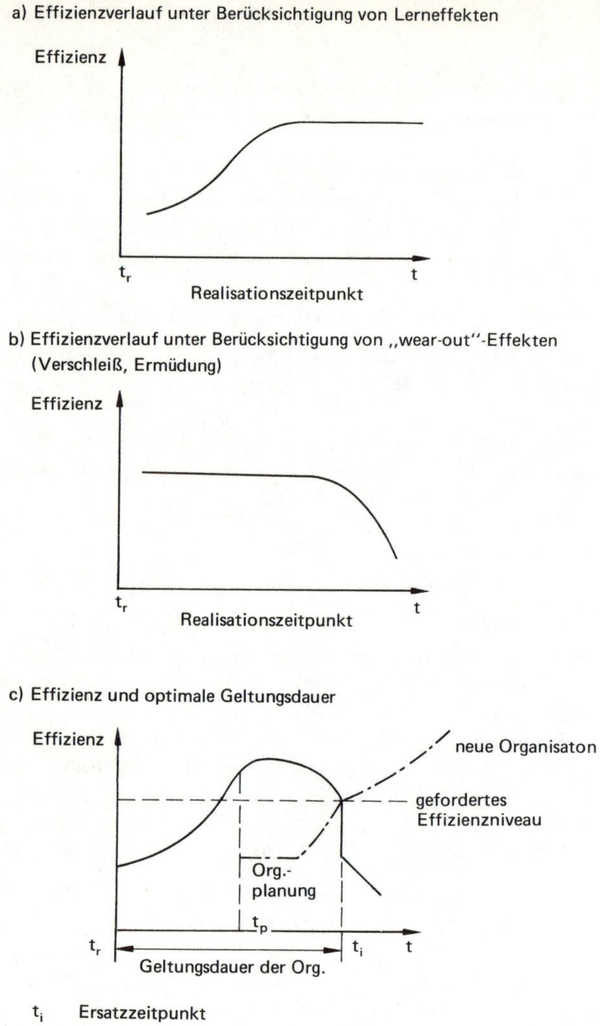

Abb. 1.29 Effizienzverlauf und Geltungsdauer organisatorischer Strukturierungsalternativen (nach Bleicher, 1979)

Relationen zu halten hat. Größere Elastizität verursacht höhere **Kosten**, bietet dafür aber ein höheres **„Slack"-Potential** (organisatorischer Überschuß) für das „organisatorische Auffangen" von Anpassungsmaßnahmen der Unternehmungsentwicklung.

Zusammenfassend können die **Probleme und Anforderungen** der Stufe **Organisationsrealisierung** im Organisationsprozeß wie folgt dargestellt werden:

- Die Organisationsrealisierung muß den Anforderungen aus dem Dilemma **dynamischer Unternehmungsentwicklung und relativ statischer Organisationsstrukturen** gerecht werden.

- Die Organisationsrealisierung muß als **Prozeß** verstanden werden, der (über vielfältige Rückkoppelungen) die Organisation **lernfähig und lernbereit** hält.

- Möglichen **Abnützungserscheinungen** („wear-out"-Effekten) ist von vornherein Rechnung zu tragen und über entsprechende organisatorische Strukturierungsalternativen **entgegenzuwirken**.

- Neben einer systematischen **Organisationskontrolle** muß die **Organisationsplanung** als permanente, in zeitlich befristete Teilaktivitäten aufgelöste **Organisationsentwicklung im strukturellen Sinn** verstanden werden. Sie muß **synchron** zur optimalen Geltungsdauer erfolgen und im Ersatzzeitpunkt (ti) funktionsfähig sein.

7.4 Organisationskontrolle

Jeder Problemlösungs- und Entscheidungsprozeß sieht im Anschluß an die Realisationsphase die Kontrolle vor. Wie schon erwähnt, bedeutet **Kontrolle** im generellen Sinn den Vergleich von realisierten Ergebnissen (Ist-Größen) mit entsprechenden Zielen (Soll-Größen). Kontrollaktivitäten werden über **Soll-Ist-Vergleiche**, die einen geplanten mit einem realisierten Zustand (Ergebnis) vergleichen, durchgeführt und entsprechen nur dann ihrem Zweck, wenn Schlußfolgerungen z. B. im Sinne von **Korrekturmaßnahmen das Ergebnis von Abweichungsanalysen** darstellen. **Organisationskontrolle** heißt daher Vergleich der realisierten organisatorischen Maßnahmen mit den organisatorischen Zielen (der Reorganisation). Der mit der Kontrolle ausgelöste Prozeß (**Kontrollprozeß**) setzt sich aus den folgenden Aktivitäten zusammen (vgl. Bleicher, 1979, S. 218):

1. **Erteilung eines Auftrages** zur Organisationskontrolle (Verantwortung)
2. **Planung des Vorgehens** bei der Organisationskontrolle (Effizienz)
3. **Beschaffung von Realisationsinformation** (Ist-Aufnahme)
4. **Systematisierung und Verdichtung** der Realisationsinformationen (Ist-Analyse)
5. **Vergleich** mit Daten der **Organisationsplanung und Organisationszielen** (Ist-Kritik, Abweichungsanalyse)
6. **Analyse der Vergleichsergebnisse**
7. **Dokumentation** der Kontrollergebnisse
8. **Überleitung** der Kontrollergebnisse in zielorientierte Folgeaktivitäten (im Rahmen neuer Organisationsplanungsaktivitäten)

Der konkrete Beitrag organisatorischer Gestaltungsmaßnahmen zur Erreichung der Unternehmungsziele kann nur sehr schwer eindeutig festgelegt werden (Problem der reinen Kausalanalyse). Aber gerade deshalb wird es beim Organisationsprozeß notwendig, eine Zielorientierung quantitativer und qualitativer Natur zu erreichen, die z. B. Leistungsstandards der Reorganisation **und** des Reorganisationsprojektes verbindlich als Maßstab definiert.

Permanente Organisationskontrolle bilde das logisch notwendige Pendant zur bereits geforderten permanenten Organisationsplanung, um die optimale Anpassung der Organisation an die Unternehmungsentwicklung zu erreichen.

8. Organisationsforschung, Organisationstheorie und Organisationslehre

Forschungsergebnisse sind immer das Resultat eines **Forschungsprozesses**, der von sogenannten vorwissenschaftlichen Entscheidungen (z.B. Wahl eines bestimmten Forschungsinteresses) ausgeht und das **Forschungsobjekt** zielorientiert nach **Ursache-Wirkung-Beziehungen** untersucht und/oder nach der Bestimmung situationsadäquater **Handlungsweisen** fragt. **Organisationsforschung** erklärt das Objekt **„Organisation" zum Forschungsobjekt** und versucht, „gesicherte" Gesetzmäßigkeiten (Sätze, Axiome) zu finden. Die **Organisationslehre** verbindet die theoretischen Ergebnisse der Organisationsforschung mit den Erkenntnissen der Organisationspraxis und folgt somit einem **pragmatischen Wissenschaftsziel**.

8.1 Die wichtigsten organisationstheoretischen Ansätze

Die **Organisationsforschung** als sozial- und wirtschaftswissenschaftliche Disziplin hat im Laufe der Zeit mehrere **unterschiedliche Forschungsschwerpunkte** (-perspektiven) gebildet. Je nach gesellschaftlichen, technologischen und ökonomischen Bedingungen unterscheiden sich diese **Forschungsansätze** in ihrem Forschungsinteresse, d.h. organisatorische Problemstellungen und ihre wissenschaftliche Durchdringung hängen unmittelbar zusammen.

Die Änderung der Forschungsschwerpunkte darf aber nicht im substituierenden Sinn („alte" Ansätze werden durch „neue" ersetzt) verstanden werden. Vielmehr geht es darum, aus den bestehenden Ansätzen die notwendigen Konsequenzen für die Gestaltung und Lösung anstehender Organisationsprobleme zu ziehen, so daß aktuelle organisatorische Fragestellungen auch durch Ergebnisse „alter" Forschungsansätze einer Erklärung zugeführt werden können.

Anhand der Kriterien „Entwicklungstendenzen des allgemeinen Bedingungsrahmens", „Menschenbild" und „Hauptvertreter" werden in der folgenden Abbildung 1.30 die verschiedenen Ansätze im Überblick nach *Hill* et al. (1981) dargestellt und durch den situativen Ansatz noch ergänzt.

8.2 Ausgewählte Ansätze der Organisationslehre

Es ist hier notwendig, eine Auswahl der aktuellsten Ansätze der Organisationslehre (im deutschen Sprachraum) zu treffen und auf deren Konzeption und Inhalt kurz einzugehen.. Das **Auswahlkriterium** ist der **Situationsbezug** dieser Lehrmeinungen im Sinne des situativen Ansatzes, der als methodisches Grundmodell im Mittelpunkt organisationstheoretischer Forschungs- und Lehrtätigkeit steht.

8.2.1 Der situative Ansatz der Organisationslehre als Auswahlkriterium

Die Frage nach den Bestimmungsfaktoren der Organisationsstruktur, die geeignet sind, Unterschiede in der Organisationsstruktur von Unternehmungen zu erklären, hat als Ausgangsüberlegung für die Entwicklung verschiedener organisationstheoretischer Forschungsansätze gedient. Sie alle haben entweder monokausale oder multikausale Beziehungsmuster zwischen der Organisation und situationsrelevanten Einflußgrößen der unternehmungsexternen und -internen Umwelt hergestellt.

Entwicklungstendenzen des allgemeinen Bedingungsrahmens	– Mechanisierung und Massenproduktion – Routinetätigkeiten – niedriges Ausbildungsniveau – Löhne am Existenzminimum – Existenz- und Sicherheitsbedürfnisse dominieren	– Wachsen des Verwaltungsapparates – steigendes Lohnniveau – Prestige- und Aufstiegsdenken (beim Angestellten)	– zunehmender Anteil an Problemlösungsaufgaben – steigendes Ausbildungsniveau – steigendes Motivationsniveau (v. a. in bezug auf soziale Bedürfnisse)	– Automation, EDV-Systemtechnik – zunehmende Dynamik und Komplexität von System und Umwelt – steigender Professionalisierungsgrad – „Wohlstandsgesellschaft“ – Vorherrschen höherer Motivationsschichten (Ego-Bedürfnisse, Selbstverwirklichung)		– Gestaltung von Führungssystemen, Informationssystemen etc. – anstelle sukzessiver parallele u. interdisziplinäre Problemlösungsprozesse – „Verdrängungswettbewerb“ aufgrund des Wachstumsrückgangs in vielen Wirtschaftsbereichen – Unsicherheit und In-Frage-Stellung tradierter Werte und – Ziele („Leistungsgesellschaft?“, „Autorität“, „Eigentum?“)
Menschenbild	mechanistischer Mensch (homo oeconomicus)		(sozial) motivierter Mensch „Administrative man“		„complex man“	
	1900		1930	1940	1950 (1960)	1970 Zeit
Ansatz	*Physiologischer Ansatz* Scientific Management	*Bürokratisch-administrativer Ansatz* 1. Bürokratische Variante 2. Administrative Variante	*Motivationsorientierter Ansatz* 1. Human-Relations-Variante 2. Motivationstheoretische Variante	*Entscheidungsorientierter Ansatz* 1. Mathematische Variante 2. Verhaltenswissenschaftliche Variante	*Systemorientierter Ansatz* 1. Organisationssoziologische Variante 2. Systemtheoretisch kybernetische Variante 3. Integrierendes Konzept des sozio-technischen Systems	*Situations-Ansatz* in Entwicklung
Hauptvertreter (Begründer)	Taylor	1. Max Weber 2. Fayol, Urwick, deutsche betriebswirtschaftliche Organisationslehre	1. Mayo 2. (Maslow), McGregor, Likert, Argyris, Herzberg	1. Marschak u. a. 2. (Barnard), Simon, March	1. (Talcott Parsons), Etzioni, Pugh et al. 2. (Bertalanffy), Ackaff, Beer 3. Encry, Träsl, Katz/Kahn, Lawrence/Lorsch, J. D. Thompson	– Burns u. Stalker (1961) – Lawrence u. Lorsch (1969) – Staehle (1973) – Kieser und Kubicek (1977)

Abb. 1.30 Organisationstheoretische Ansätze

Kubicek faßt die **Erklärungsversuche von Strukturunterschieden** so zusammen (vgl. Kubicek, 1980, S. 13ff.):

a) **Quasi-mechanistische Modelle** zielen in ihren Aussagen auf die Beeinflussung von Kontext und Organisation ab (Größe (z.B. Weber), Technologie (z.B. Woodward), Umwelt (z.B. Aston-Konzept)).

Wenn nicht die der Situation entsprechenden Organisationsstrukturen geschaffen werden, kann die Organisation auf Dauer nicht bestehen. Diese deterministische (mechanistische) Wirkung der Situation auf die Organisationsstrukturen wird auch als **„Umwelt-Determinismus"** bezeichnet und läßt sich in den folgenden drei Prämissen festhalten:

1. **Für jede Situation existiert nur eine adäquate Strukturform.**
2. **Die Organisation kann die Situation nicht beeinflussen, sondern muß sich anpassen.**
3. **Das Überleben einer Organisation hängt von der Erreichung ganz bestimmter Leistungsstandards ab (z.B. Gewinn).**

b) **Personalistische Modelle** erklären die Verschiedenheit von Strukturen auch in Abhängigkeit vom Kontext, stellen aber den Menschen als Organisationsgestalter mit seinen persönlichen Werten und Zielen (Management-Philosophie) zwischen Kontext und Organisation (als intervenierende Variable).

c) **Unternehmungspolitische Modelle** verstehen Strukturunterschiede als Folge unterschiedlicher Strategien (z.B. *Chandler* (1962): „structure follows strategy," Modell der Abstimmung von „Strategie-Struktur-Situation" von *Gabele* (1979), und stellen die einseitig deterministische Wirkung der Situation auf die Organisation in Frage, weil das Management über gewisse „Spielräume" verfügt, durch verschiedene Strategien auch die Situation zu beeinflussen (z.B. „Konzept der strategischen Wahl" von *Child* (1972)).

Kubicek sieht zwar in diesen Modellen noch bestimmte Schwächen, erweitert den Ansatz der Erklärung von Strukturunterschieden noch um den Ansatz der Erklärung von Gemeinsamkeiten beobachteter Organisationsstrukturen, stellt den Situationsansatz jedoch nicht in Frage.

Den situativen Ansatz können wir als Entscheidungskriterium für die Auswahl von Ansätzen der Organisationslehre daher auch vom organisationstheoretischen Standpunkt aus rechtfertigen und als Beispiele die folgenden Ansätze kurz beschreiben.

8.2.2 Der Ansatz von Hill/Fehlbaum/Ulrich

Hill/Fehlbaum/Ulrich (1981) sprechen vom Organisationsproblem, wenn nach der Entscheidungslogik beim Suchen organisatorischer Lösungen folgende Fragen gestellt werden:

1. Mit welchen **Kriterien** kann der spezifische Beitrag der Organisation zur Erreichung von Systemzielen (Unternehmungszielen) gemessen bzw. die Wirkung organisatorischer Maßnahmen beurteilt werden (**Ziele des Organisierens**)?
2. Welche **Mittel**, d.h. welche manipulierbaren Instrumentalvariablen, können eingesetzt werden (**organisatorische Instrumente**)?
3. Welches sind Gegebenheiten oder **Bedingungen**, die durch organisatorische Maßnahmen nicht beeinflußt werden können, die aber ihrerseits die Wirkung der Instrumentalvariablen beeinflussen und daher bei deren Einsatz zu berücksichtigen sind (**Bedingungen des Organisierens**)?

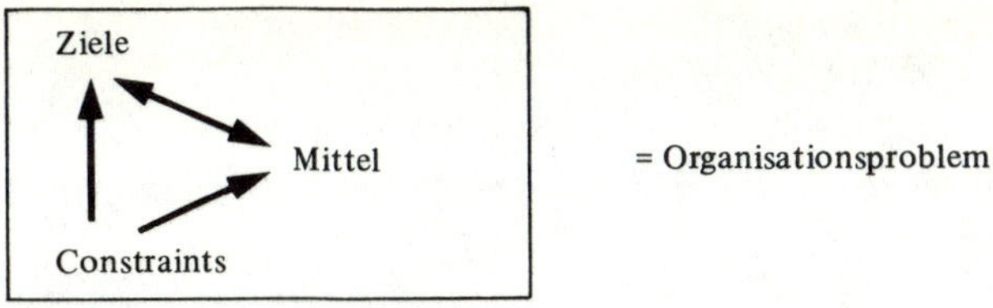

Abb. 1.31 Determination des Organisationsproblems (nach Hill et al., 1981)

Das Organisationsproblemen charakterisieren *Hill/Fehlbaum/Ulrich* somit als Problem der Strukturierung eines sozialen Systems (Gebilde- und Prozeßstrukturierung)

- in bezug auf organisatorische Ziele
- unter Berücksichtigung gegebener Constraints
- mittels geeigneter Instrumentalvariablen.

zu 1. **Organisationsziele**:

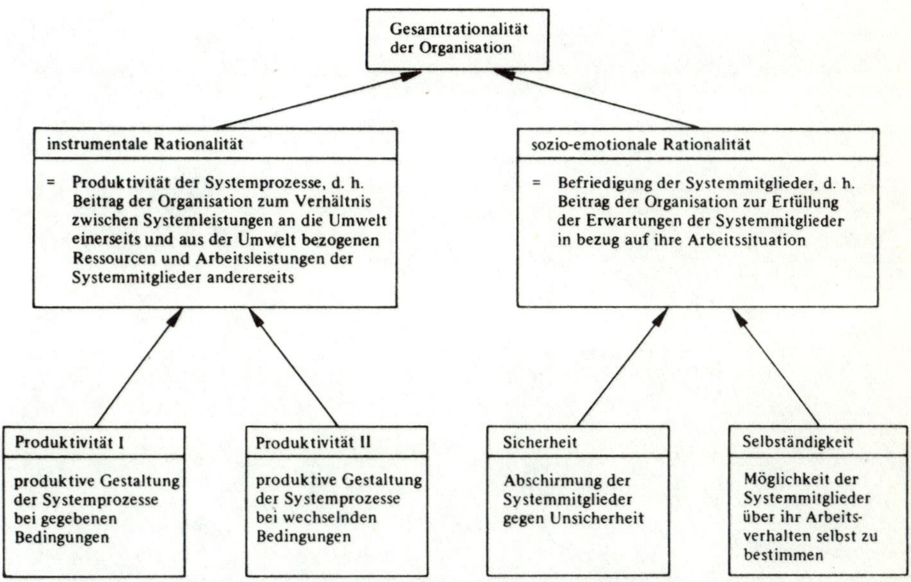

Abb. 1.32 Beziehungen zwischen organisatorischen Zielen (nach Hill et al., 1981)

zu 2. **Organisatorische Instrumente**:

Die Autoren unterscheiden sechs Instrumentalvariablen, die sich **dimensional erfassen**, d.h. in ihren Ausprägungen festlegen und als stetig veränderliche Größen (Kontinuum) messen und abstufen:

* **Zentralisation/Dezentralisation (Aufgabengliederung)**
  Dimension „Dezentralisationsgrad“

niedriger Dezentralisationsgrad → hoher Dezentralisationsgrad

Gliederung nach Zweckbereichen	Mischgliederung (Sparten und Zweckbereiche)	teilweise Divisionalisierung mit zentralisierten Dienstleistungsfunktionen	vollständige Divisionalisierung (bzw. Regionalisierung)

* **Funktionalisierung (Strukturtypen)**
  Dimension „Funktionalisierungsgrad“

niedriger Funktionalisierungsgrad → hoher Funktionalisierungsgrad

Reine Linien-Organisation	Stab-Linien-Organisation	Organisation mit zentralen Dienststellen	unechte Funktionalorganisation	echte Funktionalorganisation	zweidimensionale Matrix-Organisation	mehrdimensionale Matrix-Organisation

* **Delegation**
  Dimension „Delegationsgrad“

niedriger Delegationsgrad → hoher Delegationsgrad

keine Entscheidungskompetenz	Mitsprachekompetenz	Allein-Entscheidungskompetenz	Mitsprachekompetenz	Allein-Entscheidungskompetenz	Mitsprachekompetenz	Allein-Entscheidungskompetenz
	bei Entscheidungen mit geringer Tragweite		bei Entscheidungen mit mittlerer Tragweite		bei Entscheidungen mit großer Tragweite	

* **Partizipation**
  Dimension „Partizipationsgrad“

niedriger Partizipationsgrad → hoher Partizipationsgrad

repressiv	manipulativ	rationalistisch	Entscheiddiskussion	Meinungsbildung	Willensbildung	partiell	gesamthaft
autorativer Führungsstil			partizipativer Führungsstil			autonome Arbeitsgruppen	
Führungsstil-Ansatz						(struktureller Ansatz)	

* **Standardisierung**
Dimension „Standardisierungsgrad“

niedriger Standardisierungsgrad → hoher Standardisierungsgrad

keine Programmierung	heuristische Prinzipien und Strategien	Rahmenprogrammierung	verzweigte	starre
			Routineprogrammierung	

* **Arbeitszerlegung**
Dimension „Grad der Arbeitszerlegung“

niedriger Grad der Arbeitszerlegung → hoher Grad der Arbeitszerlegung

Herstellung eines ganzen Produkts (Berufsarbeit)	natürliche Arbeitseinheit (Job Enrichment)	zusammenhängende Sequenz von Operationen (Job Enlargement)	wechselnde Teilarbeit (Job Rotation)	elementare Teilarbeit (Handgriff)
ganzheitliche Arbeit		Mehrfach-Teilarbeit		

zu 3. **Bedingungen des Organisierens:**
Für den Einsatz der organisatorischen Instrumente sind die Bedingungen der Situation „organisatorische Daten“ (Kontext als unabhängige Variable), d.h. je nach Konstellation der Bedingungen müssen die organisatorischen Instrumente unterschiedlich in ihren Ausprägungen eingesetzt werden, um den systemadäquaten Beitrag zur Erreichung der Unternehmungsziele leisten zu können.

Hill/Fehlbaum/Ulrich differenzieren die Komponenten der Organisationssituation wie folgt:

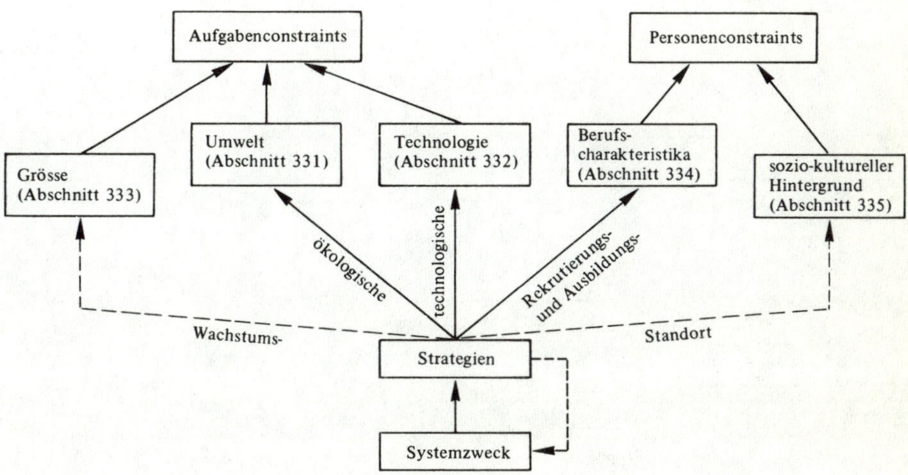

Abb. 1.33 Komponenten der Organisationssituation (nach Hill et al., 1981)

Die **Aufgabenconstraints** beschränken den Grad, in dem die verschiedenen organisatorischen Instrumente eingesetzt werden können, durch das **Potential an Routinisierung**. Es bestimmt das Ausmaß, in dem durch organisatorische Maßnahmen Verhaltenserwartungen gegenüber den Systemmitgliedern spezifiziert werden können. Es hängt ab:

- von der Komplexität (Vielfalt, Verschiedenheit, Interdependenzen) der eintreffenden Stimuli bei der Aufgabenerfüllung (groß-gering)
- von der zeitlichen Entwicklung der Stimuli (statisch-dynamisch)
- von der Klarheit (Spezifität) der Anforderungen an die Verarbeitung der Stimuli.

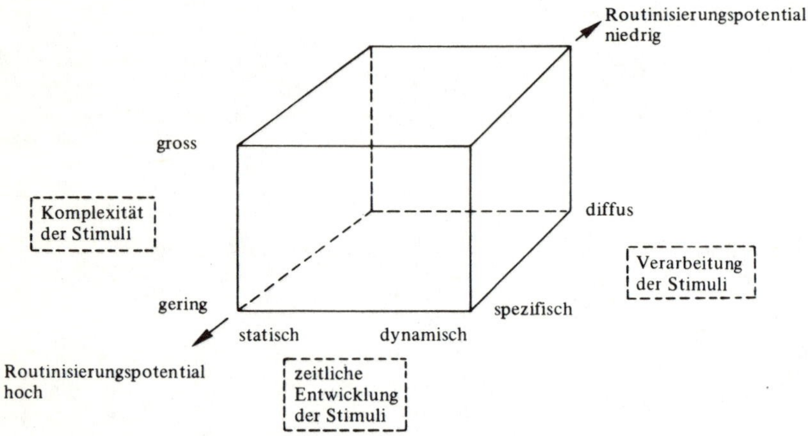

Abb. 1.34 Aufgabenconstraints (nach Hill et al., 1981)

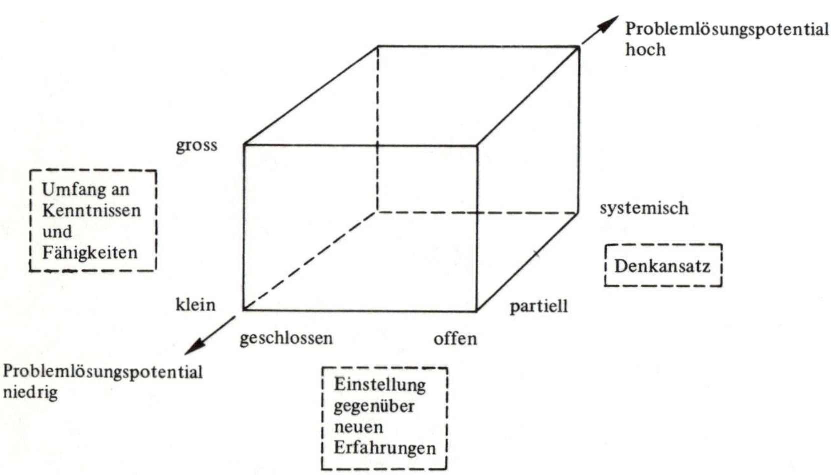

Abb. 1.35 Personencontraints (nach Hill et al., 1981)

Die **Personenconstraints** werden von *Hill/Fehlbaum/Ulrich* nach dem **Problemlösungspotential** differenziert, also nach dem Ausmaß, in dem Verhaltenserwartungen gegenüber den Organisationsmitgliedern spezifiziert werden können. Das Problemlösungspotential der Organisationsmitglieder hängt ab:

- vom Umfang an Kenntnissen und Fähigkeiten (breit-tief)
- von der Einstellung gegenüber Neuerungen bzw. neuen Erfahrungen (offen-geschlossen)
- vom Denkansatz bzw. von der Methode, mit der Probleme angegangen werden (partiell-systemisch)

8.2.3. Der Ansatz von Kieser/Kubicek

Die Beschreibung formaler Organisationsstrukturen in ihren Hauptdimensionen und Einflußgrößen stellen die Autoren (vgl. Kieser/Kubicek, 1977, S. 49ff.) in einem Lehrbuch dar, ebenso die Wirkung von Organisationsstruktur und Kontext auf die Organisationsmitglieder:

a) **Beschreibung der Strukturdimensionen**
Ihr Konzept der Organisationsstruktur basiert auf der Beschreibung von fünf Strukturdimensionen:

* Spezialisierung (Arbeitsteilung)
* Koordination
* Konfiguration (Leitungssystem)
* Entscheidungsdelegation (Kompetenzverteilung)
* Formalisierung

Ausgangsproblem jeder organisatorischen Strukturierung bildet das **Phänomen der Arbeitsteilung oder Spezialisierung.** Die in den Zielen fixierte Gesamtaufgabe einer Organisation ist zu umfangreich, als daß sie von einer Person ausgeführt werden könnte. Sie ist auf mehrere Personen zu verteilen, und daher ist festzulegen, welche Teilaufgabe von welchen Organisationsmitgliedern zu erledigen sind. Diese Festlegung zur Arbeitsteilung oder Spezialisierung bilden die erste Menge von Regeln der Organisationsstruktur.

Wird die Gesamtaufgabe der Organisation aber in mehrere Teilaufgaben aufgespalten, so entsteht das Problem der **Koordination.** Die Aktivitäten der einzelnen Organisationsmitglieder sind im Hinblick auf das Gesamtziel der Organisation aufeinander abzustimmen. Um diese Koordination bewerkstelligen zu können, benötigt die Organisation weitere Regeln.

Nimmt man Weisungsbefugnisse – das Recht, anderen Anordnungen zu geben – als Kriterium, dann bilden die spezialisierten Aufgaben und die Organisationsmitglieder, denen sie übertragen wurden, eine Ordnung. Die Aufgabe und die sie durchführenden Personen sind einander über-, unter- oder nebengeordnet. Die Gesamtheit der Regelungen, die diese Ordnung schaffen, wird mit der Dimension **Konfiguration (Leitungssystem)** erfaßt.

Außer den Weisungsbeziehungen werden in Organisationen auch die Entscheidungsbefugnisse oder Entscheidungskompetenzen festgelegt, die es einzelnen Mitgliedern erlauben, für die Organisation nach innen und/oder außen verbindliche Entscheidungen zu fällen. Auf diese Regelungen zur Verteilung von Entscheidungsbefugnissen bezieht sich die vierte Strukturdimension, **Entscheidungsdelegation oder Kompetenzverteilung**.

Die fünfte Dimension, **Formalisierung,** bezieht sich schließlich auf die Regelungen, die die Form und die Methoden der Kommunikation zwischen den Organisationsmitgliedern spezifizieren, wobei unter Formalisierung die schriftliche Fixierung solcher Beziehungen verstanden wird.

Zusammenfassend stellen *Kieser/Kubicek* Korrelationen zwischen den fünf Strukturdimensionen her und formulieren nachstehendes Konzept der Organisationsstruktur:

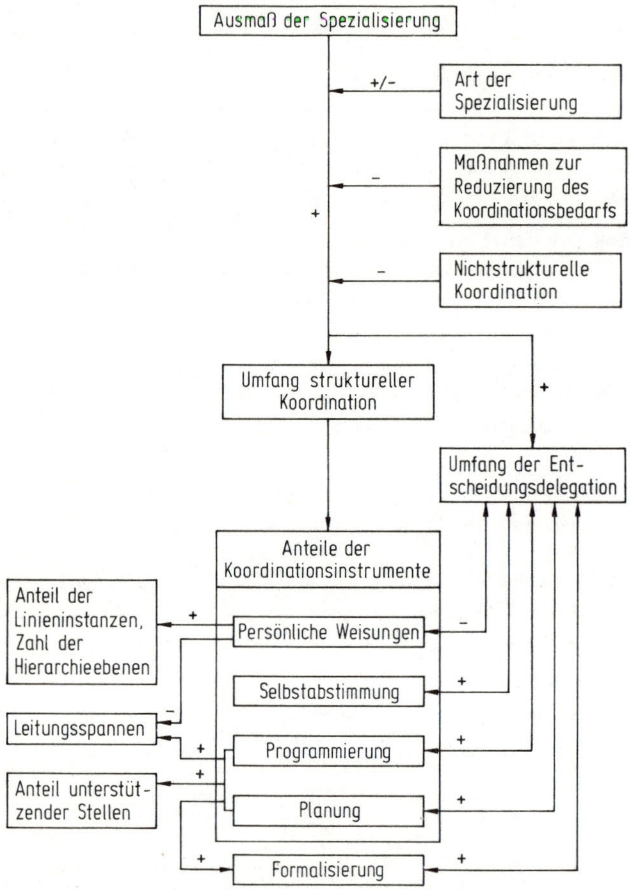

Abb. 1.36 Zusammenhang zwischen den Strukturdimensionen (nach Kieser/Kubicek, 1977)

b) **Beschreibung der Einflüsse der wichtigsten Situationsdimensionen auf die Organisationsstruktur**

Der Zusammenhang zwischen einzelnen Situationsdimensionen und Organisationsstrukturen wird von den Autoren durch Ergebnisse der empirischen Organisationsforschung hergestellt. Als wichtigste Situationsdimensionen definieren sie

- das **Leistungsprogramm**
- die **Organisationsgröße**

* die **Fertigungstechnologie**
* die **Informationstechnologie**
* die **Rechtsform und Eigentumsverhältnisse**
* die **Umwelt der Organisation** (Konkurrenzintensität, technologische Dynamik, Abhängigkeit

und fragen nach den **Beziehungsmustern** zwischen **Situations- und Strukturdimensionen** (Spezialisierung, Koordination, Konfiguration, Entscheidungsdelegation und Formalisierung).

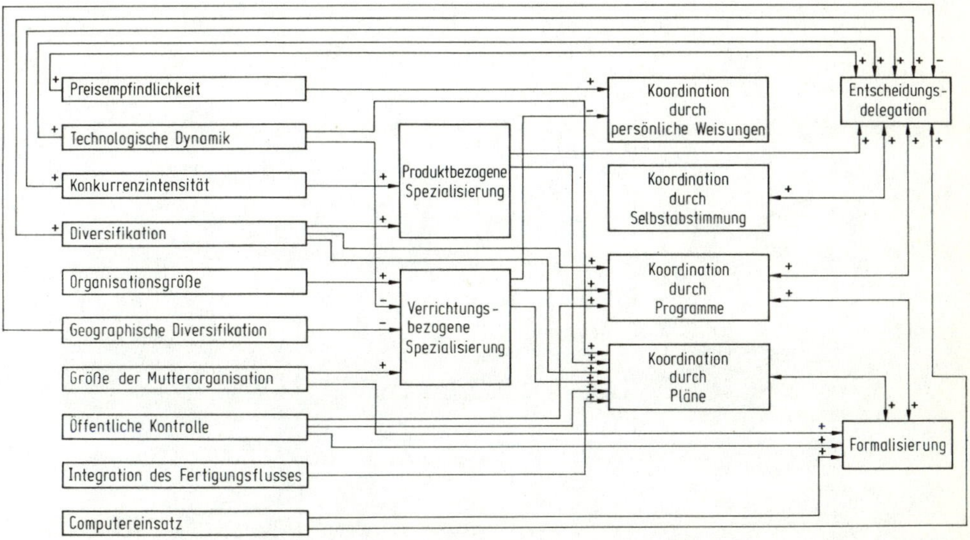

Abb. 1.37 Ein Bezugsrahmen für die multivariable Analyse der Einflußgrößen formaler Organisationsstrukturen (nach Kieser/Kubicek, 1977)

c) **Beschreibung der Auswirkungen von Organisationsstruktur und Situationsdimensionen auf die Organisationsmitglieder**

Kieser/Kubicek gehen von der Überlegung aus, daß die Hauptfunktion der Organisationsstruktur darin besteht, der Unternehmung eine stabile Grundlage für die Abwicklung der zur Zielerreichung notwendigen Aktivitäten zu geben. Durch die Bildung relativ dauerhafter Erwartungen über das Verhalten jedes einzelnen Organisationsmitgliedes (Rollenspezifikation) werden organisatorische Stellen gebildet und die individuellen Handlungsfreiräume der Organisationsmitglieder begrenzt. **Stabilität und Ordnung** werden somit **durch die Einengung der individuellen Handlungsfreiheit** (Autonomie) erzielt.

Die **organisatorische Rolle**, also die im Rahmen der Organisation an eine Stelle formulierten Verhaltenserwartungen, stellen die Autoren in den Mittelpunkt ihrer Analyse der Auswirkungen formaler Organisationsstrukturen auf das Verhalten der Organisationsmitglieder. Dazu konzipieren sie einen gedanklichen Bezugsrahmen, der wie folgt aufgebaut ist:

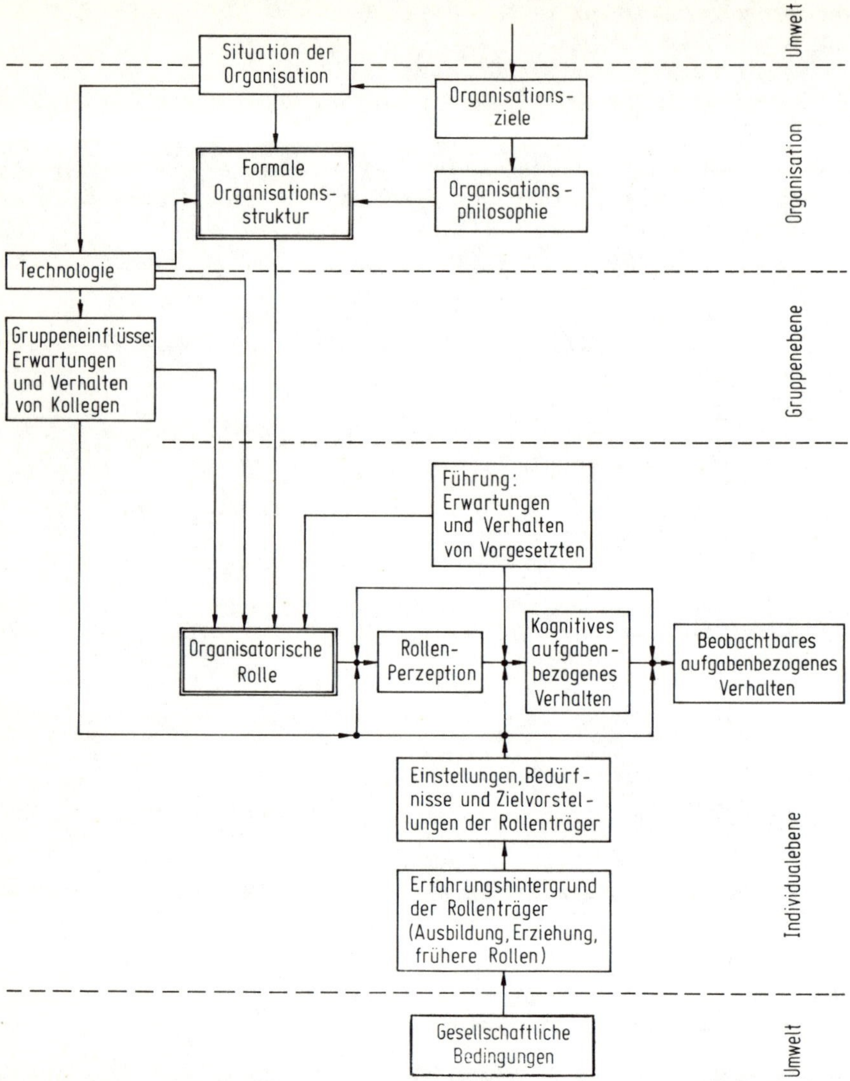

Abb. 1.38 Bezugsrahmen zur Analyse der Auswirkungen formaler Organisationsstrukturen auf das Verhalten der Organisationsmitglieder (nach Kieser/Kubicek, 1977)

8.2.4 Der Ansatz von F. Hoffmann

Einer der jüngsten Versuche situativer Relativierung organisationstheoretischer Aussagen stammt von *F. Hoffmann* (1980). Wir wollen ihn im Rahmen der Organisationslehre trotz seines theoretischen Forschungsansatzes kurz erwähnen, weil er für die folgenden Ausführungen zum Problembereich Unternehmungsorganisation und strategische Unternehmungsführung den theoretischen Bezugsrahmen skizziert und ihn auf nachstehendes, situativ ausgelegtes Variablenmuster zur Organisationsgestaltung bezieht (Hoffmann, 1980, S. 14):

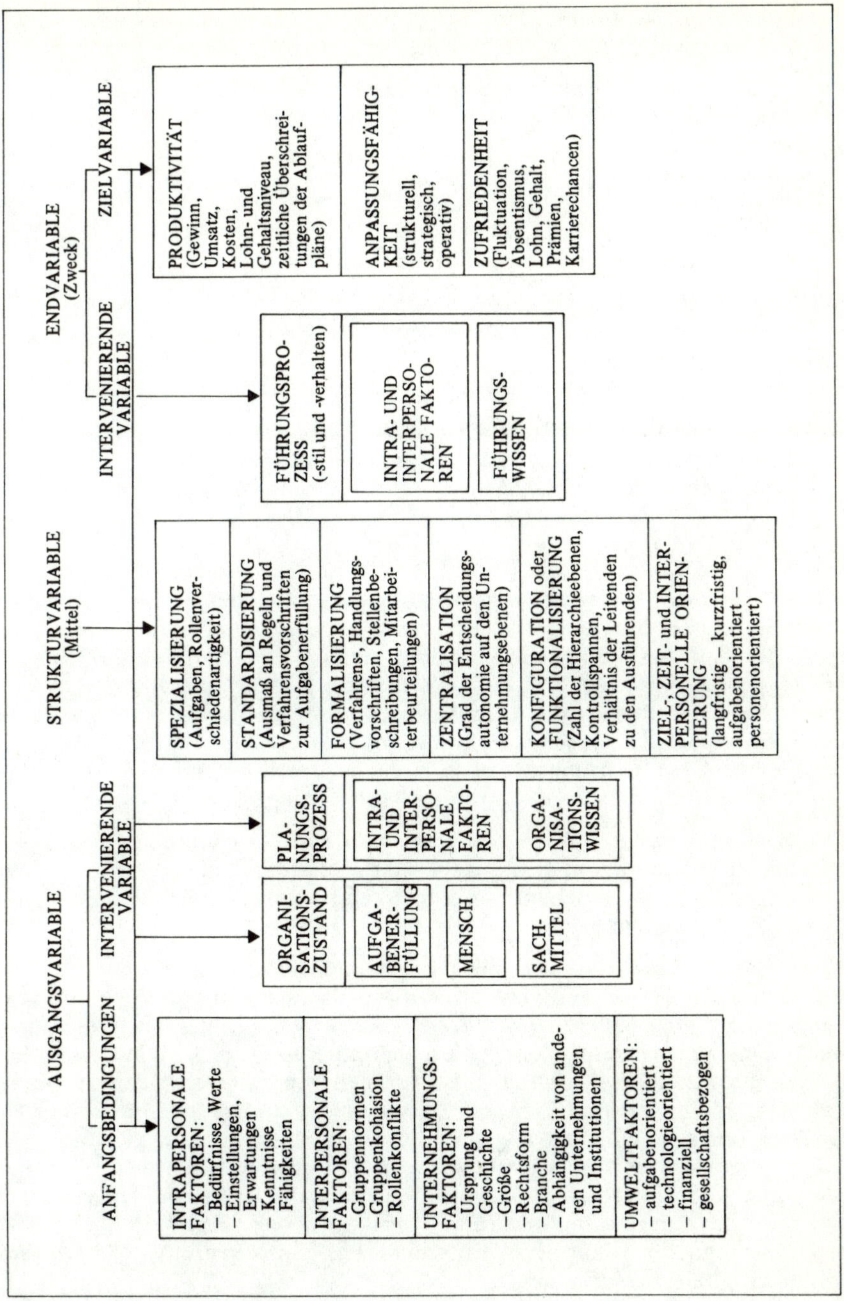

Abb. 1.39 Variablenmuster zur Organisationsgestaltung (nach Hoffmann, 1980)

In nur geringem Unterschied zu *Hill* et al. (1981) kann das Organisationsproblem nach *Hoffmann* als Problem formuliert werden, wonach

- **die organisatorischen Instrumente** (Strukturvariable, Mittel)
  - Spezialisierung
  - Standardisierung
  - Formalisierung
  - Zentralisation
  - Konfiguration
  - Ziel-, Zeit- und interpersonelle Orientierung
- **in Abhängigkeit von den Ausgangsvariablen**
  - Anfangsbedingungen (intra-/interpersonale Faktoren, Unternehmungsfaktoren, Umweltfaktoren)
  - intervenierende Variable (Organisationszustand, Planungsprozeß)
- **im Hinblick auf die Endvariablen** (Zweck)
  - intervenierende Variable: Führungsprozeß (-stil, -verhalten)
  - Zielvariable: Produktivität, Anpassungsfähigkeit, Zufriedenheit

eingesetzt werden.

Wichtig für den Gesamtzusammenhang dieses Modelles ist die Überlegung, daß der Einsatz der organisatorischen Instrumente (Strukturvariable) nur mittelbar von den Anfangsbedingungen abhängt und auf die Erhöhung der Produktivität, Anpassungsfähigkeit und Zufriedenheit als Zielvariable und Zweck organisatorischen Gestaltens wirkt. Unmittelbar sind beim Einsatz der organisatorischen Instrumente der Organisationszustand und die Planungsprozesse zu berücksichtigen. Über Führungsprozesse werden Organisationsmaßnahmen dann im Hinblick auf die Zielvariablen initiiert und durchgeführt.

Den Bezugsrahmen der Führungsorganisation (großer Unternehmungen) muß *Hoffmann* auf der situationstheoretischen Grundfrage aufbauen: Unter welchen Bedingungen kommen welche organisatorischen Merkmale und Regelungen erfolgreich zur Anwendung?

Als Schlüsselfaktor versteht er die Unternehmungsstrategie, die in ihrer Konzeption natürlich sowohl von Umweltfaktoren als auch von Unternehmungszielsetzungen und Unternehmungsfaktoren (Geschichte, Größe, Technologie, interne Abhängigkeit) beeinflußt wird. Umweltänderungen (z. B. Wettbewerbssituation der Branche, Verflechtung mit Unternehmungsumwelt, Konzentration), die auf Unternehmungsfaktoren und Zielsetzungen einwirken, finden über **Planungsprozesse** ihren Niederschlag auf die Unternehmungsstrategie und geben **Anlaß zu organisatorischen Änderungen**, die sich grundsätzlich aus differenzierenden und koordinierenden Organisationsmaßnahmen zusammensetzen und über adäquate Organisationsstrukturen (Strukturformen) das Verhalten der Organisationsmitglieder (Führungs-, Entscheidungs-, Informations-, Motivations-, Konfliktverhalten) beeinflussen.

„Um schließlich Aussagen über die Vorteilhaftigkeit von organisatorischen Lösungen treffen zu können, sind die Strukturformen auf ihren Erfolgsbeitrag zu beurteilen. Hierbei ist zu beachten, daß die Struktur über das Entscheidungs- und Informationsverhalten auf die Erfüllung der Unternehmungszielsetzung wirkt. Erfolg ist deshalb so zu konzeptualisieren, daß die Wirkungen aus dem

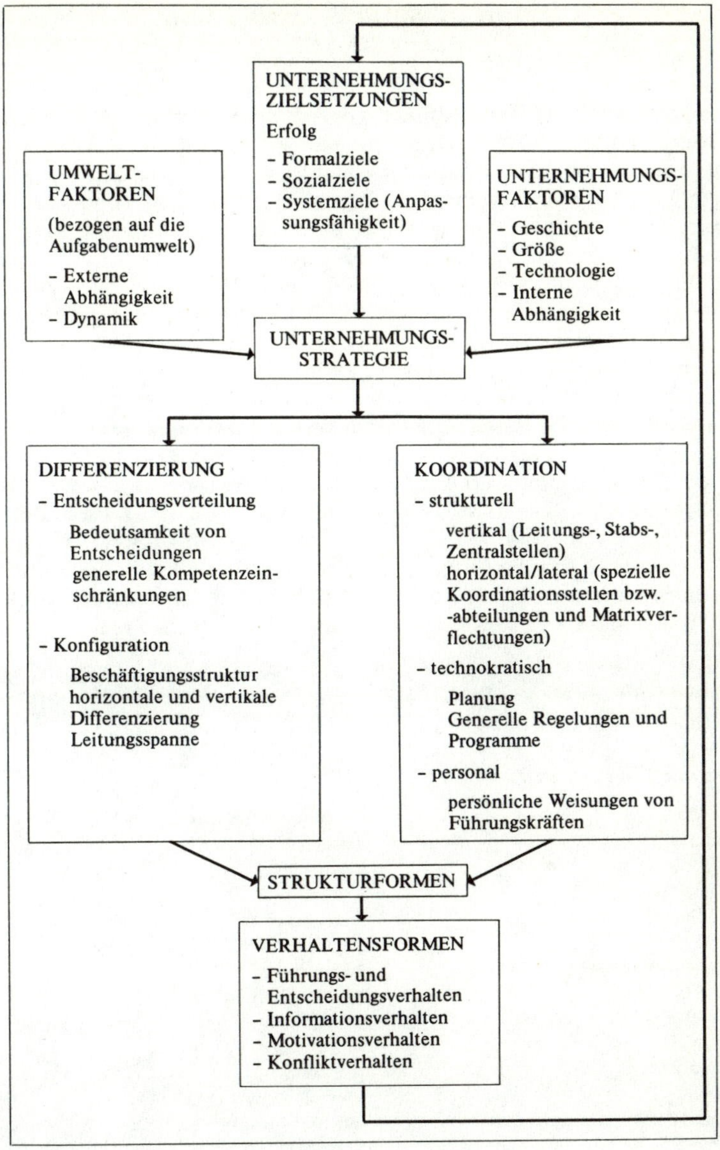

Abb. 1.40 Theoretischer Bezugsrahmen (nach Hoffmann, 1980)

Zusammenspiel zwischen Struktur und Verhalten erfaßt werden" (Hoffmann, 1980, S. 17).

Der Autor weist audrücklich darauf hin, daß der Einfluß der Strategie nicht so zu sehen ist, daß lediglich danach gefragt wird, inwieweit die Struktur der Strategie folgt, sondern welche Strategie mit der erfaßten Struktur verfolgt wird und damit in Einklang steht oder nicht.

9. Organisationsentwicklung

„Indem sich im Falle der Generalisierung bzw. der Formalisierung Verhaltenserwartungen auf Verhaltenserwartungen beziehen und diese qualifizieren, vollzieht sich ein Lernen in Organisationen stehts angesichts einer reflexiven Erwartungsstruktur. ..... Organisationsentwicklung kann in diesem Zusammenhang als eine Strategie bzw. als ein Programm zur Initiierung, Steuerung und Garantierung derartiger komplexer Lernprozesse der Systemveränderung und -entwicklung verstanden werden. ..... Organisationsentwicklung ist eine Strategie, durch die über die Organisation von Lernen ein Lernen der Organisation intendiert wird. Eine solche Strategie erstreckt sich im Idealfall sowohl auf die Veränderung und Entwicklung organisationsinterner Problemlösungskapazitäten im sozialen, administrativen, technologischen und operativen Bereich als auch auf eine Optimierung der Problemlösungskapazitäten in den verschiedenen System/Umwelt-Relationen. Organisationsentwicklung intendiert eine Koordination dieser Bereiche und Kapazitäten zum Zwecke fokussierter Synergie. Als Institutionalisierung organisationsumgreifender Lernprozesse kann durch Organisationsentwicklung ein Lernen von Organisationen in dem Sinne ermöglicht werden, daß über unmittelbare Verhaltensänderungen einzelner Mitglieder und Subsysteme hinaus auch die Organisationsstrukturen und -prozesse sowie die ihnen zugrundeliegenden Selektionen und Generalisierungen verändert werden können" (Rieckmann/Sievers, in: Bartölke et al., 1978, S. 263f.).

In Kapitel 3 werden wir die verschiedenen Begriffs- und Konzeptionssysteme der Organisationsentwicklung (OE) eingehend beschreiben und ihren Stellenwert im Rahmen der strategischen Unternehmungsorganisation charakterisieren.

Weiterführende Literatur zu Kapitel 1:

Ansoff (1969)
Bartölke et al. (1978)
Bircher (1976)
Bleicher (1979)
Bleicher (1981)
Bleicher/Mayer (1976)
Bratschitsch/Schnellinger (1981)
Brauchlin (1978)
Chandler (1962)
Child (1972)
Drumm (1970)
Frese (1975)
Friedmann (1959)
Gabele (1979)
Gaitanides (1976)
Grochla (1972)
Gutenberg (1976)
Hahn (1974)
Hammer et al. (1979)
Heinen (1966)
Hill et al. (1981)
Hinterhuber (1980)
Hoffmann (1980)
Kieser/Kubicek (1977)
Knopf/Esser/Kirsch (1976)
Koontz/O'Donnell (1964)
Kubicek (1980)
Luhmann (1976)
Lorsch (1973)
Marzen (1979)
Meier (1969)
Mellerowicz (1978)
Menzl/Nauer (1972)
Morel et al. (1980)
Neuberger (1977)
Rieckmann/Sievers (1978)
Ouchi/Dowling (1974)
Schäfer (1980)
Schertler (1979)
Schertler (1981 a)
Schertler (1981 b)
Schreyögg (1978)
Stähle (1973)
Stärkle (1981)
Stärkle/Heeb (1976)
Taylor (1922)
Tschirky (1981)
Ulrich (1970)
Wunderer/Grunwald (1980)
Zangemeister (1970)

Kapitel 2: Strategische Unternehmungsführung

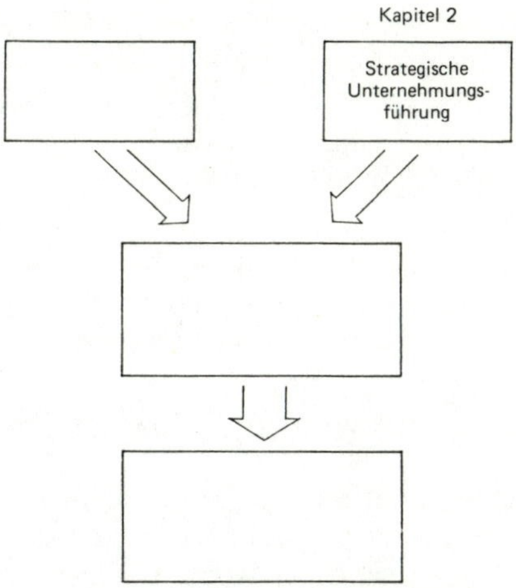

Problemstruktur und Zielsetzung

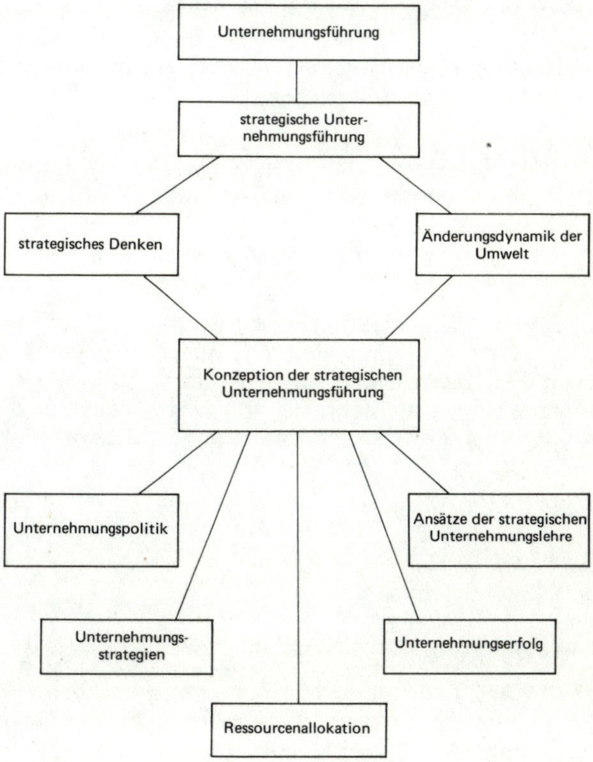

* Die Notwendigkeit einer verstärkten Außenorientierung der Unternehmungsführung aufzeigen und die Parameter der Änderungsdynamik der Unternehmungsumwelt in ihrer kausalanalytischen Verflechtung mit Unternehmungspotentialen beschreiben.
* Die Bedeutung strategischen Denkens im Unterschied zu den Merkmalen eines nicht-strategischen Denkens für den Bereich der Unternehmungsführung erkennen.
* Eine Konzeption der strategischen Unternehmungsführung in ihrer faktoriellen Zusammensetzung beschreiben sowie die Prozeßorientierung der gegenseitigen Abhängigkeiten zwischen den Faktoren erkennen.
* Strategische Unternehmungsführung als einen unternehmungsumfassenden Ansatz in der Managementlehre und als Rahmen bzw. als Voraussetzung für Prozesse der Organisations- und Unternehmungsentwicklung charakterisieren.

1. Unternehmungsführung und Unternehmungsumwelt

Die Unternehmungsumwelt muß als sogenannte „relevante Unternehmungsumwelt" verstanden werden, die je nach Unternehmung und Situation spezifische Schwerpunkte in den Austauschbeziehungen setzt und nur in Verbindung mit bestimmten Entscheidungsproblemen beurteilt werden kann. Denn für manche Unternehmungen sind bestimmte Umweltentwicklungen ohne Bedeutung und zeigen keinen Einfluß auf das Entscheidungsverhalten dieser Unternehmungen an. In diesem Sinn bezeichnet *Hoffmann* (1980) die Umwelt, mit der die Unternehmung zur Erfüllung ihrer Aufgaben Austauschbeziehungen unterhält, als **Aufgabenumwelt** mit den Umweltbereichen:

- **Kunden** (Lieferung von Gütern, Bereitstellung von Dienstleistungen usw.)
- **Lieferanten** (Beschaffung von Rohstoffen, Teilen, Investitionsgütern usw.)
- **Kapitalgeber** (Beschaffung von Fremdkapital unterschiedlicher Fristigkeit, Beschaffung von Eigenkapital)
- **Arbeitsmarkt** (Beschaffung von Führungskräften, Fachkräften, Hilfskräften)
- **Konkurrenzsituation** (Produkt-Markt-Kombinationen)

und unterscheidet dazu die generelle Umwelt (Makro-Umwelt), die den Bedingungsrahmen für alle Unternehmungen und Institutionen bildet, d.h. sie repräsentiert die **potentielle Unternehmungsumwelt,** deren Analyse daher gerade für die **Strategienbildung** einer Unternehmung von großer Bedeutung ist. Es gilt, die folgenden Umweltpotentiale in ihrem momentanen Zustand und in ihrer zukünftigen Entwicklung zu erkennen:

- gesellschaftliche Bedingungen
- politische Bedingungen
- regulatorische Bedingungen
- ökonomische Bedingungen
- technologische Bedingungen
- ökologische Bedingungen

1. Die **gesellschaftlichen** Bedingungen zeigen sich in sozialen Indikatoren, die auf die Bereiche Gesundheitswesen, öffentliche Sicherheit, Wirtschafts- und Rechtsordnung, Bildungswesen und Kommunikation abstellen.

2. Die **politischen** Bedingungen beziehen sich auf die Integration in internationale Abkommen, den allgemeinen Demokratisierungsgrad eines Staates, die Machtverhältnisse zwischen den politischen Parteien etc.

3. Unter den **regulatorischen** Bedingungen werden die gesetzlichen und verwaltungsmäßigen Gegebenheiten verstanden, die in den Marktmechanismus eingreifen (z. B. Besteuerung, Sparförderung).

4. Die generellen **ökonomischen** Bedingungen schlagen sich in Indikatoren wie Wachstumsrate des Sozialproduktes, Lohnsteigerungsrate, Investitionsrate, Konsum- und Sparverhältnisse, Auftragseingang, Export-Import-Relation etc. nieder.

5. Unter den **technologischen** Bedingungen werden Entwicklungstendenzen im Bereich der zu erstellenden Produkte und der Produktionsverfahren zusammengefaßt. Technische Neuerungen sind sowohl für die einzelne Unternehmung als auch in ihren Wirkungen auf die Gesamtwirtschaft und die Gesellschaftsstruktur bedeutsam.

Triebkräfte des technischen Fortschritts sind in industrialisierten Ländern insbesondere konsumorientierte und wettbewerbsintensive Märkte, die die Unternehmungen zu neuen technischen Lösungen veranlassen.

6. Die **ökologischen** Bedingungen sind als weitere Kategorie der Makro-Umwelt zu berücksichtigen. Darunter ist die Beschaffenheit der Natur zu verstehen. Sie ist eine Voraussetzung für wirtschaftliches Handeln.

1.1 Charakterisierung der Austauschbeziehungen zwischen Unternehmung und Umwelt

1.1.1 Offenheit und Flexibilität der Anpassungsprozesse

Die Charakterisierung der Unternehmung als produktives soziales System besitzt als wohl wichtigste Eigenschaft **Offenheit** gegenüber der Systemumwelt. Die Unternehmung steht in **vielfältigen Beziehungen** zu ihrer Umwelt, die **wechselseitig** ausgelegt sind, d. h. von der Umwelt wirken zwar starke Einflüsse auf die Unternehmung (Handlungs-/Entscheidungsspielraum) ein, die Unternehmung determiniert ihrerseits aber auch die verschiedenen Umweltfaktoren (Aktions-/Reaktionspotential der Unternehmung).

Offenheit gegenüber der Systemumwelt bedeutet daher die Existenz von materiellen und immateriellen **Austauschbeziehungen** zwischen Unternehmung und Unternehmungsumwelt, die nun so gestaltet werden müssen, daß Änderungen bei den Transferpartnern gegenseitige Berücksichtigung finden, da sonst das **Gleichgewicht** dieser Beziehungen gestört wird. Diese Forderung nach dem sogenannten „Fließgleichgewicht" kommt in den Unternehmungszielen (Organisationszielen) **Anpassungsfähigkeit und Flexibilität** zum Ausdruck und muß von der Unternehmungsführung strukturell als Problem der Gestaltung von Freiheitsräumen von Entscheidungsinstanzen bezogen auf diese Austauschbeziehungen mit der Unternehmungsumwelt verstanden werden.

Entscheidungsinstanzen hierarchisch unterschiedlicher Ebenen müssen in der Lage sein, Austauschbeziehungen mit ihren spezifischen Umwelten eingehen und sich partiell an Teilumwelten der Unternehmung anpassen zu können. Diese Fähigkeit wird als **Multistabilität** bezeichnet (vgl. auch Krieg, 1971 und

Malik, 1979). Entscheidet über diese Anpassungsprozesse nur die Systemleitung (z. B. Vorstand), können schwerwiegende Führungsprobleme entstehen, die meistens mit Delegationsschwächen der Unternehmungsführung zusammenhängen.

- **Anpassungsprobleme** sind in der Regel **neue, relativ unbekannte Problemstellungen,** die in bestehenden organisatorischen Vorschriften nicht erfaßt und deren Lösungs-/Entscheidungskompetenzen darin nicht geregelt sind. Mangels Zuständigkeit (Befugnis zur Problemlösung) werden diese Probleme „nach oben" getragen (Dienstweg) und zeitlich verzögert.

- **Kapazitätsprobleme** entstehen an der Unternehmungsspitze, die nur schwer in der Lage ist, über alle die an sie herangetragenen Probleme rechtzeitig und mit der nötigen Fachkompetenz zu entscheiden („Problemstau an der Spitze").

- Entscheidungen über die Problemlösungen müssen den betroffenen Stellen mitgeteilt und erklärt werden (Informationspflicht vorgesetzter Stellen), d. h. umfangreiche **Koordinations- und Informationsprozesse** „von oben nach unten" müssen realisiert werden.
- Die Anpassungsgeschwindigkeit an veränderte Umweltbedingungen kann durch mangelnde Möglichkeit partieller Anpassung gefährdet werden.

1.1.2 Dynamik von Umwelt und Unternehmung

Soll der Begriff der Dynamik operationalisiert werden, müssen die Umweltänderungen nach den Kriterien der **Häufigkeit,** des **Umfanges** und des **Verlaufes** der Regelmäßigkeit erfaßt werden. Änderungen in den Umweltbedingungen verändern permanent den Handlungsspielraum für Unternehmungsentscheidungen. Bleiben diese **Änderungen** im Entscheidungsverhalten der Unternehmung vorübergehend oder überhaupt **unberücksichtigt,** kommt es zu **Ungleichgewichten (Disfunktionalitäten, Disharmonien)** in den einzelnen Funktions-, Produkt- und/oder Marktbereichen der Unternehmung mit ihren Teilumwelten, die den (langfristigen) Bestand der Unternehmung gefährden können.

Bei hochstandardisierten Produktionsabläufen entstehen beispielweise starke Widerstände gegen dynamische Änderungsprozesse, weil es dem Zweck der Standardisierung entspricht, Stabilität in den Fertigungsprozessen zu erzeugen: Änderungen in der Zusammensetzung, dem Design und der Funktion von Produkten aufgrund veränderter Kundenwünsche und -bedürfnisse bleiben so aus Gründen der kurzfristigen Rentabilität oder einer kurzfristig orientierten Produktionspolitik unberücksichtigt.

Neben Änderungen der Fertigungstechnologie liegen die wichtigsten **Anpassungsprozesse** einer Unternehmung in

- den Änderungen in Funktion und Design von Produkten bzw. des Produktionsprogramms
- dem Trend zu kürzeren Produkt-/Marktlebenszyklen
- den Änderungen organisatorischer Abläufe und Strukturen
- den Änderungen des absatzpolitischen Instrumentariums (z. B. Preisgestaltung, Distribution).

Als wichtigste Konsequenz dieser dynamischen Prozesse muß eine erfolgsorientierte Unternehmungsführung

- die **Problemlösungsverfahren** ändern (z. B. strategische Unternehmungsführung),

- für **flexible Entscheidungsstrukturen** sorgen (z.B. Matrix-, Projektorganisation),
- **Lernfähigkeit** in der Organisationsstruktur erzeugen und
- **permanentes Innovationsmanagement** realisieren.

1.1.3 Abhängigkeit vom Verhalten der Transferpartner

Durch die Austauschprozesse der Unternehmung mit ihrer Aufgabenumwelt entsteht Abhängikeit vom Verhalten der Transferpartner. Eine Unternehmung ist nur dann überlebensfähig, wenn es ihr gelingt, die Abhängigkeit von z.B. natürlichen Ressourcen immer dann reduzieren zu können, wenn die Beschaffung der Ressourcen zur Leistungserbringung gefährdet ist. Einfluß in Form von Abhängigkeit bedeutet daher **Macht**ausübung durch das Stellen bestimmter Ansprüche. Diese Macht-/Abhängigkeitsproblematik basiert auf der Tatsache, daß Macht immer nur auf Kosten eines anderen Umweltelements erreicht werden kann.

Abhängigkeit und potentielle Gefährdung durch fremde Machtausübung können sich ergeben aus:

- der relativen Bedeutung, die Kunden, Lieferanten, Kreditgeber etc. differenziert nach der Art der ausgetauschten Ressourcen haben;
- dem Fehlen alternativer Beschaffungs- und Absatzmöglichkeiten;
- der Dringlichkeit, mit der die Ressourcen zur Zielerreichung benötigt werden.

Unabhängigkeit kann gefördert werden durch:

1. Die Verfügbarkeit und Kontrolle von strategischen Ressourcen als Puffer bzw. Austauschmöglichkeit gegen benötigte Ressourcen

2. Das Vorhandensein von alternativen Beschaffungsmöglichkeiten (dadurch verbesserte Verhandlungsposition)

3. Die Fähigkeit, durch entsprechenden Druck die Herausgabe von Ressourcen zu erzwingen

4. Die Möglichkeit der Veränderung von Prioritäten, so daß bestimmte Ressourcen nicht unbedingt benötigt werden.In Zukunft wird die Bedeutung größerer Unabhängigkeit und Handlungsfreiräume für die Unternehmensführung noch zunehmen. Wiederum ein Aspekt, der die Notwendigkeit einer strategischen, d.h. auf die Sicherung zukünftiger Ertragspotentiale ausgerichteten Unternehmungsführung betont.

1.1.4 Unsicherheit als Folge von Dynamik und Abhängigkeit

Unsicherheit wird generell immer dann erzeugt, wenn **über den Eintritt zukünftiger Ereignisse unvollständige Informationen** vorliegen. Unsicherheit entsteht somit

a) durch den Mangel an Informationen über die **Umweltfaktoren**

b) durch die Ungewißheit, welche der Umweltfaktoren in einer spezifischen Situation **unternehmungsrelevant** sind bzw. sein können (Bestimmung der Aufgabenumwelt),

c) durch die Unfähigkeit der Entscheidungsträger, Wahrscheinlichkeiten bzgl. der **Erfolgswirkung** von Umwelteinflüssen zu definieren und wie darauf zu reagieren ist sowie

d) durch die Ungewißheit über die **Konsequenzen** einer Entscheidung in der Zukunft.

Sowohl die Komponenten **„Zukunft“** als auch **„Informationsstand“** sind aber auch Bestandteil der Verhaltensdynamik von Umwelt und Unternehmung und der wechselseitigen Beeinflussungsprozesse durch die Abhängigkeit entsteht.

Über Änderungen in den Austauschbeziehungen kann nicht gesagt werden, wie häufig sie auftreten und in welchem Ausmaß bzw. mit welcher Intensität sie auf das Entscheidungsverhalten der Unternehmung Einfluß ausüben. Besonders die Führungsfunktion „Planen“ erkennt in der Suche nach Möglichkeiten zur Unsicherheitsreduktion einen Schwerpunkt.

1.2 Beispiele für Herausforderungen der Aufgabenumwelt an die Unternehmungsführung

Aus den Entwicklungstendenzen der Umwelt lassen sich Beispiele dafür finden, wie Einflußpotentiale geformt werden und auf das Entscheidungsverhalten eines produktiven sozialen Systems wirken.

Gebert stellt dazu die folgende Abbildung zur Diskussion (vgl. Gebert 1978, S. 26):

Aus der **Wissensexplosion** resultiert vor allem die Tatsache, daß die Anzahl der pro Zeiteinheit neu entwickelten bzw. zu entwickelnden Technologien ständig steigt (z. B. Fertigungs-, Informations-, Medizintechnologie).

Die **Wert-Problematisierung** reflektiert die zunehmende „Emanzipation der Gesellschaft“, in deren Verlauf die zunehmende Infragestellung bisher verfolgter

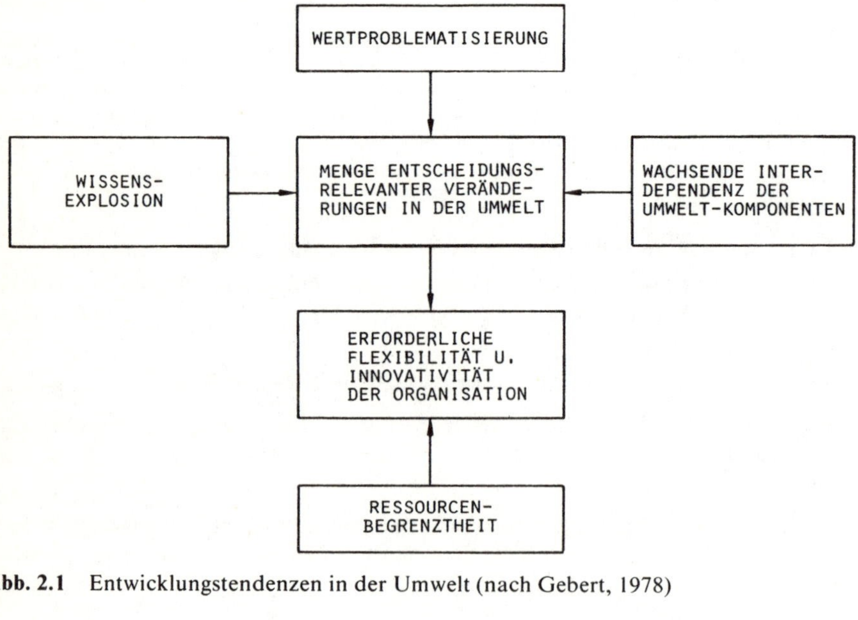

Abb. 2.1 Entwicklungstendenzen in der Umwelt (nach Gebert, 1978)

Normen und Ziele sowie die Auflösung von Selbstverständlichkeiten und tradierter Verhaltensmuster zu beobachten sind.

Weiters hat z. B. die Kybernetik aufgezeigt, daß die verschiedenen Systeme in Beziehung mit der Umwelt stehen und so wachsende **Interdependenzen** der verschiedenen Umweltkomponenten (wir sprechen von Faktoren der potentiellen/generellen Umwelt und der unternehmungsrelevanten Aufgabenumwelt) untereinander entstehen. Die Entwicklung der **Systemanalyse** fand im „systems engineering" ihren methodischen Ausdruck der Strukturierung komplexer Probleme und stellt damit einen Problemlösungsansatz zur Verfügung, der geeignet ist, die wachsende **Menge entscheidungsrelevanter Veränderungen** in der Umwelt in den Griff zu bekommen. Die **Begrenztheit** technischer, finanzieller, personeller und natürlicher **Ressourcen** erhöht die Abhängigkeit und wird dadurch zu einem strategisch äußerst bedeutsamen Entscheidungselement. Das Integral dieser Entwicklungstendenzen der Umwelt einer Unternehmung stellt somit hohe Anforderungen an die Führung und Organisation einer Unternehmung bezüglich Flexibilität und permanenter Innovation.

Beispiele für aktuelle Rahmenbedingungen der Unternehmungsführung:

a) generelle/potentielle Umwelt einer Unternehmung:

• gesellschaftliche Bedingungen:
Problemsozialisierung, Wertverschiebungen (Leistung, Erfolg), Demokratisierung durch Mitbestimmung

• politische Bedingungen:
wachsende Arbeitslosigkeit, Konzentration der Macht („Multis", Gewerkschaften, OPEC), mangelnder Nord-Süd-Dialog (Hunger, Armut)

• regulatorische Bedingungen:
Sozialgesetzgebung (Erhöhung der Sozialbeiträge), Steuergesetzgebung, Förderungen, Konsumentenschutz, Produzentenhaftung

• ökonomische Bedingungen:
abflachendes Wachstum (Sättigungs-, Stagnationstendenzen), Konzentration wirtschaftlicher Macht, Rationalisierungsdruck durch Kostensteigerungen bei Energie, Rohstoffen, Personal, Inflationsproblem

• technologische Bedingungen:
Integrationsprobleme neuer Technologien (z. B. Substitution mechanischer durch elektronische Steuerung), kurze Innovationszyklen

• ökologische Bedingungen:
Knappheit der Ressourcen, Umweltbewußtsein erhöht, Infragestellung „freier Güter"

b) Aufgabenumwelt einer Unternehmung:

• Kunden:
Käufermarkt-Situation, Verdrängungswettbewerb (Betonung relativer Wettbewerbsvorteile)

• Lieferanten:
starke Abhängigkeiten gegenüber Rohstoff-Lieferanten, Preisexplosionen bei Energie und Rohstoffen schaffen kalkulatorische Unsicherheit (Existenzgefährdung)

• Kapitalgeber:
Hochzins-Situation, schwache Eigenkapitalausstattung, Risikokapital („venture-/development-capital“) schwer zu beschaffen

• Arbeitsmarkt:
hohe gesellschaftliche Verpflichtung bzgl. Arbeitsplatzsicherung, Personalkosten steigend, Schaffen attraktiver Arbeitsplätze

• Konkurrenzsituation:
Billigimporte aus Niedriglohnländern, Internationalisierung des Verkaufs und der Produktion (Exportdruck), dauernde Verschiebung der Währungsrelationen

2. Strategisches Denken als mögliche Antwort auf die Änderungsdynamik der Umwelt

2.1 Zur Notwendigkeit strategischen Denkens

Vor der Beschäftigung mit dem Konzept der strategischen Unternehmungsführung sollen die Konsequenzen einer hohen Änderungsdynamik der Unternehmungsumwelt für das Problemlösungs- und Entscheidungsverhalten der Unternehmungsleitung am Beispiel des Marktverhaltens einer Unternehmung aufgezeigt werden, deren Entscheidungsinstanzen die folgenden wichtigen Einflüsse in ihren Entscheidungen berücksichtigen müssen:

• Der Wettbewerb wird durch **internationale Konkurrenz** gekennzeichnet (Heimmärkte verschwinden), die Konkurrenten weisen bezüglich Größe, Diversifikationsgrad, ökonomischer und politischer Macht, Vertriebspotential usw. **unterschiedliche Strukturen** auf, was z. B. dazu führt, daß sich auf bestimmten Märkten Kleinunternehmungen Konkurrenten gegenübergestellt sehen, die Tochterunternehmungen von Großkonzernen sind (vgl. z. B. Nahrungsmittelindustrie).

• Neue Konkurrenz bedeutet **Änderung in den Marktanteilen.** Gelingt es einer Unternehmung nicht, ihren Marktanteil zu halten, erleidet sie Wettbewerbsnachteile (z. B. durch mangelnde Kapazitätsauslastung) und wird vom Markt verdrängt.

• Die Produkt- und Funktionsbereiche müssen dauernd in ihrer **Programm- und Zielstruktur geändert** werden. Plangrößen dürfen nicht stur verfolgt werden; **Flexibilität** wird vom Verhalten der Entscheidungsträger verlangt, ebenso die Möglichkeit, schnell mit neuen Produkten, Strukturen, Vertriebswegen, Preisen, Fertigungstechnologien, usw. reagieren zu können.

• Neue Leistungen, organisatorische Abläufe und Entscheidungsstrukturen nehmen zur Entwicklung von deren Funktionsfähigkeit **Zeit** in Anspruch, d. h. Änderungsdruck von außen muß im Innern der Unternehmung erkannt und durchgesetzt werden. Die Unternehmungsführung verlangt von den Unternehmungsmitgliedern Kreativität und Leistung und muß dazu entsprechende **Führungssysteme** aufbauen (Informations-, Motivations-, Beurteilungssysteme). Gelingt es ihr nicht Zielkonformität und -harmonie zwischen den Unternehmungszielen und den Zielen der Mitarbeiter zu erreichen, treten durch Änderungswiderstand zusätzliche Verzögerungen ein.

Es zeigt sich, daß eine Unternehmung mit einem Entscheidungsverhalten, welches auf Entwicklungen in der Vergangenheit aufbaut und eine Politik der Kontinuität und Stabilität bei Produkten, Absatzmärkten, Technologien usw. verfolgt, sicher in ihrem langfristigen Bestehen gefährdeter ist, als eine Unternehmung, welche sich änderungsbewußt und innovationsorientiert verhält.

Die spezifischen Merkmale (komplex, dynamisch, unsicher) der Änderungsprozesse und des Bedingungsrahmens sind es, die **ein geändertes Problemlösungsverhalten** seitens der Entscheidungsträger verlangen und die Notwendigkeit herausheben, unter diesen Rahmenbedingungen eine Unternehmung anders zu führen.

2.2 Strategisches Denken und nicht-strategisches Denken

Der Begriff der Strategie fand in den sechziger Jahren Eingang in die amerikanische Managementlehre und entwickelt sich immer mehr zu einem zentralen Begriff der Betriebswirtschaftslehre auch im deutschsprachigen Raum (vgl. z. B. Hinterhuber, 1980; Hahn/Taylor, 1980).

Übernommen wurde der **Strategiebegriff** aus der **Wahrscheinlichkeits- bzw. Spieltheorie,** die nach den grundsätzlichen Wegen fragt, unter Berücksichtigung bestimmter Wahrscheinlichkeiten zu einem Zielwert zu kommen (vgl. z. B. die Methode der Entscheidungsbaum-Analyse), und aus der **Lehre der Kriegsführung** (Clausewitz, Moltke), die zahlreiche Grundsätze der strategischen Führung entwickelte, so z. B. die Grundsätze: Konzentration der Kräfte, Vermeidung von Schwächen bzw. Aufbau von Stärken, Ausnützen von Umweltbedingungen.

Das strategische Denken orientiert sich an

* den **Umweltentwicklungen,** die für das eigene Entscheidungsverhalten als Chance oder Gefahr interpretiert werden können
* **zukünftigen Erfolgspotentialen** im Wettbewerb mit Gruppen (Konkurrenz)
* der Bedeutung und **Relevanz des gegnerischen Verhaltens** für die Realisierung der eigenen Ziele
* **der Wahrscheinlichkeit,** mit der mit einem bestimmten Verhalten des Gegners zu rechnen ist
* **den Analyseergebnissen der eigenen Stärken und Schwächen** im Vergleich mit dem jeweils stärksten Gegner
* der **Konstellation und Relevanz** der **Unternehmungseinflüsse**
* **den Konsequenzen** des eigenen und gegnerischen Verhaltens.

Strategisches Denken unterscheidet sich daher von einem nicht-strategischen Denken grundlegend.

Unterscheidungskriterien	strategisches Denken	nicht-strategisches Denken
– Zielorientierung	– am langfristigen Überleben der Unternehmung als Ganzes – an übergeordneten Zielen (Unternehmungspolitik)	– Erfüllung relativ kurzfristiger Unternehmungsziele
– Erfolgsorientierung	– längerfristig – Gesamterfolg steht im Vordergrund – momentane Nachteile werden zugunsten höherer Zukunftsvorteile in Kauf genommen	– kurzfristig – basiert auf den Vor- und Nachteilen des Augenblicks – Momentanerfolg wird beurteilt
– Anforderungen an Entscheidungsträger	– hohes Abstraktions- und Kombinationsvermögen – Anwendung komplexer, heuristischer Problemlösungsmethoden – Betonung des Analyseinstrumentariums	– aufgrund höherer Evidenz und besserer Begründbarkeit geringere geistige Anforderungen – Anwendung relativ einfacher Problemlösungsmethoden
– Gründe für Ungewißheit und Unsicherheit	– fehlende Informationen über bereits analysiertes Verhalten der Unternehmung und ihrer Umwelt in der Zukunft – strategische Orientierungsgrundlage ist eine zeitlich weitreichende Daten- und Informationsbasis	– nur in die unmittelbare Zukunft hineinreichendes Daten- und Informationsmaterial – vorwiegend aus der Vergangenheit gewonnene Datenbasis
– Planungsumfang	– vom anzustrebenden „Enderfolg" abgeleiteter Gesamtplan – Betonung der Umwelt	– mehr oder weniger isolierte, die bisherige Entwicklung weiterschreibende Teilpläne
– methodische Schwerpunkte	– Ableitung der „Anfangsschritte" von der erfolgreichen Lösung des Gesamtproblems – Analyse der Chancen/Risiken bzw. der relativen Stärken und Schwächen der Unternehmung	– „vor-sich-hin-Entscheiden" – langfristige Erfordernisse werden vernachlässigt – zusätzlich werden u. U. dadurch negative Bedingungen für den späteren Erfolg geschaffen

Abb. 2.2 Kriterien zur Unterscheidung: strategisches und nichtstrategisches Denken

2.3 Bedeutung des strategischen Denkens für die Unternehmungsführung

Eine Unternehmungsstrategie ist eine umfassende Beschreibung des Entscheidungsverhaltens der Unternehmungsführung zur Sicherung zukünftiger Ertragspotentiale. Obwohl sie sich von einem zukünftigen Erfolg ableitet, gibt sie dennoch den Weg vor, wie in der Gegenwart entschieden werden soll.

Die Notwendigkeit, das Gedankengut der strategischen Führung auf die Problematik der Unternehmungsführung zu übertragen, läßt sich beispielsweise begründen mit

- dem **Verdrängungswettbewerb** in nur langsam wachsenden bzw. stagnierenden Märkten (Kampf um Marktanteile)
- der damit zusammenhängenden großen Bedeutung der **Konkurrenzbeobachtung** und der **Analyse der relativen Stärken und Schwächen** der eigenen Unternehmung (Konkurrenz als „Gegner" im Kampf um Marktanteile)
- der **wachsenden Integration der Unternehmung in ihre Umwelt** und dem daraus resultierenden **Änderungsdruck** (Innovationszwang)
- dem Zwang zur **Konzentration der Kräfte auf einige wichtige Erfolgsfaktoren** der Unternehmungsführung (z. B. Marktwachstum, -anteil)
- der großen **Tragweite** von Entscheidungen bzgl. der **Ressourcenallokation,** in deren Verlauf die Unternehmung sich längerfristig bindet
- dem Zwang zur **Kostenoptimierung** (Erfahrungskurven-Effekte nutzen)
- den zunehmenden **Ansprüchen der Gesellschaft,** über die unternehmungspolitischen Ziele der Unternehmung (Unternehmungsleitbild) informiert zu werden (z. B. Wertproblematisierung in Verbindung mit Problemen der Sicherung/Schaffung von Arbeitsplätzen).

2.4 Grundsätze der strategischen Führung

Grundsätze der strategischen Führung haben (wie alle Grundsätze) reinen Empfehlungscharakter, gehen nicht auf bestimmte Führungssituationen ein und reflektieren in prägnanter Form die bisher in der Praxis der strategischen Führung gemachten Erfahrungen bei der Anwendung des strategischen Denkens auf den Problembereich der Unternehmungsführung.

Beispiele solcher Empfehlungen zur Strategienformulierung sind (vgl. auch Pümpin, 1980, S. 15 ff):

- **der Grundsatz der Konzentration der Kräfte,**

auf die Produkt-/Marktkombinationen, die sich durch hohes Wachstum, niedrige Eintrittsbarrieren auszeichnen

auf die strategischen Geschäftsbereiche, bei denen der relative Marktanteil schnell erhöht werden kann

bei der Zuteilung finanzieller und personeller Ressourcen

auf die Konkurrenten, die die eigene Unternehmung bzw. den eigenen Geschäftsbereich am stärksten bedrängen;

- **der Grundsatz der Ausnützung von relativen Stärken und Schwächen,** d. h. bei der Zielformulierung und Mittelzuteilung die eigenen Leistungspotentiale mit denen der Konkurrenten vergleichen und auf den relativen Stärken gegenüber der Konkurrenz die Strategien aufbauen. Relative Schwächen weisen auf Stärken des Konkurrenten hin und müssen wettbewerbsneutral gehalten werden; auf alle Fälle darf auf Schwächen nie ein strategisches Konzept aufgebaut werden;
- **der Grundsatz der Ausnützung von Umwelt- und Marktchancen,** d. h. möglichst exakte Bestimmung der unternehmungsrelevanten Umwelteinflüsse und der Chancen- bzw. Gefahrenpotentiale auf den Handlungsspielraum der Unterneh-

mung (z.B. Wettbewerbsstruktur einer Branche); der Informationsbeschaffung und -auswahl über die Entwicklung der Unternehmungsumwelt muß höchste Aufmerksamkeit geschenkt werden;

- **der Grundsatz der Ausnutzung von Kooperationsmöglichkeiten,** d.h. sich trennen von einer Politik des „Alles-Selber-Machens" und z.B. über Kooperationsverträge die relativen Stärken jedes einzelnen Kooperationspartners zum Wirken bringen;

- **der Grundsatz der Wirtschaftlichkeit und Einfachheit,** d.h. auf gegebenen Voraussetzungen die Strategien aufbauen (Synergiepotentiale) und den Prozeß der Strategienbildung und -durchsetzung so gestalten, daß er möglichst einfach und damit auf breiter Basis akzeptiert und verstanden wird (Gefahr von Änderungswiderstand).

2.5 Systemelemente der strategischen Unternehmungsführung

In Abhängigkeit von obersten, unternehmungspolitischen Zielvorstellungen und Normen werden über den Prozeß der Strategienbildung und -durchsetzung für das Entscheidungsverhalten der Unternehmungsleitung Wege vorgegeben, wie sie das Leistungspotential der Unternehmung von Anfang an und im vorhinein einsetzen muß, um erfolgreich den Wettbewerb mit der Konkurrenz bestehen zu können.

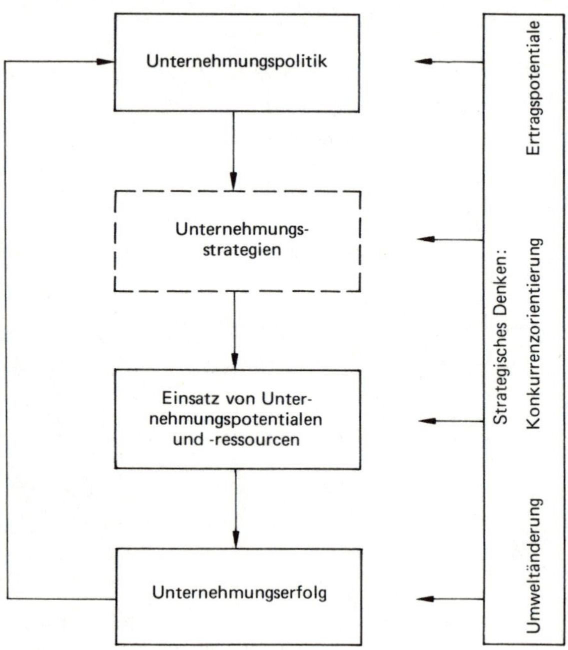

Abb. 2.3 Systemelemente der strategischen Unternehmungsführung

* **Unternehmungspolitik**
An unternehmungspolitische Entscheidungen werden eine Reihe ganz **spezifischer Anforderungen** gestellt (vgl. Ulrich, 1978, S. 29f):

1. **Grundsätzlichkeit**
Unternehmungspolitische Entscheide sollen das Wichtige, Bedeutende, Grundsätzliche zukünftigen Unternehmungsgeschehens beeinflussen und nicht irgendwelche Nebensachen oder Spezialitäten, welche das Gesamtverhalten der Unternehmung nicht betreffen.

2. **Allgemeingültigkeit**
Unternehmungspolitische Entscheide sollen als Entscheidungsregeln in vielen zukünftigen Führungssituationen anwendbar sein, sich also nicht lediglich auf Einzelfälle oder eng abgegrenzte Teilbereiche der Unternehmung beziehen.

3. **Langfristige Gültigkeit**
Unternehmungspolitische Entscheide sollen das Unternehmungsgeschehen in seinen Grundzügen auf längere Sicht bestimmen.

4. **Wahrheit**
Unternehmungspolitische Entscheide müssen den wirklichen Auffassungen und Absichten der obersten Führungskräfte entsprechen und durch deren eigene Entscheide und Handlungen sichtbar bestätigt werden. Eine Unternehmungspolitik kann daher nicht vom Public-Relations-Manager konzipiert werden und soll nicht vom Gesichtspunkt der Image-Pflege aus entwickelt worden sein, sondern die ernsthaften Absichten der obersten Führungskräfte widerspiegeln.

5. **Realisierbarkeit**
Unternehmungspolitische Entscheidungen sollen den zukünftigen Umweltbedingungen und den unternehmungseigenen Möglichkeiten angepaßt sein. Es darf sich durchaus um hochgesteckte Ziele und anspruchsvolle Verhaltensnormen handeln, die aber grundsätzlich realisierbar sein müssen und nicht den Charakter von idealistischen Wunschvorstellungen haben dürfen.

Entspricht eine Unternehmungspolitik diesen Anforderungen, so wird ihre Bedeutung als Führungsinstrument klar, um dem gesamten, komplexen Entscheidungsverhalten der Unternehmung eine Linie zu geben.

Von einer (schriftlich fixierten) Unternehmungspolitik geht eine wichtige Koordinationskraft aus, d.h. unternehmungspolitische Entscheidungen funktionieren gewissermaßen als Entscheidungsregeln und stecken den Handlungsspielraum für das Entscheidungsverhalten der Unternehmung ab.

Durch ihren allgemeinen, originären Charakter reflektiert die Unternehmungspolitik die grundsätzlichen Werthaltungen und Zielvorstellungen der Unternehmung.

Die Unternehmungspolitik soll es dem einzelnen Unternehmungsangehörigen ermöglichen, „sich beim Handeln im Rahmen der eigenen Handlungsfreiheit an einer übergreifenden ‘Philosophie’ zu orientieren, die ihm ein sinngemäß ‘richtiges’, koordiniertes Entscheiden ermöglicht, auch wenn konretere Anweisungen fehlen, – ja im Extremfall auch dann, wenn diese etwas anderes aussagen. Die Doktrin ist auch notwendig als Interpretationshilfe in bezug auf Entscheide, welche Rahmencharakter tragen und mit konkretem Inhalt noch ausgefüllt werden müssen“ (Ulrich, 1978, S. 25).

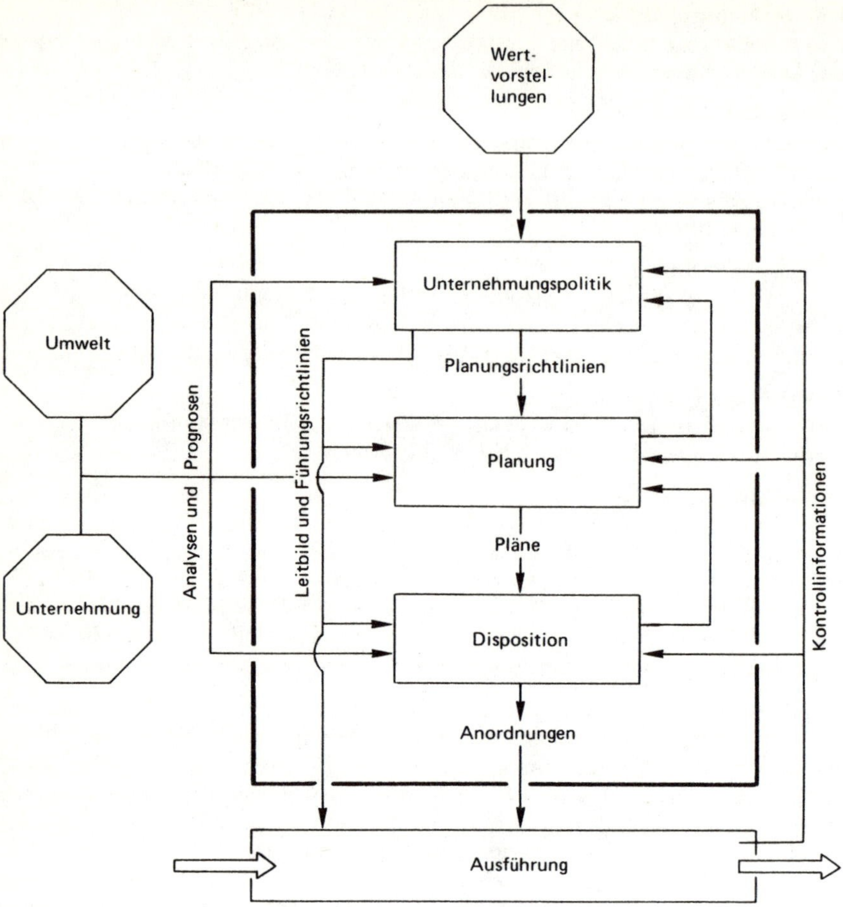

Abb. 2.4 Einordnung der Unternehmungspolitik (nach Ulrich, 1978)

Um Flexibilität unternehmungspolitischer Entscheidungen zu ermöglichen, darf die **Unternehmungspolitik nicht als starres Gerüst** von obersten Zielvorstellungen und Richtlinien verstanden werden. Informationen aus den Analysen über Umwelt und Unternehmung sowie Kontrollinformationen über die Ausführungsergebnisse sind Hinweise, daß unternehmungspolitische Entscheidungen ebenfalls einer Dynamik unterliegen, wenn auch aufgrund der an sie gerichteten Anforderungen (z. B. Abstraktionsniveau) in einem geringeren Umfang.

⋆ **Unternehmungsstrategien**

Unternehmungsstrategien haben wir definiert als umfassende Beschreibung des Entscheidungsverhaltens der Unternehmungsführung, wie sie in der Gegenwart zur Sicherung zukünftiger Ertragspotentiale entscheiden soll. Von einem nichtstrategischen Entscheidungsverhalten unterscheidet es sich insofern, als es verstärkt auf die **Einflüsse der Umwelt** ausgerichtet ist und Entscheidungen auf den Stärken gegenüber der Konkurrenz aufbaut.

„Durch die Formulierung von Strategien wird in einer Welt in raschem Wandel die dringend notwendige unternehmerische Flexibilität bei gleichzeitig langfristiger Ausrichtung der Entscheidungen erhöht" (Hinterhuber, 1980, S. 24).

Da es sich um eine **Auswahl von Wegen** mit unterschiedlicher Zielrichtungen und Eintrittswahrscheinlichkeiten des Erfolges handelt, sind die Möglichkeiten des strategischen Verhaltens sehr vielfältig und das strategische Entscheidungsspektrum entsprechend breit, d. h. es gibt **nicht eine** Strategie, sondern **mehrere** Strategien, die als Alternativen im Prozeß der Strategienbildung und -auswahl zu berücksichtigen sind. Die Unternehmungsziele, welche aus der Unternehmungspolitik abgeleitet werden und die für deren Erfüllung zur Verfügung stehenden Ressourcen können somit über den Einsatz verschiedener Strategien realisiert werden.

Hinterhuber (1980, S. 92 ff.) unterscheidet im Rahmen der Portfolio-Methode:

- **Investitions- und Wachstumsstrategien**
- **Abschöpfungs-/Desinvestitionsstrategien**
- **selektive Strategien:**

Offensivstrategien
Übergangsstrategien
Defensivstrategien

Einen anderen Weg schlägt *W. F. Glueck* vor, indem er Alternativen von möglichen Strategien zur Diskussion stellt und sie unterteilt in „grand strategy", „strategy", „substrategy" (vgl. Glueck, 1980, S. 203).

Pümpin differenziert die verschiedenen Strategien in „Grundstrategien", „Geschäftsbereichsstrategien" und „funktionale Strategien", wobei er besonders auf die unterschiedlichen Arten von Grundstrategien eingeht (vgl. Pümpin, 1980, S. 48).

Strategische Entscheidungen sind das Ergebnis von Verhandlungen (Bargainingprozessen) unter den Mitgliedern des Top-Managements über die Allokation von Ressourcen auf bestimmte bestehende und/oder neu zu schaffende Produkte und/oder Märkte bzw. auf die sogenannten „strategischen Geschäftseinheiten (SGE)":

Die Leiter der als SGE klassifizierten Produkt/Markt-Kombinationen müssen in diesen Bargainingprozessen Argumente vorbringen, warum sie für ihre Geschäftsbereiche die von ihnen beantragten Mittel zugeteilt bekommen wollen.

Wie die Diskussion der Aussagen der Portfolio-Methodik bezüglich **Ressourcenzuteilung** zeigen wird, kommen nur die SGE zum Zuge, die eine hohe Marktattraktivität (z. B. hohes Wachstum) aufweisen und über Wettbewerbsvorteile gegenüber der Konkurrenz (relative Wettbewerbsvorteile) verfügen.

Da die Zuteilung oder Wegnahme von **Ressourcen** sich direkt auf die Geschäftsgebarung auswirken, bestimmt das Ausmaß der verfügbaren Mittel unmittelbar ein **Wachsen/Gleichbleiben/Schrumpfen** eines Geschäftsbereiches. Für unser Problem der Strategiestrukturierung ist diese Überlegung insofern ein Hinweis, als wir die Strategien in **Wachstums-, Halte- und Schrumpfungsstrategien** unterscheiden und sie als **„Normstrategien"** bezeichnen können. Sie sind **originäre** Strategien und somit von hohem Abstraktionsgrad.

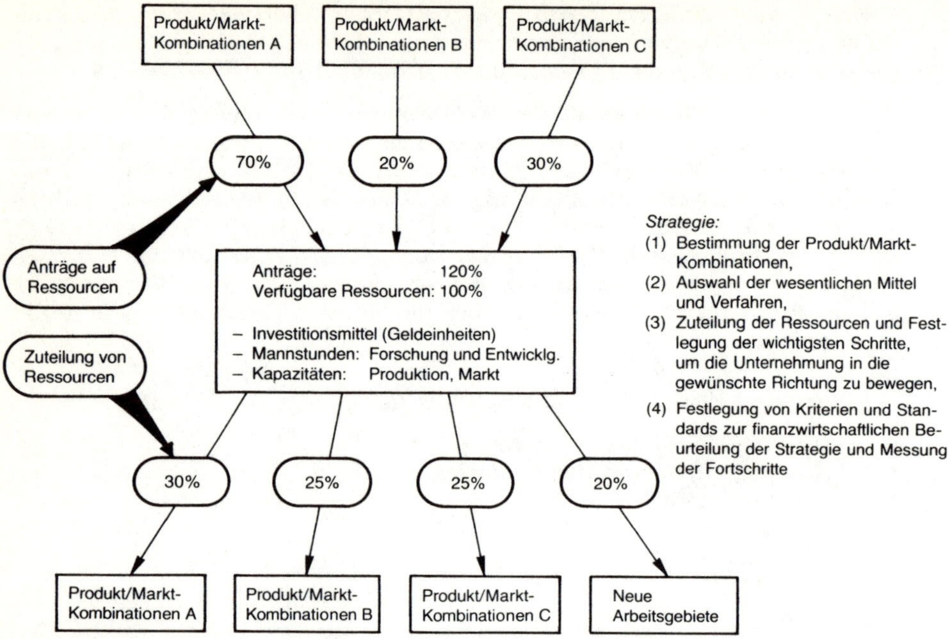

Abb. 2.5 Problem der Abstimmung verfügbarer Mittel (Ressourcen) (nach Hinterhuber, 1980)

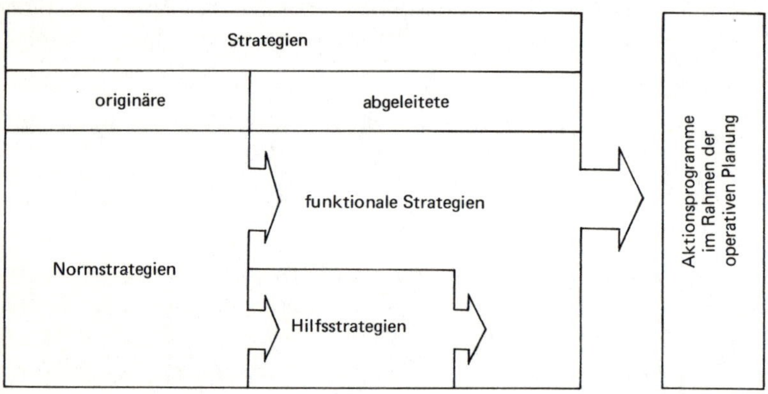

Abb. 2.6 Arten von Strategien

Strategische Entscheidungen, die sich unmittelbar auf das Verhalten von Funktionsbereichen beziehen, sind als **„funktionale Strategien"** zu verstehen.

Normstrategien und funktionale Strategien wollen wir aber noch ergänzen durch Strategien, die wir als **„Hilfsstrategien"** bezeichnen. Sie stellen strategische Entscheidungen dar, die als **Bindeglied** zwischen Normstrategien und funktionalen Strategien liegen.

Hilfsstrategien können aus verschiedenen Aspekten abgeleitet werden (vgl. Pümpin, 1980, S. 74ff.):

* **Investitionsaspekt:**
  - Desinvestitionsstrategie (z. B. bewußte Liquidation)
  - Abschöpfungsstrategie (sukzessiver Abbau, Freisetzung möglichst vieler Mittel, „Cash-cow")
  - Investitionsstrategie (konsequenter Mitteleinsatz)

* **Produkt/Markt-Management-Aspekt:**
  - Diversifikation (neue Produkte auf neue Märkte)
  - Marktdurchdringungsstrategien (z. B. durch Intensivierung der Marktbearbeitung)
  - Marktentwicklungsstrategien (z. B. durch neue Kundenkreise, neue Absatzkanäle)
  - Produktentwicklung (z. B. neue Problem-/Systemlösungen)

* **Organisations-Aspekt:**
  - Strukturänderungsstrategien (z. B. Divisionalstruktur statt Matrix-Struktur)
  - Prozeßänderungsstrategien (z. B. Delegation, Rationalisierung)

* **Synergie-Aspekt:**
  - Werkstofforientierte Strategien (z. B. Spezialist in hochschmelzenden Metallen)
  - Technologieorientierte Strategien (z. B. Spezialist in bestimmter Produktionstechnologie, z. B. Halbleiter)
  - Marktorientierte Strategien (z. B. United Fruit)

* **Integrationsaspekt:**
  - Vorwärtsintegration (Integration nachgelagerter Verarbeitungsstufen)
  - Rückwärtsintegration (Integration vorgelagerter Verarbeitungsstufen)

* **Kooperationsaspekt:**
  - Unabhängigkeit (gegenwärtige Unabhängigkeit soll erhalten werden)
  - Kooperationsstrategie (Konzentration der relativen Stärken der Kooperationspartner)
  - Beteiligungsstrategie („sich anhängen", venture capital-Firmen)
  - Akquisitionsstrategie (z. B. Sicherstellen der Unternehmungsentwicklung durch Aufkaufen)

* **Verhaltensaspekt:**
  - Aggressionsstrategie (Konfrontation mit der Konkurrenz)
  - Defensivstrategie (Vermeiden von Konfrontationen)

Funktionale Strategien sind z. B.:

* **Marketing-Mix-Strategien:**
  - Preisstrategien
  - Werbestrategien
  - Verkaufsstrategien
  - Distributionsstrategien
  - Qualitätsstrategien

* **Produktionsstrategien:**
  - Fertigungstyp-Bestimmung
  - Eigenfertigung oder Fremdbezug

* **Beschaffungs-/ und Bewirtschaftungsstrategien:**
  - Logistik
  - Lieferantenauswahl
* **F&E-Strategien:**
  - Standards für Qualitätssicherung
  - Eigenentwicklung / Auftragsforschung
  - Lizenznahme/-vergabe
* **Finanzbereichsstrategien:**
  - Finanzierungsstrategien
  - Liquiditätsstrategien (Cash Management)
* **Personalstrategien:**
  - Beschäftigung (Voll-/Teilzeitbeschäftigung)
  - Aus- und Weiterbildung
  - Sozialleistungen

Immer muß von der Überlegung ausgegangen werden, daß die **Normstrategien** sich aus einem **„Strategiebündel"** zusammensetzen:

Normstrategien sind eine **Kombination** aus mehreren funktionalen Strategien oder eine Kombination aus Hilfsstrategien und funktionalen Strategien. Unter Verwendung der Methode des morphologischen Kastens läßt sich gut darstellen, wie durch die Auswahl eines spezifischen „Strategienprofils" ein Strategiebündel (vgl. auch Pümpin, 1980).

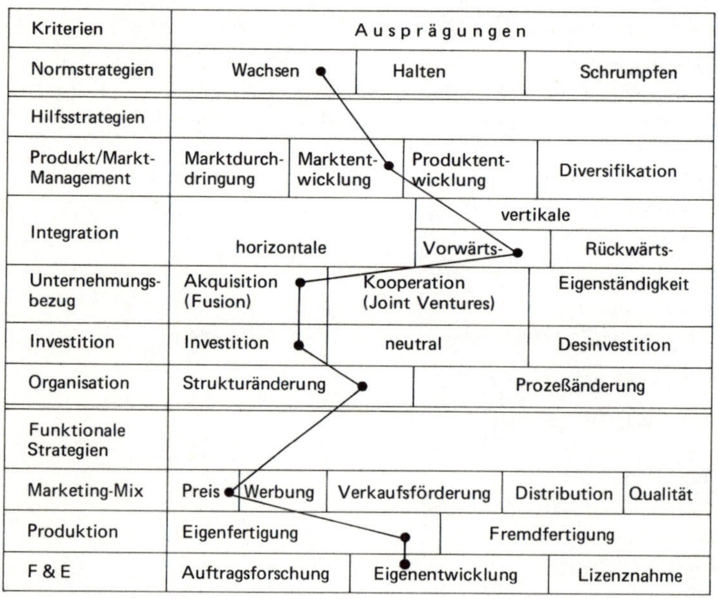

Abb. 2.7 Normstrategien als Kombination aus Hilfsstrategien und funktionalen Strategien (Strategienprofil)

* **Einsatz von Unternehmungspotentialen und -ressourcen**
  Unternehmungspotentiale sind bestimmte Ressourcen, die der Unternehmung zur Realisierung ihrer unternehmungspolitischen Ziele über den Einsatz von Normstrategien zur Verfügung stehen. Ressourcen sind nicht nur als **Mittel** (quantitativer Aspekt), sondern auch als **Fähigkeiten** (qualitativer Aspekt) zu verstehen. Wir sprechen dann auch von **Fähigkeitspotential.** *Ulrich* schlägt vor, die Unternehmungspotentiale einzuteilen in (vgl. Ulrich, 1978, S. 105ff.)

- das **Führungspotential**
- das **leistungswirtschaftliche Potential**
- das **finanzwirtschaftliche Potential**
- das **soziale Potential**

Das **Führungspotential** umfaßt die Anzahl von Führungskräften und deren Fähigkeit, die Unternehmung erfolgreich in die Zukunft zu führen. Motivation, eine überdurchschnittliche Leistungsbereitschaft, Übernahme von Verantwortung, Entwicklung des Fach- und Führungswissens, Flexibilität im Führungsverhalten (-stil) sind nur einige wichtige Faktoren, die für die Wirksamkeit des konkreten Potentialeinsatzes entscheidend sind.

„Zur Ermittlung des erforderlichen **leistungswirtschaftlichen Potentials** ist eine Aufgliederung in verschiedene Teilkapazitäten notwendig, stellt doch die Unternehmung einen aus verschiedenartigen Teilen zusammengesetzten Leistungserstellungs-Apparat dar. Dessen Leistungsfähigkeit ist in erster Linie abhängig von Umfang und Fähigkeiten der Mitarbeiter und, vor allem in der industriellen Unternehmung, der technischen Ausrüstung des Unternehmens mit Gebäuden, Einrichtungen, Maschinen und Werkzeugen; wesentlich ist aber auch die Verfügungsmöglichkeit über Verbrauchsgüter wie Energie und Betriebsmaterialien, die laufend dem Unternehmen zugeführt werden müssen. Es ist daher zweckmäßig, von den verschiedenen Betriebsmittelkategorien auszugehen und für die verschiedenen Unternehmungsbereiche die zur Zielerreichung erforderlichen Quantitäten und Qualitäten zu bestimmen“ (Ulrich, 1978, S. 110).

Als allgemeine Aufgliederung der Unternehmung kann diejenige nach Funktionsbereichen verwendet werden, die – gemäß der Zwecksetzung der Unternehmung, nämlich Bedürfnisse des Marktes zu befriedigen – differenziert werden können in Funktionsbereiche der Leistungsentwicklung, -erstellung, -verwertung (Vollzugsbereiche) und in Potentialbeschaffung und -verwaltung (Versorgungsbereiche) (vgl. Ulrich 1978, S. 111):

„Das **finanzwirtschaftliche Leistungspotential** der Unternehmung besteht in ihrer ‘Finanzkraft’, die durch Umfang und Art des verfügbaren Kapitals bestimmt wird. Bei der Bestimmung des finanzwirtschaftlichen Leistungspotentials geht es demgemäß darum, das in Zukunft erforderliche Kapital einerseits in seiner Gesamtgröße, andererseits aber auch in seiner angestrebten Zusammensetzung zu ermitteln (Ulrich, 1978, S. 130).

Das **soziale Potential** bezieht sich sowohl auf unternehmungsinterne Sozialleistungen, Arbeitszufriedenheit, Betriebsklima usw., als auch auf externe Leistungen der Unternehmung gegenüber der Gesellschaft (z. B. „Tendenzbetriebe“) in wirtschafts- und gesellschaftspolitischer Beziehung.

Die hier skizzierten Unternehmungspotentiale besitzen eher statischen Charakter.

Kapazitätsfaktoren	Funktionale oder Organisatorische Bereiche							
	Vollzugsbereich			Versorgungsbereich				
	Absatz	Produktion	Forschung und Entwicklung	Personalwesen	Anlagenwirtschaft	Materialwirtschaft	Finanzwesen	Informationswesen
Personal-Kategorien		– Erforderliche Bestände – Erforderliche Fähigkeiten						
Liegenschaften, Gebäude		– Erforderliche Flächen, Räume, Standorte – Erforderliche Eigenschaften						
Maschinen, Werkzeuge		– Erforderliche quantitative Kapazitäten – Qualitätsanforderungen						
Verbrauchsgüter		– Erforderliche Beschaffungsmengen – Erforderliche Lagerbestände						

Abb. 2.8 Schema zur Ermittlung des erforderlichen leistungswirtschaftlichen Potentials (nach Ulrich, 1978)

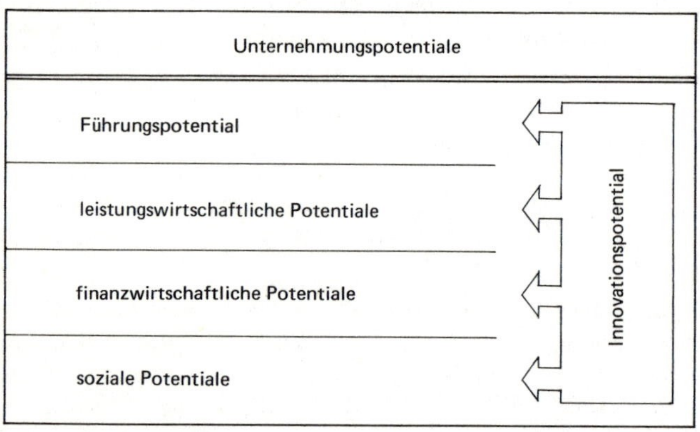

Abb. 2.9 Unternehmungspotentiale

Potentiale im Sinne von Mitteln und Fähigkeiten müssen immer **mehr in dynamischer Sicht** verstanden werden, da sowohl der Umfang als auch die qualitativen Anforderungen an Ressourcen im Laufe der zeitlichen Entwicklung **Änderungen** erfahren und in der Zukunft grundlegend andere Ausprägungen aufweisen können. Die Unternehmungspotentiale müssen daher noch das **Innovationspotential** als überlagernden Potentialfaktor enthalten. Es gibt an, welche Eigenschaften die Unternehmungspotentiale gegenüber einer dynamischen Umweltentwicklung besitzen müssen:

Unternehmungspotentiale sind im Prozeß der strategischen Unternehmungsführung immer in Abhängigkeit von

* den Änderungen in der Unternehmungsumwelt und
* der Konstellation der Unternehmungspotentiale des stärksten Konkurrenten

zu sehen. So ist die Analyse der Unternehmungspotentiale (relative Stärken/Schwächen, relative Wettbewerbsvor-/-nachteile) ein Schwerpunkt der Portfolio-Methodik bei der Ableitung von Unternehmungsstrategien

* **Unternehmungserfolg und Erfolgskontrolle**
Der Unternehmungserfolg gibt an, ob die Unternehmungsziele erreicht worden sind oder nicht. Insofern ist er das Ergebnis eines Kontrollprozesses, der den Leistungsoutput mit den dafür vorgesehenen Zielgrößen vergleicht (Soll-Ist-Vergleich) und Maßnahmen zur Korrektur von Entscheidungen oder Zielen vorsieht. Im Prozeß der strategischen Unternehmungsführung konzentrieren wir uns auf die Frage, ob das in den (Norm-)Strategien festgelegte Entscheidungsverhalten zur Sicherung zukünftiger Ertragspotentiale wirklich zum geplanten (positiven) Unternehmungserfolg führte.

Bei den konkreten Überwachungsmaßnahmen kann und soll die Unternehmungsleitung nicht in die vielen detaillierten Maßnahmen und Bewertungen eingreifen, die täglich in der Unternehmung ablaufen. Als Regel gilt, daß sie sich auf folgende Schwerpunkte beschränken sollte (vgl. Hinterhuber, 1980, S. 283):

1) **Konzeption und Einrichtung** eines umfassenden Überwachungssystems der Unternehmung,
2) **Überwachung** der Gesamtergebnisse der Unternehmung und **Konzentration** auf ausgewählte, langfristig bedeutsame Tätigkeiten,
3) Verwendung der Kontrollinformationen für die **Revision** der Strategien und Aktionsprogramme.

Ein **Überwachungssystem** läßt sich durch drei Elemente bestimmen:

1) Festsetzung von **Leistungsstandards,**
2) **Vergleich** der erzielten Ergebnisse mit den Leistungsstandards (Soll-Ist-Vergleich),
3) **Behebung** eventueller Abweichungen durch Steuerungsmaßnahmen.

Aufgabe der Unternehmungsleitung ist es, Leistungsstandards aus den Strategien abzuleiten und darauf zu achten, daß alle kritischen Kontrollpunkte in angemessener Weise abgedeckt sind. **Kriterien** für die Einrichtung solcher **kritischer Kontrollpunkte** sind:

1) **Rechtzeitige Erfaßbarkeit** von Abweichungen im Hinblick auf Korrekturmaßnahmen,
2) **Praktikabilität und Wirtschaftlichkeit** der regelmäßigen Beobachtungen,
3) **Möglichkeit** von umfassenden Kontrollen, die große Blöcke detaillierter Tätigkeiten konsolidieren und zusammenfassen,
4) **Ausgewogenheit der Kontrollen** der verschiedenen Aspekte der Führungstätigkeiten.

Im Hinblick auf die flexible Gestaltung des Kontrollsystems ist es notwendig, die **Standards** in regelmäßigen Zeitabständen den **geänderten Bedingungen anzupassen.**

Dies bedeutet, daß unternehmungspolitische und strategische Entscheidungen ebenfalls **„lernfähig"** ausgelegt werden müssen. Nur so kann das System „Unternehmung" in seiner Ganzheit und Komplexität sich „offen" gegenüber der Systemumwelt verhalten und Anpassungsprozesse der Änderungsdynamik entsprechend in Entscheidungen der Unternehmungsführung erfolgreich umsetzen.

3. Zum Prozeß der strategischen Unternehmungsführung

Verschiedene Ansätze der strategischen Unternehmungsführung versuchen, den Prozeß der Strategienentwicklung, -durchsetzung und -kontrolle in ein Modell unterschiedlicher Stufen bzw. Phasen auszugliedern, um die Komplexität der strategischen Unternehmungsführung zu reduzieren und den Prozeß überschaubar zu machen.

Die systematische, modellhafte Konzeption eines strategischen Ansatzes basiert auf den Arbeiten von *H. J. Ansoff,* der die Entwicklung des strategischen Managements wie folgt charakterisiert:

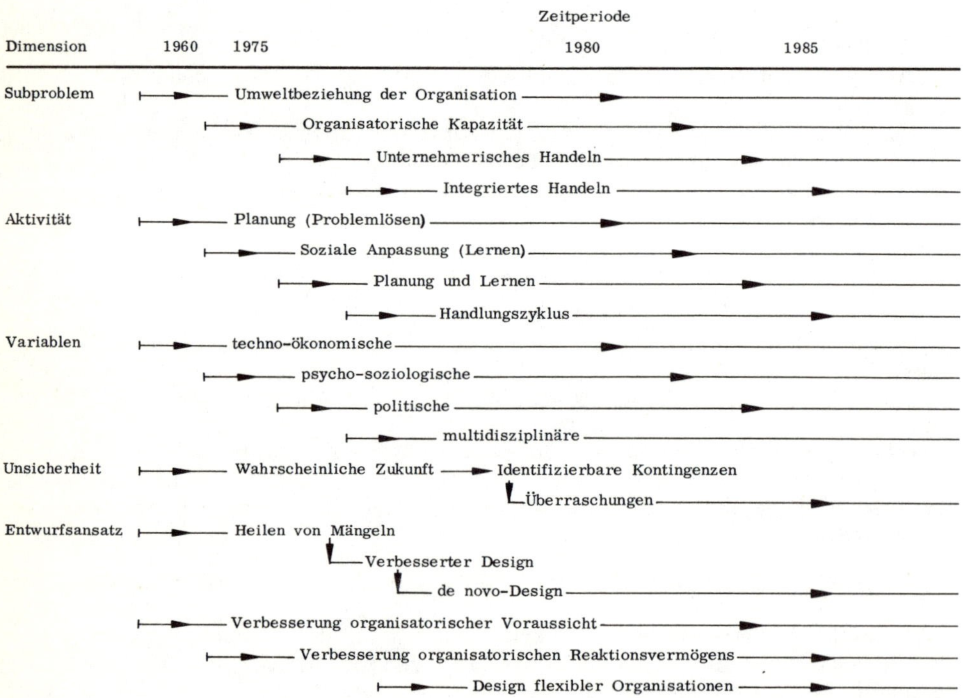

Abb. 2.10 Evolution der Technologie des strategischen Managements (nach Ansoff/ Hayes, 1976, in: Kirsch et al., 1979, S. 337)

Strategisches Management wird als letzte Stufe eines Entwicklungsprozesses verstanden, der sich auf die Überwindung klassischer Planungsmethoden bzw. der klassischen strategischen Planung als Instrumente der Unternehmungsführung konzentriert, bei denen die Beachtung technisch-ökonomischer Faktoren und ihre Entwicklung im Zeitablauf vor allem betont wurden. „Im Vordergrund steht die Grundeinstellung der Planer, daß auf der Grundlage von Vergangenheitsdaten mit Hilfe statistischer Methoden Wahrscheinlichkeitsaussagen über die zukünftige Entwicklung abgeleitet werden können. Der Entwurf der strategischen Pläne beruht – ganz im Sinne eines induktiven Vorgehens – auf der Diagnose und dem 'Heilen von Mängeln'.

Demgegenüber strebt ein strategisches Management eine integrierte Gesamtsicht der Unternehmensentwicklung an, wobei es sich nicht nur auf die eigentlichen Entwurfsaktivitäten beschränkt, sondern auch Aspekte der Kontrolle sowohl als Instrument der Durchsetzung als auch als Instrument des Lernens einbezieht. Die angestrebte Gesamtsicht zeigt sich auch in der Einbeziehung psycho-soziologischer und politologischer Variablen, was das strategische Management zu einem multidisziplinären Unterfangen macht. Im Vordergrund steht die Einstellung, daß strategisches Management stets mit 'Überraschungen' zu tun hat, die im Hinblick auf die Trendextrapolation aufgrund der Vergangenheitsdaten 'Diskontinuitäten' darstellen. Die Entwurfsaktivitäten haben nicht einfach korrigierenden, d.h. 'Mängel heilenden' Charakter: Angestrebt wird ein 'de novo-Design'" (Kirsch et al. 1979, S. 338).

In Anlehnung an diese Entwicklung können als Beispiele strategischer Ansätze diejenigen von *Ansoff, Gilmore/Brandenburg, SRI, Hofer/Schendel, Glueck* und *Hinterhuber* gelten, die *Hammer* (1982) eingehend beschreibt.

All diese Ansätze orientieren sich an der Struktur des allgemeinen **Problemlösungs- und Entscheidungsprozesses,** der auf den Problembereich der strategischen Führung der Unternehmung übertragen werden kann:

Die Bestimmung des strategischen Problems – die Festlegung strategischer Ziele – die Suche nach alternativen Strategien – die Strategienauswahl – die Implementierung und Realisierung der Strategien – die Kontrolle und Anpassung der Strategien, sind grundsätzlich mögliche Phasen eines solchen logischen Prozesses.

Für den **Prozeß der strategischen Unternehmungsführung** hat die Konzeption von *Hinterhuber* (1980) Beachtung gefunden.

Hinterhuber entwickelte diesen Prozeß aus den Ansätzen der strategischen Planung, versteht sie aber nur als einen Teil der strategischen Führung der Unternehmung und fordert eine Erweiterung der strategischen Unternehmungsplanung um die Führungselemente **Organisation** und **Kontrolle**. „Die strategische Unternehmungsplanung ist ein Teil der strategischen Führung der Unternehmung; letztere setzt voraus, daß die Unternehmungsleitung erstens sich auf Leitbilder, Ziele, Strategien und Schlüsselprobleme konzentriert und Prioritäten setzt, zweitens die zahlreichen Abhängigkeiten im Unternehmungssystem steuert, die Integration der funktionalen Tätigkeiten zu einem organischen Ganzen vornimmt und in ausgewogene strategiegerechte Aktionsprogramme umsetzt und schließlich drittens jede Aufgabe einem Mitarbeiter überträgt, der die Verantwortung dafür übernimmt" (Hinterhuber, 1980, S. 29).

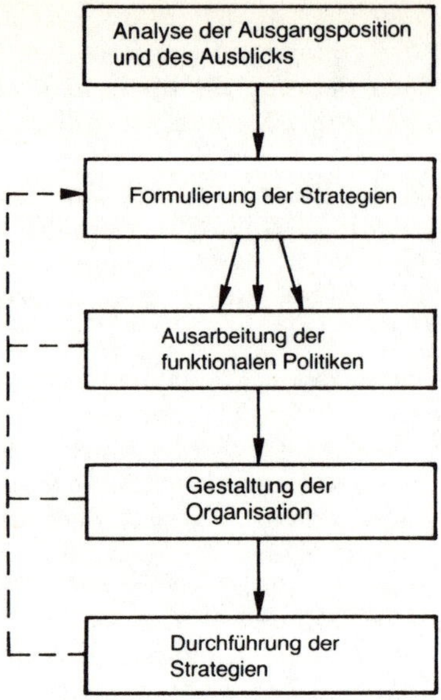

Abb. 2.11 Die Gesamtkonzeption der strategischen Führung (nach Hinterhuber, 1980)

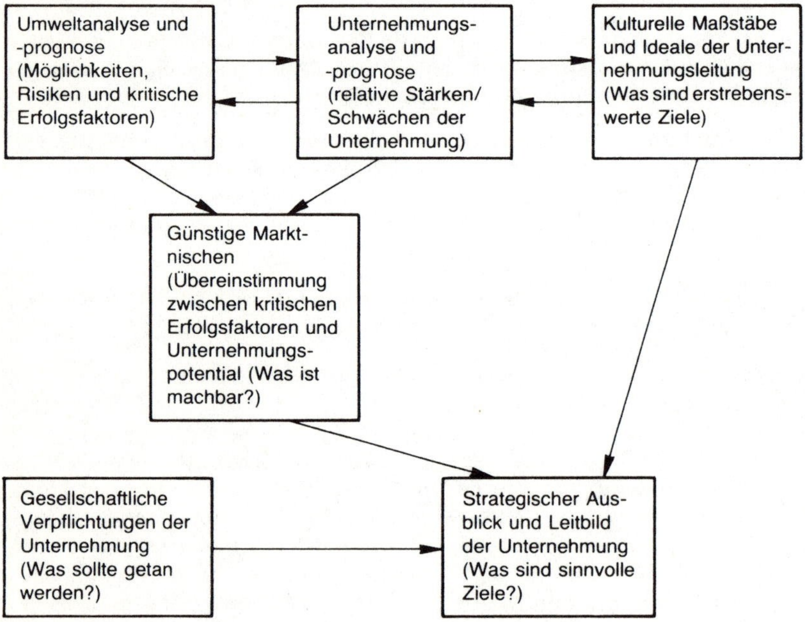

Abb. 2.12 Die Bestimmung des strategischen Ausblicks und des Leitbildes der Unternehmung (nach Hinterhuber, 1980)

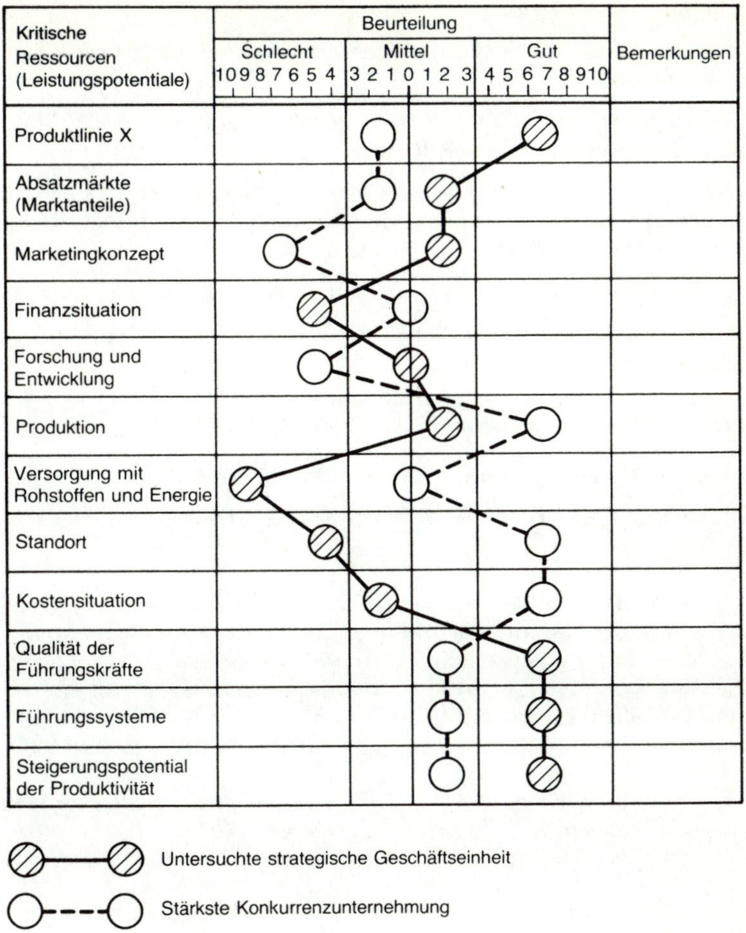

Abb. 2.13 Stärken/Schwächen-Profil einer strategischen Geschäftseinheit (Prinzipdarstellung) (nach Hinterhuber, 1980)

Dieser Prozeß der strategischen Unternehmungsführung findet bei der Konzeption eines Bezugsrahmens der strategischen Unternehmungsorganisation im folgenden Kapitel 3 Verwendung. Eine kurze Beschreibung der wesentlichsten Strukturmerkmale dieses Prozesses der strategischen Unternehmungsführung folgt deshalb hier unmittelbar.

⋆ Die Analyse der Ausgangsposition

Dieser Problemlösungsschritt im Prozeß der strategischen Unternehmungsführung zielt auf eine detaillierte und sorgfältige Analyse der gegenwärtigen Situation der Unternehmung im Wettbewerb mit ihren Konkurrenten einerseits und als sozio-technisches System in Wirtschaft und Gesellschaft anderseits.

⋆ Formulierung von Strategien

Eine systematische und methodisch einwandfreie Vorgehensweise kennzeichnet diese Prozeßphase:

1. Analyse der Marktattraktivität (z. B. Marktwachstum und -größe, Marktqualität, Versorgungssituation, Umweltsituation)

2. Analyse der relativen Wettbewerbsvorteile (Stärken) der strategischen Geschäftseinheiten der Unternehmung (z. B. Marktanteil, Rentabilität, Risiko, Marketing-, Produktions-, F & E-, Führungskräftepotential usw.)

3. Analyse des Ist-Portfolios der Unternehmung mit Hilfe der Portfolio-Methode

4. Bestimmung der strategischen Ziele (Produkt/Markt-Kombinationen und daraus abgeleitete Gewinnziele)

5. Entwicklung alternativer Strategien zur Verwirklichung der strategischen Ziele

6. Beurteilung der Strategien und Entscheidungsanalyse

7. Erstellung des strategischen Ziel-Portfolios (Strategieauswahl und Ressourcenallokation)

Für die Formulierung der Strategien müssen neben finanzwirtschaftlichen Kriterien auch andere qualitative und quantitative Beurteilungsfaktoren berücksichtigt werden, da die traditionellen Methoden der Wirtschaftlichkeitsrechnung nur partiell der Komplexität und Dynamik der Entscheidungssituationen in dieser Prozeßstufe gerecht werden und auf Erfahrungen gerade bei neuen Produkt-Marktkombinationen im allgemeinen nicht zurückgegriffen werden kann.

„Die Kombinationen aus externen Chancen und internen Ressourcen sowie die daraus sich ergebenden kurz- bis langfristigen Auswirkungen auf Gewinn, Liquidität und Wachstum werden mit Hilfe der Portfolio-Matrix dargestellt.

Es handelt sich hierbei um einen Raster, dessen Abszisse die relativen Wettbewerbsvorteile (Stärken) der Unternehmung mit Bezug auf die stärksten Konkurrenten – eine vom eigenen Entscheidungsverhalten und den eigenen Ressourcen abhängige Größe – ausdrückt und dessen Ordinate durch die Marktattraktivität – eine mit dem Lebenszyklus eines Produktes oder Marktes bzw. mit den Umwelt- und Wettbewerbsbedingungen gegebene externe Größe – dargestellt wird. In diesen Raster werden die strategischen Geschäftseinheiten der Unternehmung mit dem Ziel eingeordnet, festzulegen, welchen prioritär Ressourcen zuzuweisen sind. Unter dem Portfolio versteht man die Gesamtheit der Produkte und/oder Dienstleistungen, mit denen sich die Unternehmung zu einem gegebenen Zeitpunkt auf dem Markt präsentiert" (Hinterhuber, 1980, S. 72).

⋆ Ausarbeitung der funktionalen Politiken

Zur Verwirklichung der in der vorangegangenen Prozeßstufe ausgewählten Strategien sind spezifische Programme und Maßnahmen in den funktionalen Bereichen einer Unternehmung notwendig, d. h., erst über die Ausarbeitung von Politiken in den einzelnen Funktionsbereichen einer Unternehmung ist die Umsetzung bzw. Realisierung von Strategien möglich.

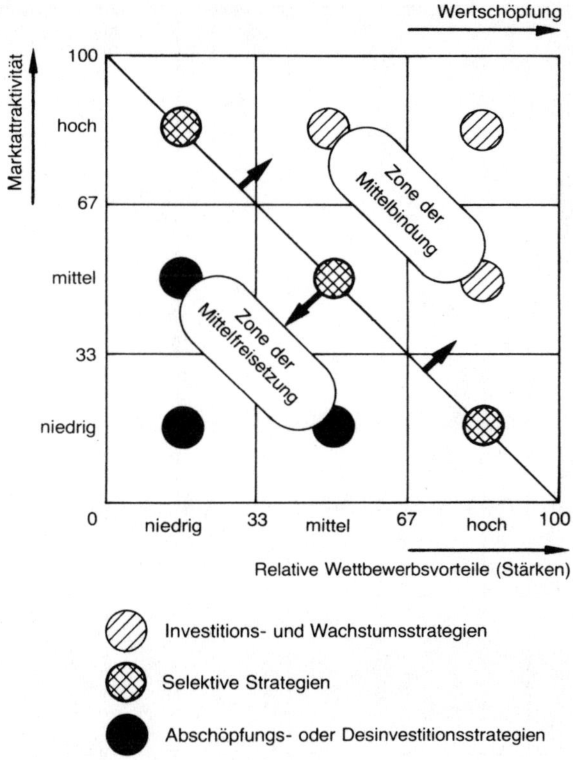

Abb. 2.14 Grundschema der Portfolio-Matrix (nach Hinterhuber, 1980)

⋆ **Gestaltung der Organisation**

Jede Strategie wird unterschiedliche Konsequenzen auf die Organisationsstruktur und auf die vielfältigen, komplexen Führungs- und Arbeitsprozesse mit sich bringen.

Aufgabe der Unternehmungsleitung ist es, die zur Realisierung der Strategien notwendigen organisatorischen Maßnahmen zu initiieren, Änderungen im Sinne von strukturellen Innovationen zu unterstützen und permanente Lernbereitschaft und -fähigkeit unter den Organisationsmitgliedern zu erzeugen.

Der Bezugsrahmen der strategischen Unternehmungsorganisation im folgenden Kapitel 3 wird zeigen, daß der Problemzusammenhang „Organisation und Strategie" differenziert werden muß

a) als Problem der Schaffung organisatorischer Voraussetzungen für die Initiierung und Aufrechterhaltung des strategischen Prozesses der Unternehmungsführung einerseits und

b) als Problem der Konzeption und organisatorischen Gestaltung der Voraussetzungen und führungsorganisatorischen Anforderungen an die Implementierung und Realisierung der einzelnen Strategien anderseits.

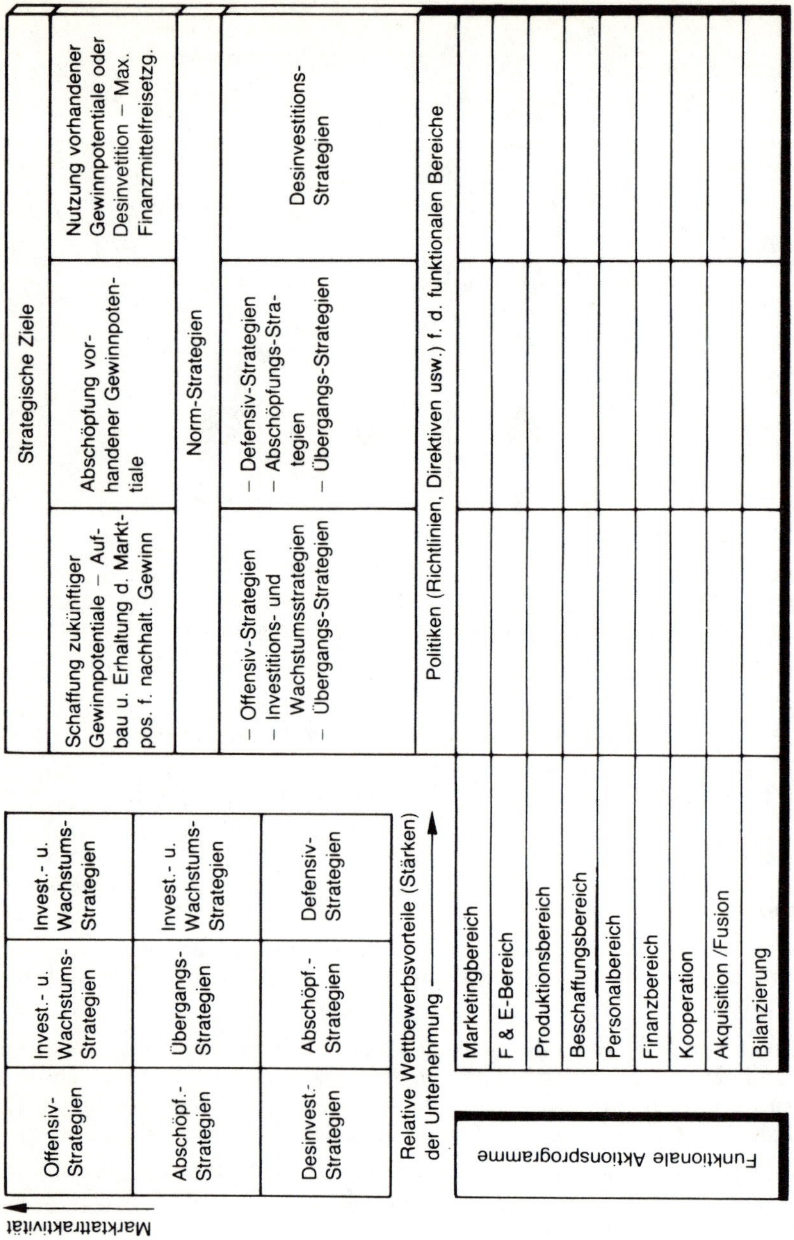

Abb. 2.15 Die Politiken und Aktionsprogramme für die funktionalen Bereiche (nach McKinsey in: Hinterhuber, 1980)

⋆ **Durchführung der Strategien**

Über eine kurz-, mittel- und langfristige Durchführungsplanung wird der Prozeß der Strategienimplementierung und -realisierung strukturiert. Kontrollmaßnahmen schaffen wichtige Rückkoppelungsschleifen zu vorangegangenen Prozeßstufen und erlauben eine Korrektur und Anpassung des strategischen Verhaltens der Unternehmung im Wettbewerb.

4. Strategische Unternehmungsführung als betriebsgrößenneutraler Ansatz

Die Entwicklung des angewandten strategischen Führungswissens und -instrumentariums in Großkonzernen (z. B. General Electric in den USA) sowie die Übernahme dieser Ansätze auch durch europäische Großunternehmungen sind sicher nicht der einzige Grund für die in der Industriepraxis relativ weit verbreitete Einstellung der Führungskräfte, daß strategisches Management nur für große Unternehmungen als Führungsinstrument in Frage kommt. Dennoch kann festgestellt werden, daß dieser Einstellung als Diffusionsbarriere für das strategische Management in Klein- und Mittelbetrieben große Bedeutung zukommt.

Sie konnte nur durch eine zu einseitige Orientierung an quantitativen Merkmalsausprägungen des strategischen Managementansatzes (z. B. an der Anzahl Mitarbeiter des strategischen Planungsstabes, Umfang der Analyse- und Prognosemethoden, Höhe des Budgets für die Realisierung strategischer Planungs- und Organisationsaufgaben) bzw. durch eine Fehleinschätzung des Beitrags dieses Managementansatzes durch die verantwortlichen Strategen einer Unternehmung entstehen.

Strategische Unternehmungsführung orientiert sich an den **Merkmalen strategischen Denkens bzw. Problemlösens** und stellt einen betriebsgrößenneutralen Ansatz der Unternehmungsführung dar. Deshalb hängt die Anwendung dieses Managementansatzes (wie auch die anderen Ansätze der Managementlehre) nicht mit der Größe einer Unternehmung zusammen, sondern mit der Qualifikationsstruktur und dem Reifegrad der Unternehmungsführung.

5. Strategisches Management und organisatorischer Wandel

„Typisch für die Konzeption des strategischen Managements ist die systematische Einbeziehung von Fragen des organisatorischen Wandels" (Kirsch et al. 1979, S. 338). Strategische Entscheidungen müssen gemäß dem Leitmotiv einer fortschrittsfähigen Organisation neben Planungselementen vor allem auch organisatorische Voraussetzungen für die Entwicklung und Durchsetzung von Strategien berücksichtigen. Die **Planung der Organisation** muß all die Voraussetzungen schaffen, die eine erfolgreiche Implementierung von Strategien erst ermöglichen.

Die zugrundeliegende Dynamik im Prozeß der strategischen Unternehmungsführung erfordert auch eine Anpassung der Organisation an die strategische Stoßrichtung der Unternehmung oder einzelner strategischer Geschäftseinheiten, d.h. je nach Art der eingeschlagenen Strategien (Wachstums-, Halte-, Schrumpfungsstrategien) werden deren organisatorische Konsequenzen andere sein.

Dynamik verursacht Änderungen in den verschiedenen Umwelt- und Unternehmungsbereichen und erhöht die Anforderungen an die Gestaltung antizipativer und reaktiver Anpassungsprozesse. Flexibilität im Entscheidungsverhalten wird zum Imperativ des langfristigen Überlebens einer Organisation.

Werden die Qualifikation und Leistungsbereitschaft der Organisationsmitglieder, die strukturelle und prozessuale Flexibilität sowie die gesamte Organisationskultur einer Unternehmung unter diesen Aspekten der Unternehmungsentwicklung gesehen und verstanden, erhöht sich das Problemlösungspotential einer Organisation adäquat mit der Realität des organisatorischen Wandels.

Weiterführende Literatur zu Kapitel 2:

Albach (1979)
Ansoff (1979)
Brauchlin (1981)
Dunst (1979)
Gälweiler (1980)
Gebert (1978)
Glueck (1980)
Hahn/Taylor (1980)
Hammer (1982)
Hinterhuber (1980)
Hinterhuber (1982)
Hoffmann (1980)
Kirsch/Esser/Gabele (1979)
Krieg (1971)
Lattmann (1977)
Malik (1979)
Malik (1981)
Pümpin (1980)
Roventa (1980)
Steiner (1979)
Steinmann (1981)
Szyperski/Wienand (1980)
Ulrich (1978)

Kapitel 3: Strategische Unternehmungsorganisation – ein Instrument der strategischen Unternehmungsführung

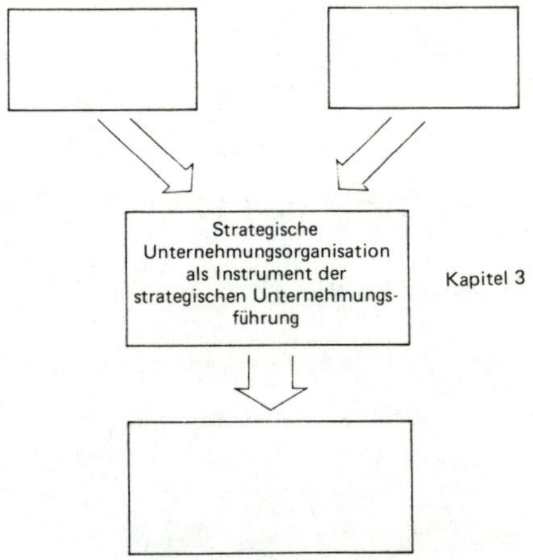

Problemstruktur und Zielsetzung

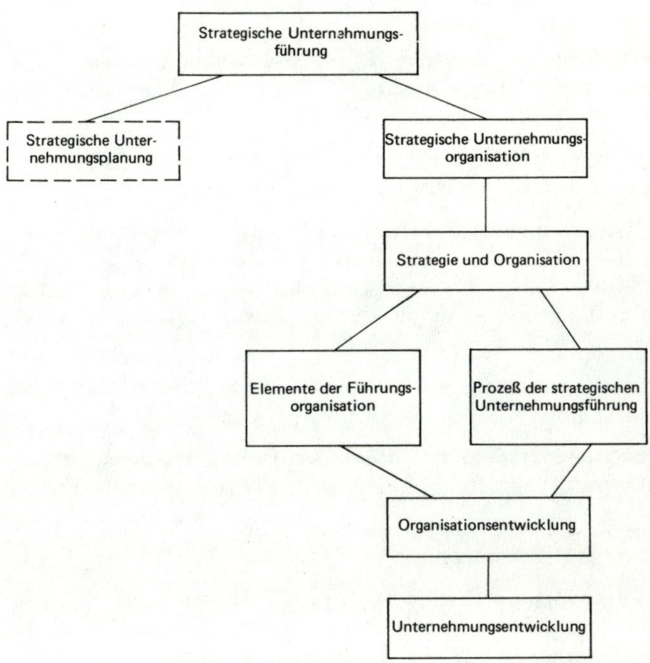

* Strategie und Organisation als ganzheitliche, zusammenwirkende Problembereiche des strategischen Managements verstehen, die sich gegenseitig voraussetzen und beeinflussen.
* Die Notwendigkeit erkennen, Organisation als Führungsorganisation zu verstehen, deren Elemente mit dem Prozeß der strategischen Unternehmungsführung überlappt werden können.
* Die Faktoren des Bezugrahmens der strategischen Unternehmungsorganisation beschreiben und ihre Bedeutung für den Gesamterfolg einer strategischen Orientierung der Unternehmungsführung erkennen.
* Strategisches Management in seiner Wechselwirkung mit den Problembereichen Organisationsentwicklung und Unternehmungsentwicklung verstehen.

1. Strategie und Organisation

1.1 Organisation als Aufgabe der strategischen Unternehmungsführung

Die Aufgaben der Organisation als Instrument der Unternehmungsführung sind

* das **Schaffen einer** der Unternehmung **angepaßten Struktur** zur Bewältigung sowohl repetitiver als auch innovativ anfallender Arbeitsinhalte und -prozesse,
* das **Fixieren organisatorischer Ziele und Normen,** nach denen Organisationsentscheidungen im Unternehmen getroffen werden,
* die **Planung der organisatorischen Entwicklung** der Unternehmung in der Zukunft,
* die **Bereitstellung** und den **Einsatz von Methoden, Techniken und Ressourcen** zur Analyse der organisatorischen Stärken und Schwächen der Unternehmung,
* die **Kontrolle der Effizienz** getroffener Organisationsentscheidungen und deren **Akzeptanz** durch die Organisationsmitglieder.

Es wurde bereits mehrfach betont, daß „Organisation" als **Führungsaufgabe** zu verstehen ist, welche über den Einsatz bestimmter organisatorischer Instrumente im Hinblick auf definierte Organisationsziele und unter steter Berücksichtigung der jeweiligen Bedingungen der Organisationssituation durch das Management einer Unternehmung realisiert wird.

Notwendige **Voraussetzungen** für die Organisation als Managementfunktion und -instrument sind:

* ein **Organisationsverständnis seitens der Unternehmungsleitung,** welches die Unternehmungsorganisation eindeutig als Führungsaufgabe festlegt
* die **Sicherheit,** daß die Unternehmungsleitung organisatorische Maßnahmen und Änderungen voll **unterstützt**
* die **klare Zuordnung** der Kompetenz- und Verantwortungsbereiche an die Unternehmungsmitglieder bezüglich der Analyse, Entscheidung, Durchsetzung und Kontrolle organisatorischer Problemstellungen.

* ein gegenüber organisatorischen Änderungen **offenes Betriebsklima** (innovationsfähige Organisation)
* die Formulierung von **Leistungsstandards für die Unternehmungsorganisation,** um eine Kontrolle der Aufgabenerfüllung zu ermöglichen.

1.2 Strategie und Struktur – Notwendigkeit einer Erweiterung des Organisationsverständnisses

Führungsorganisatorische Fragen resultieren in erster Linie aus den strategischen Problemstellungen der Unternehmungsführung. Das Interesse konzentriert sich auf die Beschreibung der wechselseitigen Zusammenhänge zwischen den Objektbereichen „Unternehmungsorganisation" und „Unternehmungsstrategie".

Waterman/Peters/Philips charakterisieren die **Führungsorganisation** erfolgreich operierender Unternehmungen als **Wechselspiel** der „richtigen" Organisationsstruktur, Strategie, Fähigkeiten, Führungskräfte, Führungsstile, Führungssysteme und Leitbilder (vgl. Waterman et al. 1980, S. 14). Diesen Ansatz bezeichnen sie als „7 S-approach" (Sieben S: Style, Strategy, Structure, Skill, Systems, Staff, Subordinate Goals).

Athos/Pascale (1981) und auch *Ouchi* (1981) fordern für die erfolgreiche Führungsorganisation die Integration von Struktur, Strategie und den Managementfaktoren Führungsstil und Führungssysteme, wie das insbesondere beim japanischen Managementstil zu Tage tritt.

Stets wird betont, daß unter Führungsorganisation mehr als nur die Struktur einer Unternehmung zu verstehen ist. *Chandler* (1962) hat z. B. in seiner Arbeit „Strategy and Structure" auf diese komplexen, multikausalen Beziehungen hingewiesen und wesentlich dazu beigetragen, daß die Beziehung „Unternehmungsstrategie und Organisation" als ein strukturelles, auf die Strategien ausgerichtetes Problem verstanden wurde.

Roventa baut auf dieser Argumentation seine Überlegungen bezüglich der **dynamischen Wechselwirkung von Strategie und Struktur** (interne Konfiguration) auf: „In Zeiten schnellen Wandels führt nun die Abfolge ‚structure follows strategy' zu immer größeren Problemen, da die interne Konfiguration – durch Zeitverzögerungen bei den Anpassungsmaßnahmen – nie in Einklang mit der Umwelt und der externen Strategie steht. Also sind sowohl Überlegungen erforderlich, inwieweit Entsprechungen zwischen Umwelt, Strategie und der internen Konfiguration hergestellt werden können, als auch Gedanken, wie die zeitliche Abfolge sein muß. Dieser Adaption zwischen strategischer Stoßrichtung und interner Konfiguration und deren zeitlicher Abfolge muß in dynamischen Umwelten immer mehr Beachtung geschenkt werden. Es kann nun erforderlich sein, die Sequenz Chandlers geradezu umzukehren und eine Änderung der internen Konfiguration der Anpassung der strategischen Stoßrichtung vorausgehen zu lassen. Durch eine Veränderung der internen Konfiguration werden gegebenenfalls erst strategische Optionen möglich, da die hierfür nötigen Potentiale aufgebaut werden. Eine nachfolgende Anpassung der strategischen Stoßrichtung kann dann das erweiterte Spektrum an geschaffenen Potentialen nutzen" (Roventa, 1979, S. 21 f).

Der **situative Ansatz** in der Organisationstheorie (vgl. Kapitel 1) darf auch in diesem Problemzusammenhang als möglicher Weg verstanden werden, die

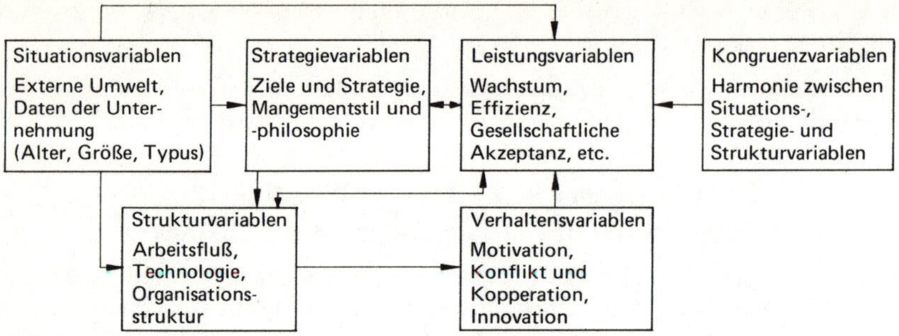

Abb. 3.1 Funktionsmodell von Unternehmungen (nach Khandwalla, 1977)

strukturelle Dimension organisatorischen Gestaltens zu relativieren. Kieser et al. (1979, S. 8) stützten sich z. B. auf das Situationsmodell von *Khandwalla*, welches die strategische Dimension der Unternehmungsführung als **Strategievariable** berücksichtigt (vgl. Khandwalla, 1977, in: Kieser et al., 1979, S. 9).

Auch *Hoffmann* (1980) baut die Strategievariable in sein Modell der Führungsorganisation ein. Alle Autoren heben hervor, daß bestimmte organisatorische Schwächen (beispielsweise unzureichende Delegation) durch Betonung anderer, nicht struktureller Elemente, wie z. B. Schulung der Manager in Entscheidungstechniken, kompensiert werden können.

Kubicek (1980) stellt ein Modell vor, in welchem er die Organisationsstruktur in Abhängigkeit von Leistungsstandards, Personalstruktur und Strategien versteht.

Zusammenfassend können wir folgendes feststellen: Die Berücksichtigung der strategischen Dimension im Rahmen organisatorischen Gestaltens ist ein notwendiger Schritt, um der situativen Komplexität von Organisationsproblemen und den aktuellen Anforderungen an die Funktionsfähigkeit von Unternehmungen gerecht zu werden. Unternehmungsorganisation, gesehen aus der Sicht der strategischen Unternehmungsführung und unter Berücksichtigung von Schwerpunkten der Führungsorganisation, erfordert dann **strategische Unternehmungsorganisation.**

1.3 Organisation als Voraussetzung und Konsequenz der Strategie

Immer wieder kann bei der Realisierung strategischer Planungsprozesse in der industriellen Praxis beobachtet werden, daß eine Trennung in strategische Planung einerseits und (Führungs-)Organisation andererseits erfolgt.

Strategien werden in den Unternehmungen oft durch Planungsstäbe über lange Zeiträume hinweg vorbereitet und dann dem Vorstand präsentiert. Eine zu starke planungsdatenorientierte Vorgehensweise führt aber meistens dazu, daß Probleme führungsorganisatorischer Natur wie z. B. der Einfluß bestimmter Strategien auf die Gestaltung der Motivations-/Anreizsysteme bei der Formulierung der Strategien nicht berücksichtigt wurden, obwohl es offensichtlich ist, daß Manager bei der Realisierung von Schrumpfungsstrategien nach anderen

Maßstäben beurteilt werden müssen, als Manager deren Geschäftsbereiche wachsen sollen.

Ebenso oft kommt es vor, daß von der Unternehmungsleitung die Notwendigkeit einer strategischen Neuorientierung erkannt und diskutiert wird, aber die anfängliche Einsicht und Euphorie nach gewisser Zeit weicht. Der Grund dafür liegt dann meistens in der mangelnden organisatorischen Betreuung dieser für den langfristigen Erfolg der Unternehmung so wichtigen Planungsprozesse; weil keine klare Aufgabenverteilung und Zuordnung der (Projekt-)Verantwortung vorgenommen wurden, finden wichtige Änderungsprozesse keinen Eingang in die Unternehmung.

Diese Beispiele sind Ausdruck eines die Planungs- und Organisationsaufgaben jeweils isoliert statt ganzheitlich erfassenden Verständnisses und zeugen von mangelndem Problembewußtsein bezüglich notwendiger Voraussetzungen und Konsequenzen der Organisation für den Prozeß der strategischen Unternehmungsführung.

Abb. 3.2 Führungsorganisation als Voraussetzung und Konsequenz des Prozesses der strategischen Unternehmungsführung

Wir müssen daher bei der Konzeption eines möglichen Bezugsrahmens für eine strategiegerechte Organisation die Problembereiche der Unternehmungsführung, Planung und Organisation überlappen und als Ganzes verstehen. Das Verhältnis Strategie und Organisation muß wechselseitig interpretiert und situativ verstanden werden. Die momentane Ausprägung der Führungsorganisation in einer Unternehmung grenzt den Handlungsspielraum für die Formulierung und Realisierung von Unternehmungsstrategien ein; die Ausprägungen strategischer Entscheidungen beeinflussen ihrerseits wiederum die Führungsorganisation.

Diese Wechselseitigkeit kann unterschiedlich stark ausgelegt sein und wird von den Organisationsmitgliedern auch dementsprechend als unterschiedlich starke Änderungsproblematik ihrer Arbeitssituation und ihres Rollenverständnisses in der Organisation empfunden.

Fragen der Weiterentwicklung der Organisationsstruktur und der Führungssysteme sowie Fragen der Managemententwicklung werden vielfach als der Strategie nachgelagerte Fragen angesehen. Unabhängige Organisationsentwicklungsprogramme bzw. ein entsprechendes Management Development können jedoch neue Voraussetzungen für Produkt-Markt-Strategien schaffen, die ansonsten aufgrund der fehlenden Fähigkeiten und Kapazitäten der Organisation außerhalb der Reichweite sein würden. „Es gilt nicht nur der alte Grundsatz, daß die Struktur der Strategie folge. Mit gleichem Recht kann man sagen, daß die Produkt-Markt-Strategien der Entwicklung der Struktur und der Weiterbildung des Führungskaders folgen" (Kirsch et al., 1979, S. 343).

2. Strategische Unternehmungsorganisation

2.1 Charakterisierung der strategischen Unternehmungsorganisation

Die Notwendigkeit, einen Bezugsrahmen für die strategische Unternehmungsorganisation zu konzipieren, liegt nicht nur in der Tatsache begründet, daß in der gegenwärtigen organisationstheoretischen und -praktischen Literatur diesem Problembereich noch wenig Aufmerksamkeit geschenkt wurde, sondern auch im wissenschaftstheoretischen Interesse, z. B. im Sinn der Nachvollziehbarkeit von Aussagen, die zugrundeliegende Problemstruktur zu kennen.

Mit dem Begriff „strategische Unternehmungsorganisation" soll nicht grundsätzlich ein neuer Begriff der Unternehmungsorganisation geschaffen werden, sondern lediglich die **strategische Dimension** der Unternehmungsorganisation als Problembereich der Unternehmungsführung betont werden.

Die wesentlichsten **Merkmale** der strategischen Unternehmungsorganisation sind:

* sie repräsentiert ein Problempotential, das nur durch die **Unternehmungsleitung** bzw. durch das **Top Management** einer Unternehmung einer Lösung zugeführt werden kann **(Top-down-Aspekt)**
* sie hilft der Unternehmungsleitung, ihre Unternehmung strategisch zu führen und soll einen nützlichen Beitrag
  a) zur **Formulierung** von Strategien,
  b) zur **Realisierung** von Strategien und
  c) zur **Kontrolle** von Strategien
  leisten **(instrumenteller Aspekt)**
* sie muß vor allem der **Forderung nach Flexibilität** und Anpassungsfähigkeit an veränderte Rahmenbedingungen der Unternehmungsführung gerecht werden **(Flexibilitätsaspekt)**
* sie muß als Summe **mehrerer** Elemente erkannt werden **(ganzheitlicher Aspekt)**
* jedes Element darf **nicht isoliert,** sondern muß im **Wechselspiel** mit den anderen Elementen gesehen und als **Prozeß** verstanden werden **(korrelativer Aspekt)**

Ziel der strategischen Unternehmungsorganisation soll die Unterstützung der Unternehmungsführung bei der Formulierung und Realisierung der Unternehmungsstrategien sein. Sie muß in der Lage sein, einen Beitrag zur Erfüllung strategischer Ziele und zum langfristigen Erfolg der Unternehmungsstrategien zu leisten.

Die **Konzeption der strategischen Unternehmungsorganisation** beruht auf den Überlegungen, daß

* im Mittelpunkt der **Prozeß der strategischen Unternehmungsführung** mit seinen einzelnen Stufen steht
* **alle** verschiedenen Elemente der Führungsorganisation auf **alle** Stufen im Prozeß der strategischen Unternehmungsführung zu beziehen sind
* die Beziehung „Führungsorganisation und Prozeß der strategischen Unternehmungsführung" unter zwei Aspekten gesehen werden muß:
  a) organisatorische **Voraussetzungen** für die Formulierung, Realisierung und Kontrolle von Strategien
  b) organisatorische **Konsequenzen** von Strategien (Norm-, Hilfs- und funktionalen Strategien).

Der Prozeß der strategischen Unternehmungsführung muß in seinen einzelnen Stufen mit dem Problembereich der Führungsorganisation überlagert werden. Dadurch soll Zugang zum führungsorganisatorischen Potential des Prozesses der strategischen Unternehmungsführung und somit die Grundlagen für die weitere Durchdringung des Problembereichs „Strategie und Organisation" geschaffen werden.

Elemente der Führungs-organisation	Stufen im strategischen Entscheidungsprozeß				
	Analyse der Ausgangs-position und des Ausblicks	Entwicklung alternativer Strategien	Strategien-auswahl	Implemen-tierung von Strategien	Kontrolle von Strategien
Organisations-ziele					
Organisations-struktur					
Führungs-systeme					
Führungs-stil					
Führungs kräfte					

Abb. 3.3 Problemfelder der strategischen Unternehmungsorganisation

Die Unterscheidung in verschiedene Elemente der Führungsorganisation (z. B. Organisationsstruktur, Führungssysteme, Führungskräfte, usw.) soll uns helfen, in der Diskussion um den Zusammenhang Strategie und Organisation eine **Problemstruktur** erkennen zu können. Der komplexe Sachverhalt Führungsorganisation wird in einzelne überschaubare Elemente zerlegt und dadurch die Gesamtkomplexität des Problems reduziert. Diese Reduktion darf aber nicht so verstanden werden, daß die gegenwärtigen Problemzusammenhänge übergangen und nicht beachtet werden; auch bei der Führungsorganisation gilt es, die Interdependenzen der verschiedenen Elemente zu berücksichtigen.

Um die **Grundgesamtheit** des Problembereichs Strategie und Organisation erfassen zu können und um einen **Überblick** über mögliche **Problemfelder** zu erhalten, bilden wir aus Elementen der Führungsorganisation und den Stufen des Prozesses der strategischen Unternehmungsführung eine Matrixdarstellung.

2.2 Konzeption eines Bezugsrahmens der strategischen Unternehmungsorganisation

Mit den bisherigen Aussagen wurde die Basis für die Konzeption eines Bezugsrahmens geschaffen.

Die wichtigsten Charakteristika eines Bezugsrahmens der strategischen Unternehmungsorganisation sind:

* die Betonung der **interdependenten Beziehungen** zwischen den Problembereichen **Organisation und Strategie**
* die **Differenzierung** in organisatorische **Voraussetzungen** und **Konsequenzen** für den Prozeß der strategischen Unternehmungsführung
* die **Konzentration** auf die durch die Aktivitäten Strategienentwicklung und -implementierung verursachten **Änderungsprozesse** in der Organisation
* die **Beeinflussung** der **Unternehmungsentwicklung** im Zeitablauf

Die Integration der Problembereiche Organisation und Strategie, nämlich die Überlappung der einzelnen Elemente der Führungsorganisation mit den einzelnen Stufen des Prozesses der strategischen Unternehmungsführung, löst umfangreiche **Änderungsprozesse** aus. Angefangen bei der Problematik der Einführung eines strategischen Planungssystems in einer Unternehmung bis hin zu den organisatorischen Änderungen bei der Durchsetzung verschiedener Strategien (Norm-, Hilfs- und funktionale Strategien) entstehen Änderungspotentiale sowohl auf sachlich-formaler als auch **sozio-emotionaler Ebene.**

Da Änderungen in den Beziehungen der Unternehmung zu ihrer Umwelt sich in der Wahl und Realisierung strategischer Stoßrichtungen niederschlagen, werden dadurch unmittelbar Probleme der **Unternehmungsentwicklung** angesprochen. **Organisationsentwicklung** kann aber von Fragen der Unternehmungsentwicklung nicht abstrahiert werden. Deshalb ist es notwendig, bei der Diskussion eines Bezugsrahmens für die strategische Unternehmungsorganisation auch auf den ganzheitlichen Aspekt von Unternehmungsentwicklung und Organisationsentwicklung hinzuweisen.

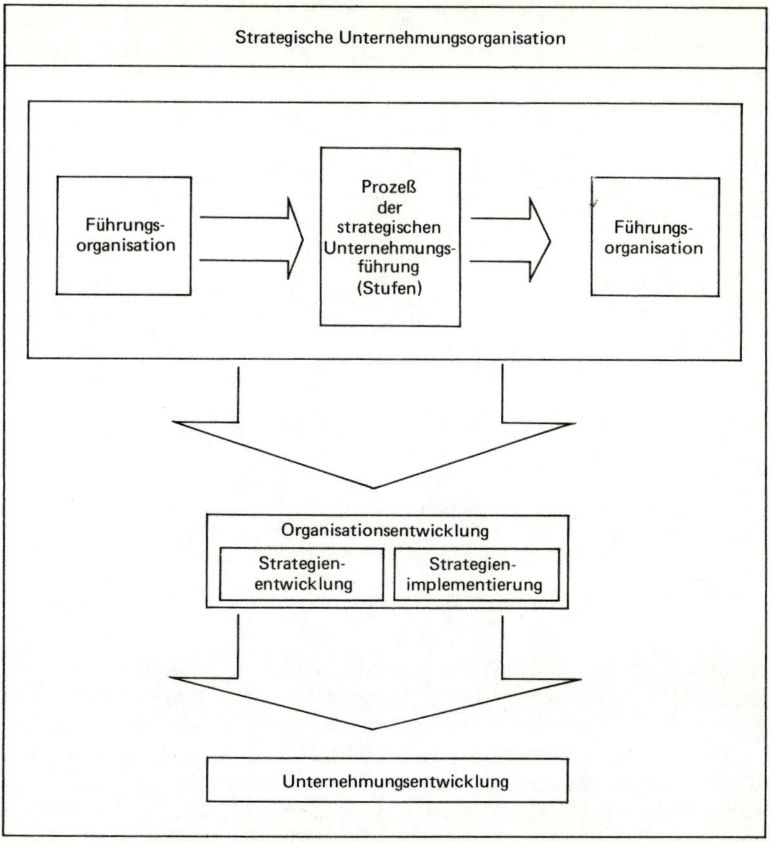

Abb. 3.4 Bezugsrahmen der strategischen Unternehmungsorganisation

3. Die wichtigsten Elemente des Bezugsrahmens der strategischen Unternehmungsorganisation

3.1 Führungsorganisation

Auf die grundsätzliche Funktion der Führungsorganisation wurde im vorangegangenen Kapitel bereits hingewiesen, der Zusammenhang „Strategie und Organisation" vor allem als Problem der obersten Führungsebene charakterisiert und die dadurch entstandenen organisatorischen Probleme als Gegenstand der Führungsorganisation bestimmt.

Die **Führungsorganisation besteht aus mehreren Elementen,** die zueinander in enger Beziehung stehen, d.h. Änderungen in der Ausprägung eines Elements haben auch Änderungen in den anderen Elementen zur Folge. Damit wird deutlich, daß führungsorganisatorische Fragen nicht durch ein, sondern nur durch mehrere Elemente beschrieben und erklärt werden können:

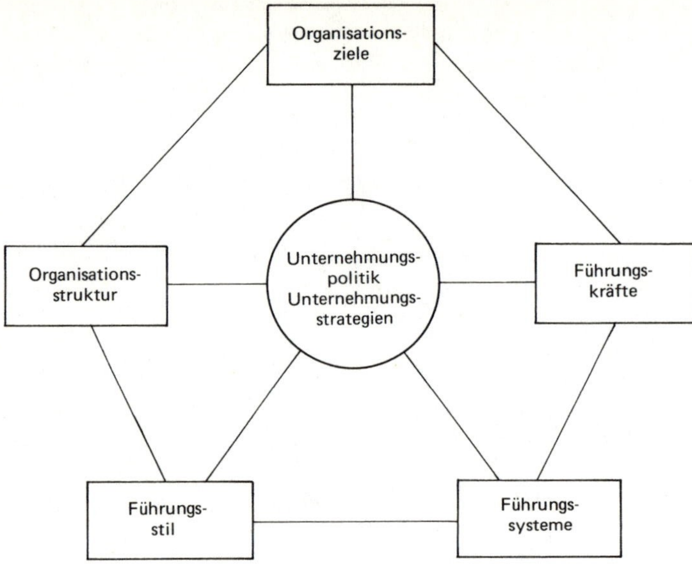

Abb. 3.5 Elemente der Führungsorganisation

Der innere Kreis ist nicht als Element der Führungsorganisation, sondern als Ausdruck unternehmungspolitischer Normen zu verstehen, die die grundsätzlichen Zielsetzungen und Schwerpunkte führungsorganisatorischer Maßnahmen bilden. Die Unternehmungspolitik stellt aber auch aufgrund ihrer Funktion der Kontinuität ein Koordinationsinstrument für diese Maßnahmen dar. Sie gibt die notwendige Stabilität für die Unternehmungsentwicklung und den Maßstab zur Beurteilung des Entscheidungsverhaltens der Führungskräfte. Sie wird zum Ausdruck der Ziel- und Zweckorientierung einer Unternehmung und ihrer Führungsphilosophie.

3.1.1 Organisationsziele

Ziele der Führungsorganisation sind speziell eine Erhöhung

- der **Anpassungsfähigkeit und Flexibilität** der Unternehmungsorganisation an veränderte Bedingungen der Unternehmungsführung
- der **Produktivität** nicht nur der relativ dauerhaften und auf Kontinuität ausgelegten, sondern auch sich ändernder neuer Arbeits- und Führungsprozesse.
- der **sozialen Attraktivität** der Unternehmung für ihre Mitarbeiter (z.B. Sicherheit, Selbständigkeit).

Anpassungsfähigkeit bedeutet, daß die Führungsorganisation sich um eine **Erhöhung der Lernfähigkeit und Lernbereitschaft** der Unternehmungsmitglieder **und** der Unternehmungsstrukturen sorgen muß. Die Umweltänderungen bedeuten für die Führungsorganisation, daß sich ständig neue Problemstellungen und für bereits bestehende Probleme ständig neuartige Lösungen ergeben, für die organisatorische Freiräume geschaffen werden müssen. Sie muß das Dilemma Stabilität – Flexibilität organisatorisch in den Begriff bekommen, da zuviel Bürokratie wie auch zuviel Chaos nicht erwünscht sind. „Vier Aspekte der Anpassungsfähigkeit sind von Bedeutung: Der Prozeß der Anpassung beginnt mit der Antizipation von Problemen, d.h. der Fähigkeit der Organisationsmitglieder, zukünftige Probleme frühzeitig zu erkennen und ihnen rechtzeitig vorzubeugen. Weiters bedarf es der Verfügbarkeit eines adäquaten Problemlösungspotentials, d.h. der Kenntnis neuer Arbeitsmethoden, Sachmittel und Technologien, die sich für die Entwicklung von Problemlösungsmöglichkeiten eignen.

Problemantizipation und Problemlösungspotential geben noch keine hinreichende Auskunft über das aktuelle Anpassungsverhalten. Dieses ist abhängig von der Anpassungsrate, d.h. dem Anteil der Organisationsmitglieder, die sich bereitwillig und ohne Zögern auf die erforderlichen Änderungen einstellen und von der Anpassungsgeschwindigkeit, d.h. der Schnelligkeit, mit der die Organisationsmitglieder die Änderungen vollziehen" (Hoffmann, 1980, S. 91 f.).

Produktivität als Input-Output-Maß kann nach den Kriterien der **Quantität,** der **Qualität** und der **Effizienz der Mittelverwendung** differenziert werden. Besonders wichtig ist es, diese Kriterien nicht nur auf bestehende, sondern auch auf neue Prozesse anzuwenden. Führungsorganisatorische Maßnahmen müssen dem Ziel der Erhöhung der Produktivität entsprechen, auch wenn sie z.B. im Rahmen einer Projektorganisation abgewickelt werden.

Neben der Erfüllung von Formalzielen (z.B. Produktivität) und Zielen der Anpassungsfähigkeit hängt ein Erfolgskonzept auch von der **Erfüllung sozioemotionaler Ziele** ab. Es ist von entscheidender Bedeutung für den Unternehmungserfolg, ob die Unternehmung auch bezüglich Kooperationsbereitschaft unter den Abteilungen, Arbeitszufriedenheit, -moral usw. für ihre Mitarbeiter attraktiv ist, d.h. sie muß den **Vorstellungen der Mitarbeiter** über die Möglichkeiten, ihre persönlichen Ziele und Bedürfnisse nach Selbstentfaltung, -verwirklichung und Anerkennung zu realisieren, entsprechen.

3.1.2 Organisationsstruktur

Die Organisationsstruktur wird durch die Gliederung von Aufgaben und die Zuordnung von Kompetenzen zur Aufgabenerfüllung in ihrer horizontalen und vertikalen Form bestimmt (vgl. Kapitel 1):

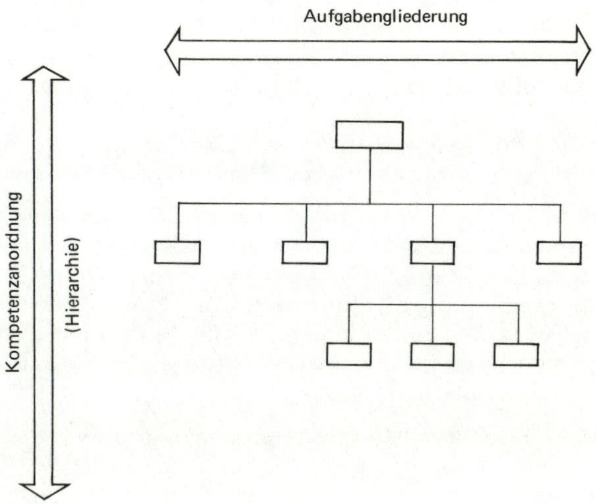

Abb. 3.6 Hauptkriterien einer Organisationsstruktur

Die Struktur der Führungsorganisation hängt unmittelbar mit Problemen der

* **Aufgabendifferenzierung und -koordination** und
* **Entscheidungszentralisation und -dezentralisation**

zusammen.

Um einem zu statischen Verständnis der Organisationsstruktur entgegenzuwirken, müssen die Probleme der Differenzierung/Integration von Aufgaben und Zentralisierung/Dezentralisierung von Entscheidungen noch um den Aspekt

* **strukturelle Anpassungsfähigkeit an Umweltänderungen (Dynamik)**

ergänzt werden. Strukturelle Voraussetzungen müssen auch für adaptives und innovatives Verhalten von Organisationen geschaffen werden. Neben einer **Primärstruktur** (-organisation), die die Unternehmung in operationelle Einheiten (z.B. Funktionsbereiche) aufteilt und die hierarchische Grundordnung schafft, sind somit auch **Sekundärstrukturen** vorzusehen. Die Sekundärstruktur stellt eine Alternativstruktur zur Primärorganisation dar und tritt

a) nur in ganz **bestimmten,** aber häufig wiederkehrenden Fällen oder
b) als **zeitlich begrenzte** Organisationsform (Projektorganisation)

in Kraft. Sie hat die Aufgabe, die in der Primärstruktur vernachlässigten Problembereiche organisatorisch zu erfassen und eine für die Lösung dieser Probleme geeignete Organisationsstruktur zu schaffen, die entweder permanent (z. B. Produktmanagement) oder sporadisch (z. B. Projektmanagement) die Primärstruktur matrixartig überlagert.

Eine **Sekundärstruktur** muß überall dort vorgesehen werden, wo das Organisationsziel **„Erhöhung der Anpassungsfähigkeit und Flexibilität“** realisiert werden muß. Sie schafft somit vor allem für **Strategien** die notwendigen strukturellen Voraussetzungen und organisatorischen Potentiale für deren flexiblen Einsatz (Slack- und Synergiepotentiale, vgl. Kapitel 4).

3.1.3 Führungsstil

Neben strukturellen und formalen Größen muß bei jeder Aufgabenerfüllung noch die **sozio-emotionale Problematik** berücksichtigt werden, bei der der Mensch als Aufgabenträger und Organisationsmitglied in seinem Verhalten gegenüber anderen Individuen und/oder Gruppen gesehen wird. Wie in Kapitel 1 eingehend behandelt, wird als Führungsstil ein zeitlich überdauerndes und in bezug auf bestimmte Situationen konsistentes Führungsverhalten von Vorgesetzten gegenüber Mitarbeitern verstanden (vgl. Wunderer/Grunwald I, 1980, S. 221).

Im Zusammenhang mit Problemstellungen einer strategischen Unternehmungsorganisation interessiert vor allem die Bedeutung des Führungsstils als Faktor der **Motivation** und **Arbeitszufriedenheit.** Inwiefern eine Führungskraft in ihrem Verhalten gegenüber den Mitarbeitern es versteht, Flexibilität bezüglich dem Ausmaß an **Mitarbeiterorientierung** (consideration) und **Aufgabenorientierung** (initiating) zu zeigen, ist von entscheidender Bedeutung für eine erfolgreiche Strategienformulierung und -durchsetzung.

Da die Art des Führungsverhaltens unmittelbar als ein Ausdruck der **Werthaltung** der Vorgesetzten interpretiert werden kann, wird über den Führungsstil in einer Unternehmung das Werte- und Normengerüst der Manager tagtäglich realisiert.

Die **Organisationsstruktur** spiegelt die von den Vorgesetzten gezeigten grundsätzlichen Haltungen z. B. gegenüber Änderung, Risiko, Leistung, Erfolg, Eigenverantwortung und Innovation wider.

Studien über das Zeitverhalten amerikanischer Manager haben gezeigt, daß die in den empirischen Untersuchungen interviewten Führungskräfte im Durchschnitt neun Minuten Zeit für einen wichtigen Problembereich aufwenden (vgl. Mintzberg 1975). Da der **Zeitaufwand Ausdruck der Prioritätsordnung** ist, darf das Element Zeit bei der Diskussion um den Führungsstil nicht übersehen werden. *Waterman* et al. unterstützen diese Forderung durch eigene Beobachtungen bei großen Mineralölfirmen, die auf die Analyse von Unterschieden zwischen erfolgreichen und nicht erfolgreichen Explorationen dieser Firmen ausgerichtet waren. Bezüglich des Zeitverhaltens konnten sie z. B. feststellen, daß die Manager der erfolgreichen Firmen wirklich mehr Zeit für Explorationsstudien, für diesbezügliche Diskussionen bei Vorstandssitzungen und für eigene explorationsbezogene Aktivitäten aufwendeten als die Manager vergleichsweise weniger erfolgreicher Unternehmungen (vgl. Waterman et al. 1980, S. 22).

3.1.4 Führungssysteme

Als Führungssyteme wollen wir mit *Wild* (1974, S. 158) Systeme verstehen, die der **Formalisierung und Konditionierung von Führungsprozessen** dienen. Aus der Fülle verschiedener Führungsinstrumente soll eine Ganzheit entstehen, deren einzelne Teile aufeinander abgestimmt sind. *Ulrich* geht dabei von der Vorstellung aus, daß die ausführenden Teilsysteme in einer Unternehmung von einem dreistufigen Führungssystem überlagert werden (vgl. Ulrich, 1978, S. 192):

In den operationellen Systemen müssen die Arbeitsvollzüge zur Erfüllung der Unternehmungsaufgabe möglichst störungsfrei und effizient erfolgen können. Sie werden von **Dispositionssystemen** als unterste Stufe des Führungssystems ge-

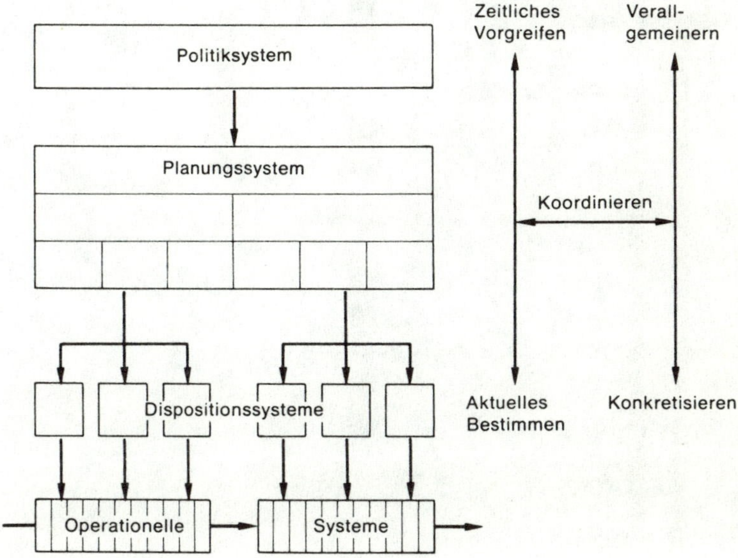

Abb. 3.7 Konzeption eines Führungssystems (nach Ulrich, 1978)

lenkt, kontrolliert und korrigiert (z. B. Produktionsplanungs- und -steuerungssysteme, vgl. auch Hammer/Hübner/Kritzler/Schertler, 1977). Wichtige Informationen wie z. B. Kapazitätsauslastungsgrad müssen erfaßt und in Form eines **Kontrollsystems** systematisch bereitgestellt werden.

„Im Gegensatz zu den Dispositionssystemen, die auf die unmittelbare Beeinflussung des operativen Geschehens ausgerichtet sind, besteht der Zweck des *Planungssystems* in der zeitlich weiter in die Zukunft vorgreifenden Vorausbestimmung zukünftigen Unternehmungsgeschehens. Ergebnisse des Planens sind perioden- und objektbezogene Pläne, die später durch dispositive Maßnahmen in Gang gesetzt und von den operativen Systemen realisiert werden sollen. Eine wesentliche Funktion der Pläne besteht in der ‚Vorauskoordination' zukünftigen ausführenden Handelns; im Gegensatz zu den Dispositionssystemen, die je auf die unterschiedlichen konkreten Aufgaben der verschiedenen operativen Systeme zugeschnitten sein müssen, sollte daher das Planungssystem als eine alle

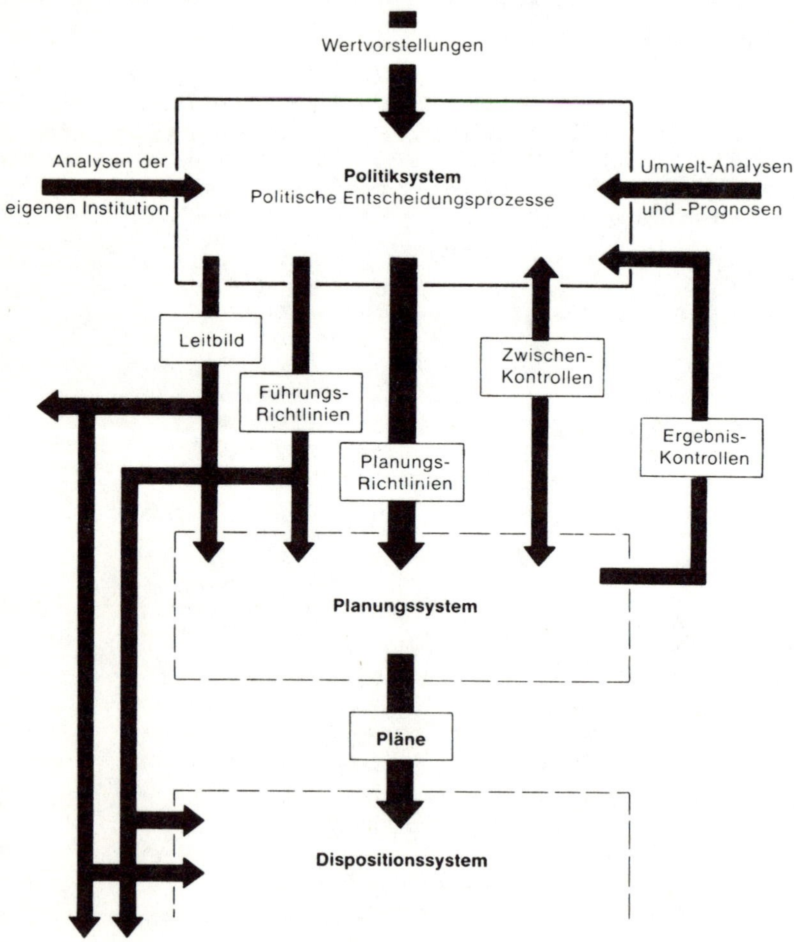

Abb. 3.8 Politiksystem im Rahmen eines Führungssystems (nach Ulrich, 1978)

Unternehmungsaktivitäten umfassende Ganzheit gestaltet werden, damit von ihnen diese koordinierende Wirkung ausgehen kann" (Ulrich, 1978, S. 193).

Das **Politiksystem** enthält als höchste Stufe in Führungssystemen allgemeine Zielsetzungen und Verhaltensrichtlinien.

Führungssysteme lassen sich nach *Berthel* auch wie folgt differenzieren (vgl. Berthel, 1980, in: HWO, 1980, Sp. 1265 ff.):

- **Informationssysteme:**
  - Planungssysteme
  - Kontrollsysteme
- **Motivations-/Anreizsysteme**
- **Personalentwicklungssysteme**

Jedes Führungssystem zeichnet sich als Modell aus, d.h. für jedes dieser verschiedenen Systeme müssen Ziele, Methoden und einzusetzende Kapazitäten bestimmt werden. Erst dadurch kann der Anspruch, ein System zu bilden, erhoben werden.

3.1.5 Führungskräfte

Dem Element Führungskräfte kommt im Rahmen der Führungsorganisation eine entscheidende Bedeutung zu, obwohl man sich bewußt sein muß, daß auch dieses Element nur eines von mehreren ist. Es geht grundsätzlich um die Frage, mit welchen **Fähigkeiten** die Führungskräfte ausgerüstet sein müssen, um Strategien formulieren bzw. strategische Ziele erfüllen zu können. Damit werden Probleme der Beschaffung, Auswahl, Entwicklung und Beurteilung von Organisationsmitgliedern tangiert.

Will die Unternehmung langfristig bestehen und wachsen, ist sie auf entsprechend fähige und motivierte Führungskräfte angewiesen und muß sowohl für den Aufbau neuer Führungskräfte **(Führungskräftenachwuchs)** als auch für die Entwicklung vorhandener Führungskräfte **(Kaderentwicklung)** sorgen. Vor allem geht es um die Schaffung der Voraussetzungen für eine den strategischen Entscheidungen und Stoßrichtungen entsprechende Leistungsfähigkeit **und** -bereitschaft der Führungskräfte bzw. aller Mitarbeiter auf allen hierarchischen Ebenen der Unternehmungsorganisation. Nur so kann den Organisationszielen nach Erhöhung der Anpassungs- und Lernfähigkeit von Organisationen entsprochen werden.

Berthel (1979, S. 155) schlägt für den Prozeß der Personalentwicklung

- die **Identifizierung der Entwicklungserfordernisse**
- die **Aufstellung von Entwicklungsprogrammen**
- die **Erfolgskontrolle der Personalentwicklung**

als logische Stufen vor.

Der von der Unternehmungsleitung nicht delegierbaren Aufgabe der **Auswahl und Entwicklung von Führungskräften** wird in Zukunft noch **verstärkt Aufmerksamkeit** geschenkt werden müssen, weil (vgl. Megginson, 1977, S. 588 f)

- die fachlichen und persönlichen **Anforderungen an Führungskräfte ständig steigen,** so daß diejenigen, die erfolgreich sein wollen, sich kontinuierlich weiterentwickeln müssen

* der **Führungsnachwuchs in Zukunft unterschiedliche Wertvorstellungen,** Lebensstile und Vorstellungen über die gesellschaftspolitische Bedeutung einer Unternehmung und die Funktion von Führungskräften mitbringen wird, die die heutigen Autoritäts- und Verhaltensmuster von Führungskräften zunehmend in Frage stellen werden
* für **ältere Führungskräfte** der Druck nachdrängender, junger Kräfte zunimmt und nach Lösungsmöglichkeiten gesucht werden muß, die Funktion älterer Mitarbeiter neu zu definieren
* die Funktion **materieller Anreize** zugunsten immaterieller Anreize und Befriedigung von Ich- und Anerkennungsbedürfnissen **abnimmt.**

3.2 Prozeß der strategischen Unternehmungsführung

Zweck der strategischen Unternehmungsführung ist die Sicherung zukünftiger Erfolgspotentiale für die Unternehmung. Auch als strategisches Management (strategic management) bezeichnet, stellt sie eine Weiterentwicklung der strategischen Planung dar, d.h. strategische Unternehmungsführung ist als Managementansatz zu verstehen, der auf die Erfüllung von Aufgaben der Unternehmungsführung (z.B. Ziele setzen, Entscheiden, In-Gang-Setzen, Kontrollieren) in einer strategischen Dimension abzielt und daher umfassender ist als das Aufgabengebiet der strategischen Planung, der in erster Linie die Funktion einer strategieorientierten Entscheidungsvorbereitung zukommt (vgl. Kapitel 2).

Strategische Unternehmungsorganisation orientiert sich an den einzelnen Phasen des Prozesses der strategischen Unternehmungsführung. Daraus leitet sich das strategische Merkmal der Unternehmungsorganisation ab: Der Prozeß der strategischen Unternehmungsführung muß in all seinen Phasen mit den Elementen der Führungsorganisation überlappt werden (Problemfelder der strategischen Unternehmungsorganisation).

3.3 Organisationsentwicklung

Kennzeichen jeder Entwicklung sind ihre Dynamik und Prozeßorientiertheit. Im Bereich der Unternehmungsorganisation konzentriert sich diese Entwicklungsproblematik auf das Bemühen, eine „gesunde" und somit „kompetente" Organisation anzustreben.

Beckhard nennt als Kriterien einer „gesunden" Organisation von Unternehmungen (vgl. Beckhard, 1969, in: Sievers 1978, S. 5):

* Sie verfügen über ein **offenes, problemlösungsorientiertes Organisationsklima,** das durch gegenseitiges **Vertrauen** und **Wertschätzung** der Mitglieder untereinander geprägt ist.
* Sie weisen eine möglichst **enge Verbindung** auf zwischen formaler, an **Rollen** und Positionen gebundener Autorität einerseits und einer funktionalen, auf **Wissen** und Kompetenz beruhenden Autorität andererseits.
* Die einzelnen Organisationsmitglieder verfügen über **angemessene Autorität und Verantwortung,** d.h., Autorität und Verantwortung für Entscheidungen und Problemlösungen werden so eng wie möglich an die jeweilige Informationsquelle gebunden.

* Das Arbeitsklima fördert individuelle **Initiative** und persönliche Selbstverwirklichung.
* Interne Konkurrenz und Auseinandersetzungen resultieren in erster Linie aus den Organisationszielen; sie erstrecken sich vor allem auf eine **Steigerung der Kooperation.**
* Das interne **Lohn- und Belohnungssystem** ist sowohl an der Produktivität als auch an der **individuellen Entwicklung** der Mitglieder orientiert.
* Alle Mitglieder **identifizieren** sich in hohem Grade mit den Organisationszielen.
* Die Organisationsmitglieder verfügen über umfangreiche **Selbstbestimmungs- und Kontrollmöglichkeiten.**
* Das **Verhalten des Managements** ist stärker an den zentralen Organisationszielen als an traditionalen Verfahrensweisen oder an Kompetenzstreitigkeiten orientiert.
* Die **Organisation ist proaktiv** in dem Sinne, daß Probleme soweit wie möglich antizipiert und Lösungsmöglichkeiten so früh wie notwendig und möglich entwickelt werden.

Die begriffliche Abgrenzung der **Organisationsentwicklung** (OE) ist insofern schwierig, als in der Literatur keine klaren Abgrenzungskriterien vorzufinden sind. Organisationsentwicklung wird entweder als Entwicklung der **Organisation als Institution** (z. B. Unternehmungsentwicklung), als Entwicklung der **Organisationsstruktur** oder als Entwicklung des **Problemlösungs- und Entscheidungsverhaltens** von Organisationsmitgliedern verstanden.

Wir halten uns an letztere Definition und verstehen mit *Bartölke* unter Organisationsentwicklung „Änderungen des Problemlösungsverhaltens von Menschen in Organisationen durch reaktives und proaktives Lernen im interpersonellen Kontext, wobei Lernen sich sowohl auf individuelle Verhaltensänderungen als auch auf Veränderungen in den Interaktionsmustern (strukturell und prozessual) bezieht" (Bartölke, 1980, in: HWO, 1980, Sp. 1469).

Ihre **Ziele** sind generell die Verbesserung der Flexibilität und Innovationsbereitschaft sowie die Erhöhung des Ausmaßes an Persönlichkeitsentfaltung und Selbstverwirklichung der Organisationsmitglieder.

Detaillierter gesehen hat die **Organisationsentwicklung** zum **Ziel** (vgl. Glasl, 1975, S. 79):

* die Organisation und ihre Mitarbeiter **wirklich zu verändern**
* **Veränderungen** von den Mitarbeitern der Organisation möglichst **selbständig, bewußt und willentlich** beeinflussen zu lassen
* nach anfänglicher Hilfe durch einen Organisationsentwicklungsexperten (Berater), die Mitarbeiter der Organisation zu befähigen, die weitere Entwicklung mit **eigenen Mitteln** und von ihnen selbst voranzutreiben und ohne externe Hilfe durchführen zu können.

Organisationsentwicklung wird somit zu einem **Problem der Initiierung, Realisierung und Kontrolle von Änderungsprozessen in komplexen Organisationen.**

Neben dem erhöhten Problembewußtsein für Anpassungsprozesse ist im Rahmen der strategischen Unternehmungsorganisation besonders wichtig die Frage nach

* den **Trägern der Initiierung** von Änderungsprozessen (Aktoren, Promotoren der Änderung)
* der **Vorgehensweise** bei Änderungsprozessen (Interventionsstrategien, Strategie der Reorganisation)
* den zur Anwendung gelangenden **Mitteln und Methoden.**

Im Rahmen des Ansatzes der strategischen Unternehmungsführung wird sich unser Interesse vor allem auf die Fragestellung der Einführung und Realisierung dieses Ansatzes in industriellen Unternehmungen richten.

Bei den Aktivitäten der Organisationsentwicklung müssen die folgenden Annahmen zugrunde gelegt und beachtet werden (vgl. Bartölke, 1980):

1. die Mitglieder der Organisation werden als **entwicklungsfähig** angesehen. (Die bei ihnen am Beginn der Entwicklung wahrgenommene Lernfähigkeit und Lernbereitschaft werden also nicht als Datum betrachtet.)

2. **Offenheit beim Ausdruck von Gefühlen** ist vorteilhaft für Individuen und die Organisation.

3. Innerhalb der Organisation ist die **Zusammenarbeit** dem Wettbewerb vorzuziehen.

4. Die bestehende **Organisationsstruktur** muß berücksichtigt werden.

5. Organisationen sind nicht automatisch aus sich heraus in der Lage, erforderliche Änderungen zu vollziehen: **Verkrustungen** verhindern adäquate Problemlösungen für neue interne und externe Bedingungen.

6. Steigerung der **Effektivität** und Steigerung der **Bedürfnisbefriedigungsmöglichkeiten** für die Organisationsmitglieder sind **komplementär.**

3.3.1 Organisationsentwicklung als Lernprozeß

Organisationsentwicklung versucht nicht, eine Organisationsstruktur analytisch zu entwickeln (z. B. durch Stabsstellen, externe Berater) und daraus entstehende Beziehungsmuster als Organisationsanweisung vorzugeben. Im Gegenteil, sie zielt darauf ab, die einzelnen von der Änderung betroffenen Organisationsmitglieder in die Lage zu versetzen, ihre Probleme **selbst** zu erkennen, sich über Organisationsprobleme **selbst** verständigen zu können und organisatorische Regelungen **gemeinsam** zu vereinbaren. Sie realisiert gewissermaßen das **Subsidiaritätsprinzip** bei organisatorischen Änderungsprozessen, indem sie sich als Hilfe zur Selbsthilfe für all die Organisationsmitglieder versteht, deren Arbeitssituation eine Änderung erfährt.

„Zur Selbsthilfe sind die Beschäftigten der Unternehmung nach Ansicht der OE-Vertreter in der Lage, wenn sie die folgenden Eigenschaften entwickeln:

- Sensitivität für die Wirkung des eigenen Verhaltens auf andere und für gruppendynamische Prozesse,
- Teamfähigkeit (Kooperationsfähigkeit) und
- Fähigkeit zu Konfliktlösung.

Mitarbeiter, die diese Fähigkeiten besitzen, können nach Meinung der OE-Befürworter in der Unternehmung

- Eigenkontrolle statt Fremdkontrolle ausüben,
- Gruppenverantwortung statt Einzelverantwortung praktizieren,
- anforderungsreiche, lose umrissene Aufgaben statt monotoner, eng spezialisierter Aufgaben übernehmen und
- fachliche Autorität statt positionsgebundener Autorität zur Geltung bringen.

Diese Umorientierungen sollen eine bessere Anpassungsfähigkeit der Unternehmung an ihre Umwelt und zugleich eine bessere Befriedigung der individuellen Bedürfnisse sicherstellen, als dies durch Hinweise auf die noch recht abstrakten Zusammenhänge im situativen Ansatz der Organisationstheorie und nie die Komplexität des Einzelfalls treffenden Empfehlungen geschehen kann" (Kieser, et al., 1979, S. 11).

Organisationsentwicklung ist ein Lernprozeß, der je nach spezifischer Organisationssituation immer wieder neu entworfen, gesteuert und bewertet werden muß. Damit es zu diesen Lernprozessen im Sinne einer **Hilfe zur Selbsthilfe** überhaupt kommen kann, müssen die Teilnehmer von Organisationsentwicklungsprogrammen in erster Linie dazu befähigt werden, **Lernen zu lernen.** Dies macht eine methodische, abstrahierende, modellhafte Denkschulung notwendig und konzentriert sich auf den Entwurf und die Steuerung von Problemlösungsprozessen.

Organisationsentwicklung wird so zu einer Optimierungsstrategie für das Problemlösungspotential einer Unternehmung, die sich weniger auf die geplante Veränderung als vielmehr auf das **Verstehen der Notwendigkeit** und das Planen der Veränderung richtet (vgl. Rieckmann/Sievers, 1978, S. 263).

Im einzelnen müssen dazu die Organisationsmitglieder befähigt werden und lernen (vgl. Glasl, 1975, S. 87)

- **selbst Ziele zu formulieren und Ziele zu setzen** (Zielfindungsprozesse zu gestalten)
- Entscheidungs- und Problemlösungsprozesse **methodisch** gut zu konzipieren und zu strukturieren
- **Analysen** gemäß bestimmten Kriterien vorzubereiten und durchzuführen
- eigene Konzeptionen oder Gruppenbeschlüsse anderen **mitzuteilen** (Präsentationstechniken, Berichterstattung).

Ferner muß jedes in Organisationsentwicklungsprozesse einbezogene Organisationsmitglied sich folgendes erwerben:

- genügend **Erfahrung,** um Gruppendiskussionen vorbereiten, leiten und auswerten zu können
- **Sicherheit** und **methodisches Rüstzeug,** um längerfristige Entwicklungsprozesse in ihren Konsequenzen auf die Unternehmungsentwicklung abschätzen zu können (antizipierendes Problemlösen).

Laske sieht eine „erfolgreiche" Einführung zielgesteuerter Organisationslenkungskonzepte dann, wenn es gelingt, in einer Organisation **„Verhaltensänderungen"** bei Vorgesetzten und Mitarbeitern im Sinne einer Institutionalisierung **„sozialen Lernens"** zu erreichen (Laske, 1978, S. 197).

Verschiedene **Lehr-Methoden** gibt es, um dieses **Wissen und Können** in der Organisation **zu internalisieren** und zu institutionalisieren:

1. **schriftliche Methoden** (schriftliche Unterlagen zu bestimmten Themen): Sie sind allein angewandt nur sehr bedingt geeignet,

2. **mündliche Methoden:**
a) **Vorträge** vor Betriebsrat, Mitarbeiter-Versammlungen, Management-Besprechungen
b) **Diskussionen** zwischen Referenten (Experten) und Organisationsmitgliedern
c) **Kurse** (unterstützt durch schriftliche Unterlagen und Diskussionen)

3. **praktische Methoden** (Üben der verschiedenen Modelle):
a) **Untersuchen,** ob Modell in Wirklichkeit realisiert werden kann
b) **Übertragen** an andere Organisationsmitglieder
c) **Anwenden** geeigneter Modelle

Am besten ist, bei der Arbeit an konkreten Problemen dem Übertragen von Wissen (Wissenstransfer), dem Üben („learning by doing") und Auswerten (z.B. Entscheidungsanalyse) genügend viel Raum zu geben. Auch können Fallbeispiele eingesetzt und so eine experimentelle Situation geschaffen werden. So wirkt das Neue für die Teilnehmer wegen des Experimentgedankens viel weniger bedrohlich als konkrete Übungsspiele aus ihrer eigenen Arbeitssituation.

3.3.2 Zum Konzept des geplanten organisatorischen Wandels

Selten kann jemand in eine **Führungsposition** kommen, ohne daß er sich vornimmt, vieles tiefgreifend zu ändern, zu reformieren, zu reorganisieren. Kurz, er möchte in einer Führungsposition nicht nur verwalten, sondern einen **geplanten Wandel** herbeiführen, neue **Ideen** und eigene **Konzeptionen** verwirklichen.

Wenn eine Führungskraft nach einiger Zeit Rechenschaft ablegt und mit sich selbst ehrlich ist, dann sieht die Bilanz meistens so aus:

- vieles, was man sich vorgenommen hatte, konnte überhaupt nicht initiiert werden

- manches brachte man zwar auf den Weg, die mühsam initiierten Reorganisationsprozesse versandeten jedoch sehr bald

- einiges wurde zwar zu einem Ende gebracht, aber das, was am Schluß herauskam, war erheblich weniger als das, was ursprünglich geplant war

- weniges nur gelang und führte zu einem tiefgreifenden Wandel der Organisation.

Der Grund für eine derartige Bilanz liegt normalerweise darin, daß die mit dem organisatorischen Wandel verbundenen Führungsprobleme in aller Regel vernachlässigt, unterschätzt und nicht adäquat bewältigt werden, tiefgreifende **Reorganisationen** also eine **Herausforderung** darstellen, der die Führungskräfte in der Praxis häufig nicht gerecht werden (vgl. Kirsch et al., 1979, S. 2).

Reorganisationsprozesse – als Ausdruck des geplanten Wandels, also der Analyse von Änderungspotentialen und des Entwurfs neuer, veränderter Strukturen – können in verschiedene Prozeßphasen eingeteilt werden. Je nach Forschungsansatz finden sich in der Literatur unterschiedliche Vorstellungen und Konzeptionen über den Verlauf dieser Änderungs-/Anpassungsprozesse, deren einzelne

Lewin (1947)	Unfreezing		Moving					Refreezing	
Lipitt, Watson, Westley (1953)	Development of a need for change	Establishment of a change relationship	Clarification or diagnosis of the client systemproblem	Examination of alternative routes and goals; establishing goals and intentions of actions	Transformation of intentions to actual change efforts			Generalization and stabilization of change	Achieving a terminal relationship
Mann und Neff (1961)	The state of the organization before change	The recognition of a need for change	Planning for the change		Taking the action steps to make the change			Stabilizing the change	
Wilson (1966)			Conception of the change	Proposing of the change	Adoption and implementation of the change				
Dale (1967)	Determine who will handle with	Defining present organization	Planning the „ideal" organization		Adopting the ideal to present possibilities	Developing orga. charts and orga. manual	Announcing and implementing the shortrun plan	Gaining acceptance of the changes	
Shepard (1967)	Idea Generation		Adoption		Implementation				
Glans et al. (1968)	Analyse des bestehenden Systems	Feststellung der Systemanforderungen	Systementwurf		Implementierung			Operation	
Rosove (1968)	Anforderungen		Entwurf		Produktion	Installation		Operationen	
Greiner u. Barnes (1970)	Diagnosing organization problems		Planning for a change		Launching change			Following up on change	
Hage u. Aiken (1970)	Evaluation		Initiation		Implementation			Routinization	
Soltis (1970)	Business analysis		General Design	Detail design	Implementation			Appraisal	
Milo (1971)	Conceptualization		Tentative Adoption		Resource-getting		Implementation	Institutionalization	
Beckhard (1972)	Diagnose		Strategieplanung		Unterrichtung	Beratung	Schulung	Bewertung	
Grochla (1972)	Ideenfindung	Akzeptierung	Problemlösung		Durchsetzung				
Kaufman (1972)	Organizing-analysing		Planning		Implementing			Evaluation controlling	
Gabele u. Mayer (1974)	Initiieren		Analysieren und konzipieren		Implementieren			Konsolidieren	
Hill, Fehlbaum, Ulrich (1974, 1976, 1981)	Ermittle den Ist-Zustand	Suche die Ursachen: org. Dysfunktionalität	Entwickle Soll-Vorstellungen	Def. der projektrelevanten Bedürfnisse und Ziele	Entwurf und Durchführung organisatorischer Maßnahmen			Ergänzende Maßnahmen	Erfolgskontrolle
Knopf (1976)	Anfangsstadium		Planungsstadium		Frühes Implementierungsstadium	Spätes Implementierungsstadium		Konsolidierungsstadium	

Abb. 3.9 Ausgewählte Phasenschemata von Reorganisationsprozessen (nach Kirsch et al., 1979)

Phasen nicht stur aufeinanderfolgend, sondern iterativ zu verstehen sind und sich durch einen ständigen Wechsel zwischen den einzelnen Phasen charakterisieren lassen. Sie liefern sowohl eine theoretische Basis für die Beschreibung und Erklärung von Aktivitäten im Suchprozeß des geplanten Wandels als auch Empfehlungen, wie bei **Reorganisationsprozessen** bzw. bei **Prozessen der Organisationsentwicklung** vorzugehen ist. Phasenschemata erfüllen somit einen deskriptiven wie auch normativen Zweck (vgl. Kirsch, et al. 1979, S. 37 ff.).

In diesem Zusammenhang kommt der **Aktionsforschung** große Bedeutung zu, bei der Forscher und Praktiker kooperieren (Forschungs-/Klientensystem) und die Rolle des Wissenschaftlers nicht wie sonst üblich auf die Generierung und Aufbereitung empirischer Daten beschränkt ist, sondern der Forscher selbst vielmehr **unmittelbar in den Handlungsablauf** der Definition und Lösung konkreter Probleme **einbezogen** ist.

Nachstehende Abbildung über den Phasenverlauf der Organisationsentwicklung zeigt die oben geschilderte Verknüpfung von Praxis und Wissenschaft (Aktion/Forschung) bei Organisationsentwicklungsprojekten (vgl. Frohman et al. 1974, in: Sievers, 1978, S. 20).

Das **Konzept des geplanten organisatorischen Wandels** (vgl. auch Bleicher, 1979) zeigt neben der **Strukturierung** (Planung) des Prozesses der Organisationsentwicklung in einzelne Prozeßphasen auch verschiedene **Strategien des Einstiegs** in solche Prozesse auf und stellt verschiedene Ansätze der Organisations-

Aktionsforschungsphase	Vorwiegend	Inhalt
Erkundung	Forschung	Erste Orientierung und Vorentscheidung über die weitere Zusammenarbeit
Eintritt	Aktion	Entwicklung einer gemeinsamen Arbeitsbeziehung und eines Kontraktes; erste Problemorientierung; Auswahl der Datensammlungs- und -Feedbackmethoden
Datensammlung	Forschung	Analyse von Organisationsvariablen und -prozessen
Datenfeedback	Aktion	Rückgabe der aufbereiteten Daten an das Klientensystem zur Diskussion und Diagnose
Diagnose	Forschung	Einsicht in die Systemsituation, -probleme und -defizite
Handlungsplanung	Aktion	Entwicklung spezifischer Handlungspläne, die eine Entscheidung darüber einschließen, wer die Pläne ausführt und wie der Erfolg ausgewertet werden kann
Handlungsausführung	Aktion	Ausführung der erarbeiteten Veränderungsstrategien
Auswertung	Forschung	Bewertung der Effektivität/Ineffektivität der Handlungsausführung – kann zum Abschluß oder zur Weiterführung des Projektes führen

Abb. 3.10 Der Phasenverlauf der Organisationsentwicklung (nach Frohman et al., 1974, in: Kitsch et al., 1979)

entwicklung generell zur Diskussion, auf die in den folgenden Abschnitten dieses Kapitels noch näher eingegangen wird. Vorher wollen wir uns aber noch mit der Problematik von Änderungs-/Anpassungsprozessen, die im Zusammenhang mit den Problemstellungen der strategischen Unternehmungsorganisation anfallen, näher auseinandersetzen.

3.3.3 Änderungspotential und Anpassungsprozesse

Haberfellner charakterisiert Unternehmungen bzw. Systeme dann als anpassungsfähig, „wenn sie imstande sind, sich auf veränderte Gegebenheiten innerhalb und außerhalb des Systems selbsttätig einzustellen. Dies setzt eine gewisse innere und äußere Aktivität voraus, so daß nur dynamische Systeme anpassungsfähig sein können" (Haberfellner, 1974, S. 25).

Wird eine neue Anforderung an das Anpassungsverhalten einer Unternehmung gestellt, entsteht die Problematik der **Akzeptanz** dieser Änderung sowohl auf sachlich-formaler wie auch sozio-emotionaler Ebene.

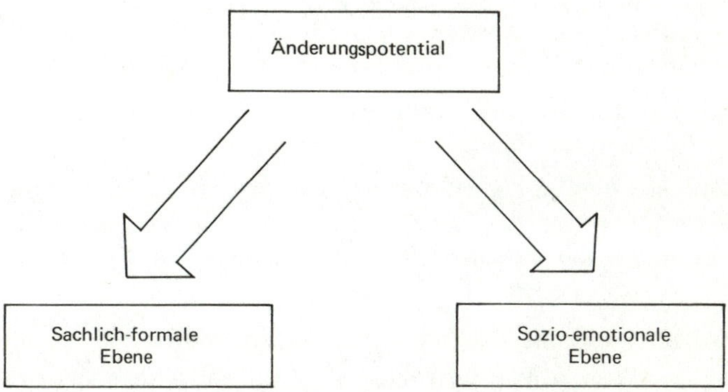

Abb. 3.11 Ebenen des Änderungspotentials bei Reorganisationsprozessen

Ein Potential möglicher Änderungen für das jeweilige System entsteht, dessen Konsequenzen zu diesem Zeitpunkt noch nicht abgeschätzt werden können. Die Akzeptanz führt dann zum Durchbruch der Änderung (breakthrough) in die Organisationsstrukturen und -abläufe der Unternehmung. Bei Änderungs- und Anpassungsprozessen handelt es sich um **Innovationsprozesse,** deren Einleitung und konsequente Weiterverfolgung zu den wichtigsten Organisationsaufgaben der Unternehmungsführung zählen.

Was für den Bereich der strategischen Unternehmungsorganisation nun in diesem Zusammenhang wichtig ist, ist die Tatsache, daß durch die Initiierung und Abwicklung strategischer Unternehmungsführungsprozesse ein **Änderungspotential** entsteht, das seitens der Führungsorganisation unbedingt Berücksichtigung finden muß.

Änderungen treten in massiver Weise überall dort auf, wo durch den strategischen Denkansatz konventionelle Problemlösungsmethoden und -verhaltensweisen „scheinbar" in Frage gestellt werden. Daß auch der strategische Ansatz der Unternehmungsführung die Funktion bisheriger und erprobter Managementansätze nicht aufhebt bzw. ersetzt, sondern nur um eine neue Dimension in der Problemanalyse **ergänzt,** wird meistens übersehen.

Änderungen entstehen aber auch durch die Implementierung strategischer Entscheidungen in das bestehende Beziehungsgefüge einer Unternehmung bzw. der verschiedenen organisatorischen Stellen/Abteilungen einer Unternehmung.

Zusammenfassend können wir festhalten, daß Änderungspotentiale bei der Schaffung führungsorganisatorischer **Voraussetzungen** für die Initiierung und die Abwicklung der verschiedenen Prozeßstufen der Unternehmungsführung, aber auch als **Konsequenz** jeder Stufe (z. B. bei der Implementierung von Strategien) begründet werden.

Im Rahmen der **strategischen Unternehmungsführung** liegen die wichtigsten **Akzeptanz- und Innovationsbarrieren:**

- im **Schaffen des Problembewußtseins** für die Notwendigkeit und Bedeutung des strategischen Managementansatzes für den langfristigen Erfolg der Unternehmung
- in der **Initiierung** des Prozesses der strategischen Unternehmungsführung bzw. in der **Einführungsphase** des strategischen Planungssystems (z. B. Bereitstellung aussagefähiger Unternehmungsdaten seitens des Rechnungswesens)
- im **Verständnis für die Konsequenzen** aus den Analyseergebnissen des Ist-Portfolios und den daraus abgeleiteten strategischen Stoßrichtungen
- in der **Durchsetzung** organisatorischer Maßnahmen zur Realisierung von Strategien
- in der **Formulierung von Korrekturentscheidungen** und **-maßnahmen** bei der Kontrolle von Strategien

3.3.4 Die sachlich-formale Ebene von Anpassungsproblemen

Bei der Analyse von Änderungspotentialen kann in eine sachlich-formale und eine sozio-emotionale Ebene differenziert werden.

Die **sachlich-formale Ebene** ergibt sich aus den Änderungen in Stellenaufgaben, -kompetenz- und -verantwortungsbereichen. Sie ist generell unter die formal organisatorischen Maßnahmen und Instrumente einzuordnen.

Bei der Einführung bzw. Realisierung strategischen Denkens in der Unternehmung sind eine Reihe von Anpassungsproblemen an veränderte Umweltbedingungen zu erwarten. Ihnen muß seitens der Führungsorganisation besondere Aufmerksamkeit geschenkt werden, da sie in jedem Element der Führungsorganisation eine Ausprägung finden:

- Organisationsziele:

besondere Betonung der Flexibilitätsziele von z. B. Produktionsanlagen

- Organisationsstruktur:

Zuordnung neuer bzw. Wegnahme von Aufgaben-, Kompetenz- und Verantwortungsbereichen im Rahmen der Realisierung von Strategien, Schaffung bzw. Aufhebung von z. B. Stabsstellen

- Führungsstil:

verstärkte Betonung der Zusammenarbeit von Geschäftsbereichen z. B. wegen Einführung der Projektorganisation

- Führungssysteme:
höhere Anforderungen an systematische Datenerfassung bezüglich Umwelt und Unternehmung

- Führungskräfte:
höhere Anforderungen an methodische Aus- und Weiterbildung zur Bewältigung komplexer Entscheidungsprobleme.

3.3.5 Die sozio-emotionale Ebene von Anpassungsproblemen (Anpassungsverhalten)

Bei diesem Aspekt von Änderungs- und Anpassungsprozessen interessieren in erster Linie die Ausdrucksformen menschlichen Verhaltens gegenüber geänderten Situationen in der Unternehmung (vgl. Böhnisch, 1979, S. 85 ff).

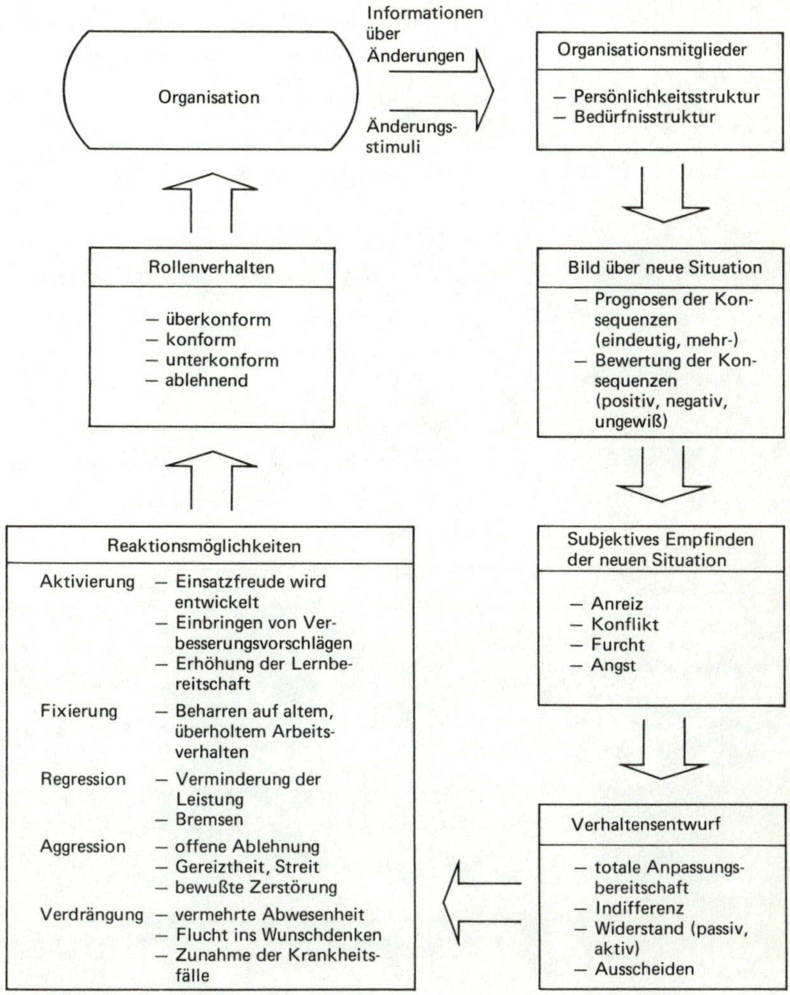

Abb. 3.12 Stufen im Prozeß des Anpassungsverhaltens (vgl. Böhnisch, 1979)

Gehen wir von der Annahme aus, daß die Organisationsmitglieder über bestimmte Änderungen in der Unternehmung informiert werden, so entwickelt sich ein **Prozeß des Anpassungsverhaltens,** der – je nach Struktur der Persönlichkeit und ihrer Motive – unterschiedliche Ausprägungen der **Anpassungsbereitschaft** und dem sich daraus ableitenden **Anpassungsverhalten** aufweist.

„Überlegungen zur Analyse von Anpassungswiderständen gehen von der zunächst unbewiesenen These aus, daß die Person bereits über eine latente Beharrenstendenz verfügt, noch ehe eine spezifische Stimulussituation eine Verhaltensänderung fordert. Die Erklärung für eine solchermaßen stabile Grunddisposition liefert eine Reihe persönlichkeitspsychologischer Determinanten, die zum einen in eine ungenügende Anpassungsfähigkeit, zum anderen in eine mangelnde Anpassungsbereitschaft einmünden.

Bezüglich ihres typischen Anpassungsverhaltens lassen sich grundsätzlich als konträre Persönlichkeitstypen flexible und rigide Individuen voneinander abgrenzen. Die extreme Ausprägung der gegensätzlichen Verhaltensweisen stellen die Endpunkte eines Kontinuums dar, auf dem sich die in der Realität durch eine Mischung aus flexiblen und rigiden Elementen gekennzeichneten Personen einordnen lassen" (Böhnisch, 1979, S. 28).

Diesem Ansatz kommt das Konzept der kognitiven Strukturiertheit (vgl. Seiler, 1973) sehr nahe, welches die Überlegenheit hoch strukturierter bzw. hoch

Persönlichkeitsmerkmale	Grad der Strukturiertheit	
	niedrig strukturierte Persönlichkeit	*hoch* strukturierte Persönlichkeit
1. Offenheit	„closed-minded"	„open-minded"
2. Flexibilität	niedrig	hoch
3. Rollendistanz	gering	ausgeprägt
4. Wertbestimmtheit	dichotom	ausgewogen
5. Negativitätsgrad	oppositionell	problemorientiert
6. Ambiguitätstoleranz	niedrig	hoch
7. Konflikttoleranz	niedrig	hoch
8. Selbstvertrauen	hoch (egozentrisch)	hoch (problemorientiert)
9. Konformitätsgrad (soziale Normen)	hoch	niedrig
10. Angstbehaftetheit (Abweichung von sozialen Normen)	hoch	gering
11. Impulskontrolle	gering	hoch

Abb. 3.13 Persönlichkeitsmerkmale in Abhängigkeit vom Grad der Strukturiertheit (nach Böhnisch, 1979)

differenzierender kognitiver Strukturen bei der Bewältigung von Anpassungsprozessen (z. B. Innovationsprozesse) betont.

An der Bedürfnisstruktur eines Organisationsmitgliedes reflektiert, kann sich eine geänderte Arbeitssituation z. B. wie folgt ausdrücken:

Bedürfnisstruktur	Wirkung von Änderungen auf die Befriedigung von eigenen Bedürfnissen z. B. Befürchtung, daß die Änderung:
Selbstverwirklichung	– als eine von außen aufgezwungene Änderung, somit als Unmündigerklärung, als Fremdbestimmung und damit als Verlust an Entfaltungsmöglichkeit empfunden wird (Verletzung des Motives der Selbstaktualisierung).
Ego-Bedürfnisse	– eine Kritik am bisherigen Verhalten darstellt, so daß das Individuum oder die Gruppe eine Statuseinbuße erleidet (Verletzung von Ego-Motiven);
Soziale Bedürfnisse	– Beziehungsstrukturen in und von Gruppen ändert (Verluste an sozialer Integration);
Sicherheitsbedürfnisse	– erfordern könnte, daß neuartige Informationen aufgenommen, neue Erfolgskriterien angewandt und neue Verhaltensweisen erwartet werden (Verunsicherung);
Existenzbedürfnisse	– zur Aufhebung von Stellen und damit zur Entlassung führt (Einkommensverluste);

Abb. 3.14 Beispiel für die Wirkung von Änderungen auf die Bedürfnisstruktur

Das subjektive Empfinden einer neuen Situation zeigt sich darin, ob die Prognose und Bewertung der Konsequenzen der neuen Situation auf das Individuum in ihm Anreize zur Akzeptanz der Neuerung oder Konflikte, Furcht und Angst auslösen. **Einflußfaktoren** auf die **Bewertung subjektiver Wahrnehmungen** von Änderungen sind z. B.:

- der **Informationsstand** des Individuums
- die **Beurteilung des Ist-Zustandes** der heutigen Organisation, die ihm eine Änderung grundsätzlich **wünschbar** oder **nicht wünschbar** erscheinen läßt.
- die **Beurteilung des eigenen Status** und der Grad des Selbstvertrauens, mit neuen Situationen fertig zu werden
- das **Vertrauen** in die Systemleitung und/oder den Organisator
- das **Ausmaß,** in dem das Individuum der Reorganisation passiv unterworfen ist oder die Möglichkeit hat, aktiv auf deren Verlauf und die Neuordnung einzuwirken
- die **Meinungen und das Verhalten anderer Gruppenmitglieder** bezüglich der Neuerung

Das Anpassungsverhalten orientiert sich am **Verhaltensentwurf** als Folge der subjektiven Wahrnehmung und Einschätzung der neuen Situation (Änderung).

„Art und Intensität des subjektiven Erlebens bestimmen die individuelle Anpassungsbereitschaft des passiv Innovierenden, die sich in seinen jeweiligen Handlungsentwürfen konkretisiert. Bedrohungserlebnisse der Furcht und Angst sowie kognitive Dissonanzen sind es vor allem, die Formen und Ausmaß des den Innovationsplänen entgegengesetzten prospektiven Widerstandes begründen. Die allgemeine Wirkung von Furcht, Angst und kognitiver Dissonanz schwankt zwischen einer energetisierenden und einer die Aktivität hemmenden Beeinflussung.

Die aus den (subjektiven) Erlebnissen des passiv Innovierenden resultierenden Handlungsentwürfe lassen sich auf einem Kontinuum anordnen, beginnend mit dem Idealfall einer 100prozentigen Anpassungsbereitschaft bis him zum Ausscheiden aus der Unternehmung als dem negativen Extrem. Beschränkte Anpassungsbereitschaft, passiver und aktiver Widerstand stellen hierbei mögliche Zwischenstufen dar" (Böhnisch, 1979, S. 100).

3.3.6 Einstiegsstrategien und Interventionstechniken

Modelle der Organisationsentwicklung unterscheiden sich nicht nur durch Berücksichtigung und Bezugnahme auf unterschiedliche Prozeßphasen, sondern auch bezüglich der Kriterien Einstiegsstrategie und Anwendung von Interventionstechniken.

Blake/Mouton („managerial grid", Blake/Mouton, 1967) sind z. B. der Meinung, daß der Entwurf einer neuen Unternehmungsorganisation ausschließlich Angelegenheit der **Führungsspitze** ist. Andere Führungskräfte oder Mitarbeiter werden zwar informiert und können Anregungen geben, aber ihr Einfluß bleibt darauf beschränkt. Die Spitzenführungskräfte einer Unternehmung müssen die Richtung des Veränderungsprozesses bestimmen und ihn leiten. *Hersey/Blanchard* (1977) und *Reddin* (1977) gehen von ebenfalls hierarchisch orientierten Überlegungen einer in erster Linie gewinnorientierten Führungsphilosophie aus.

Greiner (1965, in: Glasl, 1975, S. 70 ff) hebt als erste Phasen in seinem Organisationsentwicklungsprozeß den „Druck auf die Führungsspitze" und die **„Intervention an der Spitze"** hervor. Mitarbeiter der Unternehmung oder externe Berater konfrontieren die Spitze mit wirklich alarmierenden Problemen und versuchen, das Selbstverständnis des Spitzenmanagements bis in die Fundamente zu erschüttern.

Andere Modelle wie etwa das NPI-Modell (Niederländisches Pädagogisches Institut) oder das Modell von *Lawrence/Lorsch* (1969) gehen von einer **umfassenden Partizipation der Mitarbeiter** aus **verschiedenen** hierarchischen Ebenen in **allen Phasen** des Organisationsprozesses aus und betonen die Funktion **gemeinsamer Konzeptionen.** Gemeinsam Gefundenes und Entwickeltes hilft, die eigene Situation besser zu verstehen und sich einer gemeinsamen Sprache zu bedienen.

Für die Initiierung von Änderungsprozessen bieten sich mehrere Möglichkeiten der Vorgehensweise (Einstiegsstrategien) in hierarchisch strukturierten Organisationen an (vgl. Glasl, 1975, S. 152 ff):

„Top-down-Strategie":
Der Entwicklungsprozeß beginnt bei der Führungsspitze und pflanzt sich von dort schrittweise nach unten fort (diese Strategie kommt am meisten zur Anwendung).

„Basis-upwards-Strategie“:
Probleme und Schwierigkeiten bestehen vor allem auf den unteren, ausführenden Ebenen. Dort wird die Initiative zu Änderungsprozessen ergriffen, die dann nach oben weitergeführt werden.

„Bi-polare Strategie“:
Sowohl „oben“ als auch „unten“ macht sich Unbehagen breit und werden Reorganisationen initiiert.

„Keil-Strategie“:
Das mittlere Management tritt als Promotor für Änderungen nach oben und nach unten ein. Dies trifft besonders in Großkonzernen zu, bei denen Spitzenpositionen oft gewechselt und mit neuen Managern besetzt werden. Sie realisieren z. B. nach unten einen anderen Führungsstil und nach oben geben sie immer wieder Impulse zur „Policy-Bildung“ (Unternehmungspolitik, strategische Stoßrichtungen).

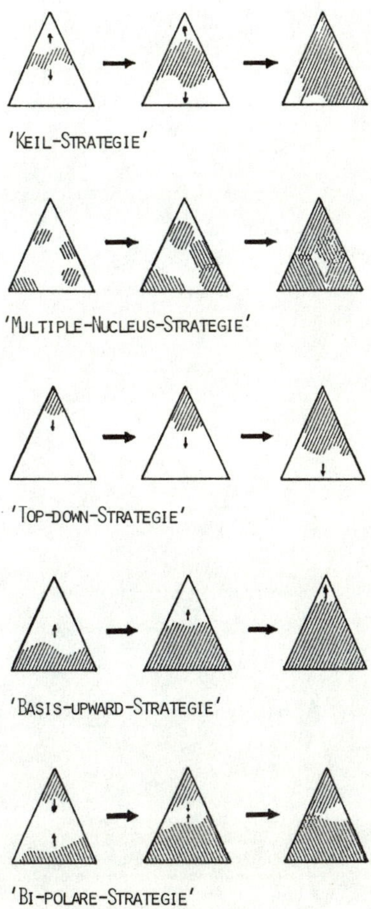

Abb. 3.15 Strategien des Einstiegs (nach Glasl, 1975)

„Multiple Nucleus-Strategie":
An den verschiedensten Orten in der Unternehmungshierarchie werden Entwicklungen eingeleitet. Die dringlichste Aufgabe besteht darin, die vielfältigen Initiativen zu bündeln und sie im Hinblick auf ein gemeinsames Programm abzustimmen.

Neben den oben dargestellten Einstiegsstrategien gibt es noch **weitere** Möglichkeiten von Vorgehensweisen bei der Einführung von Organisationsentwicklungskonzepten. So ist die Frage nach der Herkunft derjenigen, die die Änderungsprozesse in Gang bringen von ausschlaggebender Bedeutung für die Gestaltung der übrigen Prozeßphasen. Wir können dann unterscheiden in Hilfestellungen, die **von außen** (unternehmungsextern, „outside") oder **von innen** (unternehmungsintern, „inside") geleistet werden.

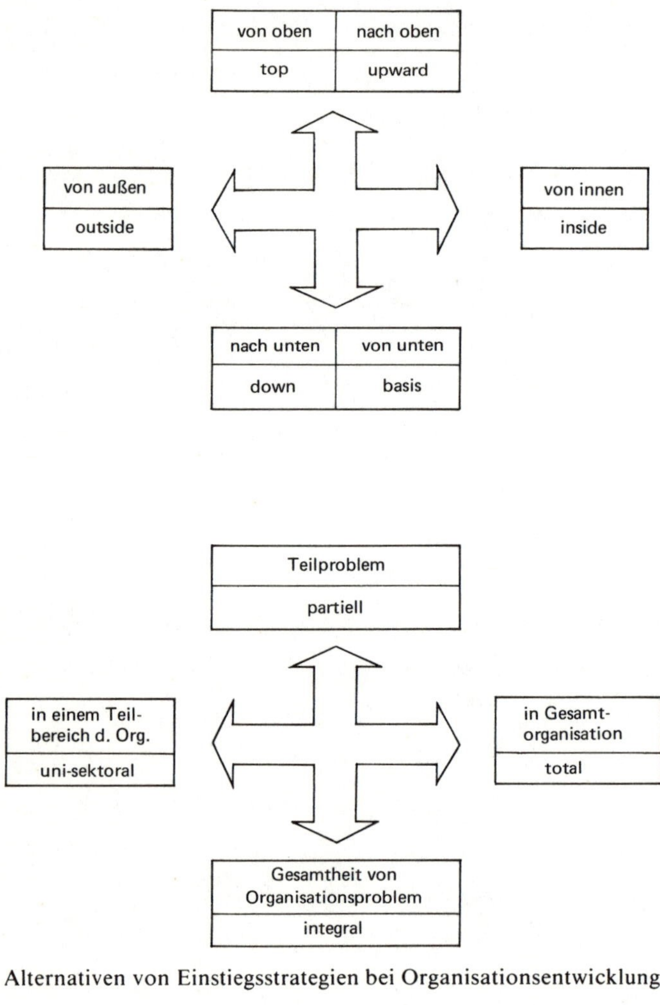

Abb. 3.16 Alternativen von Einstiegsstrategien bei Organisationsentwicklungsprozessen

Zudem muß beim Einstieg in Organisationsentwicklungsprozesse geklärt werden (vgl. Glasl, 1975, S. 161ff.), ob **alle Unternehmungsbereiche** (totale Strategien) oder nur **einer** (uni-sektorale Strategien) oder **einige Unternehmungsbereiche** (multi-sektorale Strategien) teilnehmen und ob auf **alle Problemfacetten** bzw. auf einen **sehr breiten Problemumfang** (integrale Strategien), auf **einige** Problembündel (multi-partielle Strategien) oder nur auf **einen einzigen** Problemkreis (uni-partielle Strategien) im Organisationsentwicklungsprozeß eingegangen wird.

Welche der oben dargestellten Einstiegsstrategien man schließlich in den einzelnen Prozeßphasen wählt, hängt von der gegebenen Problemsituation ab.

Unter **Interventionen** sind bestimmte **Techniken** (man spricht auch von der „Technologie" der Organisationsentwicklung) zu verstehen, **um Lernprozesse zu initiieren und Veränderungen herbeizuführen.**

Eine Intervention (vgl. Sievers, 1978, S. 27) sollte so **durchgeführt** werden, daß

- die maßgeblichen Personen, die von der Änderung betroffen werden, daran teilnehmen
- sie von solchen Problemstellungen und Konstellationen ausgeht, die vom Klienten selbst an- bzw. herbeigeführt wurden
- sowohl über das Ziel als auch über die Möglichkeiten der Zielverwirklichung Klarheit bei den Teilnehmern von Organisationsentwicklungsprozessen besteht
- die Teilnehmer sowohl vom Inhalt als auch vom Prozeß her lernen können
- sie sowohl Erfahrungslernen als auch Lernen von neuem Wissen und Können umfaßt und ermöglicht
- die Teilnehmer sowohl die Lösung eines konkret anstehenden Problems als auch das Lernen selbst lernen
- die Teilnehmer dabei eher aus sich herauskommen, sich entfalten können, als daß sie ängstlich und defensiv reagieren
- die Individuen sich von ihrer ganzen Person her und nicht nur von einzelnen (Rollen-)Segmenten her angesprochen fühlen.

Interventionstechniken lassen sich einteilen in (vgl. Bartölke, 1980 und Sievers, 1978):

a) **Gruppentraining:**
Zweck: (1) Lernen, die eigenen Gefühle und die Gefühle anderer zu interpretieren und Einfühlungsvermögen zu entwickeln.
(2) Lernen zu diagnostizieren, wie Gefühle und Verhalten in Gruppenprozessen miteinander verbunden sind.
(3) Entwicklung kooperativer Werte und Verhaltensweisen.
(4) Lernen interpersoneller Fähigkeiten.

Arten: Bildung von T-Gruppen (gruppendynamisches Training, Sensitivity-Training),
Intergruppeninterventionen zur Verbesserung des Kommunikations- und Kooperationsverhältnisses zwischen Gruppen (Betonung des gleichen Systemkontextes)

b) **Datenrückkoppelung („Survey-Feedback"):**
Zweck: Entdeckung von Wunschvorstellungen und der Vergleich mit den Reali-

sationen der Organisationsmitglieder. Diskrepanzen zwischen Soll-Ist werden mit den Betroffenen analysiert und bilden die Basis für Veränderungen.

Arten:
Planungs/Zielfindungsinterventionen
Lebens/Karriereplanungsinterventionen

c) **Prozeßberatung:**
Zweck: Beraterinterventionen sollen dem Klienten helfen, Prozesse und Ereignisse in seiner Umwelt zu erkennen, zu verstehen, Handlungsalternativen zu überlegen und sich dementsprechend zu verhalten. Im Vordergrund stehen weniger die Vermittlung von Wissen als vielmehr die **Aktivierung** und das **Erlernen prozeßorientierter Fähigkeiten** sowie die erforderlichen **Einstellungsänderungen.**

Arten:
Einzel-/Gruppenberatungsinterventionen
Kommunikationsinterventionen
Problemlösungs- und Entscheidungsinterventionen

Zielgruppe	Interventionsarten
Interventionen zur Steigerung *individueller* Effektivitäten	Lebensgestaltungs- und Karriereplanungs-Aktivitäten Rollenanalyse Individuen-zentrierte Aktivitäten T-Gruppen (Sensitivity Training) Ausbildung und Training zur Verbesserung von Fähigkeiten, von technischem Wissen, zwischenmenschlichen Entscheidungs-, Planungs- und Zielsetzungsfähigkeiten Grid-OE-Phase 1
Interventionen zur Steigerung der Effektivität von *Paaren und Dreiergruppen*	Prozeßberatung „Neutraler Dritter“ Grid-OE-Phasen 1, 2
Interventionen zur Steigerung von *Team*- und *Gruppen*effektivität	Teamentwicklung T-Gruppen (Family) Survey-Feedback Prozeßberatung Rollenanalyse Teamaufbauaktivitäten Ausbildung im Hinblick auf: Entscheiden, Problemlösen, Planen und Zielsetzen in Gruppen
Interventionen zur Steigerung von *Intergruppenbeziehungen*	Intergruppenaktivitäten Feedback durch Widerspiegelung Strukturell-technologische Aktivitäten Prozeßberatung „Neutraler Dritter“ Grid-OE-Phase 3 Survey-Feedback
Interventionen zur Steigerung der Effektivität *ganzer Organisationen*	Strukturell-technologische Aktivitäten Konfrontationstreffen Strategisches Planen Grid-OE-Phasen 4, 5, 6 Survey-Feedback

Abb. 3.17 Typologie der OE-Intervention nach Zielgruppen (nach French/Bell, 1977)

3.3.7 Änderungswiderstand und Möglichkeiten zu dessen Reduzierung

Gerade im Zusammenhang mit dem Aufbau neuer Führungssysteme (z. B. Systeme der strategischen Unternehmungsplanung) oder mit der organisatorischen Implementierung von Strategien für einzelne Geschäftsbereiche stellt sich die Frage, welche **Formen des Änderungswiderstandes** (resistance to change) es gibt und welche Möglichkeiten man seitens der Organisation hat, diese Innovationswiderstände zu reduzieren. Diesen zentralen Problempunkt der strategischen Unternehmungsorganisation wollen wir deshalb noch weiter ausführen.

Ganz typische Formen des Änderungswiderstandes sind z. B.:

* **Ablehnende Haltung und Einstellung** gegenüber dem, der die Änderung anordnet oder auch nur durchführt:
  - vermehrter Widerspruch
  - abgekühltes Verhalten
  - passiver Widerstand
  - Kritikäußerungen/Diffamierung der Person gegenüber Dritten
* **Aggressivität** gegenüber anderen Personen:
  - Gereiztheit
  - Wutentladung
* **Bildung von Gruppen** mit dem Ziel,
  - dem Ärger Luft zu machen
  - durch Bildung von Koalitionen die organisatorische Änderung zu verhindern
* **Senkung des Leistungsniveaus**
  - absichtliche Fehlleistungen und Unterlassungen
  - Verhalten, durch das die Unzweckmäßigkeit der neuen Regelungen demonstriert werden kann
  - Vernachlässigung freiwillig übernommener Aktivitäten
* Höhere **Abwesenheitsziffern** und vermehrter **Personalwechsel**
* Nur **äußerliches, scheinbares Akzeptieren** der Änderung und später wieder **Rückkehr** zum alten Zustand

Übertragen auf den Prozeß der strategischen Unternehmungsführung können diese Formen des **Änderungswiderstandes** folgende bei der **Einführung und Realisierung strategischer Managementmodelle** unbedingt zu berücksichtigende **Äußerungen** zeigen:

a) Die Personen, die den Ansatz der strategischen Unternehmungsführung in eine Unternehmung einbringen, sind **besonderer Kritik** ausgesetzt.

b) Die Bedeutung „richtiger" Umwelt- und Unternehmungsdaten im Rahmen strategischer Analysen stellt an Stabsstellen oder an das Finanz- und Rechnungswesen **erhöhte Anforderungen.** Sehr oft fehlt das dafür notwendige Informationssystem in Form geeignet detaillierter und strukturierter Daten.

c) Die **Komplexität der Methodik** und mögliche **Anwendungsschwierigkeiten** werden von den Gegnern betont, anstatt den grundsätzlichen Sinn und Zweck des strategischen Managements zu erkennen und hervorzuheben.

d) Das nur scheinbare Akzeptieren der neuen Planungsmethode führt zu **Verzögerungen** im zeitlichen Ablauf des Prozesses der strategischen Unternehmungsführung und verursacht Schlampereien bei Analysen und Prognosen.

e) **Halte- und Schrumpfungsstrategien** werden als Normstrategien von den betroffenen Geschäftseinheiten **nicht akzeptiert.** Ein zu starkes Hängen am Wachstums-Denken verhindert deren geplante Realisierung.

f) **Absichtliche Fehlinterpretation** strategischer Stoßrichtungen und ein Verhalten, durch das die Unzweckmäßigkeit des neuen Managementmodells bewiesen werden soll, führen zu „früher nicht vorhanden gewesenen" Konflikten.

Dieser Katalog des Änderungswiderstandes gegen das strategische Management ließe sich noch beträchtlich erweitern. Die angeführten Beispiele sollen jedoch die Notwendigkeit und Bedeutung von Maßnahmen zur rechtzeitigen Verhinderung solcher Widerstandsformen aufzeigen.

G. Watson hat in diesem Zusammenhang eine **Check-List zur Verringerung des Widerstandes von Organisationsmitgliedern gegenüber Änderungen** aufgestellt (vgl. Watson, 1971, in: Böhnisch, 1979, S. 119).

Der Widerstand wird verringert, wenn:

1. die passiv Innovierenden das Gefühl haben, die Innovation sei ihr **eigenes Projekt** und nicht von Dritten bewirkt;

2. die Innovation eindeutig die uneingeschränkte **Unterstützung** der Unternehmungsleitung genießt;

3. der passiv Innovierende in der Innovation eher eine **Verringerung** denn eine Steigerung der gegenwärtigen **Belastungen** erblickt;

4. die Innovation mit den im passiv Innovierenden internalisierten Werten und Idealen **übereinstimmt;**

5. durch die Innovation dem passiv Innovierenden **neue,** interessante Erfahrungen geboten werden;

6. die passiv Innovierenden spüren, daß ihre Autonomie und Sicherheit **nicht bedroht** sind;

7. der passiv Innovierende bereits am diagnostischen Bemühen beteiligt war und so eine Übereinstimmung in Grundanliegen und Notwendigkeit der Innovation erzielt wurde;

8. die Innovation durch **Gruppenentscheid** akzeptiert wurde;

9. die Befürworter fähig sind, sich in die Lage ihrer Opponenten **einzufühlen,** echte Einwände anzuerkennen und Schritte zu unternehmen, um unnötige Befürchtungen abzuschwächen;

10. die Innovation **offen** ist **für eine Überprüfung und Revision,** falls die Erfahrung zeigt, daß entsprechende Korrekturen wünschenswert sind.

Zusammenfassend kann festgestellt werden, daß zur Verringerung des Änderungswiderstandes **Führungssysteme** und **Führungsstil** die wichtigsten Elemente der Führungsorganisation sind:

a) Über eine geeignete **Informationspolitik,** die zur gegebenen Zeit gezielt Informationen an die Adressaten der Änderungspotentiale gibt, kann der Widerstand reduziert werden, also mit

- **Sachinformation** über Ziele und Notwendigkeit der Änderung sowie über das Vorgehen bei der Einführung und Realisierung z. B. eines strategischen Planungssystems
- **Information über zu erwartende Auswirkungen** der Neuerung auf den Geschäftsbereich, auf Abteilungen und Individuen
- **Information über flankierende Maßnahmen zur Rollenfixierung** (z. B. Schulung im Umgang mit neuen Planungsmethoden, Hilfestellungen, Zusagen bezüglich Karrieremöglichkeiten).

b) Über ein entsprechendes **Führungsverhalten (Führungsstil)** können Änderungswiderstände bei den Mitarbeitern niedrig gehalten werden. Durch verstärktes Einbeziehen der Mitarbeiter in die Analyse der Änderungsnotwendigkeit und in die Planung der Anpassungsprozesse kann **Partizipation** schon in der Phase der Entscheidungsvorbereitung geübt werden. Ein frühzeitiges Involvieren der betroffenen Mitarbeiter in die Änderungsprozesse durch Möglichkeiten der Mitwirkung und -bestimmung über die Gestaltung von Änderungspotentialen und deren Verlauf erlaubt eine bessere, konfliktfreiere Integration der Änderung in die Arbeitssituation.

Änderungswiderstände gegen das strategische Management lassen sich diesbezüglich sehr oft einer **„inside-outside“ Dienstleistungsproblematik** zuordnen:

* die Geschäftsleitung erkennt die Notwendigkeit einer strategischen Orientierung der Unternehmungsführung und läßt über **externe Berater** strategische Ziele und Strategien zur Sicherung zukünftiger Ertragspotentiale ausarbeiten, die in Form einer Präsentation dann den (verblüfften) Linienmanagern aufgezeigt werden.
* **Stabsstellen** in der Unternehmung (z. B. Betriebswirtschaft, Unternehmungsplanung) bauen ein Expertenwissen zur Vorbereitung und Durchführung strategischer Stoßrichtungen der Unternehmung auf. Eifrige Analysen von Umwelt und Unternehmung werden in aller Stille vorbereitet, mathematische Modelle für Plausibilitätszwecke erstellt, um den Argumentationen und Fakten der Linienmanager bei der Präsentation standhalten zu können.

Beides sind Beispiele für die Verursachung und Entstehung eines „geplanten“ Änderungswiderstandes.

3.4 Unternehmungsentwicklung

Die Berücksichtigung von Änderungsprozessen und den daraus entstehenden Impulsen für die Unternehmungs- und Organisationsentwicklung müssen integrierende Bestandteile des Bezugsrahmens der strategischen Unternehmungsorganisation sein.

3.4.1 Unternehmungsentwicklung als Entwicklung des Leistungsvermögens

Wenn wir nun die **Unternehmungsentwicklung als die Entwicklung des Leistungsvermögens einer Unternehmung** (oder auch eines Unternehmungsbereiches) **im Zeitablauf** verstehen, dann kann sich das Leistungsvermögen in den folgenden Formen ausprägen

a) Wachsen
b) Gleichbleiben
c) Schrumpfen

Zudem kann sich die Größenordnung einer Unternehmung nach dem Kriterium des zeitlichen Verlaufs

a) kontinuierlich
b) diskontinuierlich (in Schüben)
entwickeln.

Die verschiedenen Formen des Leistungsvermögens einer Unternehmung sind vergleichbar mit den Normstrategien, die wir in Kapitel 2 definiert haben. Die Normstrategien reflektieren die grundsätzlichen Möglichkeiten für Größenänderungen des Leistungsvermögens einer Unternehmung im Zeitablauf. Strategische Stoßrichtungen im Sinne von **Normstrategien** sind somit **Strategien der Unternehmungsentwicklung.** Strategisches Management kann daher als Rahmen der Planung und Steuerung der Unternehmungsentwicklung verstanden werden.

3.4.2 Unternehmungsentwicklung als Strategie der geplanten Evolution

Die von *Rosove* (1967) entwickelte **Strategie der geplanten Evolution,** welche Veränderungsprozesse (Reorganisationsprozesse) weder rationalistisch (Veränderungen sind umfassend planbar) noch inkrementalistisch im Sinne *Lindblom's* „Strategie des Durchwurstelns" („muddling through", das später zu einer „Strategie der kleinen Schritte", „disjointed incrementalism" ausgebaut wurde) versteht, sondern einzelne Reorganisationsprozesse durch eine konzeptionelle Gesamtsicht der Unternehmungsentwicklung plant und steuert, hebt die Bedeutung einer zukunftsorientierten Gestaltung des Unternehmungsgeschehens hervor und unterstreicht die Notwendigkeit des strategischen Managements bei Prozessen, die die Unternehmungsentwicklung entscheidend beeinflussen. Die Strategie der geplanten Evolution betont die Bedeutung der **Innovationsorientierung der Unternehmungsführung** und sieht vor, daß der Wandel sich in einer Folge vergleichsweise überschaubarer Anpassungsschritte an veränderte Umweltkonstellationen vollzieht.

3.4.3 Mögliche Anpassungsstrategien

Die Anpassung der Unternehmung an ihre Umwelt ist in allen Dimensionen der Unternehmungsumwelt notwendig. Nach *Scott* (1968) wird die Richtung der Unternehmungsentwicklung durch das kritische Ereignis („most crucial contingency") der Unternehmungsumwelt bestimmt. Die Anpassung kann erfolgen (vgl. Bircher, 1977, S. 269 f):

a) durch **Einbeziehung der kritischen Umwelt in die Unternehmung** (z. B. durch Akquisition, vertikale Integration)

b) durch **Anwendung von der kritischen Umwelt** (z. B. durch Eindringen in neue Märkte)

c) durch **Bildung von Gegengewichten,** um das mit der kritischen Umwelt verbundene Risiko zu kompensieren (z. B. durch preispolitische Maßnahmen, Marketing).

Die Synchronisation der Entwicklungen in Unternehmung und Unternehmungsumwelt hat *Haberfellner* (in: Bleicher, 1979, S. 40 f) typologisch beschrieben:

a) **Der frühe Anpasser:**
Probleme: höchstes Innovationsrisiko, Überwindung großer Widerstände (Innovations-/Marktbarrieren), schmale Informationsbasis (z.B. über potentielle Konkurrenten)
Chancen: rechtzeitige Auseinandersetzung mit Änderungen, Vorbereitungen zur Anpassung können früh genug initiiert werden, Vorsprung im Know-how über Technologie und Markt.

b) **Die frühe Mehrheit:**
Probleme: Preispolitik bei frühem Anpasser, Patentpolitik und Marktentwicklung
Chancen: Präsenz in attraktiven Märkten, Möglichkeiten der Verbesserung der Leistungen sind noch relativ groß.

c) **Die spätere Mehrheit:**
Probleme: aus Fehlern der anderen lernen, Prozeßinnovationen und Rationalisierungsinvestitionen sind gleich zu Beginn möglich
Chancen: Präsenz in attraktiven Märkten, Möglichkeiten an Leistungsverbesserungen sind noch relativ groß.

d) **Die Nachzügler:**
Probleme: Marktsegmentierung und Produktdifferenzierung, Position im Produkt/Marktlebenszyklus (abflachendes Wachstum)
Chancen: Innovationsdefizite der bestehenden Konkurrenten in der Produkt/Marktorganisation, Ausnutzung von Marktnischen.

3.4.4 Unternehmungsentwicklung als Management von Diskontinuitäten

Die Charakterisierung des zeitlichen Verlaufs der Unternehmungsentwicklung in **kontinuierliche** und **diskontinuierliche Entwicklungen der Größenordnung** muß unmittelbar im Zusammenhang mit der Entwicklung der Unternehmungsumwelt (Aufgabenumwelt, vgl. Kapitel 2) gesehen werden. *Bleicher* versteht die Abstimmung der Unternehmungsentwicklung mit der Umweltentwicklung als Harmonisationsproblem: „Hierbei handelt es sich um eine intersystemische Harmonisationsaufgabe im strategischen Entscheidungsbereich, deren Lösung letztlich die Existenz der Unternehmung bestimmt" (Bleicher, 1979, S. 44). Er stellt weiter fest, daß empirische Studien über die Verläufe der Unternehmungsentwicklung bestätigen, daß sich die Wachstums- oder Schrumpfungsprozesse nicht kontinuierlich, sondern diskontinuierlich „in Schüben" vollziehen und gerade in jüngerer Zeit immer häufiger Entwicklungssprünge zu beobachten waren, denen in Zukunft noch mehr Bedeutung zukommen wird.

Für die Unternehmungsentwicklung bzw. für das Konzept des strategischen Managements bedeutet die Tatsache diskontinuierlicher Änderungsprozesse (die im Hinblick auf trendextrapolierter Vergangenheitsdaten „Überraschungen" darstellen), daß nicht nur in Analysen festgestellte Mängel korrigiert, sondern auch Entscheidungen **innovationserzeugender** Natur im Konzept vorgesehen werden müssen.

Neue Ideen beziehen sich auf mögliche technologische Zukunftsentwicklungen, auf mögliche Bedürfnisse des Marktes, auf sich abzeichnende Gefahren bzw. Chancen der Unternehmung in der Zukunft. Solche neuen Ideen sind zunächst nur vage und klingen häufig recht utopisch, unrealistisch und passen nicht in das etablierte „Weltbild" der Führungskräfte. Sie kündigen sich in der Regel nur durch „schwache Signale" an.

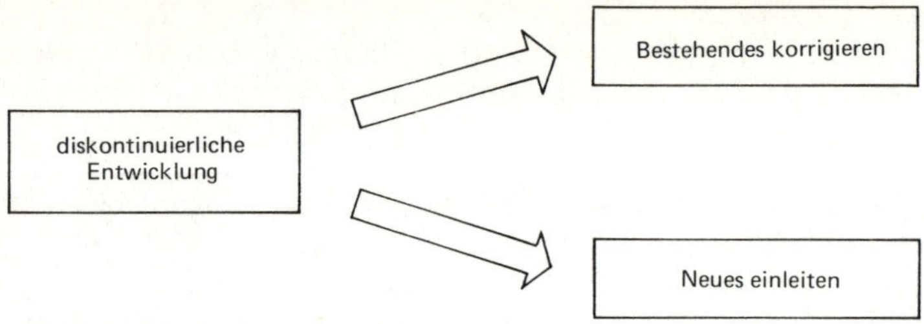

Abb. 3.18 Konsequenzen einer diskontinuierlichen Entwicklung

Daher ist es eine wichtige Funktion des strategischen Managements gelegentlich „Fundamentalkritik“ des etablierten Weltbilds der Führungskräfte zu fördern und schwachen Signalen bzw. scheinbar unrealistischen Ideen eine Chance zu geben.

Die Problematik der Bewältigung von Diskontinuitäten („discontinuities“) wurde von *Ansoff* in die Diskussion um den Ansatz des strategischen Managements gebracht.

Es gibt grundsätzlich zwei Möglichkeiten, sich auf strategische Überraschungen einzustellen:

1) Fähigkeiten für ein wirksames Krisenmanagement zu entwickeln, d.h. schnell und effizient **nach dem Ereignis** auf plötzliche Überraschungen zu reagieren.

2) Die zweite Möglichkeit ist, **vor dem Ereignis** das Problem anzugehen und die Wahrscheinlichkeit für strategische Überraschungen auf ein Mindestmaß zu reduzieren, d.h. sich in einer Weise vorzubereiten, daß im Zeitpunkt ihres Eintritts eine strategische Überraschung ihre Plötzlichkeit, Dringlichkeit und Ungewöhnlichkeit verloren hat.

3.4.5 Phasen der Unternehmungsentwicklung

Lievegoed (1973, S. 43 ff.) beschreibt historisch-strukturell die verschiedenen Phasen der Unternehmungsentwicklung bzw. der Größenänderung von Unternehmungspotentialen im Zeitablauf. Er differenziert in

- die Pionierphase
- die Differenzierungsphase
- die Integrationsphase.

3.4.5.1 Pionierphase

Der Pionierbetrieb entstand durch die unternehmerische Entscheidung seiner(es) Gründer(s), ein durch ihre (seine) „Realphantasie“ wahrgenommenes Bedürfnis eines bestimmten Marktes zu befriedigen. Der Pionier ist in erster Linie an seiner wirtschaftlich-technischen Leistung interessiert. Seine Ziele sind vor allem produkt- und marktorientiert. Die Kraft und Dynamik der Unternehmungsentwicklung liegt in der hohen Identität, die sich in der Person des Pioniers oder der seinen Stil fortsetzenden Nachfolger konzentriert.

Grundsätze bleiben unausgesprochen, aber dennoch kennt sie jeder Mitarbeiter, denn in ihnen realisiert sich der Stil, „wie es der Chef haben will“. Mehr Improvisation denn Planung bestimmt das Geschäftsgebaren. Langfristplanung fehlt oft völlig.

Die Leitungsspanne ist sehr breit („flache Führungspyramide"); zwischen Direktion und ausführenden Ebenen ist meistens nur eine Führungsebene eingeschoben. Das Know-how konzentriert sich auf der Meisterebene. Fällt ein bestimmter Mann mit speziellen Fähigkeiten aus, kann eine spezifische Leistung nicht mehr erbracht werden (Stellvertretung nicht organisierbar).

Die Innovationsfunktion liegt beim Unternehmer; Erneuerung geht von der Spitze aus. Der Pionier will führen, ohne ein Management unter sich (geschweige denn neben sich) aufkommen zu lassen. Erste Krisen in der Unternehmungsentwicklung können dann auch durch das Ausfallen des Pioniers entstehen.

Typische Merkmale einer Unternehmung in der Pionierphase sind (Beispiele):

- autoritäre Führung
- direkte Kommunikation (kein Dienstweg)
- personenbezogene Stellenbesetzung und -bildung
- Denken in internationalen Maßstäben fehlt oft weitgehend
- improvisierender und nicht konzeptiver Arbeitsstil
- Organisationsmitglieder (Unternehmer und Mitarbeiter) bilden „eine große Familie"
- große Kundennähe (persönliche Kontakte)
- Erfolgskontrolle basiert auf Intuition und Erfahrung, nicht auf genauer Kostenrechnung.

Der Pionierbetrieb ist solange „gesund" wie

- der Pionier selbst noch alle Arbeitnehmer kennt
- der Pionier selbst noch alle Kunden kennt
- Produktionsprozeß oder Dienstleistung verhältnismäßig einfach sind
- infolge der Stabilität von Technik und Markt die Akkumulierung des Erfahrungsschatzes beim Pionier noch eine Rolle spielt.

Diese Kriterien zeigen, daß zum Zeitpunkt größerer Umweltänderungen (z. B. technologische Änderungen durch Mikroelektronik) oder neuer Wettbewerbssituationen (Verdrängungswettbewerb, internationale Konkurrenz) die Kapazität von Pionierbetrieben extrem belastet, ja gefährdet werden kann.

Sind durch Marktausweitungen persönliche Kundenkontakte nicht mehr möglich, finden größere soziale Verschiebungen statt, wodurch der patriarchalische Führungsstil nicht mehr akzeptiert wird, dann sind meistens die Grenzen der Pionierphase erreicht. Läuft der Betrieb trotz geänderter Umstände im Organisationsmodell der Pionierphase weiter, kann die Entwicklungsphase als überreif bezeichnet werden.

Überreife des Pionierbetriebes kündigt sich an, wenn Zweifel der Mitarbeiter an ihrem „Herrn und Meister" entstehen und sein Prestige zu sinken beginnt. Hinzu können grundsätzliche Fehlentscheidungen kommen.

Wird der Einfluß der genannten Faktoren so groß, daß man nicht mehr von zufälligen Ereignissen sprechen kann, kommt die Struktur ins Wanken und der Pionierbetrieb steht an seiner **Entwicklungsschwelle.** Symptome einer solchen Krisensituation können sein:

* der Gewinn nimmt ab
* in der Führung zeigen sich Konflikte
* die Klagen der Kunden nehmen zu
* die Schlagkraft nimmt ab
* die Kommunikation ist gestört
* die Motivation geht zurück.

Sehr oft finden sich im Organisationsmodell der Pionierphase **Familienbetriebe.** Sie lassen sich organisatorisch dadurch charakterisieren, daß

* die Führung mehr als eine Generation lang in Händen einer bestimmten Familie gelegen hat
* Frauen und Söhne früherer Direktoren den Aufsichtsrat besetzen
* der Betriebsstil mit dem Familienstil identifiziert wird
* das Verhalten der Familienmitglieder in den Betrieb hineinwirkt, auch dann, wenn diese nicht im Betrieb tätig sind
* die Familie den Betrieb finanziert
* der Aufstieg von Mitarbeitern im Betrieb im Familienrat besprochen wird
* die Stellung im Betrieb auch die Stellung in den Familien bestimmt.

Die **Vorteile einer Familienunternehmung** sind:

* Die Familie ist bereit, auch in schwierigen Zeiten Kapital zu geben und dabei vorübergehend auf ihre Dividende zu verzichten. Im allgemeinen teilt die Familie nicht nur den Gewinn, sondern ist auch bereit, Opfer zu bringen.
* Der respektierte Name öffnet die Tür für geschäftliche Beziehungen.
* Das Top-Management des Betriebes ist der Familie eng verbunden und motiviert, sich für die Firma einzusetzen.
* Die miteinander verbundenen Aktionäre sind an der Kontinuität des Unternehmens interessiert.
* Sie sind auch bereit, soziale Verantwortung zu tragen (der Name verpflichtet).
* Kontinuität und Integrität des Managements.

Nur die Stärken der Struktur von Familienbetrieben zu unterstreichen wäre aber eine zu unkritische, einseitige Problemdiskussion. Familienbetriebe müssen in ihrer zeitlichen Entwicklung darauf achten, ganz spezifische **Mängel und Schwachstellen** zu beseitigen bzw. erst gar nicht entstehen zu lassen:

* Konflikte in der Familie und zwischen Familien-Interessen wirken sich im Betrieb aus
* Image-Produkte, mit denen der Betrieb einst groß geworden ist, werden weiter produziert trotz Umsatz-/Deckungsbeitragsrückgängen
* Prestigeleistungen konkurrierender Familienmitglieder wirken sich kostenstrapazierend aus
* Unbewegliche Marktposition; neue Märkte werden nicht schnell genug bearbeitet, neue Produkte werden ungenügend entwickelt

* Nepotismus; bestimmte Familienmitglieder „müssen" eine Stellung im Betrieb haben, auch wenn sie unfähig dazu sind

* Zu geringe Finanzierung auf dem Kapitalmarkt und Verschleierung der wirklichen Finanzsituation (Gefahr von Liquiditätsengpässen).

3.4.5.2 Differenzierungsphase

Konzentrierte sich in der Pionierphase die Führung der Unternehmung in der Person des Unternehmers (Pioniers), so steht in der Differenzierungsphase die personenunabhängige, sachliche Klärung organisatorischer Fragen im Mittelpunkt. Die Unternehmungsführung gründet sich auf die Ordnung der Logik von Funktionen, Aufgaben, Dingen und Prozessen und geht von einem eher mechanistischen Menschenbild aus: die Produktivität der Organisation wird um so größer, je besser es dem Menschen gelingt, sein Verhalten mit den formellen Organisationsrichtlinien in Einklang zu bringen. Die Normen für das menschliche Arbeitsverhalten richten sich in erster Linie nach den Anforderungen, die der technische Prozeß stellt.

Die **Differenzierung der Arbeit** (Arbeitsteilung, Arbeitszerlegung) findet in ablauforganisatorischen Regelungen (Prozesse), die **Differenzierung der Unternehmungsstruktur** (Stellenbildung, Leitungsbeziehungen) in aufbauorganisatorischen Regelungen (horizontale/vertikale Strukturen) ihren Niederschlag.

Lievegoed bezeichnet als die wichtigsten **Organisationsprinzipien der Differenzierungsphase:**

- das Prinzip der Mechanisierung
- das Prinzip der Standardisierung
- das Prinzip der Spezialisierung
- das Prinzip der Koordinierung.

Mechanisierung bedeutet die systematische Substitution der menschlichen Arbeit durch maschinelle Kapazitäten. Dies sowohl bei **Produktions-** als auch **Informationsprozessen** (z. B. EDV-, Textsysteme). Auch die **Standardisierung** bezieht sich nicht nur auf Standard-Teile und Standard-Qualitätsnormen, sondern ebenfalls auf Standard-Verhaltensweisen der Organisationsmitglieder. So werden vor allem Leistungstandards zur Leistungsbeurteilung, Standard-Bewertungsverfahren und -Arbeitsroutinen (z. B. „job-rotation") oder Standards des Führungsverhaltens (z. B. Führungsrichtlinien, MbO) definiert.

Zweck dieses Prinzips der Standardisierung ist, das **komplexere Zusammenspiel** menschlichen Verhaltens in der Unternehmung **überschaubar, beherrschbar und planbar** zu machen und so die Dynamik des Unternehmungsgeschehens in den Griff zu bekommen. Zur Beherrschung des immer anonymer werdenden internen „Apparates" müssen **Methoden und Techniken der Unternehmungsführung** eingesetzt werden (z. B. Planungsmethoden, Organisationstechniken). Die Kosten der Produktion sind bekannt, während die Kosten der anderen Funktionsbereiche oder die Zuordnung der Kosten auf Produktgruppen nur sehr wenig transparent sind. Überhaupt steht das funktionsbereichsorientierte Denken im Vordergrund und weniger das Denken in Produkt-/Geschäftsverantwortlichkeiten.

Spezialisierung führt zur besseren Beherrschung von Teilsystemen. Organisatorisch-strukturell erlaubt die Phase der Differenzierung den Einsatz der folgenden Spezialisierungsformen:

a) **Spezialisierung der Funktionen:** Gleichartige Tätigkeiten werden in einer Abteilung unter einem Spezialisten als Vorgesetzten zusammengefaßt, der in seiner Linie wiederum Spezialisten heranzieht (z. B. Einkauf, Verkauf, Produktion, Verwaltung, Forschung und Entwicklung).

b) **Spezialisierung der Führungsebenen:** Es entsteht eine vertikal gegliederte Struktur. An der Spitze beschränkt man sich auf die Tätigkeiten der Grundsatzbildung (konstituierende Führung). Das mittlere Management hat die Aufgabe, diese Prinzipien in organisatorische Maßnahmen zu übersetzen (organisierende Führung), während am Fuß der Hierarchie direkt geführt und kontrolliert wird (überwachende Führung). Die Beziehung zwischen Vorgesetzten und Untergebenen ist dirigistisch-kontrollierend bzw. formell-autoritär, weil das Management meist den traditionellen Führungsstil des Pioniers bzw. Eigentümer-Unternehmers kopieren will.

c) **Spezialisierung der Arbeitsphasen:** Die Anwendung des Grundsatzes, daß alles logisch Unterscheidbare auch organisatorisch geschieden werden muß, hat die Trennung der drei zusammenhängenden Phasen menschlicher Arbeit: Planung, Ausführung und Kontrolle zur Folge. Es entstehen Abteilungen, die nur Planungs- und Entscheidungsvorbereitungsfunktionen zu erfüllen haben (z. B. Stabsstellen) und andere mit nur kontrollierenden Aufgaben (z. B. Qualitätskontrolle, Finanzkontrolle, Nachkalkulation usw.). Übrig bleiben die ausschließlich ausführenden Tätigkeiten, die mit Hilfe von Arbeitsanalysen, Zeit- und Bewegungsstudien in elementare Teilarbeiten mit entsprechenden Standardzeiten zerlegt werden.

Der Gefahr einer zu starken Differenzierung soll durch vermehrte Koordinationsanstrengungen entgegengewirkt werden: so entsteht die Notwendigkeit nach Informations- und Kontrollsystemen, nach Kommunikationstechniken, um die Zusammenarbeit zu fördern (Konferenzen, jour-fix-Besprechungen, Gesprächsprotokolle), nach vermehrtem Managementtraining, um den gewachsenen Führungsaufgaben gerecht zu werden, nach Einführungsprogrammen (Trainee-Programmen) für neue Mitarbeiter und den Führungskräftenachwuchs, nach Schulungs- und Weiterbildungsmaßnahmen auf allen Führungsebenen.

Zusammenfassend können wir die Differenzierungsphase wie folgt beschreiben:

- **Kapazitätsengpässe** entstehen bei der Unternehmungsführung (Stabsstellen übernehmen Entscheidungsvorbereitung)
- **Zuordnung von Produkt-Verantwortung fehlt** (ebenso die entsprechenden Daten und Informationen, z. B. aus dem Rechnungswesen)
- **Aufmerksamkeit** der Unternehmungsführung ist **nach innen gerichtet** (Kontroll-, Managemententwicklungssysteme etc.)
- Zuwendung zur **Massenproduktion** und **anonymen Märkten** (Kundennähe muß „sales promotion“ weichen)
- Verbraucher und Arbeitskraft werden **instrumental** verstanden
- neue **Führungsstile** sehr schwer einzuführen (autoritäres, tradiertes Führungsverhalten dominiert)
- rationale, mechanisistische, systematisch-prinzipielle **Ordnungsmuster** beherrschen Werte und Normen der Unternehmungsführung.

Im zeitlichen Verlauf der Unternehmungsentwicklung zeigen sich nun wieder bestimmte Symptome, die auf die Notwendigkeit einer Neustrukturierung und Reorganisation hinweisen und den **Beginn einer neuen Entwicklungsstufe** ankünden:

a) **Erstarrung und Bürokratie:**
organisatorische Flexibilität und Anpassungsfähigkeit ist gefährdet, „Problemstau“ an der Spitze der Unternehmung aufgrund mangelnder Delegation, starke Zunahme des Verwaltungsapparates.

b) **horizontale Koordinationsprobleme:**
kein Verständnis für die Arbeit anderer Abteilungen; Entstehung kleiner „funktionaler Königreiche“ mit hoher Eigendynamik; persönliche Assistenten dienen als „Verbindungsoffiziere“; Koordinationsgremien werden ernannt.

c) **vertikale Koordinationsprobleme:**
Zahl der hierarchischen Ebenen steigt; die Spitze der Führungspyramide weiß immer weniger, was an der Basis passiert (und umgekehrt); offizielle Informationsverteilung mit warnenden Rückkoppelungssystemen werden aufgebaut.

d) **Motivation:**
Abnahme der Motivation und der persönlichen Produktivität; man fühlt sich als Nummer, sieht die Zusammenhänge nicht mehr und sieht in der Arbeit wenig Sinn; durch kurzfristige Spezialaktionen wird mehr Verwirrung als Nutzen gestiftet.

3.4.5.3 Integrationsphase

Lievegoed sieht in der dritten Phase seines Unternehmungsentwicklungsmodells, der Integrationsphase, die Synthese aus den beiden vorangegangenen Phasen, Pionier- und Differenzierungsphase.

Hauptaufgabe einer dritten Phase ist ein auf das gesamte Unternehmungsziel hin integriertes „Mitunternehmertum“ bis hinunter zur Meister- und Arbeiterebene.

Voraussetzungen dafür sind:

a) **Wachsen und Offenstehen für Veränderungen,** Mit- und Vorausdenken bei Erneuerung. Die Organisation selbst wird für die Organisationsmitglieder zur dienenden Funktion, die sich nach Bedarf verändern läßt.

b) Statt vertikaler Orientierung mit dem Blick auf den Vorgesetzten, **horizontale Orientierung** am Vorgänger bzw. am Nachfolger im Durchfluß des Arbeitsprozesses.

c) **Management-Development** und **Aufgabenerweiterung** (job enlargment, job enrichment) werden zur Erhöhung des Fähigkeitspotentials der Unternehmung eingesetzt.

d) Permanente Innovation wird zur normalen Situation („lifelong learning“).

Die Phase der Integration geht von einem **Menschenbild** aus, in welchem sich jeder Mensch entwickeln kann (Leistungsfähigkeit und -bereitschaft). Wirkliche Befriedigung in der Arbeit hängt damit zusammen, ob und inwieweit Lebenserfüllung auch in der Arbeitssituation möglich ist **(Selbstverwirklichung).**

Diese Situation wird erst durch eine Organisation erreicht, die jedem Mitarbeiter erlaubt, individuell oder in Gruppen intelligent (im Sinne des Ganzen) zu handeln. Dies erfordert, daß die allgemeine Zielsetzung bekannt und die eigene abgeleitete Zielsetzung erkennbar ist. Auch müssen Prinzipien und Grundsätze bestehen, jedem bekannt sein und den Stil und die Normen bestimmen, nach denen in dem jeweiligen Betrieb die Ziele verwirklicht werden **(Organisationskultur).**

Eine **permanente Ausbildungsaktivität** muß gewährleisten, daß die neue Verantwortung auch getragen werden kann. In der Ausführung sollte man für Gruppen und einzelne Organisationsmitglieder Raum für eigene Initiative einräumen und ihnen die Möglichkeit geben, das erreichte Ergebnis selbst zu kontrollieren. All dies wird erst durch eine Mentalitätsveränderung in der Führung möglich. Komplexe Probleme werden in steigendem Maße durch gemeinsame Beratung und den Einsatz von Entscheidungsmethoden gelöst. Diese Beratungsstrukturen müssen in Form von Projektorganisationen („task forces") und anderer problemgerichteter Gruppenberatung einen flexibleren Charakter bekommen.

Die wichtigsten **Kennzeichen der Integrationsphase** sind:

* eine **umfangreiche Unternehmungskonzeption,** die sowohl technologische und strukturelle als auch soziale Dimensionen des Unternehmungsgeschehens berücksichtigt (z. B. strategisches Management)
* das Bestreben, in die Organisation **Lernfähigkeit** zu implementieren (Organisationsentwicklung, selbstlernende Systeme)
* **Zielvereinbarung** statt Zielvorgabe
* **flexibles Führungsverhalten** (z. B. durch Vereinbarung der Führungsstile) und Anwendung flexibler Organisationsformen (z. B. Projektorganisation, Matrixorganisation)
* Erkennen und Fördern der **Unternehmungskultur** („corporate identity")

3.4.6 Strategietypen der Unternehmungsentwicklung

Hoffmann (1980) hat die Arbeiten von *Miles* et al. (1978) als Ansatz zur Erklärung der Strategievariable im Rahmen seiner führungsorganisatorischen Forschungen beschrieben. Darin kommt die Bedeutung dieses Ansatzes für die Darstellung der Unternehmungsentwicklung sehr treffend zum Ausdruck.

Miles et al. (1978) fragen nach den Strategien, die Unternehmungen im Verlaufe der Entwicklung ihrer Leistungspotentiale verfolgen, um das unternehmerische, das administrative und das technologische Problem der Unternehmungsführung zu lösen.

Kennzeichen dieser drei Problembereiche sind:

* **das unternehmerische Problem:**
  - Erkennen von Entscheidungssituationen
  - Planung und Organisation von Änderungs- und Anpassungsprozessen
  - Produkt- und Absatzinnovationen initiieren und realisieren
* **das administrative Problem:**
  - Formulierung und Implementierung der Strategien
  - Unsicherheitsreduktion durch Rollenspezifikation (z. B. Stellenbeschreibungen)

- Rationalisierung und Formalisierung von Arbeitsabläufen
- Erhöhung der Produktivität
- Ressourcenverteilung auf gewinnträchtige Ziele

⋆ **das technologische Problem:**
- Wahl der richtigen Produktionstechnologie
- Informationsgewinnung durch Technologien und Marktbedürfnisse
- Erhöhung der Kommunikationsfähigkeit und -bereitschaft (z. B. Entwicklungsteams)
- Aufbau von Kontrollsystemen bezüglich Produkt-/Prozeßinnovationen

Diesen Problembereichen der Unternehmungsführung stellt er vier unterschiedliche Strategietypen gegenüber: **„defenders“** (Verteidiger), **„prospectors“** („Vorwärtsstürmer“, Unternehmer), **„analyzers“** (Technokraten, Systematiker, Analytiker), **„reactors“** (Anpasser).

3.4.6.1 Strategietyp: „Defenders“ (Verteidiger)

a) **Unternehmerisches Problem:**
Wie kann man ein Marktsegment erobern und einen stabilen Kundenkreis mit sich wenig ändernden Produkten gewinnen?

aa) **Strategiemerkmale:**
⋆ Enges, stabiles Marktsegment
⋆ Festhalten am Marktsegment durch aggressives Marketing (Preiskampf mit der Konkurrenz)
⋆ Keine Kenntnisnahme von Marktvorgängen außerhalb des eigenen Segments
⋆ Vorsichtiges Wachstum durch Marktdurchdringung (inkrementales Wachstum)
⋆ Produktentwicklung im Rahmen der bisherigen Produktpalette
⋆ Tendenz zur vertikalen Integration

b) **Administratives Problem:**
Wie kann man eine so strenge Kontrolle über die ganze Unternehmung ausüben, so daß die Effizienz gesichert bleibt?

bb) **Strategiemerkmale:**
⋆ Finanz- und Produktionschefs dominieren in der Führungsgruppe
⋆ intensive, kostenorientierte Planung und Kontrolle
⋆ Tendenz zur funktionalen Organisationsstruktur (Funktionsbereiche)
⋆ zentralisierte Kontrolle, umständliches vertikales Informationssystem
⋆ einfache Koordinationsmechanismen
⋆ Leistung der Organisation wird am Erfolg früherer Jahre gemessen (ex post)

c) **Technologisches Problem:**
Wie kann die Produktion und die Verteilung der Güter so effizient wie möglich gestaltet werden?

cc) **Strategiemerkmale:**
⋆ kosteneffiziente Technologie (möglichst rationelle Fertigung)
⋆ speziell ausgerichtete Technologie (Standardisierung)
⋆ ständige technologische Verbesserungen, um Kostenvorteile zu erhalten (Prozeßinnovationen)

3.4.6.2 Strategietyp: „Analyzers“ (Technokraten, Systematiker, Analytiker)

a) **Unternehmerisches Problem:**
Wie kann man neue Produkte/Märkte schaffen und nutzen, ohne bisherige Aktivitäten in Mitleidenschaft zu ziehen?

aa) **Strategiemerkmale:**
* stabile und dynamische Märkte
* Hauptumsatzträger befinden sich aber in stabiler Umwelt
* Überwachungsmechanismen meist auf das Marketing beschränkt; gering bei Forschung und Entwicklung
* stetiges Wachstum mittels Marktdurchdringung und Produkt/Marktentwicklung

b) **Administratives Problem:**
Wie differenziert man die Organisationsstruktur, um sie in stabilen und dynamischen Umwelten operationsfähig zu machen?

bb) **Strategiemerkmale:**
* Marketing, Technik und Produktionsbereich dominieren in der Führungsgruppe
* individuelle Planung zwischen Marketing und Produktion hinsichtlich des stabilen Umweltsegments. Umfassende Planung zwischen Marketing, Technik und Produktion hinsichtlich neuer Produkte/Märkte
* Matrixstruktur, in die funktionelle Bereiche und Produkte eingebettet sind
* dezentralisiertes Kontrollsystem
* Einsatz komplexer Konfliktlösungstechniken
* Leistungsmessung aufgrund von Effizienzmaßstäben (z.B. Leistungsstandards)

c) **Technologisches Problem:**
Wie kann man für den traditionellen Umsatzzweig eine stabile und für dynamische Umweltsegmente eine flexible Technologie schaffen?

cc) **Strategiemerkmale:**
* duale Technologie (Produktions-/Informationstechnologie)
* großes Spezialistenteam
* mäßige Standardisierung und Mechanisierung
* Imitation von „prospectors“

3.4.6.3 Strategietyp: „Prospectors“ (Vorwärtsstürmer)

a) **Unternehmerisches Problem:**
Wie kann man neue Produkte/Märkte schaffen und nutzen?

aa) **Strategiemerkmale:**
* breite und beständige Entwicklung des Marktes
* Berücksichtigung einer breiten Palette von Umweltbedingungen
* Unternehmungsentwicklung als geplanter Wandel (Branchen, Märkte, Produkte, Organisation)
* Wachstum durch Produkt- und Marktinnovationen
* schubweises Wachstum

b) **Administratives Problem:**
Wie erleichtert und koordiniert man zahlreiche, komplexe, verschiedene Aufgaben und Prozesse, ohne Kreativitäts- und Flexibilitätseinbußen zu erleiden?

bb) **Strategiemerkmale:**
* Marketing, Forschungs-, Entwicklungsbereich dominieren (weniger die Produktion)
* öfter wechselnder Machtanspruch innerhalb der Führungsgruppe
* problemorientierte Planung (z. B. nach Geschäftsbereichen)
* Tendenz zur divisionalen Struktur nach Produkt-, Marktbereichen
* dezentrale Kontrolle und schnellagierendes Informationssystem (z. B. Trendbeobachtungen, Umwelteinflüsse)
* komplexe Koordinationsmechanismen (z. B. Produktmanagement)
* Leistung der Organisation wird am Erfolg gegenüber Konkurrenten gemessen (relative Wettbewerbsvorteile)

c) **Technologisches Problem:**
Wie vermeidet man eine langdauernde Bindung der Ressourcen an den einzelnen technologischen Prozeß?

cc) **Strategiemerkmale:**
* flexible Produktionstechnologie
* allgemein ausgerichtete Technologie
* niedriger Grad an Routine und Mechanisierung

3.4.6.4 Strategietyp: „Reactors" (Anpasser)

a) **Unternehmerisches Problem:**
Wie kann man unter dynamischen Umweltbedingungen ein Marktsegment mit der bestehenden Produktpalette halten?

aa) **Strategiemerkmale:**
* geringe Marktsegmentierung
* Produkte in Sättigungsphase (Lebenszyklus)
* Absatz/Verkauf dominiert
* Rationalisierungsinvestitionen werden forciert
* Unwissen über Wettbewerbsvorteile und Konkurrenzsituation

b) **Administratives Problem:**
Wie kann dem Änderungsdruck von außen durch unternehmungsinterne Maßnahmen entgegengewirkt werden?

bb) **Strategiemerkmale:**
* Verbesserung der Kontrollsysteme (Kosten)
* Reduzierung der Overheadkosten durch Overhead-Value-Analysen (OVA)
* Produkte werden nur marginal verbessert
* Markt-/Umsatz-/Rentabilitätseinbrüche (kein Wachstum)
* Erhöhung der Fluktuation

c) **Technologisches Problem:**
Wie kann die bestehende Technologie maximal eingesetzt und ausgelastet werden?

cc) **Strategiemerkmale:**
* Optimierung von Arbeitsabläufen
* Standardisierung von Prozessen
* Kommunikationsverbesserungen wird wenig Beachtung geschenkt

4. Strategische Unternehmungsorganisation und Portfolio-Management

Die Ausführungen über die Unternehmungsorganisation als Instrument der Unternehmungsführung haben gezeigt, daß die Art der Organisation einer Unternehmung sehr wohl einen im Wettbewerb mit den Konkurrenten zu berücksichtigenden Faktor darstellt. Der **Portfolio-Management-Ansatz** (vgl. Kapitel 2) gibt nicht nur methodische Hinweise auf Faktoren der Wettbewerbsanalyse, um Aussagen über die Stärken und Schwächen einer Unternehmung zu gewinnen, sondern ergänzt diese Analyseaussagen um **Aspekte der Unternehmungsführung.** Dies geschieht durch:

* die **Analyse von Faktor-Potentialen** (z. B. Produktionspotential, Finanzierungspotential), die als grundsätzliche Möglichkeiten und Summe einzelner Teilfaktoren die Vergleichsbasis mit der Konkurrenz bilden
* die **Berücksichtigung von Zielfindungs- und -bildungsprozessen** (z. B. dargestellt im Ziel-Portfolio)
* das **ganzheitliche, unternehmungsumfassende Verständnis** der relativen Wettbewerbsfaktoren zur Ableitung strategischer Stoßrichtungen (z. B. Normstrategien).

Im Rahmen der strategischen Unternehmungsorganisation interessieren uns vor allem die verschiedenen Elemente der Führungsorganisation als Objekt des Organisationspotentials einer Unternehmung. Unter **Organisationspotential** ver-

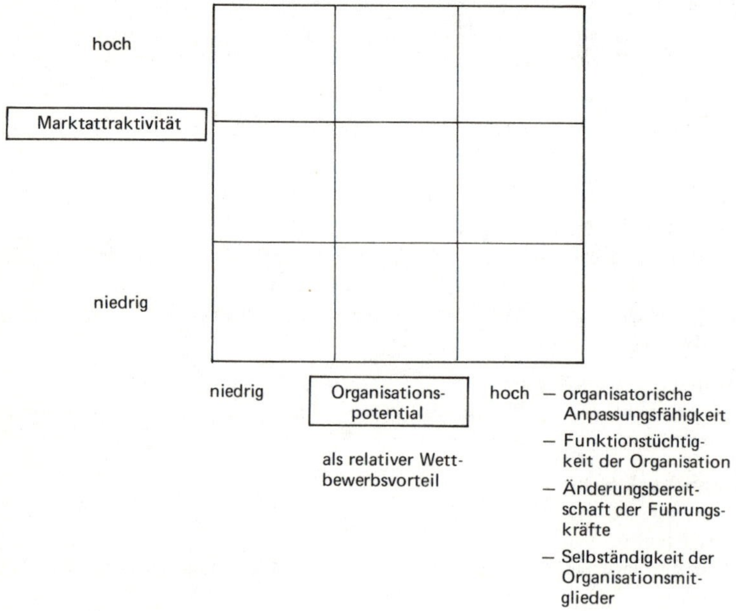

Abb. 3.19 Portfolio-Raster und Organisationspotential

stehen wir dann die Berücksichtigung aller führungsorganisatorisch relevanter Faktoren der strategischen Geschäftseinheiten (SGE), die zur Ableitung von relativen **Organisationsstärken** und **-schwächen** der SGE im Vergleich zum stärksten Konkurrenten geeignet sind.

Neben der „Marktattraktivität" findet (isoliert von den anderen Potentialen der Unternehmung) das „Organisationspotential" als Seitenbezeichnung des Portfolio-Rasters Verwendung:

Als **Kriterien des Organisationspotentials** können wir die

- Anpassungsfähigkeit
- Änderungsbereitschaft
- Funktionstüchtigkeit
- Produktivität
- Selbständigkeit

der Unternehmungsorganisation bzw. spezifisch der verschiedenen Elemente der Führungsorganisation bezeichnen und als **Merkmalsausprägungen des Organisationspotentials** folgende Beispiele nennen:

- **strukturelle Anpassungsfähigkeit:** z. B. Sekundärstrukturen sind vorhanden, Projektmanagement

- **Flexibilität von Arbeitsprozessen:** z. B. Formen der Arbeitsorganisation, Automatisierungs-, Standardisierungsgrad

- **Funktionstüchtigkeit der Führungssysteme:** z. B. Informations-, Motivations-, Schulungssysteme

- **Produktivität von Prozessen der Leistungsentwicklung, -erstellung und -verwertung:** F&E, Produktion, Absatz

- **Anpassungsfähigkeit der Führungskräfte:** z. B. Führungsverhalten, Motivation, Engagement

- **Änderungsbereitschaft der Organisationsmitglieder:** z. B. Konfliktualität, Änderungswiderstand

- **Selbständigkeit der Organisationsmitglieder:** z. B. Maßnahmen der Organisationsentwicklung, Delegation, Partizipation, Kreativität

Von diesen Überlegungen zum Organisationspotential einer Unternehmung als komplexer Faktor, der in der Wettbewerbsanalyse **berücksichtigt** werden muß, können wichtige Hinweise für die Bestimmung relativer Stärken/Schwächen der Unternehmung gegenüber ihrer Konkurrenz gewonnen werden.

Informationen über die relativen (führungs-)organisatorischen Stärken/Schwächen der Unternehmung sind vor allem zur Entwicklung von Strategien für die SGE notwendig:

- **Wachstumsstrategien** erfordern neben finanziellen und personellen Ressourcen auch „organisatorische" Ressourcen. So ist z. B. bei **Akquisitionsstrategien** ein entsprechendes **führungsorganisatorisches „Hinterland"** notwendig, d. h. Aufgabenstruktur und Führungssysteme, Führungsstile und Managementqualifikationen müssen den durch die Akquisition entstandenen zusätzlichen organisatorischen Anforderungen entsprechen.

* **Abschöpfungsstrategien** machen die Formulierung neuer Organisationsziele und -instrumente notwendig; ebenfalls müssen bestehende Aufgaben- und Kompetenzbereiche, Leitungszusammenhänge und Strukturtypen abgeschafft oder revidiert werden. So können z. B. zentrale Dienste oder Stabsstellen einer Liquidationsstrategie zum Opfer fallen; ebenso anstehende Organisationsentwicklungsprogramme.

Die Forderung, bei der Entwicklung von Strategien die **Schaffung der notwendigen Voraussetzungen** für eine effiziente und mitarbeiterorientierte Strategiedurchsetzung zu berücksichtigen und die erforderlichen Vorkehrungen zu treffen, muß besonders betont werden.

5. Strategische Unternehmungsorganisation: Zusammenfassung und Charakterisierung von „Reifegraden des strategischen Managements"

Die Unternehmungsorganisation wurde als Führungsaufgabe (Managementaufgabe) definiert und mit dem Begriff Führungsorganisation umschrieben. Sie setzt sich nicht nur aus der Organisationsstruktur, sondern auch aus den Elementen Organisationsziele, Führungsstil, Führungssysteme und Führungskräfte zusammen.

Die **Konzeption der strategischen Unternehmungsorganisation** beruht auf den Überlegungen, daß

* im Mittelpunkt der **Prozeß der strategischen Unternehmungsführung** mit seinen einzelnen Stufen steht
* **alle** verschiedenen Elemente der Führungsorganisation auf alle Stufen im Prozeß der strategischen Unternehmungsführung zu **beziehen** sind
* die Beziehung „Führungsorganisation und Prozeß der strategischen Unternehmungsführung" unter zwei Aspekten gesehen werden muß:

  a) organisatorische **Voraussetzungen** für die Formulierung und Implementierung von Strategien

  b) organisatorische **Konsequenzen** von Strategien (Norm-, Hilfs- und funktionalen Strategien).

Die Matrix der **Problemfelder der strategischen Unternehmungsorganisation** hatte die Aufgabe, auf die Problem-Grundgesamtheit der strategischen Unternehmungsorganisation hinzuweisen, die – wie oben aufgezeigt – auch noch durch die Aspekte „Organisation als Voraussetzung" und „Organisation als Konsequenz" ergänzt werden muß.

Der Bezugsrahmen geht von dieser Gesamtheit von Problemen der strategischen Unternehmungsorganisation aus und erweitert sie um die Bereiche Organisationsentwicklung und Unternehmungsentwicklung.

Es empfiehlt sich die Konzentration auf **einige** wichtige Problemfelder der strategischen Unternehmungsorganisation:

a) organisatorische Probleme, die im Zusammenhang mit der **Initiierung von Prozessen der strategischen Unternehmungsführung** stehen und

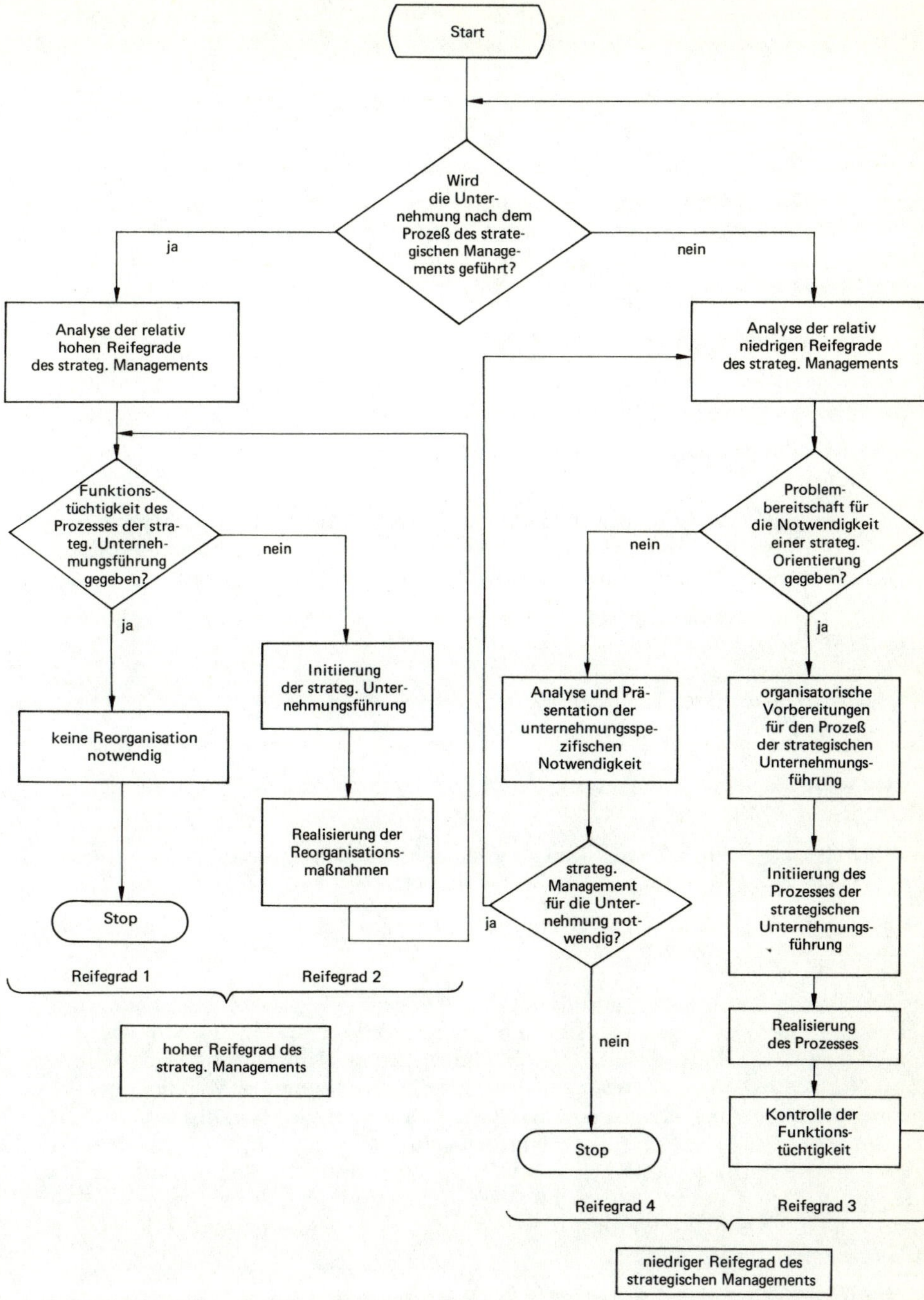

Abb. 3.20 Reifegrade des strategischen Managements einer Unternehmung

b) organisatorische Probleme, die im Zusammenhang mit der **Reorganisation von Prozessen der strategischen Unternehmungsführung** gesehen werden müssen.

Beide Überlegungen gehen davon aus, daß – je nach **„Reifegrad des strategischen Managements“** in einer Unternehmung – sich die Organisationsproblematik unterschiedlich stellt:

Als Reifegrad des strategischen Managements bezeichnen wir das Ausmaß an strategieorientiertem Denken in einer Unternehmung, das systematisch und unter Einsatz diverser Analyse- und Planungsmethoden zur Unterstützung der Unternehmungsführung herangezogen wird.

Ein hoher Reifegrad zeichnet sich beispielsweise aus durch:

* die **konsequente Anwendung** des Prozesses der strategischen Unternehmungsplanung
* die **hohe Anpassungsbereitschaft** der Unternehmungsführung an Umweltentwicklungen
* die **Zuordnung von Verantwortlichkeiten** für Aktivitäten der strategischen Entscheidungsvorbereitung, der Auswahl von Strategien, deren Implementierung und Kontrolle (Bestimmung der Aufgaben und Aufgabenträger)
* die **Existenz organisatorischer Richtlinien** für die Abwicklung der einzelnen Prozeßstufen.

Die **Charakteristika eines niedrigen Reifegrades** sind z. B.:

* **mangelnde Einsicht** in die „echten“ Führungsaufgaben des Managements
* ein **mangelndes Problembewußtsein** für eine strategische Orientierung der Unternehmungsführung
* eine eher **zögernde Haltung der Unternehmungsführung** gegenüber Neuerungen (Skepsis, Zweckoptimismus für Bestehendes)
* **mangelnde organisatorische Disziplin** für eine konsequente Durchsetzung von neuen Aufgaben und Prozessen.

Das Ausmaß und die Intensität bei der Behandlung von Problemen der strategischen Unternehmungsorganisation hängt in unmittelbarer Weise von den **Ausprägungen dieser Reifegrade** ab. Ist die Unternehmungsspitze sich der Bedeutung und Notwendigkeit einer strategieorientierten Ausrichtung der Managementaktivitäten nicht bewußt, kann die strategische Unternehmungsorganisation in ihren Funktionen nicht richtig greifen. Übrigens ein Umstand, der ein hohes Frustrations- und Konfliktpotential z. B. für Stabsstellen und Mitglieder mittlerer Managementebenen besitzt, die nicht in der Lage sind, die Vorgesetzten von der Notwendigkeit und Bedeutung dieses Ansatzes der Unternehmungsführung zu überzeugen.

Im folgenden Kapitel 4 werden wir die strategische Unternehmungsorganisation als Wettbewerbsfaktor beschreiben. Wir wollen der Frage nachgehen, welche führungsorganisatorische Maßnahmen eine Unternehmung treffen muß, um bei einer bestimmten Wettbewerbssituation z. B. in eine Position der Stärke gegenüber dem stärksten Konkurrenten zu kommen.

Weiterführende Literatur zu Kapitel 3:

Ansoff (1975)
Ansoff (1976)
Bartölke (1980)
Beckhard (1979)
Berthel (1979)
Berthel (1980)
Blake/Mouton (1967)
Bleicher (1979)
Bleicher (1981)
Bos (1975)
Böhnisch (1979)
Bratschitsch/Schnellinger (1981)
Busse von Colbe (1964)
Budde/Kieser (1977)
Chandler (1962)
French/Bell (1977)
Frese (1978)
Frese et al. (1981)
Frohmann et al. (1974)
Glasl (1975)
Greiner (1965)
Grochla (1980)
Haberfellner (1974)
Hammer et al. (1979)
Hersey/Blanchard (9177)
Hoffmann (1980)
Khandwalla (1977)
Kiesler et al. (1969)
Kirsch et al. (1979)
Kubicek (1980)
Laske (1978)
Lawrence/Lorsch (1969)
Lievegoed (1973)
Lindblom
Marzen (1979)
Megginson (1977)
Miles et al. (1978)
Mintzberg (1975)
Ouchi (1981)
Pascale/Athos (1981)
Reddin (1977)
Rieckmann/Sievers (1978)
Rosove (1967)
Roventa (1979)
Scott (1968)
Seiler (1973)
Sievers (1978)
Staehle (1973)
Ulrich (1970)
Ulrich (1978)
Waterman/Peters/Philips (1980)
Watson (1971)
Wild (1974)
Wunderer/Grunwald (1980)

Kapitel 4:
Anwendungs- und Gestaltungsbereiche der strategischen Unternehmungsorganisation

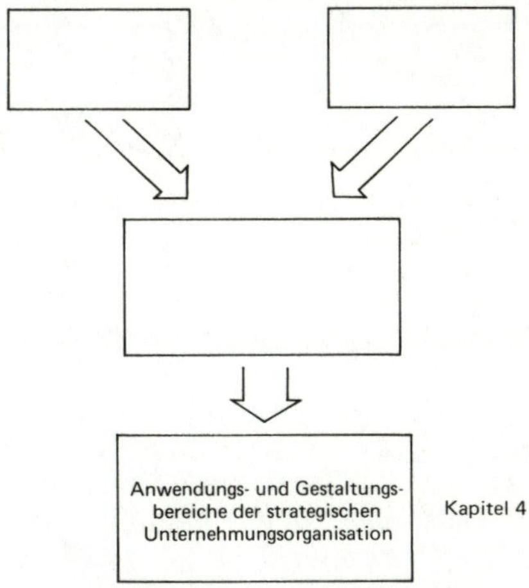

Problemstruktur und Zielsetzung

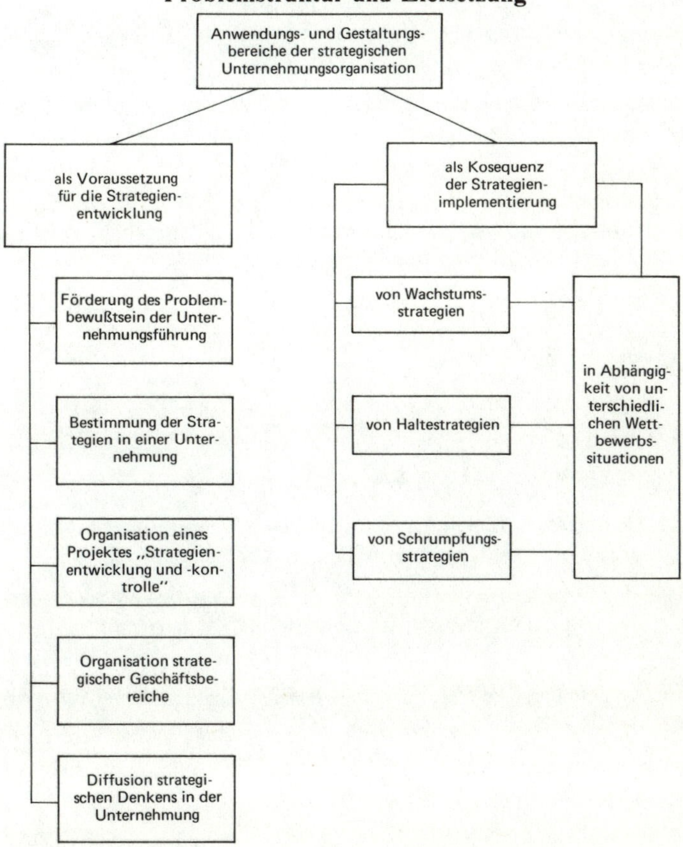

* Beispiele von Anwendungs- und Gestaltungsbereichen der strategischen Unternehmungsorganisation als Voraussetzung der Strategienentwicklung und als Konsequenz der Strategienimplementierung darstellen.

* Die organisatorischen Möglichkeiten zur Förderung des Problembewußtseins für die Notwendigkeit einer strategischen Orientierung der Unternehmungsführung und zur Diffusion strategischen Denkens in der Unternehmung beschreiben.

* Projektorganisation als Möglichkeit einer organisatorischen Begleitung von Aktivitäten der Strategienentwicklung und -kontrolle verstehen.

* Die Organisation strategischer Geschäftsbereiche (-einheiten) als Alternative zu anderen Sekundärstrukturen abgrenzen.

* Die Konsequenzen der Implementierung von Wachstums-, Halte- und Schrumpfungsstrategien auf die Führungsorganisation strategischer Geschäftseinheiten bzw. der gesamten Unternehmung in Abhängigkeit von unterschiedlichen Wettbewerbssituationen beschreiben.

Aufgabe von Kapitel 4 ist die Beschreibung von Anwendungs- und Gestaltungsbereichen der strategischen Unternehmungsorganisation. Unter Anwendungs- und Gestaltungsbereichen wollen wir all die Bereiche verstehen, zu deren Realisierung in der Unternehmungspraxis die strategische Unternehmungsorganisation einen Beitrag in Form von Gestaltungshilfen (z. B. Problembeschreibungen, Prozeßdarstellungen, Strukturierungshilfen, Check-lists, Richtlinien) leisten kann.

Die Beschreibung der Anwendungs- und Gestaltungsbereiche der strategischen Unternehmungsorganisation ist unter folgenden Gesichtspunkten zu sehen:

* die dargestellten Bereiche sind eine **Auswahl** aus den Problemfeldern der strategischen Unternehmungsorganisation, aus dem Bezugsrahmen und aus den Reifegraden des strategischen Managements

* es handelt sich **nicht** um umfassende Problembeschreibungen. Jeder Bereich kann durch den Leser unter Verwendung der Strukturierungshilfen in Kapitel 3 noch ergänzt werden

* die aufgezeigten Methoden und Gestaltungshilfen haben **normativen** Charakter.

Die folgenden Ausführungen konzentrieren sich auf:

a) **die Beschreibung der führungsorganisatorischen Voraussetzungen für relativ niedrige Reifegrade des strategischen Managements:**

• „Wie kann das Problembewußtsein für die Notwendigkeit einer strategischen Orientierung der Unternehmungsführung geschaffen werden?"

• „Durch wen kann der Ansatz des strategischen Managements in eine Unternehmung hineingetragen und der Prozeß der strategischen Unternehmungsführung initiiert werden?"

• „Welche Möglichkeiten gibt es, um strategisches Denken als Problemlösungsansatz in der Unternehmung zu diffundieren?"

b) **die Beschreibung der führungsorganisatorischen Voraussetzungen für relativ hohe Reifegrade des strategischen Managements, nämlich der Reorganisation schon institutionalisierter Prozesse der strategischen Unternehmungsführung:**

- „Welche Problembereiche müssen bei der Organisation von „Strategischen Geschäftseinheiten" (SGE) berücksichtigt werden?"

c) **die Beschreibung führungsorganisatorischer Konsequenzen bei der Implementierung von Strategien:**

- „Welche Konsequenzen haben Wachstumsstrategien und welche Probleme der Führungsorganisation entstehen bei ihrer Durchsetzung in der Unternehmungsrealität?"
- „Welche Konsequenzen haben Haltestrategien und welche Probleme der Führungsorganisation entstehen bei ihrer Durchsetzung in der Unternehmungsrealität?"
- „Welche Konsequenzen haben Schrumpfungsstrategien und welche Probleme der Führungsorganisation entstehen bei ihrer Durchsetzung in der Unternehmungsrealität?"

1. Organisatorische Voraussetzungen für die Entwicklung und Implementierung von Strategien

1.1 Sensibilität der Unternehmungsführung für die Notwendigkeit einer strategischen Orientierung der Unternehmung

Die besondere Orientierung am Konkurrenzverhalten, der Vergleich eigener Unternehmungspotentiale mit denen der Konkurrenz, die besondere Berücksichtigung der Umwelteinflüsse auf den Entscheidungsfreiraum der Unternehmung in wirtschaftlicher, politischer, sozialer und technologischer Hinsicht waren auch vor der Entwicklung des strategischen Managementansatzes für eine erfolgreiche Entwicklung der Unternehmung wichtige Entscheidungsgrößen.

Neu und für die Gegenwart charakteristisch aber sind die hohe Änderungsintensität von Umwelteinflüssen, veränderte Wettbewerbsverhältnisse (Stagnation des Verbrauchs, Verdrängungswettbewerb) und die komplexen Entscheidungssituationen in einer Welt zunehmender Verflechtung ursprünglich eher voneinander unabhängiger Systeme. Diese drei Faktoren sind es, die die Einordnung von Entscheidungen sowohl in eine unternehmungsumfassende Gesamtkonzeption als auch in eine Perspektive der Sicherung zukünftiger Ertragspotentiale heute so notwendig für die Unternehmungsführung machen. Deshalb steht der Ansatz der strategischen Unternehmungsführung im Mittelpunkt der organisationstheoretischen Überlegungen und Aussagen.

Mangelnde Sensibilität ist in erster Linie auf die **Nichtbeachtung der Änderungsintensität und -dynamik von Umwelt- und Wettbewerbssituation** zurückzuführen.

Führungsorganisatorisch ist dieser Mangel zu erkennen:

* an der mangelnden **expliziten** Berücksichtigung von **Organisationszielen,** z. B. Erhöhung der strukturellen Flexibilität und Anpassungsfähigkeit;
* an der **mangelnden Förderung des Kreativitätspotentials** der Organisationsmitglieder, am Fehlen flexibler Organisationsformen wie z. B. Projektorganisation, Produktmanager, die quer über die Funktionsbereiche hinweg „Produktverantwortung" tragen müssen;
* an der **mangelnden Funktionstüchtigkeit bzw. fehlenden Einrichtung** von Informations- und Kontrollsystemen, die nicht bzw. nur ungenügend für eine permanente Analyse der Unternehmungsumwelt, des Konkurrenzverhaltens, der diversen Marktentwicklungen etc. konzipiert sind. Auch das Fehlen von Systemen des „Betrieblichen Vorschlagswesens (BVW)" oder die Tatsache, daß bestehende Beurteilungssysteme kritisches, innovatives Verhalten der Mitarbeiter eher bestrafen als belohnen bzw. als Beurteilungsmaßstab nicht explizit festlegen, hindert die Entwicklung der Sensibilität gegenüber Änderungen;
* am **Festhalten autoritärer Verhaltensmuster** der Führung, die nur ungenügend die Selbständigkeit des Denkens und Handelns der Mitarbeiter berücksichtigen und auf gemeinsame Zielbildungs- und -durchsetzungsprozesse nicht eingehen (wollen);
* an der oft **mangelnden Qualifikation der Führungskräfte,** wirklich Führungsaufgaben wie z. B. Planen, Organisieren, Kontrollieren zu erfüllen bzw. durch mehr Delegation die dafür notwendigen Freiräume neben dem Tagesgeschäft zu finden. Damit korreliert auch sehr stark das nicht problemadäquate Informationsverhalten der Manager.

1.1.1 „Schwache Signale" und Frühaufklärung

Diskontinuitäten in der Umweltentwicklung kündigen sich an durch sogenannte **„schwache Signale"** (*Ansoff:* „weak signals"). Um für solche Signale sensibel zu sein, wird im Rahmen der strategischen Unternehmungsführung gefordert, **Frühwarnsysteme** einzurichten.

„Akzeptiert man, daß das Problem der schwachen Signale nicht zuletzt ein psychologisches und strukturelles Problem ist, so sind Frühwarnsysteme so zu konzipieren, daß die in jeder Unternehmung allgegenwärtigen psychologischen Phänomene der Dissonanzreduktion konterkariert werden und abweichende Ansichten und Interpretationen, die im Lichte der herrschenden Denkweisen irrelevant erscheinen, systematisch eine Chance erhalten.

Auch der Begriff ‚Frühwarnsystem' ist nicht eben glücklich gewählt, da unter Umständen eine einseitige Sensibilisierung gegenüber Bedrohungen impliziert wird. Man ‚warnt' vor negativen Ereignissen und Bedrohungen, nicht jedoch vor sich positiv auswirkenden Ereignissen und Chancen. Es erscheint deshalb sinnvoll, allgemein von Frühaufklärung zu sprechen. Eine strategische Frühaufklärung, die auf schwache, irgendwelche Chancen ankündigende Signale reagiert, ist besonders schwierig zu konzipieren, wenn man die psychologischen Barrieren bedenkt. Bedrohungen sind intern sehr viel leichter zu dramatisieren als Chancen" (Kirsch et al., 1979, S. 355 f).

Das Erkennen von schwachen Signalen und die Handhabung strategischer Diskontinuitäten macht *Ansoff* von verschiedenen Graden der Ignoranz bzw. Ungewißheit abhängig:

Informationsgehalt	Stadien der Ignoranz				
	(1) Gefühl der Chance/ Bedrohung	(2) Quelle der C/B	(3) C/B konkret	(4) Reaktion konkret	(5) Ergebnis konkret
Überzeugung, daß Diskontinuitäten bevorstehen	Ja	Ja	Ja	Ja	Ja
Gebiet identifiziert, das Quelle der Diskontinuität ist	Nein	Ja	Ja	Ja	ja
Charakteristika der C/B; Art, Schwere und Zeit der Auswirkungen	Nein	Nein	Ja	Ja	Ja
Reaktionsmöglichkeiten bekannt: Programme, Aktionen, Ressourcen, Zeitpunkt, Dauer	Nein	Nein	Nein	Ja	Ja
Konsequenzen der Reaktionen auf die Ertragslage sind abschätzbar	Nein	Nein	Nein	Nein	Ja

Abb. 4.1 Stadien der Ignoranz bei Diskontinuitäten (nach Ansoff, 1976)

1.1.2 Strukturelle Voraussetzungen für die Frühaufklärung von Diskontinuitäten

Frühaufklärung zu betreiben ist eine nicht delegierbare Aufgabe der Unternehmungsführung. Sie kann durch Stabsstellen, Projektgruppen (task forces) oder externe Berater („information broker") bei der Realisierung dieser Managementfunktion unterstützt, aber niemals ersetzt werden. Befreit sich das Top-Management zu stark von dieser Aufgabe, wird seine Sensibilität reduziert oder es entsteht eine zu starke Informationsmacht des Stabes, die wegen der zu großen Abhängigkeit von den Linieninstanzen eher abgelehnt als akzeptiert wird.

Wie aus der Abbildung oben hervorgeht, kann die Ignoranz gegenüber schwachen Signalen über Diskontinuitäten nur durch Anstrengungen zur **Verbesserung der Informationsinhalte** und der Organisation von **Informationssystemen** reduziert und damit die Bereitschaft zu einer stärkeren strategischen Orientierung der Unternehmungsführung erhöht werden.

„In den späteren Stadien der Ignoranz initiiert die ‚strategische Bereitschaft' unter Umständen strategische Planungsprozesse, die zu flexibleren Organisationsstrukturen oder gar zu ‚direkten strategischen Antworten' führen. Die Konzeption solcher strategischer Bereitschaftssysteme steht in einem engen Zusammenhang mit einer ad hoc initiierten ‚Strategic Issue Analysis', die nach Aussage von Ansoff in einer Reihe von Unternehmungen zusätzlich zu einer nach einem regelmäßigen Planungskalender ablaufenden strategischen Planung durchgeführt wird" (Kirsch et al., 1979, S. 356).

Höhere Sensibilität der Unternehmungsführung für eine strategische Ausrichtung ihrer Entscheidungen kann erreicht werden z. B.:

* **durch Präsentation der wichtigsten Markt-/Technologie-/Gesellschaftsbereiche,** die sich **heute anders als früher** auf die Entscheidungssituation der Unternehmungsführung auswirken (z. B. veränderte Konkurrenz-/Wettbewerbssituationen)
* **durch Präsentation einer Unternehmungsschwachstellenanalyse,** die von den Anforderungen, die die neuen veränderten Wettbewerbs- und Umweltsituationen an die Unternehmung stellen, ausgeht und die aktuellen führungsorganisatorischen Mängel der Unternehmung offen darlegt (z. B. mangelnde Flexibilität der Unternehmungsstruktur, fehlende Informationssysteme, mangelnde Attraktivität der Arbeitsplätze für Führungsnachwuchs)
* **durch Einbeziehen** von Mitgliedern der Geschäftsleitung in die Erarbeitung und Auswertung von Umwelt- und Unternehmungsanalysen (z. B. über eine Projektgruppen-Organisation)

In diesem Zusammenhang wichtige Fragestellungen sind:

- Von wem soll/muß dieser Sensibilisierungsaufwand ausgehen?
- Wer sind die Initiatoren, die den Änderungsprozeß für eine als notwendig erachtete strategische Orientierung der Unternehmungsführung in Gang bringen?
- Wo sind die „Strategen" in der Unternehmung zu suchen, die das zukünftige Design der Unternehmungsentwicklung beeinflussen und bestimmen können?

1.2 Definition der Rolle von „Unternehmungsstrategen"

Als **Unternehmungsstrategen** wollen wir die Personengruppe in einer Unternehmung bezeichnen, die für den langfristigen wirtschaftlichen und gesellschaftlichen Erfolg der Unternehmung im Wettbewerb verantwortlich ist (vgl. Glueck 1980). Durch unsere klare Festlegung auf die Erfolgsverantwortung ist diese Personengruppe eindeutig in **Linienpositionen auf höchster Stufe der Führungsverantwortung** zu lokalisieren.

Strategen in einer Unternehmung sind:

- der Unternehmer
- der Vorstand
- die Bereichs-/Sparten-/Divisionsleiter
- das Top-Management
- (Aufsichts- und Kontrollorgane)

1.2.1 Unternehmungsstrategen als Initiatoren und Promotoren

Das Top Management trägt beispielsweise die Verantwortung

* der Bestimmung, in welchem **Geschäft (business)** die Unternehmung bzw. ein Unternehmungsbereich tätig werden soll
* der **Ressourcenallokation** auf (strategische) Geschäftseinheiten mit hoher Marktattraktivität
* der **Konzeption und Durchsetzung von Unternehmungsstrategien** zur Sicherung langfristiger Erfolgspotentiale

* der permanenten **Organisations- und Managemententwicklung**

und muß daher als **(Macht-) Promotor** für eine konsequente Realisierung des Prozesses der strategischen Unternehmungsführung sorgen.

Mit der Bezeichnung „Promotor" wird von *Witte* (1973) eine Person charakterisiert, die in der Lage ist, aufgrund ihrer positionsspezifischen oder fachspezifischen Autorität Änderungsprozesse zu initiieren und voranzutreiben. Er unterscheidet dementsprechend in **Macht- und Fachpromotoren.**

„Promotoren ergreifen nicht in dem Sinne die ‚Initiative', daß sie das Neue aufgreifen und zur Weiterverfolgung an andere Stellen delegieren. Vielmehr geben sie selbst nachhaltige Energie zur Prozeßförderung ein und identifizieren sich mit dem Prozeßerfolg" (Witte, 1973, S. 16).

Witte stellte in seinen empirischen Untersuchungen fest, daß Macht- und Fachpromotoren nicht getrennt, sondern in einem sogenannten **„Promotorengespann"** miteinander über bestimmte organisatorische Arbeitszusammenhänge verbunden sein müssen.

Mayer (1975) macht die Initiierung strategischer Entscheidungsprozesse von sachlichen und personellen Determinanten abhängig. Am Beispiel einer strukturellen Entscheidungssituation (Divisionalisierung) bezeichnet er als „Initiierung" die Phase zwischen dem ersten Auftauchen der Idee zu divisionalisieren bis zum Entwurf einer neuen Organisationsstruktur (vgl. Mayer, 1975, S. 171). Analog dazu können wir mit der Initiierung des Prozesses der strategischen Unternehmungsführung die Phase verstehen, die mit der Sensibilisierung der Unternehmungsleitung beginnt und mit der Konzeption eines unternehmungsspezifischen Prozesses des strategischen Managements endet.

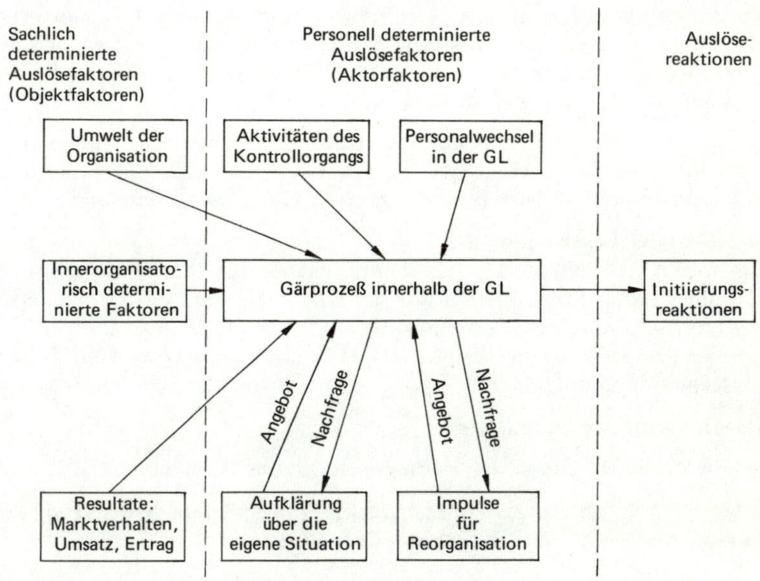

Abb. 4.2 Ein Initiierungsmodell (nach Mayer, 1975)

Daß die Mitglieder der Geschäftsleitung diejenigen sind, von denen die Initiative zu neuen Strukturen und Prozessen ausgehen und auf die übrigen Unternehmungsbereiche ausstrahlen muß, bestätigt auch *Gabele* (1978), der in einer empirischen Studie nachgewiesen hat, daß vom Vorstand der höchste Beitrag zu Änderungsprozessen ausgeht **(Initiativfunktion des Vorstandes),** die stärkste aktive Beteiligung aber beim mittleren Management liegt **(Implementierungsfunktion der mittleren Führungsebenen).**

In den oben beschriebenen Hauptfunktionen kann das Top Management **unterstützt** werden durch

* **unternehmungsinterne Dienste:**
  - Stabsstellen
  - Ausschüsse
  - Projektteams
* **unternehmungsexterne Dienste:**
  - Berater

1.2.2 Funktion strategischer Planungsstäbe

Stabsstellen (zentrale Planung, corporate planning staff) wirken als Experten und **Spezialisten strategischer Analyse- und Planungsmethoden** (Fachpromotoren) linienunterstützend im Sinne von Entscheidungsvor- bzw. Entscheidungsaufbereitung für die Bestimmung der strategischen Stoßrichtung der Unternehmung. Auch andere Organisationsformen wie Planungsausschüsse oder Projektteams können dazu eingesetzt werden. Besonders muß darauf hingewiesen werden, daß die entscheidungsvorbereitenden Aktivitäten des Stabes immer **in Abstimmung mit dem Top-Management** erfolgen müssen und sie **nicht isoliert** von den Machtpromotoren durch den Stab realisiert werden können. Sehr viele strategische Planer haben sich durch zu hohe Eigendynamik ihrer Stabsstelle aus ihrer unterstützenden Funktion gegenüber der Unternehmungsführung selbst ins Abseits gedrängt und sich von der Unternehmungsrealität zu weit entfernt. Die Folge davon ist, daß die unternehmungsinternen Stabsstellen von den Linienstellen mit dem Image von „Theoretikern", „Phantasten" usw. bedacht und wenig bzw. keine Akzeptanz finden.

Eine funktionstüchtige **Stabsstelle** für strategische Planung sollte sich vor allem als **Fachpromotor und Moderator** des Prozesses der strategischen Unternehmungsführung verstehen. Ihre diesbezüglichen Hauptaufgaben sind z. B.:

* **Problembewußtsein schaffen**
  Sie soll durch Umwelt- und Unternehmungsanalysen laufend das Top-Management auf Chancen und Risiken für die Unternehmung aus Umweltänderungen aufmerksam machen (Berücksichtigung „schwacher Signale") sowie über Konkurrenz- und Wettbewerbsanalysen die relativen Stärken und Schwächen der Unternehmung aufzeigen.

* **Informationsunterstützung leisten**

  1) Unterstützung im **„up dating"** von Analysen und Konzepten

  2) Unterstützung bei Aufgaben der **Marktsegmentierung, Abgrenzung und Bestimmung** strategischer Geschäftseinheiten (SGE)

  3) Analyse, Identifizierung und Bewertung **neuer Geschäfte** aufgrund günstiger Umweltentwicklungen (Chancen für die Unternehmung)

4) Erarbeitung von Vorschlägen und Empfehlungen an die Unternehmungsleitung, in welche SGE finanzielle und personelle Kapazitäten investiert, welche unverändert belassen und von welchen Kapazitäten abgezogen werden sollten

5) **Bewertung der Konsequenzen von Strategien** für die Funktions- und Produktbereiche einer Unternehmung

6) Information „nach unten", d.h. an alle Führungsebenen über die Funktion der **strategischen Planung** in der Unternehmung sowie Ausarbeitung von Planungsrichtlinien für ein integriertes funktionstüchtiges Informationssystem.

* **strategisches Führungssystem aufbauen**
  Neben einem strategieadäquaten Informationssystem müssen die organisatorischen Voraussetzungen und Konsequenzen von Strategien auf andere Führungssysteme bestimmt und dafür **Maßnahmen- und Vorgehenskonzepte** geschaffen werden. Es wird erforderlich, die Anpassung von Motivations-, Karriere-, Schulungs- und Organisationsentwicklungsprogrammmen sowie der Leistungsbeurteilungssysteme zu überprüfen, zu revidieren und entsprechende **alternative Lösungsvorschläge** dem Top-Management zu unterbreiten.

* **strategisches Planungssystem aufbauen**
  Für eine effiziente Erfüllung der Planungsfunktion des Stabes ist es notwendig, klare Zielsetzungen über die Aufgaben der strategischen Planung in der Unternehmung zu formulieren (z.B. Leistungsstandards), ein Personal- und Kostenbudget zu erstellen und die Vorgehensweise sowohl inhaltlich als auch zeitlich zwischen Management und operativen Bereichen zu vereinbaren (Absprachen über Detaillierungsgrad der Daten, Informationszugang, Informationspflicht, Datenschutz).

  Dazu gehört auch das **Vertrautmachen** der „Daten- und Informationslieferanten" in den verschiedenen operativen/dispositiven Bereichen der Unternehmung **mit** den Zielen und einzusetzenden **Methoden des strategischen Managements** (Planungs-, Organisationsmethoden), um deren konstruktive Mitarbeit zu sichern. Die Stabsstelle „Strategische Planung" hat die Pflicht, das strategische Denken bzw. bestimmte Methoden der strategischen Unternehmungsführung auf allen Managementebenen zu verbreiten. Durch interne Schulungs- und Ausbildungsprogramme muß der Stab die „strategische Bereitschaft" der Unternehmung stärken. Wenn wir strategisches Management als unternehmungsumfassende Managementkonzeption definieren, darf strategisches Denken und Handeln nicht nur Sache einer kleinen, in sich abgeschlossenen Elite, sondern die **aller Managementebenen** sein.

1.2.3 Berater als Change-Agent

Die Gründe, warum unternehmungsexterne Berater zu den Willensbildungs- und -durchsetzungsprozessen einer Unternehmung beigezogen werden, sind unterschiedlich:

* **funktionale Gründe:**
  Unternehmungsintern sind „funktionale Defizite" vorhanden, mangelndes Know-how oder „Betriebsblindheit" hindert Problemlösung.

* **Kosten-Gründe:**
  Eine Unternehmung kann sich eigene Stabsstellen nicht leisten (Kosten-Nutzen-Überlegungen).

* **machtpolitische Gründe:**
  Festgefahrene Machtstrukturen können über unternehmungsinterne Mechanismen nicht aufgelöst werden (Schiedsrichter-Funktion). Berater wirken konfliktlösend, Mißverständnisse werden geklärt, Kommunikation wird möglich („unfreezing"), Akzeptanz des Neuen wird erhöht (Berater als „Wahrheitsinstanz").

Dem externen Berater können somit recht unterschiedliche Funktionen zugesprochen werden, die wohl je nach Problemstellung variieren können, jedoch immer als Summe sachlich-formaler und sozio-emotionaler Faktoren verstanden werden müssen.

Sachlich-formal muß der Berater als Experte, Spezialist und Fachmann überzeugen; sozio-emotional muß er in der Lage sein, gruppendynamische Prozesse in seinem Klientensystem zu erkennen und zu gestalten. Er wirkt somit als Wissensvermittler und Änderungsagent (change agent) sozialer Prozesse.

Das Arbeitsfeld eines Beraters teilt sich dabei in:

- Management-Leasing
- Management-Training
- Management-Beratung

In der **Management-Leasing-Funktion** stellt der Berater seine **Problemlösungskapazität** der Unternehmung für eine begrenzte Zeit und ein genau definiertes Problem zur Verfügung. Die Arbeit konzentriert sich auf die **Erstellung von Analysen, Projektstudien, Prüfungsberichten oder Rahmenplanungen** (z. B. strategisches Planungskonzept). Das Management-Leasing ist die wohl bekannteste Form der Unternehmungsberatung. Sie ist jedoch nicht in der Lage, eine Funktion der Organisationsentwicklung (vgl. Kapitel 3) zu realisieren und in dem Ausmaß eine „Hilfe zur Selbsthilfe" der Unternehmung zu liefern, da lediglich die **kognitive** Ebene von Problemlösungsprozessen angesprochen wird.

Im **Management-Training** wird auch die **soziale und affektive** Ebene neben der kognitiven Ebene des Lernens aktiviert. Führungstechniken und -verhalten werden an praktischen Fallbeispielen trainiert. Sachliche Problemlösungen werden gemäß einer bestimmten Methode/Technik geübt und parallel dazu auch die Fähigkeit vermittelt, durch Denkschulung das Problemlösungspotential der Organisationsmitglieder zu erhöhen und zu verbessern.

Management-Beratung im engeren Sinn beruht auf einem persönlichen Vertrauensverhältnis zwischen Berater und Klient und bedeutet angewandte Organisationsentwicklung. **Die Funktion des Beraters ist die eines Change-Agents.** *Kirsch* et al. (1979) fassen die in der Literatur zum geplanten organisatorischen Wandel immer wieder definierten Funktionen eines Change-Agents zusammen (vgl. Kirsch et al. 1979, S. 279):

* Change-Agents fragen nach den Schwierigkeiten und Möglichkeiten des Klientensystems, **wie** es selbst mit seinem Problem fertig werden kann.
* Change-Agents versuchen, dem Klientensystem die **Ziele** und **Notwendigkeit** neuer Strukturen und Prozesse zu verdeutlichen und können dabei insbesondere dem Klientensystem helfen, über seine eigenen Ziele klarzuwerden und die Möglichkeiten zu erkennen, diese Ziele auch zu erreichen.

- Change-Agents entwickeln nützliche Strategien und Taktiken, um dem Klientensystem zu helfen, seine **eigenen** Probleme zu lösen.
- Change-Agents sind in das Unternehmungsgeschehen **integriert** und unterhalten geeignete **Arbeitsbeziehungen** zwischen den verschiedenen, am Wandel beteiligten Gruppen. Sie müssen in ihrer Arbeit aber durch die Leitung des Klientensystems voll unterstützt werden.

Übertragen wir diese **Funktionen eines Change-Agents** auf den Problembereich der **strategischen Unternehmungsorganisation,** so lassen sie sich wie folgt charakterisieren:

- Da strategisches Management ein umfassendes Managementmodell darstellt, muß die Funktion eines externen Beraters über die Zurverfügungstellung von Expertenwissen (im Sinne von Management-Leasing) hinausgehen. Strategisches Management in einer Unternehmung zu implementieren, erfordert die Realisierung von **Organisationsentwicklungsfunktionen durch den Change-Agent.**
- Nach der Analyse der Ist-Situation muß der Change-Agent den Führungskräften einer Unternehmung helfen, über ihre eigenen Ziele und über die Ziele der weiteren Unternehmungsentwicklung klar zu werden. Im unmittelbaren Zusammenhang damit steht die Diskussion von **Normen und Werten des Führungsteams** einer Unternehmung, welche im Entscheidungs- und Führungsverhalten der einzelnen Mitglieder dieses Teams zum Ausdruck kommt.
- Der Change-Agent muß den Prozeß der strategischen Unternehmungsführung in Gang setzen und dabei **moderieren,** d. h. den an diesem Prozeß beteiligten Organisationsmitgliedern die Methodik und nicht die Inhalte strategischer Problemlösungsprozesse nahebringen.

1.3 Organisation eines Projektes „Strategienentwicklung und -kontrolle"

Geschaffenes bzw. vorhandenes Problembewußtsein über die Notwendigkeit einer strategischen Ausrichtung der Unternehmungsführung allein genügt nicht. Initiierte Änderungsprozesse bedürfen einer **organisatorischen Institutionalisierung,** d. h. struktur- und prozeßgestaltende Aktivitäten müssen vorgesehen werden, um den Willen zu Änderungen auch in adäquate organisatorische Maßnahmen umsetzen zu können.

Wird der initiierte Prozeß des strategischen Managements und die bestehende Bereitschaft und Motivation zu neuen Aufgaben nicht organisatorisch-instrumentell gestaltet, ist die **Gefahr des „Verlorengehens" neuer Ideen** und mangelnder Realisierung ambitiöser Ziele sehr groß. Bei Eintreten der ersten Schwierigkeiten wird das Anliegen „Strategienentwicklung" bei Seite geschoben und die anfängliche Euphorie weicht der Routine des Alltags. Um dieses Gefahren- und Frustrationspotential erst gar nicht entstehen zu lassen, ist es wichtig, **Verantwortliche** für eine konsequente Realisierung des Prozesses der strategischen Unternehmungsführung zu bestimmen.

Neben den laufenden Arbeiten muß eine zusätzliche Organisationsform in der Unternehmung eingerichtet werden. Ob es um die Reorganisation schon bestehender oder um die Einführung neuer Aufgaben des strategischen Managementansatzes geht, die **Sekundärstruktur** (-organisation) hat die Funktion der konsequenten organisatorischen Begleitung neuer Ideen und Aufgaben, für die in der bestehenden Struktur (Primärstruktur, -organisation) keine bzw. nicht die notwendigen Freiräume vorhanden sind.

1.3.1 Projektteam und Projektphasen

Solange es sich beim Prozeß der strategischen Unternehmungsführung um ein für die Unternehmung notwendiges, komplexes und – wegen der in der Unternehmung noch mangelnden Erfahrung – risikoreiches Vorhaben handelt, ist die Schaffung einer **Projektorganisation** sicher die geeignete Organisationsform, um organisatorische Disziplin und Konsequenz in die Unternehmung strukturell einzubauen (vgl. Kapitel 1).

Die wichtigsten **Vorteile der Projektorganisation** sind:

1. **Umfassende Beschäftigung mit einer Problemstellung**
Konsequenz = durch die Bestimmung der **Ziele** des Projektes, der einzusetzenden **Mittel** und des **Vorgehens** zur Zielerreichung wird nicht ein Teilaspekt, sondern die Ganzheit einer Problemstellung zum Ausdruck gebracht.

2. **Möglichkeit der Zuordnung von Projektverantwortung**
Konsequenz = eine ganz **bestimmte Person** kann für eine effiziente Abwicklung des Projektes bis zum definierten Projektende verantwortlich gemacht werden.

3. **Minimierung der Gefahr des „Vergessens“ von Ideen und organisatorischer Vorhaben**
Konsequenz = effiziente **Nutzung** des Kreativitätspotentials und Vermeidung von Frustrationen

4. **Möglichkeit für Managemententwicklung**
Konsequenz = Vorgesetzte können die Führungsfähigkeiten ihrer Mitarbeiter während des Projektes testen und Konsequenzen für den Führungskräftenachwuchs daraus ableiten sowie einen wesentlichen Beitrag zur Erhöhung der Teamfähigkeit und Kooperationsbereitschaft in ihrer Organisation leisten.

Für die **Organisation des Prozesses der strategischen Unternehmungsführung** bedeuten die generellen Vorteile der Projektorganisation,

* daß als **Voraussetzung** für eine erfolgreiche Abwicklung des Projektes „Strategienentwicklung und -kontrolle“ schon zu dessen Beginn klare **Ziele und Leistungsstandards** formuliert, personelle, finanzielle und räumliche **Ressourcen** und der **zeitliche Ablauf** (Terminplan) der verschiedenen Projektstufen bekannt sein müssen.

* daß die **Schnittstelle „Projekt und Unternehmungsführung“** im vorhinein beschrieben werden muß, d.h. das Projektteam darf seine Arbeit nicht isoliert, sondern nur in **laufender Abstimmung mit der Führungsspitze** bzw. mit der Primärorganisation durchführen (Problem des Änderungswiderstandes, der Akzeptanz)

* daß für die entscheidungsvorbereitenden Aktivitäten **eine Person** (Projektleiter) für den Erfolg des Projektes zur **Verantwortung** gezogen werden kann (Lokalisierung der Verantwortung).

* daß der Prozeß der strategischen Planung (vgl. Kapitel 2) **konsequent realisiert** und nicht bei den ersten Schwierigkeiten unterbrochen oder gar abgebrochen und aufgegeben wird.

* daß der **Ansatz des strategischen Denkens in alle Managementebenen** hineingetragen und so im Sinne der Organisationsentwicklung das **Problemlösungspotential** der Organisationsmitglieder erhöht (Lerneffekt) wird.

Das Projektteam kann ganz unterschiedlich zusammengesetzt werden und je nach Strukturtyp einer Unternehmung in den Verantwortungsbereich einer **Stabsstelle** (z. B. Planungsstab, Stab Betriebswirtschaft), eines **Direktionsassistenten,** eines **Linienmanagers oder Vorstandsmitgliedes** fallen. Wichtig ist, daß die oben beschriebenen Vorteile der Projektorganisation realisiert werden und das **Projektteam direkt der Unternehmungsleitung berichtet** und dadurch seine die Führungsspitze der Unternehmung unterstützende (nicht ersetzende) Funktion zum Ausdruck bringt.

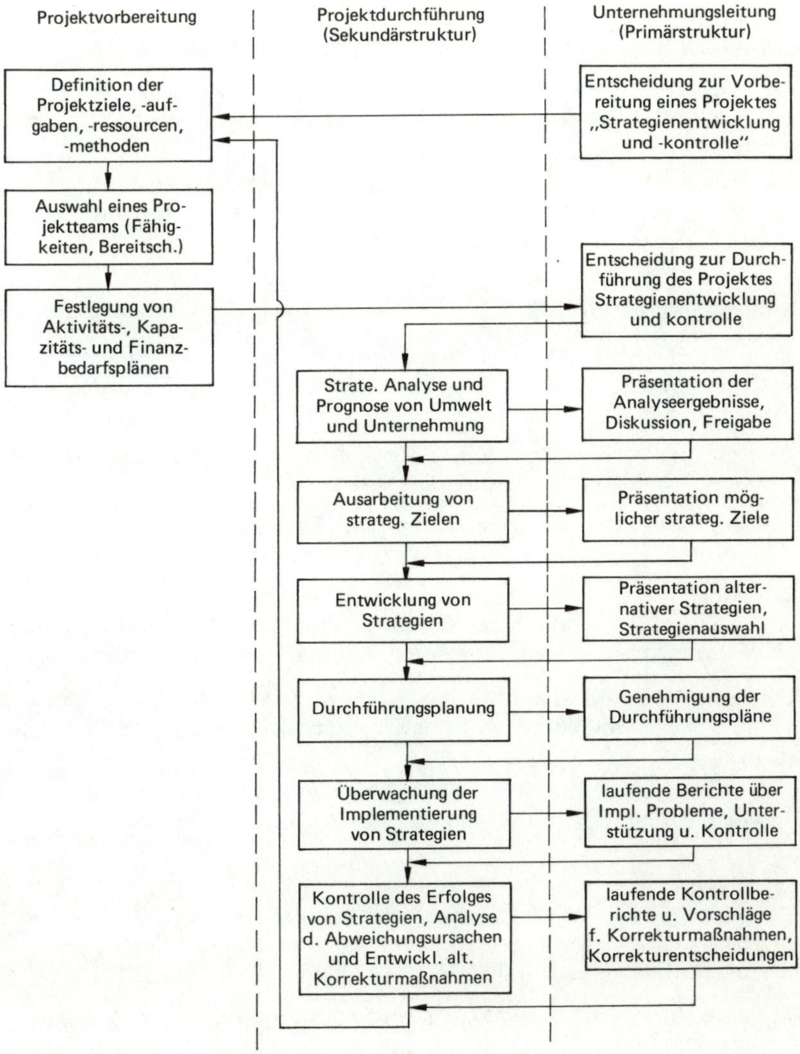

Abb. 4.3 Grobablaufplan eines Projektes „Strategieentwicklung und -kontrolle"

1.3.2 Formulierung strategischer Aufgaben- und Kompetenzbereiche

Die konkreten Aufgabenbereiche für ein Projekt „Strategienentwicklung und -kontrolle" lassen sich grundsätzlich aus den verschiedenen Ausprägungen der Elemente der Führungsorganisation ableiten (vgl. Kapitel 3). Solche Aufgabenbereiche für eine Projektgruppe oder für einen strategischen Planungsstab sind:

⋆ **Organisationsziele:**

- die Erhöhung der Flexibilität der Unternehmungsführung gegenüber Diskontinuitäten im Bedingungsrahmen für langfristige Entscheidungen
- die Schaffung funktionstüchtiger Entscheidungsstrukturen mit kurzen Reaktionszeiten
- der Aufbau von adäquaten Informationssystemen zur Formulierung und Implementierung von Strategien
- die Diffusion strategischen Denkens auf allen Führungsebenen, um den Reifegrad der Mitarbeiter und das kooperative Führungsverhalten günstig zu beeinflussen
- die Erhöhung der Selbständigkeit des Führungskräftenachwuchses durch deren Integration in das Projektteam und durch Zuweisung autonom zu gestaltender Analyse- und Konzeptionsfunktionen.

⋆ **Organisationsstruktur:**

- Konzeption, Erprobung und Einführung von strategieadäquaten Organisationsformen (flexibler Organisationsstrukturen) in einzelnen strategischen Geschäftsbereichen
- Analyse der Notwendigkeit von Reorganisationsmaßnahmen in bestehenden strategischen Geschäftseinheiten (SGE)
- Planung von Koordinationsstellen für Projekte auf Funktionsbereichsebene, die im Zuge der Realisierung des Projektes „Strategienentwicklung und -kontrolle" entstehen
- Organisation eines effizienten Planungsablaufs mit Durchführung und Moderation von Problemlösungsklausuren und Informationsveranstaltungen
- Unterstützung und Beratung der SGE- und/oder der Unternehmungsleitung bei der Entwicklung, Implementierung und Kontrolle von Strategien für SGE
- Koordination des Einsatzes zusätzlich eingesetzter Problemlösungskapazitäten wie z. B. externe Spezialisten und Berater

⋆ **Führungsstil:**

- Information der Führungskräfte über die Auswirkungen vermehrter Teamarbeit auf ihr Führungsverhalten
- Aufzeigen der Möglichkeiten, mit Hilfe des Portfolio-Managementansatzes einen kooperativen Führungsstil zu entwickeln und die Mitarbeiter in Ergebnis- und Zielvereinbarungsfähigkeiten zu schulen

⋆ **Führungssysteme:**

• Konzeption und Entwicklung von Informationssystemen als Voraussetzung für die Analyse- und Prognosearbeiten (Datenbasis, -bank, Dokumentation)

• Entwicklung und Anwendung von computergestützten Simulationsmodellen

• Erstellung von unternehmungsbezogenen Analysen wie

• Analyse der Unternehmungsumwelt (Chancen, Gefahren)
Portfolio-Analyse (Ist-Portfolio)
Analyse der Marktpositionsentwicklung
Analyse der Cash-Flow-Ausgewogenheit
Analyse des Finanzierungspotentials
Erstellung des Ziel-Portfolios

• Überwachung der Plandurchführung mit Hilfe eines für die Unternehmung entwickelten Kontroll- und Frühwarnsystems
Analyse von Abweichungsursachen

Einleitung von Korrekturmaßnahmen

Entwicklung und Verbesserung der Planungsmethoden

• Ausarbeitung eines Unternehmungsleitbildes und Konzeption von Führungsrichtlinien

• Erarbeitung von Stärke-/Schwächeprofilen des Wettbewerbsfaktors „Organisationspotential".

⋆ **Führungskräfte:**

• Analyse möglicher Änderungswiderstände gegen das Projekt

• Ausbildung der Führungskräfte im Verständnis und im Umgang mit dem notwendigen methodischen Instrumentarium für strategische Analysen und Konzepte

• Erarbeitung von Kompetenzregelungen für Informations-/Datenzugriff durch Projektmitarbeiter.

Je nach Projektphase sind Art und Umfang der Aufgabenstellungen des Projektteams verschieden.

Dunst (1979, S. 148 ff.) faßt die organisatorischen Anforderungen an den strategischen Planungsprozeß aus internationalen Veröffentlichungen und Erfahrungen multinationaler Unternehmungen zusammen und beschreibt kurz die Aufgabenbereiche dezentraler (z. B. SGE-Leitung) und zentraler Planungsinstanzen (z. B. Unternehmungsleitung, Strategischer Planungsstab):

Als SGE bezeichnet er „Strategische Geschäftsfelder", deren Leitung er SGE-Projektgruppen zuordnet.

Multinationalen Großunternehmungen ist es möglich, für die entscheidungsvorbereitenden Aktivitäten „Strategische Planungsstäbe" mit einem Direktor für „Unternehmungsstrategie" an der Spitze einzusetzen. Da ein solcher Aufwand für den Großteil der Unternehmungen, die nicht dieser Unternehmungsklasse, sondern Klein- und Mittelbetrieben angehören, nicht in Frage kommt, haben wir uns auf die Beschreibung der Funktion einer Projektororganisation „Strate-

PROJEKTPHASE	AUFGABEN (BEISPIELE)	METHODENEINSATZ (BEISPIELE)
Analyse von Unternehmung und Umwelt ↓	– Erarbeitung eines unternehmungsspezifischen Kriterienkataloges zur Analyse der Unternehmungsumwelt (Chancen/Gefahren) – Einsatzplanung für und Überwachung der Anwendung der Portfolio-Methodik zur Analyse der relativen Stärken/Schwächen der Unternehmung – Konzeption und Entwicklung eines Informationssystems für die Analyseaktivitäten in allen Phasen des Prozesses der Unternehmungsführung – Unterstützung der Linienmanager bei der Abgrenzung (Segmentierung) von Produkt-Marktkombinationen (SGE) – Schulung und Moderation bei „Portfolio-Workshops" – Präsentation der Chancen/Gefahren-, Stärken/Schwächen-Profile vor Top Management	– Portfolio-Methode – Checklists, Profile – Prognosen – Szenarios – Systems engineering – Diskussions- und Präsentationstechniken
Formulierung strategischer Ziele ↓	– In-Gang-Setzen der Werte- und Zieldiskussion auf verschiedenen Führungsebenen – Erarbeitung von Kriterien für Werteprofile – Durchführung der „Synthese von Zielportfolios und Werteprofile aus verschiedenen „Portfolio-Workshops"-Gruppen zu einem einzigen, akzeptierten Zielportfolio	– Portfolio-Methode – Checklists, Profile – Unternehmungsleitbild, Führungsrichtlinien – Methoden der Organisationsentwicklung
Entwicklung von Strategien ↓	– organisatorische Konzeption der SGE – Konzeption eines unternehmungsspezifischen Portfolios mit SGE, differenziert nach unterschiedlichen Aggregierungsstufen – In-Gang-Setzen und Moderation von „Portfolio-Workshops"-Gruppen bei der Entwicklung alternativer Norm-, Hilfs- und Funktionsstrategien – Ausarbeitung von Kriterien zur Auswahl von Strategien und unternehmungsspezifische Adaptierung von Entscheidungsmethoden – Synthese der Gruppenergebnisse und Analyse der organisatorischen Konsequenzen einzelner Normstrategien – Adaptierung von Entscheidungsmethoden	– Portfolio-Methode – Ideenfindungs- und Bewertungsmethoden – Entscheidungsanalyse – Simulationsmethoden – Projektmanagement – Organigramme, Funktionendiagramme – Diskussions- und Präsentationstechniken
Durchführungsplanung ↓	– Erarbeitung von Organisationsformen, Richtlinien und Leistungsstandards für die Implementierung von Strategien (z. B. Projektorganisation) – Aufbau eines Kontrollsystems zur Beurteilung des Erfolges von Strategien – Koordination und Steuerung von (Teil-)Projekten für die Implementierung einzelner Strategien – Planung und Evolution führungsorganisatorischer Konsequenzen (z. B. strukturelle Änderungen, Führungskräftebeurteilungssysteme)	– Leistungsstandards – Organigramme, Funktionendiagramme – Führungsrichtlinien – Unternehmungsleitbild – Projektplanungsmethoden (z. B. Netzpläne)
Überwachung der Implementierung von Strategien ↓	– Kontrolle der Vorgehensweise, der Terminpläne und der Effizienz der Implementierungsarbeiten (Projektüberwachung) – Analyse (führungs-)organisatorischer Schwachstellen und Änderungswiderstände – Aufbau eines „Problemmelde"-, Beschwerde-, Reklamationssystems für die Einführungsphase von Strategien	– Checklists – Methoden der Organisationsentwicklung – Projektüberwachungsmethoden
Kontrolle des Erfolges von Strategien, Analyse der Abweichungsursachen und Entwicklung alternativer Korrekturmaßnahmen	– Kontrolle der Leistungsstandards, der Einhaltung diverser Projektziele für die Implementierung der Strategien – Erarbeitung von Ablaufplänen zur Strategienkontrolle verschiedener SGE – Informationsbeschaffung und Vorbereitung von Kontrollberichten, Abweichungsanalysen und Vorschläge für Korrekturmaßnahmen – Revision der eigenen Projektziele, -aufgaben und -abläufe	– Soll-Ist-Vergleiche – Methoden der Reorganisation – Entscheidungsanalysen

Abb. 4.4 Aufgabenbeispiel eines Projektteams „Strategieentwicklung und -kontrolle"

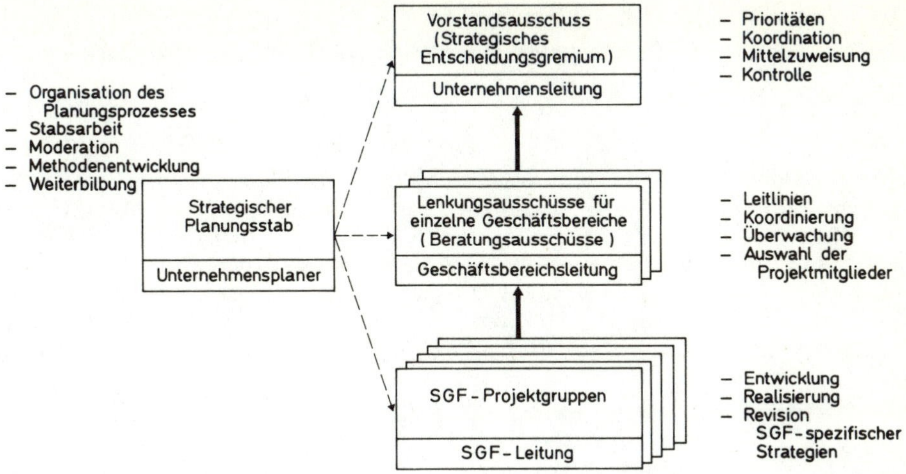

Abb. 4.5 Integration der Aufgaben einzelner Planungsinstanzen (nach Dunst, 1979)

gienentwicklung und -kontrolle“ konzentriert. Diese Organisationsform erlaubt eine flexible, den unternehmungsspezifischen Bedingungen der Einführung und Realisierung strategischen Managements entsprechende Handhabung des strategischen Planungsinstrumentariums.

1.4 Organisation „Strategischer Geschäftseinheiten (SGE)“

Hinterhuber bezeichnet eine „Strategische Geschäftseinheit (SGE)“ (auch „Strategisches Geschäftsfeld (SGF)“, „strategic business unit (SBU)“) als eine Produkt/Marktkombination mit eigenständiger Marktaufgabe und spezifisch abgrenzbaren relativen Wettbewerbsvorteilen, die von einem eigenständigen Management relativ unabhängig von anderen SGE geführt wird (vgl. Hinterhuber, 1980, S. 223 f.).

Die Bildung einer „Strategischen Geschäftseinheit (SGE)“ hängt von ihrer Abgrenzbarkeit ab:

• Ein SGE orientiert sich an einem eindeutig definierbaren und andauernden Kundenproblem (Produkt-Markt Kombination)

• Es bestehen innerhalb eines SGE einheitliche und zu anderen unterschiedliche Merkmale

in den Kundenbedürfnissen (z. B. Qualitätsansprüche, Servicekomfort)
in den Marktverhältnissen (z. B. Größe, Wachstum, Wettbewerbsstruktur)
in der Kostenstruktur (z. B. F & E, Produktion, Marketing)

• Für ein SGE läßt sich unabhängig von den Strategien anderer eine eigene Strategie planen und durchführen.

1.4.1 Grundsätze der Organisation nach SGE

„Strategische Geschäftseinheiten werden ohne Rücksicht auf bestehende Organisationseinheiten auf der Basis von Unterschieden zu den Konkurrenten definiert“ (Hinterhuber, 1980, S. 220).

Das heißt, eine SGE kann, muß aber nicht, mit einer Organisationseinheit übereinstimmen. Produkt/Markt-Kombinationen (SGE) sind organisatorisch nur insofern relevant, als sie Aufgaben-, Kompetenz- und Verantwortungsbereiche schaffen oder verändern und Kommunikation unter den Organisationsmitgliedern notwendig machen (Aufbau-/Ablauforganisation). Welche Aufgaben durch SGE induziert werden können, ergibt sich aus der zu Entwicklung, Produktion und Verwertung von Produkten erforderlichen Funktionsbereichen und aus den Hauptmerkmalen von SGE „Produkt“ und „Markt.“

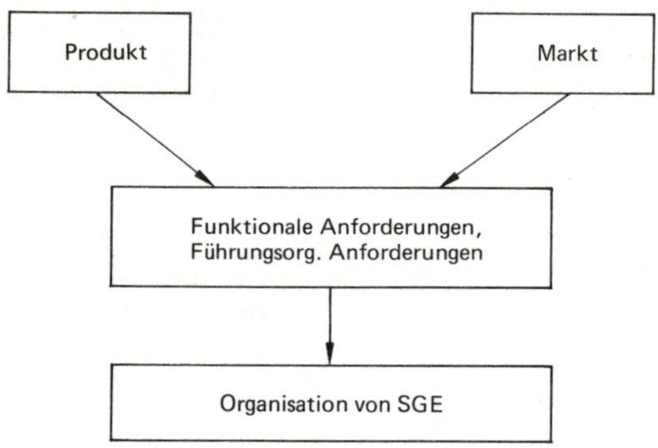

Abb. 4.6 Determinanten der Organisation von SGE

Produkt:
- **Hardware** z. B. Modelle, Zubehör
- **Software** z. B. Programme, Checklisten
- **Service** z. B. Installation, Reparatur, Ausbildung, Beratung

Markt:
- **Abnehmergruppen:** Abnehmerbranchen (z. B. Elektrotechnik, Maschinenbau), Abnehmerklassen (z. B. Industrie, Handel, Öffentliche Hand, Konsument), Größenklassen (z. B. hohe/niedrige Qualitätsansprüche, mit/ohne Servicekomfort)
- **Absatzkanäle:** Vertriebswege (z. B. Direktvertrieb, Groß-, Einzelhandel)
- **geographische Region** („direkter Markt“, „relevanter Markt“)

Durch die Abgrenzung und **Definition** von SGE (Produkt/Markt-Kombinationen) werden **strategische Verantwortungsbereiche festgelegt,** die ähnlich dem Produkt-Management-Konzept z. B. in Form einer Matrixorganisation strukturell fixiert werden können. Wichtig für unser Verständnis von SGE im Rahmen der strategischen Unternehmungsorganisation ist die Tatsache, daß **SGE** immer die **Funktion einer Sekundärstruktur** (-organisation) ausüben, die im Hinblick auf die notwendige organisatorische Flexibilität von SGE neben der Primärstruktur eingerichtet wurde.

„Aufgabe der Unternehmungsleitung ist nicht die direkte Führung der Operationen, sondern die Aufteilung des „Schlachtfeldes" in eine Reihe von strategischen Geschäftseinheiten und deren Koordination im Rahmen klarer Strategien. Die Einführung von strategischen Geschäftseinheiten schafft eine „Sekundärorganisation" in der Unternehmungsstruktur .... Die Leiter der Unternehmungsbereiche, Geschäftsbereiche oder bestimmter Abteilungen sind in der Regel auch die verantwortlichen Linienleiter in ihren strategischen Geschäftseinheiten. Sie können somit, im Rahmen der ihnen dort zustehenden Befugnisse und unter Berücksichtigung der internen Informationspflicht, ihre Unternehmungsbereiche, Geschäftsbereiche oder Abteilungen verpflichten" (Hinterhuber, 1980, S. 221 f.)

Die Sekundärstruktur kann nun je nach Art der Aufgabengliederung (nach Funktionen, Produktgruppen, Regionen) unterschiedliche Formen annehmen.

Als Voraussetzung für die Implementierung von Strategien muß von den verantwortlichen Führungskräften eine strategieadäquate Organisation für die einzelnen SGE geschaffen werden. Diese Organisationsplanungsaktivität kann von Stabsstellen oder einer Projektgruppe „Strategieentwicklung und -kontrolle" in entscheidungsvorbereitender Funktion übernommen werden. Doch auch hier gilt der Grundsatz, daß Stäbe und/oder Projektteams nur dann ihre Arbeit effizient erfüllen können, wenn die Unternehmungsleitung dafür Ziele und Kapazitäten festgelegt und diese Aktivitäten voll unterstützt.

Die verschiedenen Elemente der Führungsorganisation können als Raster für die organisatorische Konzeption der einzelnen SGE dienen:

Elemente der Führungsorganisation	SGE		
	SGE 1	SGE 2	SGE 3
Organisationsziele festlegen			
Organisationsstruktur konzipieren – Aufgabengliederung – hierarchischer Strukturtyp			
Führungssysteme aufbauen (z. B. Informations-, Kontroll-, Personalbeurteilungs-)			
Anforderungen an Führungsstil, – verhalten, festlegen			
Qualifikation der Führungskräfte bestimmen (Anforderungsprofile, Managemententwicklung)			

Abb. 4.7 Führungsorganisation und SGE

Jede SGE muß auf die Notwendigkeit führungsorganisatorischer Maßnahmen hin analysiert werden. Dabei werden wir feststellen können, daß die Konzeption der SGE-Organisation direkt von der Art der Normstrategien abhängt, die für die einzelnen SGE entwickelt und bestimmt wurden.

Je nachdem, ob für eine SGE Wachstum-, Halte- oder Schrumpfungsstrategien vorgesehen sind, werden die führungsorganisatorischen Problemstellungen **andere** sein. Sie hängen unmittelbar von der Positionierung der SGE im Portfolio der Unternehmung ab. Als Voraussetzung für die Implementierung von Strategien muß die Planung der (Führungs-)Organisation von SGE realisiert werden.

Zusammenfassend können wir für die Organisation nach SGE folgende **Grundsätze** als mögliche Beispiele anführen:

Grundsatz 1:
SGE werden ohne Rücksicht auf bereits existierende Organisationseinheiten (z. B. Abteilungen, Produktionsstätten) auf der Basis von Unterschieden zu den Konkurrenten als Produkt/Markt-Kombinationen definiert.

Grundsatz 2:
Die Aufteilung der Unternehmungsaktivitäten in SGE ist die Basis für eine strategiegerechte Organisationsstruktur der Unternehmung.

Grundsatz 3:
Die Organisation nach SGE stellt eine Sekundärstruktur (-organisation) dar, die die operativ orientierte Primärstruktur (-organisation) überlagert. Sie ist Ausdruck der organisatorischen Flexibilität und Anpassungsfähigkeit von Strategien.

Grundsatz 4:
Die Organisation nach SGE ist mehr als nur die Bestimmung der SGE-Struktur (horizontale und vertikale Aufgaben- und Kompetenzgliederung). Neben dem führungsorganisatorischen Element der Struktur müssen für eine SGE ebenfalls die Elemente Organisationsziele, Führungssysteme, Führungsstil und Führungskräfte bestimmt werden.

Grundsatz 5:
Die Organisation nach SGE muß sich an den funktionalen und führungsorganisatorischen Anforderungen orientieren, die durch die verschiedenen Produkt- und Marktmerkmale einer SGE gegeben sind und die Aufgaben-, Kompetenz- und Verantwortungsbereiche einer SGE definieren.

Grundsatz 6:
Die Gestaltung der Organisation nach SGE hängt unmittelbar von den für die SGE formulierten und ausgewählten Normstrategien ab.

1.4.2 SGE-Organisation in divisional organisierten Unternehmungen

Dunst (1979, S. 148 ff.) geht in seinen Überlegungen zum Problem der strategischen Organisation bei divisional strukturierten Unternehmungen von den Erfahrungen des US-amerikanischen Konzerns „General Electric" aus, welcher als erste Unternehmung eine SGE-Organisation eingeführt hat. Diese Erfahrungen zeigen,

* daß zu der bestehenden keine neue Organisation für strategische Planungsaufgaben aufgebaut werden mußte, d. h., daß die planerischen Tätigkeiten von

den einzelnen Verantwortlichen **neben** den bestehenden operationalen Aufgaben im Sinne einer Sekundärstruktur, allerdings mit Unterstützung eines „Strategischen Planungsstabes", aber ohne große Personalaufstockung, realisiert werden konnten.

* daß die Aufteilung der Unternehmungsaktivitäten in **SGE** die **Basis** für eine strategieorientierte Sekundärorganisation geliefert hat.

* daß eine SGE im Gegensatz zu operativen Einheiten einen Produktbereich, eine ganze Division, einen Teil einer Division oder – wenn Produktbereiche aus zwei Divisionen strategisch nicht zu trennen sind – mehrere Produktbereiche umfaßt.

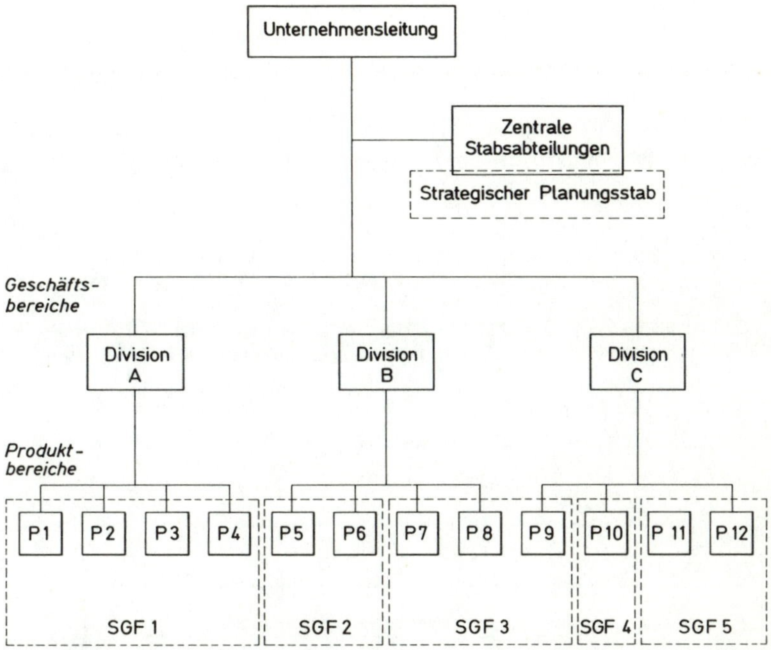

Abb. 4.8 Integration einer strategischen SGF-bezogenen Organisation in eine bestehende operational ausgerichtete Organisationsstruktur eines multidivisionalen Unternehmens (Auf der Basis der bei GE eingeführten Organisation) (nach Dunst, 1979)

* daß auf viele Profit Centers aufgeteilte Unternehmungsaktivitäten zu SGE auch organisatorisch **zusammengefaßt** werden müssen.

* daß die Bildung von SGE und die dadurch entstandene Sekundärstruktur auch organisatorische **Änderungen in** der operativ ausgerichteten **Primärstruktur** erforderlich machen kann. So wurde z. B. SGE-Leitern durch Zusammenlegen geographisch getrennter Gebiete zunehmend Verantwortung für den gesamten Weltmarkt übertragen, um Strategien nicht nur für den „direkten", sondern vor allem für den „relevanten Markt" entwickeln und durchsetzen zu können.

Hinterhuber (1980) weist darauf hin, daß im Zusammenhang mit dem Profit Center-Konzept bei divisional strukturierten Unternehmungen durch eine SGE-Organisation vor allem die Nachteile des Profit Centers aufgehoben werden, die als dezentrale Entscheidungszentren zu stark „spartenegoistisch" ihre Zielsetzungen und operativen Leistungen realisieren (Gefahr der Suboptimierung bei Investitionsentscheidungen).

Für jede SGE muß bei Divisionalstruktur der Primärorganisation als Voraussetzung einer erfolgreichen Implementierung ihrer Strategien die Führungsorganisation klar konzipiert, diskutiert und bestimmt werden. Besonders relevant sind diese Organisationsentscheidungen bei SGE, die divisionsüberschreitend institutionalisiert werden.

1.4.3 SGE-Organisation in funktional organisierten Unternehmungen

Wir haben in Kapitel 2 das strategische Management als **betriebsgrößenneutralen** Ansatz der Unternehmungsführung charakterisiert. Demnach müssen die Überlegungen der strategischen Unternehmungsorganisation für Großunternehmungen auch für kleinere Betriebsgrößen relevant sein, wobei wir natürlich Unterschiede in Kauf nehmen wollen. Wichtig ist die Feststellung, daß dieselben organisatorischen Grundsätze Geltung finden müssen.

Bei der SGE-Organisation in Unternehmungen mit einer Aufgabengliederung nach Funktionsbereichen muß überlegt werden, wie die Differenzierung von Aufgaben nach den Merkmalsbereichen „Produkt" und „Markt" erfolgen kann.

SGE sind in einer nach Funktionsbereichen gegliederten Organisation wesentlich schwieriger einzurichten als in divisional strukturierten Unternehmungen. Eine nach Divisionen oder Sparten organisierte Unternehmung weist eine Führungsorganisation auf, die bereits nach Produkt- und Marktkriterien strukturiert ist. Sämtliche Führungssysteme und -modelle, Aufgaben-, Kompetenz- und Ver-

Marktkriterien / Produkte	Abnehmergruppen			Absatzkanäle			Geographische Gebiete		
A			×	×	×	×	×		
B		×			×			×	
C			×			×	×		
D	×			×	×	×	×	×	×
E	×	×	×		×	×	×	×	×
F			×		×		×		
G	×				×		×		
H		×		×			×		
I		×		×			×	×	×
J	×			×					×

Abb. 4.9 Die Zusammenfassung der Produkt/Markt-Kombination zu strategischen Geschäftseinheiten (nach Hinterhuber, 1980)

antwortungsbereiche der Manager, deren Qualifikationsanforderungen etc. sind produkt-/marktorientiert ausgelegt; „Profit Centers“ dienen als Zielsetzungs- und Kontrollinstrumente. Wenn auch mit Mängel versehen (z.B. Suboptimierungsgefahr aufgrund zu kurzfristiger Erfolgshorizonte) können sie doch als Grundlage für die Bildung von SGE herangezogen werden.

Dieses „Denken und Entscheiden in Produkt-/Marktgrößen“ **fehlt** bei der Organisation nach Funktionsbereichen (Verrichtungsmodell), die Spezialwissen durch Differenzierung der Aufgabenbereiche nach dem logischen Ablauf der Leistungsentwicklung (F & E), -erstellung (Produktion) und -verwertung (Absatz) festlegt. Es gibt wohl Experten für F & E, Finanzierung, Produktion und für den Verkauf, jedoch keine für Produktgruppen und/oder für Märkte, deren Einfluß funktionsbereichsüberschreitend, quer über die verschiedenen funktionalen Stellen hinweg koordinierend ausgerichtet ist.

Eine Organisation nach SGE macht dies aber unbedingt erforderlich. Verantwortung für den Aufbau und die Realisierung von SGE als Organisationsprinzip in einer Unternehmung ist nur über **funktionsbereichsüberschreitende Kompetenzen** und über die Zuordnung homogener, ganze Produkt-/Marktkombinationen umfassender Aufgabenbereiche möglich. SGE lassen sich deshalb als Sekundärstruktur in Form einer Matrixorganisation einrichten:

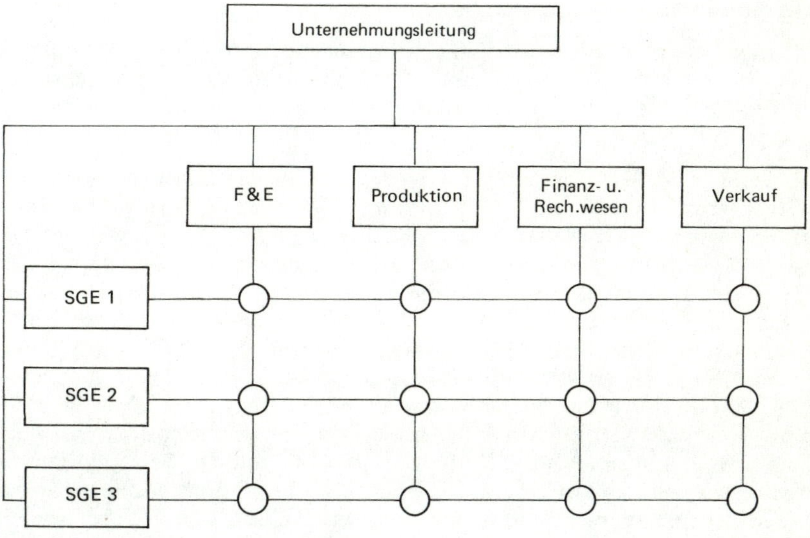

Abb. 4.10 Matrixorganisation nach SGE

Das organisatorische Hauptproblem besteht nun darin, die **Doppelunterstellungen** in den Knoten (funktionale Kompetenz kreuzt sich mit SGE-Kompetenz) möglichst effizient und „konfliktarm“ zu definieren. Da die SGE-Leiter und die Funktionsbereichsleiter auf gleicher hierarchischer Ebene stehen und direkt der Unternehmungsleitung berichten, erfolgt eine Spezialisierung der Leitung nach Problembereichen.

Der Zwang zur Regelung sämtlicher Kompetenzkreuzungen zwischen den Dimensionen „Funktionsbereich“ und „SGE“ erfordert eine genaue Abgrenzung führungsorganisatorisch relevanter Problembereiche.

Die Primärorganisation bzw. die Funktionsbereichsleiter sind für die Erfüllung von Aufgaben ihrer fachspezifischen Herkunft verantwortlich. Am Beispiel eines Produktionsleiters veranschaulicht bedeutet dies, daß seine Verantwortung für die optimale technologische Lenkung der Produktion durch den Einsatz von Produktionssteuerungs- und -überwachungssystemen, die Qualifikation seiner Produktionsmitarbeiter, deren Beurteilung und Entwicklung, die Einhaltung von Qualitätsstandards etc. gegeben ist.

Für die Sekundärstruktur (den SGE-Leiter) sind bei einer Organisation der Unternehmung nach Funktionsbereichen Verantwortlichkeiten für die Implementierung und Weiterentwicklung der Strategien gegeben. Bei der Implementierung trägt er die Verantwortung für eine effiziente Realisierung der SGE-Aufgaben, die laufende Ermittlung von Markt- und Finanzdaten für eine SGE-spezifische Auswertung der Wettbewerbsanalysen, die Kontrolle der Effizienz der Strategienentscheidungen und der Funktionstüchtigkeit der SGE-Führungsorganisation etc. Bei der Weiterentwicklung der Strategien wird er – auf Soll-Ist-Vergleichen bzw. auf den Analysen der Abweichungsursachen aufbauend – alternative SGE-Zielvorstellungen und die dafür notwendigen alternativen Strategien entwickeln sowie die Durchführungsplanung gemeinsam z.B. mit einer unternehmungsinternen Projektgruppe konzipieren.

Vor allem kann durch permanente, institutionalisierte Koordinationsmechanismen (z.B. jour-fix-Sitzungen) und durch die Einrichtung möglichst kurzer Feed-back-Schlaufen zwischen Funktionsbereichs- und SGE-Autoritäten das Konflikt- und Fehlentscheidungspotential dieser Instanzen reduziert werden.

Für Klein- und Mittelbetriebe, die weder Produktmanagement noch divisionale Strukturen besitzen, stellt sich führungsorganisatorisch vor allem das Problem der personellen Besetzung der SGE-Leiter-Stellen. Sie müssen im Unterschied zu divisional organisierten Unternehmungen die SGE-Stellen mit zusätzlichen, in der Unternehmung meist nicht vorhandenen Führungskräften besetzen. Die Qualifikationsstrukturen von SGE-Leitern sind in bisherigen personalpolitischen Entscheidungen nie berücksichtigt worden, denn im Mittelpunkt der Anforderungsprofile an die Führungskräfte standen immer funktionsbereichsspezifische Kriterien (Suche nach Funktionsspezialisten) und nicht solche für die Führung von SGE. Der Unternehmer bzw. die Unternehmungsleitung allein hat bisher nur über Führungseigenschaften verfügt, die auf die Führung der Unternehmung bzw. strategisch relevanten Produkt/Marktkombinationen orientiert sind (general management). Man hat die Entwicklung von Geschäftsbereichs- und Produktmanagern im Rahmen unternehmungsinterner Führungskräfteschulung und Managemententwicklung nicht beachtet.

Die Organisation einer Unternehmung nach SGE bedeutet daher für solche Unternehmungen nicht nur zusätzliche Personalkosten, sondern die Schließung einer Managementlücke, die bisher in ihrer Tragweite gar nicht erkannt worden ist (vgl. auch Hinterhuber 1980).

1.5 Diffusion strategischen Denkens in der Unternehmung

Strategisches Denken kann als ein Problemlösungsansatz charakterisiert werden, der

* sich an den **Chancen und Gefahren der Umweltentwicklung** orientiert,
* vom **längerfristigen Gesamterfolg** Entscheidungen in der Gegenwart ableitet,
* in **Stärken und Schwächen** gegenüber den **Konkurrenten** denkt,
* von **Potentialen** und nicht von Teilgrößen ausgeht und
* nach **Attraktivitätsaspekten** sein Entscheidungsverhalten ausrichtet.

1.5.1 Strategisches Management auf allen Führungsebenen

Diese Merkmale strategischer Problemlösungen (im Unterschied zu nicht-strategischem Problemlösungsverhalten) dürfen in der Unternehmung nicht als Privileg der obersten Führungsgruppe verstanden und gehandhabt werden. Da strategische Unternehmungsführung ein Gesamtkonzept darstellt, welches Entscheidungsdifferenzierung wieder zu einem homogenen Ganzen integriert, ist es notwendig, auch den zugrunde liegenden Denkansatz in all die Unternehmungsbereiche und Führungsebenen zu diffundieren, in denen Führungsentscheidungen getroffen werden.

Die Träger der strategischen Organisationsentscheidungen und -maßnahmen sind sowohl bei der Entwicklung als auch bei der Implementierung von Strategien darauf angewiesen,

- daß sie die für Analyse- und Prognoseaktivitäten notwendigen Daten und Informationen erhalten,

- daß die von ihnen vorgeschlagenen Methoden und Problemlösungen auf **breiter** Basis von den Führungskräften akzeptiert werden,

- daß über den Weg intensiver Zusammenarbeit und Training mit diesen Managern, deren Anpassungsbereitschaft und Lernfähigkeit erhöht bzw. verbessert werden.

Ohne die Vermittlung von methodischem und materiellem Wissen über strategisches Management auf **allen** Führungsebenen einer Unternehmung ist eine erfolgreiche und konstruktive Realisierung dieses Managementansatzes gar nicht möglich. Als wichtige Voraussetzung für das In-Gang-Setzen des Prozesses der strategischen Unternehmungsführung bzw. für die Formulierung von Strategien ist die Diffusion des strategischen Denkens auf alle Managementebenen einer Unternehmung zu berücksichtigen. Dies wird zu einem der wichtigsten Gestaltungsbereiche der strategischen Unternehmungsorganisation.

1.5.2 Möglichkeiten und Instrumente der Diffusion

Die wesentlichen Merkmale und Methoden der strategischen Unternehmungsführung als Managementmodell in der Unternehmung zu diffundieren, ist Aufgabe der Unternehmungsleitung. Sie wird aber durch interne oder externe Dienste (z. B. Stabsstellen oder Berater) unterstützt, die die Handlungsverantwortung dafür tragen und der Unternehmungsleitung über die Arbeit berichten. Die Unternehmungsleitung übernimmt die Initiierungs-, Steuerungs- und Kontrollfunktion für dieses Management-Development-Programm. Dadurch ist ihre laufende Unterstützung gewährleistet und ihr Wille ersichtlich, über diesen Managementansatz einen Beitrag zur Erhöhung der Managementqualifikation und -motivation zu leisten.

In ihren diesbezüglichen Bemühungen muß sie einigen Problembereichen gerecht werden, die als **Voraussetzung für die Diffusion** und Akzeptanz strategischen Denkens in der Unternehmung anzusehen sind:

Voraussetzung 1 = Information über die Unternehmung und Transparenz über ihre momentanen Ziele

Voraussetzung 2 = Kooperation zwischen Vorgesetzten und Mitarbeitern

Voraussetzung 3 = Kritik und Kreativität

Um diese wichtigsten Voraussetzungen erfüllen zu können, müssen im Rahmen der strategischen Unternehmungsorganisation geeignete **Instrumente** ausgesucht und ihr Einsatz geplant werden. Ihre Anwendung kann überlappend mit den einzelnen Stufen im Prozeß der strategischen Unternehmungsführung erfolgen und stellt ein pädagogisches Prinzip im Sinne der Organisationsentwicklung dar.

Als **Instrumente** können Anwendung finden:

* **zu Voraussetzung 1:**
  - Unternehmungsleitbild
  - Werteprofile des Top-Managements
* **zu Voraussetzung 2:**
  - Führungsrichtlinien
  - MbO (Management by Objectives)
* **zu Voraussetzung 3:**
  - Portfolio-Management
  - Kreativitätstechniken
  - Techniken der Organisationsentwicklung

1.5.3 Unternehmungsphilosophie, Wertestruktur und Unternehmungsleitbild

Die Unternehmungsphilosophie, verstanden als Frage nach dem Sinn und Zweck der Unternehmung, kann nicht durch die Unternehmungsziele (z.B. Gewinn-, Liquiditäts-, Wachstumsziele) allein erklärt werden, da die Unternehmung als solche ein künstlich geschaffenes und kein natürliches System mit Selbstzweck (z.B. Überleben) ist (vgl. Ulrich 1970 und 1978, Streithofen 1975). Der **Sinn der Unternehmung** gründet in ihrer Orientierung an der Gesellschaft. Er liegt in der Wirkung, die die Unternehmung über ihren Output (Güter, Dienstleistungen) zur Befriedigung von Marktbedürfnissen und über die Beschäftigung von Mitarbeitern in der Gesellschaft erzielt.

Ob dieser Sinn erkannt wird, hängt wesentlich von den **Grundhaltungen der Führungskräfte** ab. Ihre Wertvorstellungen tragen entscheidend dazu bei, diese verantwortungsvolle gesellschaftliche Aufgabe der eigenen Unternehmung zu akzeptieren und durch entsprechende Handlungsweisen auszudrücken. Werte stellen daher die Grundlage der Unternehmungsphilosophie dar.

Wert ist eine „für ein Individuum oder eine Gruppe charakteristische Konzeption des Wünschenwerten, welche die Auswahl der zur Verfügung stehenden Verhaltensweisen, Mittel und Handlungsziele beeinflußt." (Potthast, 1980, S. 16)

<table>
<tr><th>Faktoren</th><th colspan="6">Ausprägungen</th></tr>
<tr><td rowspan="2">ausschüttbarer Gewinn</td><td rowspan="2">so wenig wie möglich</td><td rowspan="2">stabile, bescheidene Dividende</td><td colspan="3">nach Ergebnis wechselnde Dividende</td><td rowspan="2">so viel wie möglich</td></tr>
<tr><td>gering</td><td>„angemessen“</td><td>hoch</td></tr>
<tr><td rowspan="2">reinvestierbarer (zurückzuhaltender) Gewinn</td><td rowspan="2">Null</td><td colspan="4">Anteil am erzielten Gesamtgewinn</td><td rowspan="2">so viel wie möglich</td></tr>
<tr><td>gering ... %</td><td>mittel ... %</td><td colspan="2">hoch ... %</td></tr>
<tr><td rowspan="2">Risikoneigung</td><td rowspan="2">größtmögliche Sicherheit</td><td colspan="4">Eingehen „kalkulierter“ Risiken</td><td rowspan="2">höchste Risiken akzeptieren</td></tr>
<tr><td>gering</td><td>mittel</td><td colspan="2">hoch</td></tr>
<tr><td rowspan="2">Umsatzwachstum</td><td rowspan="2">Schrumpfung</td><td rowspan="2">stabil bleiben</td><td colspan="3">„angemessenes“ Wachstum</td><td rowspan="2">maximales Wachstum</td></tr>
<tr><td>klein</td><td>mittel</td><td>groß</td></tr>
<tr><td rowspan="2">Marktleistungsqualität</td><td rowspan="2">keine Bedeutung</td><td colspan="4">angemessenes Qualitätsniveau</td><td rowspan="2">maximale Qualitätsvorstellung</td></tr>
<tr><td>gering</td><td>mittel</td><td colspan="2">hoch</td></tr>
<tr><td>geographische Reichweite</td><td>lokal</td><td>Landesregion</td><td>national</td><td colspan="2">beschränkt international</td><td>multinational</td></tr>
<tr><td>Eigentumsverhältnisse</td><td>Einzelbesitz</td><td>Familienbesitz</td><td>kleiner Eigentümerkreis</td><td colspan="2">Publikumsgesellschaft</td><td>Mitbeteiligung der Mitarbeiter</td></tr>
<tr><td rowspan="2">Innovationsneigung</td><td rowspan="2">sehr gering</td><td colspan="4">angemessene Innovationsfähigkeit</td><td rowspan="2">sehr hoch</td></tr>
<tr><td>gering</td><td>mittel</td><td colspan="2">hoch</td></tr>
<tr><td>Verhältnis zum Staat</td><td>negativ, Abwehrhaltung</td><td>politische Abstinenz</td><td>politische Neutralität</td><td colspan="2">politische Aktivität in bestimmter Richtung</td><td>maximale Unterstützung, Unterordnung</td></tr>
<tr><td rowspan="2">Berücksichtigung gesellschaftlicher Ziele</td><td rowspan="2">keine Berücksichtigung</td><td rowspan="2">nur wenn im Eigeninteresse</td><td colspan="3">von Fall zu Fall</td><td rowspan="2">generell so weit als möglich</td></tr>
<tr><td>wenn Opfer gering</td><td colspan="2">wenn mit eigener Überzeugung übereinstimmend</td></tr>
<tr><td>Berücksichtigung von Mitarbeiterzielen</td><td>keine Berücksichtigung</td><td>nur soweit leistungsfördernd</td><td colspan="3">auch wenn mit Opfern verbunden</td><td>maximale Berücksichtigung</td></tr>
<tr><td rowspan="2">Führungsstil</td><td rowspan="2">„autoritär“</td><td colspan="4">„kooperativ“</td><td rowspan="2">„demokratisch“</td></tr>
<tr><td colspan="2">beschränkt</td><td colspan="2">weitgehend</td></tr>
</table>

Abb. 4.11 Schema zur Erstellung von Wertvorstellungsprofilen (nach Ulrich, 1978)

Beispiele von Werten sind Freiheit, Unabhängigkeit, Gerechtigkeit, Ehrlichkeit, Subsidiarität, Solidarität, Partnergeist, persönliche Risikobereitschaft, Eigenverantwortung, Selbstbestimmung des einzelnen, Achtung der Menschenwürde, Pflichterfüllung.

Werte repräsentieren somit „oberste", **„höchste" Ziele**, nach denen sich ein Mensch in seinem Privat- und Arbeitsbereich orientiert. Sie dienen als **Entscheidungsrichtlinien und -regeln** für die Mitglieder der Unternehmungsleitung und der übrigen Führungsebenen und sind ausschlaggebend dafür, wie diese Führungskräfte:

- Probleme lösen,
- Situationen beurteilen,
- Entscheidungen treffen,
- andere Mitarbeiter oder Gruppen einschätzen,
- zu ihrer Unternehmung stehen,
- die Richtung ihrer Geschäftstätigkeiten bestimmen (Strategien)
- selbst ethisches und nicht-ethisches Verhalten definieren und
- andere Verhaltensweisen akzeptieren.

In einem Harmonisierungsprozeß müssen die Werte zwischen dem idealistischen „**Wünschenswerten**" und dem realistischen „**Möglichen**" abgestimmt und zu einem von den Führungskräften auf allen Führungsebenen akzeptierten **Wertesystem** der Unternehmungsphilosophie integriert werden. (vgl. Ulrich, 1978, Hinterhuber, 1980).

„Wesentlich ist aber die Feststellung, daß keine Unternehmungsleitung ein solches Wertvorstellungsprofil von außen, beispielsweise von einem Berater, beziehen kann. Sie muß es vielmehr selber, in ernsthafter geistiger Auseinandersetzung mit persönlichen und gesellschaftlichen Ansprüchen an das eigene Unternehmen, erarbeiten" (Ulrich, 1978, S. 55).

Die Unternehmungsphilosophie als Wertesystem der Unternehmung wird oft in Form von Unternehmungsgrundsätzen ausgedrückt (vgl. Potthast, 1980, S. 30):

- „Wir legen uns auf eine liberale, freiheitlich-demokratische und auf eine fortschrittliche, das heißt auf eine **reformbejahende Grundhaltung** fest" (Bertelsmann AG., Unternehmungsverfassung S. 2).

- Bei der Festlegung von Zielen und Grundsätzen soll der **Mensch im Mittelpunkt** stehen.

Werte und Grundsätze lassen sich als Codex und Normen des Entscheidungsverhaltens von Führungskräften in einer Unternehmung charakterisieren und üben eine gesellschaftliche bzw. gesellschaftspolitische Funktion gegenüber bestimmten Bezugsgruppen aus.

Im Unternehmungsleitbild wird das gesellschaftliche Wertesystem der Unternehmung, die Unternehmungsphilosophie, noch um wirtschaftlich-technologische Leitsätze des Verhaltens der Unternehmung gegenüber ihrer internen und externen Umwelt ergänzt.

„Die Hauptfunktion der Unternehmung als produktives System besteht zweifellos darin, durch das Erstellen und Verteilen von materiellen Gütern und

Bezugsgruppe	Mögliche Bereiche der Verhaltensnormierung
Mitarbeiter	Arbeitsbedingungen Lohn- und Gehaltspolitik Sozialleistungen Führungsgrundsätze Mitbestimmung Information Ausbildung Gewinnbeteiligung Beförderung Sicherheit des Arbeitsplatzes
Kapitalgeber	Sicherheit des Kapitals Erfolgsentstehung Erfolgsverwendung Information
Kunden	Preispolitik Qualität und Verpackung der Produkte Serviceleistungen Lieferpolitik Inhalt und Umfang der Werbung Verkaufspraktiken
Lieferanten	Preispolitik Zusammenarbeit
Konkurrenten	Verhalten im Wettbewerb Marktanteilspolitik
Staat und Allgemeinheit	Umweltschutz Unterstützung sozialer und kultureller Einrichtungen wie z. B. Krankenhäuser und Schulen Teilnahme am politischen und gesellschaftlichen Leben Steuermoral Beitrag zum Sozialprodukt Arbeitsplatzbeschaffung Unterstützung der Konjunktur-, Beschäftigungs- und Regionalpolitik

Abb. 4.12 Bezugsgruppen einer Unternehmungsphilosophie (nach Potthast, 1980)

Dienstleistungen zur Bedürfnisbefriedigung Dritter beizutragen. Die Unternehmung gehört in erster Linie zum Lebensbereich „Wirtschaft", und es würde ihrem produktivwirtschaftlichen Hauptzweck nicht gerecht, wenn im Leitbild vorwiegend außer- und überwirtschaftliche Funktionen der Unternehmung hervorgehoben würden" (Ulrich, 1978, S. 91).

Die an der Entwicklung von Unternehmungsphilosophie und Unternehmungsleitbild beteiligten Führungskräfte müssen dann entscheiden, an welche Adressaten sich diese Verhaltensnormen richten sollen. Dabei gilt es zu berücksichtigen:

1. Welche *Bedürfnisse* wollen wir mit unseren Marktleistungen (Produkten, Dienstleistungen) befriedigen?

2. Welchen grundlegenden Anforderungen sollen unsere *Marktleistungen* entsprechen? (Qualität, Preis, Neuheit, usw.)

3. Welche *geographische Reichweite* soll unser Unternehmen haben? (lokaler, nationaler, internationaler Charakter)

4. Welche *Marktstellung* wollen wir erreichen?

5. Welche Grundsätze sollen unser *Verhalten gegenüber unsern Marktpartnern* (Kunden, Lieferanten, Konkurrenten) bestimmen?

6. Welches sind unsere grundsätzlichen Zielvorstellungen bezüglich *Gewinnerzielung* und *Gewinnverwendung?*

7. Welches ist unsere grundsätzliche Haltung gegenüber dem *Staat?*

8. Wie sind wir eingestellt gegenüber wesentlichen *gesellschaftlichen Anliegen?* (Umweltschutz, Gesundheitspflege, Armutsbekämpfung, Entwicklungshilfe, Kunstförderung usw.)

9. Welches ist unser *wirtschaftliches Handlungsprinzip?*

10. Wie stellen wir uns grundsätzlich zu *Anliegen der Mitarbeiter?* (Entlöhnung, persönliche Entwicklung, soziale Sicherung, Mitbestimmung, finanzielle Mitbeteiligung usw.)

11. Welches sind die wesentlichsten *Grundsätze der Mitarbeiterführung*, die in unserem Unternehmen gelten sollen?

12. Welches ist unsere *technologische Leitvorstellung?*

Abb. 4.13 Frageliste zum Unternehmungsleitbild (nach Ulrich, 1978)

* das **Informationspotential von Grundsätzen** (z. B. Erhöhung der Transparenz des Unternehmungsgeschehens)
* das **Motivationspotential von Grundsätzen** (z. B. Zielharmonie, „Sinn“ der Arbeit)
* das **Produktivitätspotential von Grundsätzen** (z. B. Konfliktreduktion, Erhöhung des kollektiven Selbstwertgefühls, „corporate identity).

Im Zusammenhang mit Problembereichen der strategischen Unternehmungsorganisation (Festlegung der Organisationsziele) kommt einer **expliziten** Formulierung der Unternehmungsphilosophie und des Unternehmungsleitbildes eine wichtige **Funktion** in zweifacher Hinsicht zu:

a) Durch die Bestimmung der Wertestruktur wird ein **Konsolidierungseffekt** innerhalb des Managements erreicht: Werte, die bisher unausgesprochen das Verhalten jeder einzelnen Führungskraft bestimmten, werden diskutiert, in Beziehung und Rangfolgen untereinander gebracht, im Zusammenhang mit bestimm-

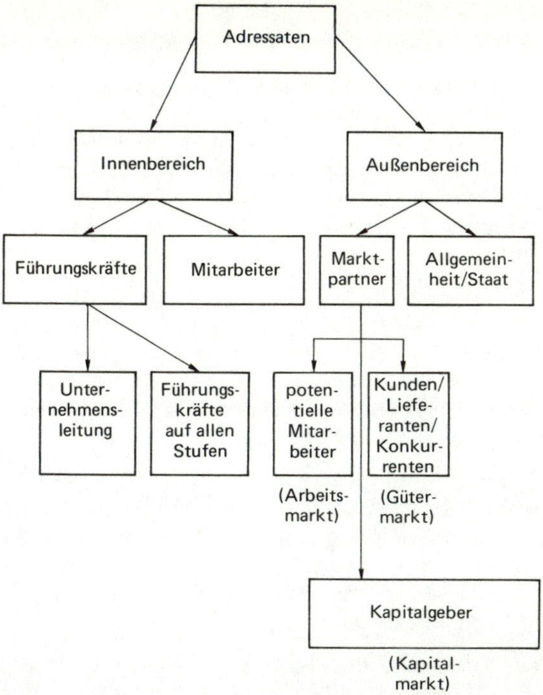

Abb. 4.14 Adressaten von Unternehmungsphilosophie und Unternehmungsleitbild (nach Potthast, 1980)

ten Entscheidungssituationen gewichtet, etc. Dadurch kommt es zu den oben erwähnten Verhandlungs- und Abstimmungsprozessen innerhalb der Führungsgruppe. Potentielle Konflikte entstehen im Rahmen der Wertediskussion und nicht erst später als Folge eines anderen Entscheidungsverhaltens und anderer Entscheidungsmaximen.

b) Durch die Bestimmung der Wertestruktur wird die **Basis für Zielfindungs- und Zielbildungsprozesse** geschaffen: Wenn Werte als „oberste" Ziele verstanden werden, dann bilden diese „höchsten" Ziele den Rahmen für die weitere Ableitung von Unternehmungszielen. Transparenz und Offenheit der Zielformulierung für alle von diesen Prozessen Betroffenen stellen die Grundlagen für z.B. Stärke/Schwächen-Analysen, Organisationsziele, Normstrategienformulierung und Ziel-Portfolio dar. Ziele sind Soll-Größen und dienen als Bewertungsmaßstab für sämtliche Auswahl- und Kontrollprozesse.

Mit diesen Überlegungen zur Wertestruktur folgen wir *Hinterhuber* (1980), der die Bedeutung kultureller, ethischer und moralischer Werte in Phase 1 seines Prozesses der strategischen Unternehmungsführung besonders betont (vgl. Hinterhuber, 1980, S. 40).

1.5.4 Portfolio-Management und Kaderentwicklung

Portfolio-Management stellt ein Managementansatz dar, dessen Anwender zielorientiert, ganzheitlich und unternehmungsumfassend die Potentiale und SGE der Unternehmung analysieren, sie zur Ableitung von Strategien bewerten und Entscheidungen zur Sicherung zukünftiger Ertragspotentiale darauf aufbauen.

Wenn wir davon ausgehen, daß ein solcher Managementansatz auf möglichst allen Führungsebenen eingesetzt werden soll, weil dadurch das Problemlösungsverhalten der Manager verbessert, „General management-Wissen und -Fähigkeiten" (Unternehmungsführung) in diesen Führungsschichten verbreitet und der Reifegrad des Managements dadurch gesteigert wird, dann kann mit dem **Portfolio-Management-Ansatz** die **Diffusion** strategischen Denkens entscheidend beeinflußt und forciert werden.

Sowohl die Portfolio-Methodik als auch das Portfolio-Management sind nicht nur als „Management-Technologie" ein wertvolles Instrument, sondern eignen sich auch als hervorragende Möglichkeit, Mitarbeiter aus den verschiedensten Unternehmungsbereichen in die Diskussion und Lösung strategischer Probleme der Unternehmungsführung **miteinzubeziehen** und z. B. zu kleinen „SGE-Projekt-Teams" längerfristig zu integrieren.

Gelingt es der Unternehmungsführung, auf diese Art **strategisches Management als Führungsmodell** in der Unternehmung einzurichten, leistet sie einen idealen Beitrag zur Kaderentwicklung und zur Bildung eines qualifizierten Führungskräftenachwuchses. Durch dieses „Training on the job"-Konzept fördert sie sowohl analytische und kreativ-konzeptionelle Qualifikationen als auch das Führungsverhalten ihres Führungskräftepotentials.

Zugleich verhindert sie die Entstehung von Änderungswiderstand und reduziert die Konflikt- und Widerstandsmöglichkeit bei der Implementierung von Strategien.

2. Organisatorische Konsequenzen von Strategien

Den Grundzusammenhang „Strategie und Organisation" haben wir bei der Diskussion des Bezugsrahmens der strategischen Unternehmungsorganisation konzeptionell erfaßt und beschrieben (vgl. Kapitel 3). Aufgabe dieses Abschnittes ist es, die Konsequenzen von Strategien auf die verschiedenen Elemente der Führungsorganisation aufzuzeigen.

2.1 Der Einfluß des Wettbewerbs auf die Führungsorganisation

Der situative Ansatz der Organisationslehre integriert die Unternehmungsorganisation mit der Unternehmungsumwelt und betont, daß jedes organisatorische Gestalten in Abhängigkeit vom **Kontext der Unternehmung** erfolgen muß und die Berücksichtigung der **Situationsvariablen** für den Erfolg der Organisationsmaßnahmen von entscheidender Bedeutung ist.

Ausgehend von diesen Überlegungen müssen wir bei der Konzeption der organisatorischen Konsequenzen verschiedener Strategien vor allem die **Wettbewerbssituation** der Unternehmung und/oder einzelner SGE beachten und ihre Relevanz für organisatorische Maßnahmen prüfen.

2.1.1 Strategie, Wettbewerb und Führungsorganisation

Aus der Analyse der relativen Stärken/Schwächen der Unternehmung, aus der Segmentierung von SGE und deren Positionierung im Portfolio der Unternehmung werden (Norm-) Strategien entwickelt. Sie stellen die Verhaltenskonsequenz des Managements im Wettbewerb mit Konkurrenten dar, womit unmittelbar organisatorische Problemstellungen der Unternehmungsführung tangiert werden.

In einer Situation schnellen Wachstums werden ganz andere Organisationsprobleme akut als bei inkrementalem Marktwachstum. Stagnierende Märkte verlangen nach anderen führungsorganisatorischen Maßnahmen als schrumpfende. Der Eintritt einer Unternehmung in einen zersplitterten Markt, in welchem kein Konkurrent einen nennenswerten Marktanteil besitzt, erfordert andere strukturelle Organisationsentscheidungen, um sich von den Mitbewerbern abzuheben, als in Branchen mit oligopolistischer Wettbewerbsstruktur, bei welcher relative Transparenz über Anzahl, Größe und Verhalten der Konkurrenten herrscht.

Die **Wettbewerbsstruktur** und der **Reifegrad des Marktes** (ausgedrückt durch die Stellung im Produkt-/Markt-Lebenszyklus) bestimmen direkt Zweck und Art des Einsatzes führungsorganisatorischer Elemente, wie z. B. Organisationsstruktur und Führungssysteme.

Die Formulierung, Entwicklung und Wahl von Normstrategien müssen in ihrer Komplexität ebenfalls aufgelöst werden, wenn überschaubare Kausalketten der strategischen Unternehmungsorganisation aufgezeigt werden sollen.

Dazu haben wir in Kapitel 2 festgehalten, daß Wachstums-, Halte- und Schrumpfungsstrategien, die am höchsten aggregierte Form von Strategien darstellen und deshalb als Normstrategien bezeichnet werden. Sie müssen als Zusammenfassung verschiedener Hilfsstrategien (z. B. Investitions-, Akquisitionsstrategien) und Funktionsbereichsstrategien (z. B. F&E-, Marketingsstrategien) verstanden werden. Je nach **Strategienprofil** werden unterschiedliche **Beziehungszusammenhänge** bei den Elementen der Führungsorganisation geschaffen.

So erfordert eine Wachstumsstrategie durch Markterschließung eine andere Gestaltung von Führungssystemen als die strategische Entscheidung, durch Diversifikation zu wachsen. Auch führen die beiden Wachstumsaspekte, internes und/oder externes Wachsen, zu organisatorisch unterschiedlich relevanten Problemstellungen. Ergibt sich bei einer Wachstumsstrategie durch Kauf einer ehemaligen Konkurrenzunternehmung (externes Wachstum) z. B. das Problem der

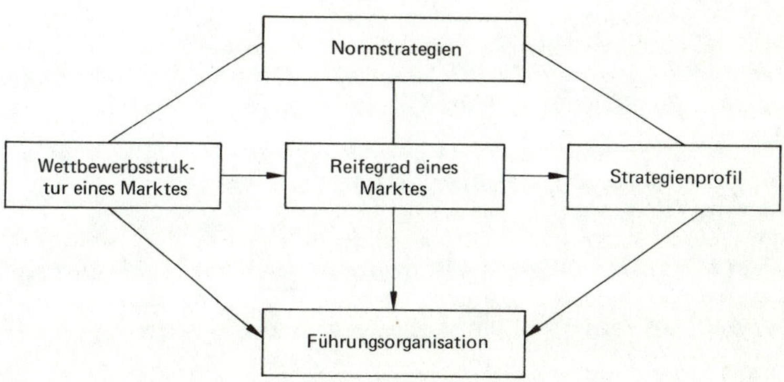

Abb. 4.15 Grundzusammenhang zwischen Strategie, Wettbewerb und Führungsorganisation

Eingliederung einer anders gewachsenen Unternehmungskultur in die eigene (cultural fit), so ist dieses Problem bei internem Wachstum nicht gegeben.

Zusammenfassend können wir sagen, daß auf die Führungsorganisation die **Wettbewerbsstruktur**, der **Reifegrad eines Marktes** und das **Strategienprofil** einer Normstrategie einwirken und die Gestaltung der Führungsmaßnahmen entscheidend beeinflussen.

2.1.2 Wettbewerbsstruktur eines Marktes und Führungsorganisation

Die Wettbewerbsstruktur eines Marktes wird durch verschiedene Faktoren bestimmt. Für die strategische Wettbewerbsanalyse besonders wichtige Faktoren der Wettbewerbsstruktur eines Marktes sind (vgl. Porter, 1980, S. 4ff.):

* Anzahl, Größe und Wettbewerbsverhalten unter den bestehenden Wettbewerbern (Rivalität unter den etablierten Unternehmungen)
* Anzahl und Größe potentieller Wettbewerber (Gefährdung durch neue Konkurrenten)
* Macht und Einfluß der Lieferanten
* Macht und Einfluß der Abnehmer
* technischer Fortschritt und Substitutionsprodukte (Gefährdung durch Substitutionsprodukte)

Hinterhuber (1982) ergänzt diese Liste von Wettbewerbsfaktoren noch um die Faktoren Verhalten der Arbeitnehmer (-organisationen) und Eingriffe des Staates.

Für den Objektbereich der strategischen Unternehmungsorganisation lassen sich aus diesen Faktoren der Wettbewerbsstruktur folgende Überlegungen ableiten:

a) **Rivalität unter Wettbewerbern** begründet ein Konkurrenzverhalten der Unternehmungen, welches auf die **Verdrängung** der Mitwettbewerber aus dem Markt abzielt und die Basis für eine strategische Orientierung der Unternehmungsführung bildet. Die Unternehmung **muß** – um im Verdrängungswettbewerb bestehen zu können – relative Wettbewerbsvorteile gegenüber den Konkurrenten besitzen und in den verschiedenen Unternehmungspotentialen (z. B. F&E, Marketing, Produktion) stärker sein als der stärkste Konkurrent. Das Organisationspotential einer Unternehmung ist ebenfalls als relativer Wettbewerbsfaktor zu verstehen (z. B. höhere Flexibilität der Unternehmungsorganisation und damit bessere Anpassungsfähigkeit, effizientere Planungs- und Kontrollsysteme).

Die Wettbewerbssituation in einem Markt wird in ihren Ausprägungen (z. B. Preiskampf, Werbung, Produktdifferenzierung) besonders von der Größe und Anzahl der im Wettbewerb stehenden Unternehmungen bestimmt. Der Konzentrationsgrad einer Branche sowie die Konkurrenzsituation der Anbieter in einem spezifischen Markt sind für die Richtung der Entwicklung und Implementierung von Strategien entscheidend. Dadurch wird ein wichtiger Kausalzusammenhang mit dem Problembereich der Führungsorganisation geschaffen:

Die Implementierung von Strategien in einem zersplitterten Markt stellt an die Gestaltung der Führungsorganisation die Anforderung, sich durch führungsorganisatorische Maßnahmen von der Masse der Konkurrenten abzuheben und

Führungsorganisation	Wettbewerbssituation		
	zersplitterter Markt	oligopolistischer Markt	monopolistischer Markt
Organisationsziele – Produktivität (Synergie, „fit") – Flexibilität (Slack) – Selbständigkeit – Sicherheit			
Organisationsstruktur – Aufgabendifferenzierung – Entscheidungszentralisation – Standardisierung			
Führungssysteme – Informationssystem (Planung/Kontrolle) – Motivations-/Anreizsysteme – Personalentwicklungssysteme			
Führungsstil – Aufgabenorientierung – Mitarbeiterorientierung – Koordination, Delegation – Konfliktualität			
Führungskräfte – Führungskräftenachwuchs, Stellenbesetzung – Qualifikation, Kapazität – Problemlösungspotential, Kreativität – Engagement (corporate identity)			

Abb. 4.16 Problemfelder der strategischen Unternehmungsorganisation bei unterschiedlichen Wettbewerbssituationen

sich zu unterscheiden. Gelingt diese Differenzierung nicht, kann das Organisationspotential nicht als relativer Wettbewerbsvorteil Verwendung finden. Eine Unternehmung hat in einem zersplitterten Markt erst dann Wettbewerbsvorteile, wenn es ihr gelingt, die für die Branche typischen Organisationsprobleme zu überwinden, indem sie

* ihre Organisationsziele auf die Erzielung größerer **Synergieeffekte** hin orientiert, organisatorischen Slack (Überschuß) reduziert und die Produktivität der Aufgabenerfüllung dadurch steigert (Erfahrungsökonomien schaffen durch Standardisierung, Rationalisierung und Reorganisation)
* für SGE **flexible Sekundärstrukturen** vorsieht, um der mangelnden Produktorientierung der Führungssysteme (z. B. Planungs-und Kontrollsysteme) entgegenzuwirken (stärkere Spezialisierung der Aufgabenerfüllung)
* verschiedene Produktionsstätten über EDV-Verbund z. B. in Produktionsplanung und -steuerung **koordiniert**
* den **Formalisierungsgrad** (organisatorische Richtlinien und Vorschriften) effizient erhöht und aufgabenorientiert die Leistungsstandards formuliert.

Oligopolsituationen des Wettbewerbs machen die Notwendigkeit eines „Sich-Abhebens“ von der Konkurrenz noch stärker. Dem Organisationsziel „Erhöhung der Produktivität“ muß durch ablauforganisatorische Reorganisationsmaßnahmen entsprochen werden. Dadurch leistet die Organisation einen Beitrag zur Reduzierung der Gemeinkosten, da preispolitischen Maßnahmen im Verdrängungswettbewerb eine entscheidende Bedeutung zukommt (Preispolitik und Erfahrungsökonomien). Organisatorische Flexibilität (z. B. durch Projektmanagement, SGE-Organisation) wird gleichzeitig erforderlich, um zuerst veränderten Marktverhältnissen strukturell gerecht zu werden.

Weitere Konsequenzen für die Führungsorganisation:

* Die Gefährdung durch potentielle bzw. neue Konkurrenten hängt von der Marktattraktivität ab. Sie ist umso höher, je größer z. B. die Wachstumsraten in diesem Markt sind. Vor allem die (Markt-)Eintrittsbarrieren (z. B. Größendegression, Kundenloyalität, Kapitalbedarf, Zugang zu Vertriebskanälen) sind für die Höhe der Marktattraktivität ausschlaggebend. Die Herausforderung an die **Führungsorganisation** besteht darin, durch ihren Beitrag die **Eintrittsbarrieren für Newcomer** möglichst so zu gestalten (z. B. durch Standardisierung, Zentralisation/Dezentralisation von Entscheidungsstrukturen), daß der Markt für diese an Attraktivität verliert.
* Organisationsziele und Führungsstil als Elemente der Führungsorganisation können durch den Wettbewerbsfaktor „Verhalten der Arbeitnehmer(organisationen)“ entscheidend beeinflußt werden, wie die Integration z. B. der Mitbestimmungsdiskussion in die Führungsorganisation der Unternehmungen zeigt.

Im Rahmen der strategischen Unternehmungsorganisation kommt der Wettbewerbsstruktur also eine große Bedeutung zu, führungsorganisatorische Maßnahmen – je nach Wettbewerbssituation verschieden –
a) einen relativen Wettbewerbsvorteil darstellen,
b) als Eintrittsbarrieren für potentielle Konkurrenten dienen und
c) als gesellschaftspolitisches Instrument der Unternehmungsführung verstanden werden können.

2.1.3 Reifegrad eines Marktes und Führungsorganisation

SGE als Produkt/Markt-Kombinationen sind im Prozeß des strategischen Managements Gegenstand strategischer Analysen. Die Entscheidungen über Normstrategien für SGE müssen zwingendermaßen die Position einer SGE im Produkt/Markt-Lebenszyklus berücksichtigen. Das Lebenszyklusmodell besteht in Analogie zum organischen Wachstum aus den Phasen Entstehung/Einführung (schnelles Wachstum), Reife (langsames Wachstum) und Sättigung/Degeneration (vgl. z. B. Szyperski/Wienand 1979, Dunst 1979).

Die strategische Unternehmungsorganisation muß der Unternehmungsführung aufzeigen, welche führungsorganisatorischen Probleme bei der Implementierung von Strategien in Abhängigkeit vom Reifegrad eines spezifischen Marktes (Position im Lebenszyklusmodell) entstehen und welche Elemente der Führungsorganisation welchen Beitrag zur Problemlösung leisten können. Problemfelder der strategischen Unternehmungsorganisation ergeben sich somit durch die Überlagerung der Führungsorganisation mit den Phasen des Produkt/Marktlebenszyklus.

Führungsorganisation	Reifegrad eines Marktes			
	junger Markt	wachsender Markt	reifer Markt	stagnierender, rückgängiger Markt
Organisationsziele – Produktivität (Synergie, „fit“) – Flexibilität (Slack) – Selbständigkeit – Sicherheit				
Organisationsstruktur – Aufgabendifferenzierung – Entscheidungszentralisation – Standardisierung				
Führungssysteme – Informationssystem (Planung/Kontrolle) – Motivations-/Anreizsysteme – Personalentwicklungssysteme				
Führungsstil – Aufgabenorientierung – Mitarbeiterorientierung – Koordination, Delegation – Konfliktualität				
Führungskräfte – Führungskräftenachwuchs, Stellenbesetzung – Qualifikation, Kapazität – Problemlösungspotential, Kreativität – Engagement (corporate identity)				

Abb. 4.17 Problemfelder der strategischen Unternehmungsorganisation bei unterschiedlichen Reifegraden eines Marktes

In den folgenden Abschnitten wird auf die Lebenszyklusphasen Wachstum, Reife und Sättigung noch eingehender Bezug genommen.

2.1.4 Strategienprofile und Führungsorganisation

Am Beispiel einer Wachstumsstrategie wurde mit Hilfe eines morphologischen Kastens die Kombinationsfunktion der Strategienprofile in Kapitel 2 dargestellt.

Ausgehend von der Charakterisierung einer SGE als Produkt/Markt-Kombination kann eine Wachstumsstrategie auf einer Marktintensivierung wie auch auf einer Diversifikation aufbauen. Sie kann durch Vorwärts- oder Rückwärtsintegration oder durch Kooperation unter Ausnützung von Synergiepotentialen in den Bereichen Technologie und/oder Markt realisiert werden. In allen Fällen werden die Konsequenzen für die Unternehmungsorganisation von der Strategie geprägt.

2.2 Wachstumsstrategien und Organisation

2.2.1 Charakterisierung von Wachstumsstrategien

Bei Wachstumsstrategien sind die strategischen Ziele grundsätzlich auf eine Erhöhung und Ausweitung des Marktanteils (relativen Marktanteils) in bestehenden bzw. auf die Gewinnung neuer Marktanteile in neuen Märkten ausgerichtet.

Durch das Streben nach mehr Marktanteil ergeben sich Folgewirkungen in den Führungs-, Versorgungs- und Vollzugsbereichen der Unternehmung, die auf die Entwicklung von SGE als funktionsfähige Organisationen im institutionalen Sinn weisen.

Wachstum einer SGE bedeutet eine Zunahme der Unternehmungspotentiale im Zeitablauf. Die Größenänderung bei Wachstumsstrategien konzentriert sich auf Veränderungen in den Dimensionen „Produkt" und „Markt" und kann durch internes und/oder externes Wachstum der Unternehmungspotentiale erfolgen.

Wachstumsstrategien sind die am höchsten aggregierte Form von Strategien (Normstrategien). Sie zeigen das grundsätzliche strategische Verhalten der Unternehmungsführung auf und bestimmen so die Veränderung der Größe von Unternehmungspotentialen im Sinn der Unternehmungsentwicklung (vgl. Kapitel 3). Sie werden zur Norm für die weitere Auswahl von Hilfs- und funktionalen Strategien, die als Strategienbündel in Form eines Strategienprofils die strategische Stoßrichtung einer SGE festlegen.

Bei der Gestaltung führungsorganisatorischer Maßnahmen für die Implementierung von Wachstumsstrategien ist die Berücksichtigung der folgenden **Merkmale wachsender Märkte** hilfreich (vgl. Porter, 1980, S. 159ff.):

* **Produktion:**
  - Kapazitäten voll ausgelastet bzw. überbelastet
  - Vorbereitung der Massenproduktion (Standardisierung)
  - Produktionsumstellungskosten werden größer
* **Marketing:**
  - Werbekosten relativ geringer als in Einführungsphase
  - „Flaschenhals"
  - Suche nach neuen (Massen-) Vertriebskanälen
  - Designwechsel weniger häufig
* **F&E:**
  - Verbesserung der Produktqualität
  - Verbesserung der Produktionstechnologie
* **Unternehmungsführung:**
  - Risiko wird durch Wachstumsrate relativiert
  - viele Konkurrenten
  - Markt wird von neuen Konkurrenten bedrängt
  - Möglichkeit, Qualitäts- und Preisimage zu ändern
  - Investitionen in das Marketing
  - horizontale und vertikale Integration
  - hohe Gewinne
  - bestes Akquisitionsklima
  - rezessionssichere Phase.

2.2.2 Organisationsprobleme in wachsenden Märkten

Die kurze Charakterisierung der Wettbewerbs- und Organisationssituation gibt deutliche Hinweise auf die Herkunft organisatorischer Problemstellungen:

* Die **Beziehungsintensität** zwischen den Aufgabenbereichen ist zu stark, d.h. die Verflechtung z.B. bei einer Aufgabengliederung nach Funktionsbereichen mit anderen Funktionsbereichen wird zu komplex und der Koordinationsaufwand zu hoch. Die horizontale Autonomie muß erweitert werden. *Hill* et al. (1980, S. 188) stellen dazu fest, daß eine Gliederung der Aufgaben nach Regionen oder Produkten im allgemeinen zu größerer horizontaler Autonomie führt als eine Gliederung nach Funktionsbereichen.

* Der **Aufwand für Kompetenzabgrenzungen** (Organisationsrichtlinien, Stellenbeschreibung) und die **Häufigkeit von Kompetenzkonflikten** nimmt zu. Die Beziehungsintensität zwischen über- und untergeordneten Stellen ist zu groß. Vorgesetzte beschäftigen sich zu stark mit den (gewachsenen) Routineaufgaben und werden ihren Führungsfunktionen nur unzureichend gerecht (Kapazitätsengpässe bei den Managern).

* Es erfolgt **ein Wechsel in der Qualifikationsstruktur** der Organisationsmitglieder. Der Bedarf an Facharbeitern wird relativ zur Beschäftigtenanzahl in der Produktion geringer. Durch die Möglichkeit, Massenfertigung zu betreiben, werden erhöht Rationalisierungsinvestitionen getätigt und die nicht automatisierbaren Arbeitsabläufe in sehr kurze Arbeitszyklen zerlegt. Hohe Aufgabenstrukturierung verursacht wiederum einen Rückgang der Arbeitsanforderungen an die menschliche Arbeit (Monotonie). Durch die Änderung der Mitarbeiterstruktur gegenüber der Pionierphase treten Identifikations- und Kommunikationsprobleme unter den Mitarbeitern auf (Arbeitszufriedenheit, -motivation verlangt neue Impulse).

* Der **Formalisierungsgrad** nimmt zu, da die Differenzierung und der Umfang der zu erfüllenden Aufgaben zu groß ist. War das hohe Ausmaß an Flexibilität in der Einführungsphase von entscheidender Bedeutung, so wirkt sie nun aufgrund des höheren Integrationsbedarfs destabilisierend.

2.2.3 Bedeutung von organisatorischen Slack- und Synergiepotentialen

Szyperski/Winand definieren den Synergieeffekt in dem Sinn, „daß die Integration von Teilsystemen oder singulären Maßnahmen zu einem Ganzen häufig einen höheren Zielerreichungsgrad bewirkt als die Addition der erzielbaren Einzelleistungen oder -ergebnisse. Das Erkennen, Fördern und Nutzen dieser sogenannten multiplikativen oder Interdependenzeffekte in Systemen kann zu den fundamentalen strategischen Aufgaben der Unternehmungsleitung gerechnet werden. Stärke und Bestimmungsfaktoren des Synergiepotentials variieren, je nachdem ob eine neue Produkt-Markt-Kombination integriert (start-up synergy) oder eine bereits bewährte betrieben oder „gewartet“ werden soll (operating synergy)“ (Szyperski/Winand, 1980, S. 47).

Das Synergiepotential von Maßnahmen der strategischen Unternehmungsorganisation beeinflußt die Wahl strategischer Alternativen. Wird es möglich, durch eine entsprechende Gestaltung der Führungsorganisation Synergieefekte zu nutzen, leistet sie einen wichtigen Zielerreichungsbeitrag.

Auf die Nutzung solcher Synergieeffekte ist besonders in der **Wachstumsphase** zu achten. So werden beispielsweise gerade bei **Akquisitionsstrategien** das Erzielen und die Nutzung von Synergiepotentialen als Hauptargumente in die Diskussion der Strategienauswahl eingebracht. Daß diese Absichten effektiv dann nur zu relativ bescheidenen oder gar keinen synergetischen Erfolgen führen, liegt oft im Mangel an führungsorganisatorischen Vorbereitungs- bzw. Analysemaßnahmen. Der Eignung einer Akquisition bezüglich Eingliederung in die Unternehmung (Stammhaus), der Frage nach dem „organizational fit" einer Akquisition wird zu wenig Augenmerk seitens der strategischen Entscheidungsinstanzen geschenkt.

Generell können Synergieeffekte bei der Stellenbildung in einer Organisation nach Funktionsbereichen besser realisiert werden, als bei produkt- oder marktspezialisierten Organisationsstrukturen (z. B. durch Vermeidung von Doppelarbeiten, Erreichung der „kritischen" Mengen zum Einsatz effizienterer Aufgabenerfüllungsverfahren = Verbundvorteil der größeren Handlungseinheit).

Anders verhält es sich mit dem **Slackpotential** einer Organisation. Instrumentell verstanden besteht der **organisatorische Überschuß** (slack) in der bewußten Bereitstellung einer Strukturierungsleistung, die zum gegenwärtigen Zeitpunkt überdimensioniert oder nicht genutzt wird (vgl. Bleicher 1979, S. 60).

Das Slackpotential liefert einen Puffer für Strukturierungsleistungen, der es ermöglicht, notwendige organisatorische Änderungen so aufzufangen und zu integrieren, daß umfangreiche Reorganisationsmaßnahmen nicht bei jedem kleinen Änderungsimpuls erforderlich werden. Wenn nun die Unternehmung im Wachstumsprozeß komplexere Aufgaben- und Problemstellungen zu bewältigen hat, wird dieser organisatorische Überschuß schrittweise abgebaut.

„Die Unternehmung kann ihre Ziele marktorientiert ändern, ohne deshalb dabei zugleich eine Reorganisation des Gesamtsystems oder einzelner Subsysteme vornehmen zu müssen. Die hieraus resultierende Flexibilität der Unternehmung am Markt wird sich dann auch in der Rentabilität niederschlagen, wenn die Aufwendungen für die Schaffung und Bereitstellung des organizational slack niedriger sind als die Erträge, die aufgrund der höheren Flexibilität – z. B. zur Erringung eines Wettbewerbsvorsprungs – erzielt werden. Unter dieser längerfristigen Perspektive erscheint der organisatorische Überschuß als Beitrag zur Steigerung der Wirtschaftlichkeit der Unternehmung" (Bleicher, 1979, S. 60f.). Kurzfristig kann er allerdings als Faktor der Unwirtschaftlichkeit angesehen werden.

Organisatorische Überkapazität bzw. zu wenig ausgelastete Organisationskapazitäten stellen in gewissem Sinn Leerkosten dar, die in Phasen abnehmenden Wachstums als Opportunitätskosten sicher nicht mehr zu rechtfertigen sind.

2.2.4 Führungsorganisation bei internem Wachstum

Internes Wachstum wollen wir als ein Wachstum einer SGE oder einer Unternehmung als Ganzes verstehen, das Größenänderungen **aus sich selbst heraus** generiert und auf einer Werthaltung des Managements basiert, die relative Unabhängigkeit und Eigenständigkeit im Verlauf der SGE/Unternehmungsentwicklung fordert. Als Folge werden z. B. Akquisitions-, Beteiligungs- und Kooperationsstrategien bewußt nicht in das Strategienprofil zur Realisierung von Wachstumsstrategien aufgenommen. Die SGE/Unternehmung soll die Herausforderungen eines wachsenden Marktes an die Führungsorganisation aus sich selbst heraus

Führungsorganisation	Wachstum durch (intern/extern)						
	Marktdurchdringung	Marktentwicklung/ Markterschließung	Produktentwicklung/ Programmerweiterung	Diversifikation	Horizontale Integration	vertik. Integration	
						Vorwärtsintegration	Rückwärtsintegration
Organisationsziele – Produktivität (Synergie, „fit“) – Flexibilität (Slack) – Selbständigkeit – Sicherheit							
Organisationsstruktur – Aufgabendifferenzierung – Entscheidungszentralisation – Standardisierung							
Führungssysteme – Informationssystem (Planung/Kontrolle) – Motivations-/Anreizsysteme – Personalentwicklungssysteme							
Führungsstil – Aufgabenorientierung – Mitarbeiterorientierung – Koordination, Delegation – Konfliktualität							
Führungskräfte – Führungskräftenachwuchs, Stellenbesetzung – Qualifikation, Kapazität – Problemlösungspotential, Kreativität – Engagement (corporate identity)							

Abb. 4.18 Problemfelder der strategischen Unternehmungsorganisation bei internem Wachstum

bewältigen und nicht durch externe Dritte in dieser Entwicklung „gestört“ werden.

Die Bildung von Strategienprofilen hat uns gezeigt, daß Wachstumsstrategien je nach Lage des Profils ganz unterschiedliche Auswirkungen auf die Führungsorganisation haben können (vgl. Kapitel 2).

Die Produkt/Markt-Matrix besitzt als strategische Analysemethode neben anderen (z. B. Erfahrungskurven-, Portfolio-Methode) große Bedeutung für die Entwicklung von Strategien und die Darstellung organisatorischer Konsequenzen von Strategien besitzt.

2.2.4.1 Wachstum durch Marktintensivierung und Marktdurchdringung

Wenn wir von einer Unternehmung mit einer verrichtungsorientierten Organisationsstruktur ausgehen, bedeutet internes Wachstum durch Marktdurchdringung eine **Konzentration der Führungsorganisation** auf die Funktionsbereiche Absatz (Verkauf, Marketing) und Produktion.

* **Organisationsstruktur:**
  Höhere Flexibilität im Verkauf kann strukturell durch Aufgabendifferenzierung nach Produktgruppen/SGE realisiert werden. Eine stärkere Orientierung am Markt durch Objektzentralisation (Produkte/SGE) erlaubt, das Produktmanagement-Denken in die Unternehmung hineinzutragen und Produkt/SGE-Verantwortlichkeiten bestimmten Organisationsmitgliedern zuzuordnen. **Produktverantwortung** kann zuerst in **einem** Funktionsbereich eingeführt werden, bevor die gesamte Unternehmung matrixartig durch Produkt/SGE-Organisationsbereiche horizontal überlagert wird.

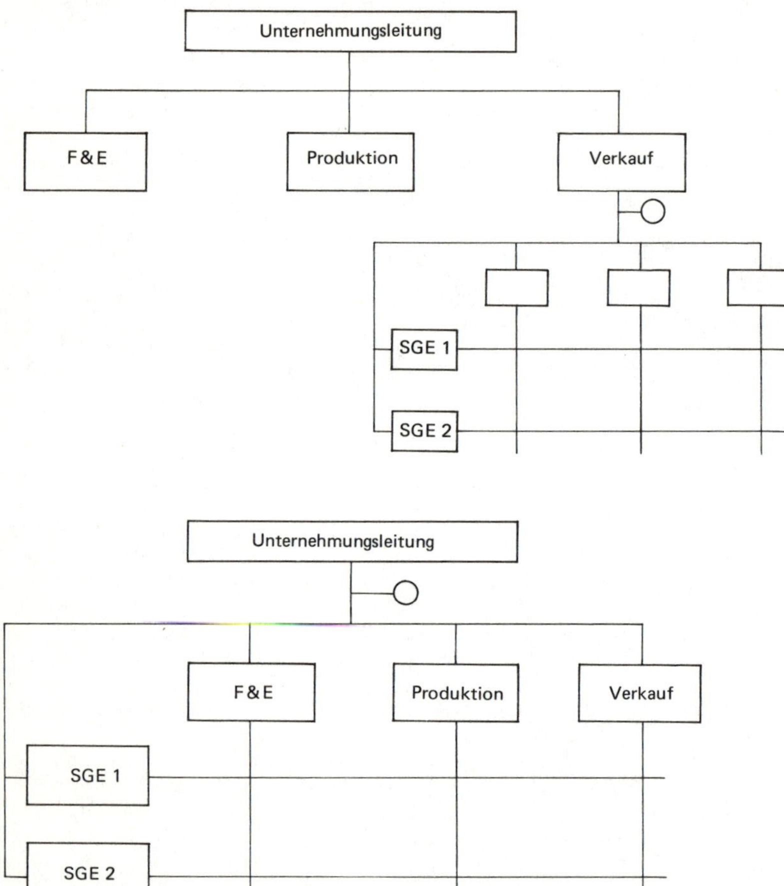

Abb. 4.19 Strukturelle Möglichkeiten bei einer Wachstumsstrategie durch Marktdurchdringung

Die Spezialisierung von Leitungsfunktionen wird im Verkauf die Bildung eigener Abteilungen für die Erfüllung der nun intensiver und systematischer durchzuführenden Aufgabenbereiche wie z. B. Marktanalysen, -forschung und -bearbeitung entweder mit Stabs- oder Linienautorität zur Folge haben.

* **Führungssysteme:**
  Marktdurchdringung macht **Informationssysteme** notwendig, die produktgruppen-/kundengruppen-/vertriebsgruppen-/regionalgruppenorientiert konzipiert und aufgebaut sind.

  Die rein funktionelle, für alle Produkte/SGE gleichermaßen zuständige Autorität muß aufgehoben werden. Planungs- und Kontrollsysteme müssen in der Lage sein, strategisch relevante und richtige Daten erfassen und als Entscheidungsgrundlage den Managern zur Verfügung stellen zu können. Dies gilt besonders für die Koordination zwischen den Funktionsbereichen Produktion und Verkauf. Dem Aufbau von Planungs-, vor allem aber von Dispositionssystemen ist bei dieser Wachstumsstrategie größtes Augenmerk zu schenken.

  Diese Umstellung bei Informationssystemen macht aber auch eine Umstellung bei Motivations- und Anreizsystemen notwendig. Die Investitionsstrategien des strategischen Managements in Richtung verstärkte Produkt/Markt-Anstrengungen müssen ihren Ausdruck auch in einer stärkeren **Produkt-/Marktorientierung** bei der Konzeption und Anwendung von **Motivations- und Anreizsystemen** finden. Produkt-/Marktkriterien als Maßstab der Kaderentwicklung (Führungskräftenachwuchs) müssen Berücksichtigung finden.

2.2.4.2 Wachstum durch Marktentwicklung und Markterschließung

Durch die Erschließung neuer Märkte mit vorhandenen Produkten oder Produktgruppen können ebenfalls Wachstumsstrategien realisiert werden. Voraussetzung ist die Überwindung der Eintrittsbarrieren, die etablierte Konkurrenten in den für sie bekannten, für die in diese Märkte eintretende Unternehmung aber neuen Markt aufgebaut haben. Die Unterscheidung in regionale, nationale, internationale und globale Markterschließung wird eine konsequente Marktsegmentierung bei der Entwicklung der Wachstumsstrategien berücksichtigen müssen.

Grundlegendes Organisationsziel ist die Ausweitung der Geschäftsvolumina unter den Kriterien Risiko und Kapazität (Unternehmungspotential, relative Wettbewerbsvorteile) führungsorganisatorisch in den Griff zu bekommen.

* **Organisationsstruktur:**
  Eine **Aufgabendifferenzierung nach Märkten** bzw. nach Regionen wird z. B. bei einer Organisationsstruktur nach Verrichtungen/Funktionsbereichen zunehmend notwendiger. Auch hier ergibt sich die Möglichkeit, den Verkauf zuerst nach Regionen zu gliedern, bevor Regionalmanager die Betreuung der Märkte quer über die Funktionsbereiche hinweg produkt- und funktionalorientiert übernehmen und wiederum im Sinn einer Matrixform (Sekundärorganisation) mit den Abteilungen der Primärstruktur koordinieren. Eine Organisationsstruktur, die vor allem bei Internationalisierungsstrategien für SGE vorgesehen sein kann, stellt *Bleicher* (1979, S. 116) vor.

  Die Bildung einer „Internationalen Abteilung“ stellt eine Übergangsform zu der oben erwähnten Matrixorganisation nach Regionen dar.

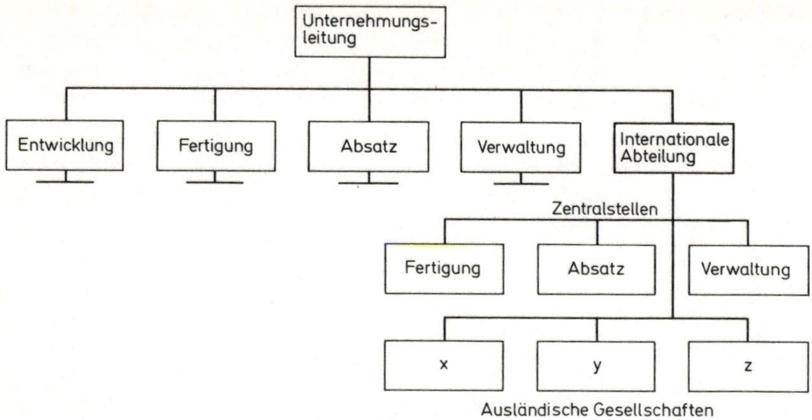

Abb. 4.20 Verrichtungsorganisation mit „Internationaler Abteilung" (nach Bleicher, 1979)

Den internationalen Belangen kommt in dieser Situation ein noch größeres Gewicht zu. Es erfolgt eine Zusammenfassung aller mit der regionalen Steuerung des Auslandsgeschäftes verbundenen Aufgaben in einem Sondergeschäftsbereich, der „Internationalen Abteilung" („International Division", bei US-Unternehmungen auch „Overseas Operations"). Dieser Übergangstyp eines Organisationsmodells zur Markterschließung stellt die Bedeutung des internationalen Geschäftes für die Unternehmungspolitik auch organisatorisch deutlich heraus. Die Gestaltung der Verteilungs- und Arbeitsbeziehungen zwischen dem verrichtungsgegliederten Stammhaus und der internationalen Abteilung bleibt aber fast immer vom Ansatz her problematisch (vgl. *Bleicher*, 1979, S. 114).

* **Führungssysteme:**
  Den Planungssystemen kommt bei der Markterschließung vor allem eine wichtige **Koordinationsfunktion** zwischen den diversen Verkaufsabteilungen (Verkaufsstellen im In- und Ausland) und den oft nur an einem Ort, nämlich am Standort des Stammhauses sich befindlichen Produktionsstätten. Dazu kommen noch die stark zunehmenden Anforderungen an Distributionssysteme (Logistik), hervorgerufen durch eine Situation nationaler Produktion bei internationalisiertem Verkauf.

  Das Berichtswesen erfordert neben funktionalen und produktorientierten noch zusätzlich die Berücksichtigung **regionaler Kontrollsysteme**. Sehr oft kommt es dadurch auch zur Bildung zentraler Stabsstellen, die unabhängig von den Informationen der Verkaufsstellenleiter die Marktattraktivität bzw. die Markt- und Wettbewerbssituation in den verschiedenen, durch die Verkaufsniederlassungen betreuten Regionen überprüfen und an die Unternehmungsleitung direkt berichten. Sie werden deshalb der Unternehmungsspitze direkt unterstellt, weil erst dadurch eine Steuerung der relativ **autonomen Außenstellen** möglich wird.

* **Führungskräfte:**
  Bei der Internationalisierung des Verkaufs (Export) muß die **Qualifikationsstruktur** des Managements einer besonderen Analyse unterworfen werden. Or-

ganisationsmitglieder, die bisher in regionalem und nationalem Kontext ihre Aufgaben erfüllt haben, sind kapazitätsmäßig überfordert, im Rahmen von Wachstumsstrategien „auf einmal" in internationalen Maßstäben zu denken und zu handeln. Sprach- und Kulturprobleme werden so zu **Eintrittsbarrieren**, die bei der Konzeption der Strategien ursprünglich nicht ins Kalkül gezogen wurden. Auch die berufliche Mobilität wird als Problem anders zu behandeln sein als bei Wachstumsstrategien durch Produktentwicklung.

2.2.4.3 Wachstum durch Produktentwicklung

Die Unternehmung will mit Produktinnovationen, -verbesserungen und durch Erweiterung ihres Produktionsprogrammes in ihren etablierten Märkten auftreten, ihren alten Kunden zusätzliche Verbraucherbedürfnisse befriedigen und diese neuen oder verbesserten Produkte/Dienstleistungen über die ihr bekannten Vertriebskanäle verkaufen. Dadurch soll Wachstum für die Zukunft gesichert werden.

Waren es bei den bisher kurz diskutierten Strategien internen Wachstums die Funktionsbereiche Produktion und Verkauf, so wird unter dem Aspekt der Produktentwicklung die **Integration des Funktionsbereiches F&E** noch zusätzlich notwendig. Erst dann ist es nämlich möglich, den Anforderungen des Innovationsmanagements (vgl. Thom, 1980, Schertler, 1981 b,) zu entsprechen und alle Funktionen im Innovationsprozeß intern zu gestalten, zu koordinieren und zu steuern.

* **Organisationsstruktur:**
  Für den Erfolg von Innovationsprozessen ist die richtige und frühzeitige Anwendung **flexibler Organisationsformen** wichtig. Der Einsatz von Projektgruppen als zeitlich begrenzte Sekundärstruktur erlaubt eine konsequente organisatorische Begleitung von Produktinnovationen von der Konzeptualisierungs- bis zur Kommerzialisierungsphase im Innovationsprozeß. Ihre Anwendung ist betriebsgrößenneutral, so daß auch Kleinunternehmungen sich dieser Organisationsform ohne wesentliche Kostenbelastung bedienen können, um damit effizienter das Ideen- und Kreativitätspotential der Organisationsmitglieder nutzen zu können.

  Bei den komplexen Organisationsstrukturen von multinationalen **Großunternehmungen** stellt sich – trotz hoher Investitionen in die F&E-Zentralen – das Problem der mangelnden Flexibilität der Führungsorganisation. Durch Organisationsrichtlinien geregelte Entscheidungsprozesse, durch Dienstweg- und andere Vorschriften, mit denen das Verhalten der Organisationsmitglieder gesteuert wird, entsteht das **Dilemma Innovationsdynamik – Bürokratie**.

  Lösungsansätze dafür finden sich in **neuen Strukturformen** wie z.B. Innovation-/Venture-Teams, technology gate-keeper, technology scouts, etc.. Diese Teams sind in der Regel für eine bestimmte Zeit aus der Unternehmungshierarchie ausgegliedert (task-forces), haben direkten Informationszugriff durch direkte Unterstellung unter den Vorstand und verfügen über hohe Entscheidungsautonomie.

* **Führungssysteme:**
  Die Innovationsverantwortung stellt eine nicht delegierbare Führungsverantwortung des Top Managements dar. Aufgrund ihrer großen strategischen Tragweite muß die Unternehmungsleitung dafür Sorge tragen, daß die not-

wendigen Planungs- und Informationssysteme aufgebaut werden. Systematische Analysen der Veränderung des Verbraucherverhaltens, Zugang zu technologischen Datenbanken, technology assessment, etc. sind nur einige Problemhinweise für die Gestaltung von innovationsfreundlichen Informationssystemen.

* **Führungsstil und Führungskräfte:**
Innovation erfordert in erster Linie **freie** und **offene Kommunikation.** Das Führungsverhalten der Manager muß sich dementsprechend auf die Förderung teamorientierter Willensbildungs- und -durchsetzungsprozesse konzentrieren. Die Realisierung eines kooperativen Führungsstils unterstützt auch die Freisetzung kreativer Ideen und Problemlösungsvorschläge besser als autoritäre, bürokratischen Machtstrukturen entspringende Formen des Führungsverhaltens.

  Im Rahmen der Personal- bzw. Organisationsentwicklungsaufgaben liegt es in der Verantwortung der Führungskräfte, die Voraussetzungen für eine lernfähige und fortschrittsfähige Organisation durch entsprechende führungsorganisatorische Maßnahmen zu schaffen.

2.2.4.4 Wachstum durch Diversifikation

Die Ableitung des Diversifikationsbegriffs aus der Produkt-Markt-Matrix charakterisiert die Diversifikation als Strategie, Wachstum durch die Einführung eines neuen Produktes auf einem neuen Markt zu erzielen.

Wittek (1980) hat sich in seiner Arbeit intensiv mit den Problemen der strategischen Unternehmungsführung bei Diversifikation auseinandergesetzt und dabei vor allem die Notwendigkeit einer strategisch brauchbaren **Segmentierung von Produkt/Markt-Kombinationen** als Hauptproblem der Diversifikation beschrieben. Die klare Segmentierung eines Geschäftes zeigt erst dessen Diversifikationsgrad an. Durch die Segmentierung müssen sowohl die Kriterien Produkt und Markt als auch deren Merkmalsausprägungen „alt“ und „neu“ geschäftsspezifisch geklärt werden, da das Schema der Produkt-Markt-Matrix die Frage offen läßt, wie neue Produkte und Märkte von bestehenden abgegrenzt werden sollen. „Bei richtiger strategischer Segmentierung kann z. B. eine Diversifikation vorliegen, wenn ein Unternehmen

- ein bestehendes Produkt erstmals in einem anderen nationalen Markt mit eigenen Wettbewerbern und Erfolgsbedingungen anbietet;
- neben einer bestehenden Produktart (z. B. Filterzigaretten) eine verwandte Produktart (z. B. Zigaretten ohne Filter) anbietet;
- ein bestehendes Produkt unter einer anderen Marke anbietet und es für ein anderes Segment positioniert (z. B. langlebige Konsumgüter nicht unter dem Markennamen des Herstellers, sondern unter dem Namen eines Versandhauses).

Es ist wesentlich für den Erfolg von neuen Markteintritten, das Vorliegen einer Diversifikation zu erkennen. Damit wird sichergestellt, daß nicht einfach eine alte Strategie auf den neuen Markt mit seinen eigenen Erfolgsbedingungen übertragen wird“ (Wittek, 1980, S. 181).

Auch Wachstum durch Diversifikation kann unternehmungsintern und/oder unternehmungsextern (z. B. Akquisition, Beteiligung, Kooperation) durchgeführt werden. Bei **interner Diversifikation** setzt eine Unternehmung ausschließlich unternehmungseigene, vorhandene oder neu zu beschaffende Ressourcen ein, deren Ausmaß von der Positionierung der SGE im Portfolio abhängt, die Gegenstand einer internen Diversifikationsstrategie ist.

Stellen wir nun die Frage nach den Auswirkungen von Diversifikationsstrategien auf die Gestaltung der Führungsorganisation, so wollen wir – ungeachtet der Schwierigkeiten einer Segmentierung von SGE im Rahmen der strategischen Planung – von der Überlegung ausgehen, daß die Organisation als Instrument der Unternehmungsführung einen Beitrag zur Lösung des Problems „neues Produkt auf neuen Markt“ leisten muß. Es stellen sich in diesem Zusammenhang folgende führungsorganisatorische Probleme.

* **Organisationsziele:**
Interne Diversifikation erfordert **hohe Flexibilität** in Organisationsstrukturen und -prozessen. Werden im Rahmen der Primärstruktur nicht explizit „Freiräume“ für die freie Entfaltung der Kreativitäts- und Kommunikationspotentiale der Organisationsmitglieder (z.B. freier Informations-, Datenzugang, Entscheidungsfreiräume) geschaffen, können die für die strategische Orientierung wichtigen Aufgaben der Markt- und Produktentwicklung nur ungenügend wahrgenommen werden.

  Organisationsziele müssen sowohl auf eine Erhöhung der organisatorischen Anpassungsfähigkeit der SGE/Unternehmung als auch auf die Erhöhung der Selbständigkeit der Organisationsmitglieder ausgerichtet sein. Diversifikation erfordert einen hohen Reifegrad der Organisationsmitglieder, da die Möglichkeiten einer Aufgabenstrukturierung bei Diversifikationsstrategien nur in sehr geringem Umfang gegeben sind (vgl. auch Hinterhuber, 1980, S. 242ff.).

* **Organisationsstruktur**
Strukturell entsteht durch Diversifikationsstrategien das Problem der **Berücksichtigung produkt-**(objekt-) **und markt-**(regional)**orientierter Dimensionen** der Organisationsstruktur.

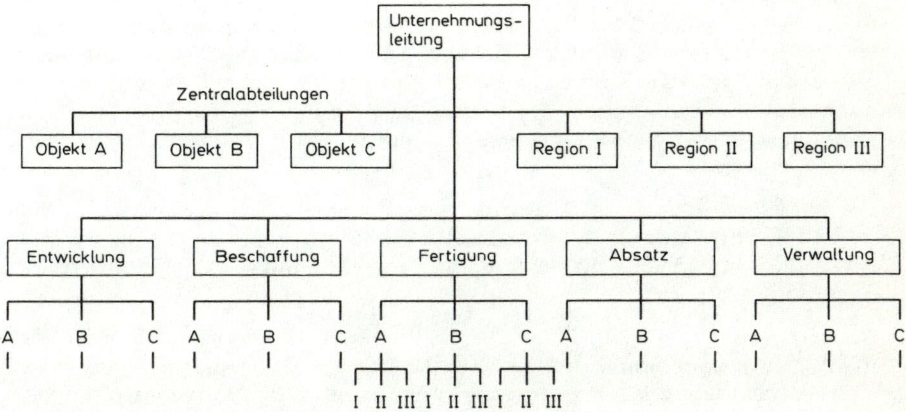

Abb. 4.21 Regionalableitungen (I, II, III) in einer Verrichtungsorganisation mit Produktmanagern (A, B, C) (nach Bleicher, 1979)

Bleicher (1979, S. 119ff.) schlägt dazu die folgenden Strukturierungsmodelle bei einer Primärorganisation nach Funktionsbereichen bzw. bei Divisionalorganisation vor:

In Divisionalstrukturen führt bei internem Wachstum eine Diversifikationsstrategie sicher nicht gleich zur Bildung einer eigenen Division. Je nach spezifischer Unternehmungssituation und SGE-Organisation werden anfangs Diversifikationen strukturell entweder Zentralstellen oder einzelnen Divisionen (Sparten) zugeordnet, da die **Kostenbelastung** einer Divisionsbildung erst in einem späteren Entwicklungsstadium des SGE-Wachstums risikomäßig verantwortbar wird.

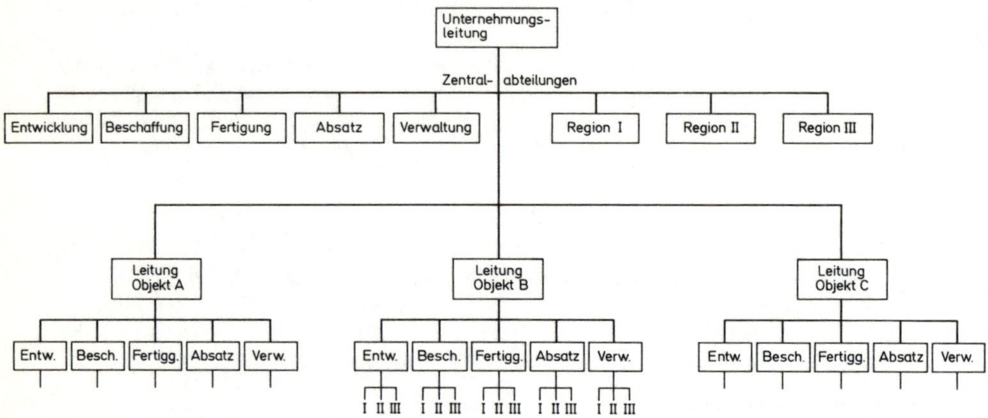

Abb. 4.22 Regionalzentralabteilungen in einer Divisionalorganisation (Objekt-) mit zentralen Funktionsbereichen (nach Bleicher, 1979)

Eine im spezifischen Fall geeignete und kostenoptimale organisatorische Lösung bietet auch die Matrixorganisation an (als definitive oder als Übergangsform). Durch die explizite Berücksichtigung einer Sekundärstruktur gelingt es ihr, die bei Diversifikationen gleichwichtigen Markt- und Produktdimensionen strukturell zu integrieren, wodurch die Matrixorganisation die oben erwähnten Organisationsziele der Flexibilität, Anpassungsfähigkeit und Selbständigkeit der Organisationsmitglieder entsprechend in ihrer Realisierung unterstützt.

Die Implementierung von Diversifikationsstrategien erlaubt (wenn wir zeitlich in Einführungs- und Institutionalisierungsphase differenzieren) sicher auch eine zeitlich begrenzte, sehr flexible Form einer Sekundärstruktur: die Projektorganisation.

Bei verrichtungs- und objektgerichteten Primärstrukturen lassen sich Diversifikationsteams im Sinne von task-forces, die aus der Unternehmung unter Umständen sogar ausgegliedert sein können (vgl. z.B. Innovationsgruppen-, technology gatekeeper-Organisationsformen), strukturell durch diversifikationsorientierte Zuordnung von Aufgaben-, Kompetenz- und Verantwortungsbereichen einrichten.

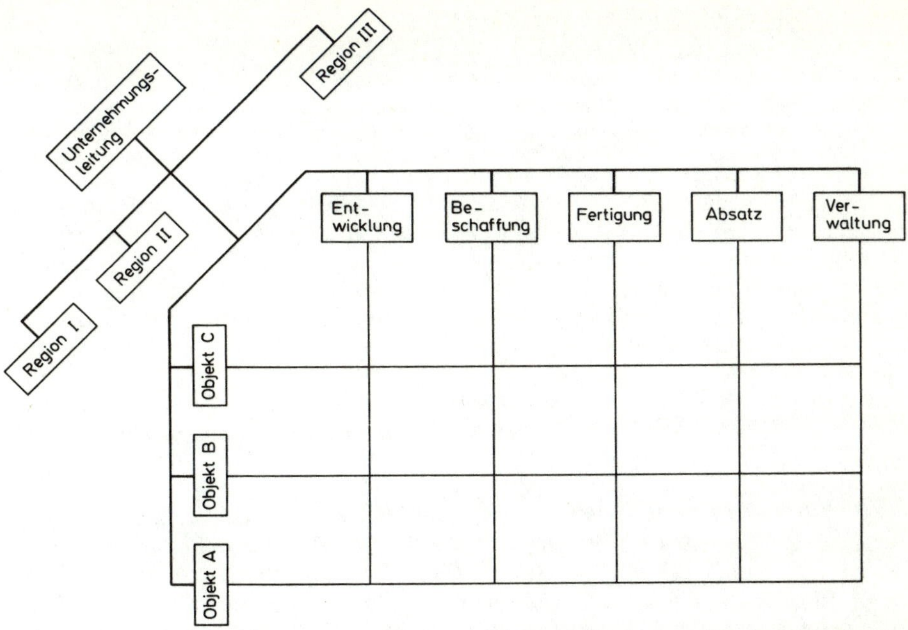

Abb. 4.23 Matrixorganisation aus Verrichtungen und Objekten mit Regionalzentralabteilungen (nach Bleicher, 1979)

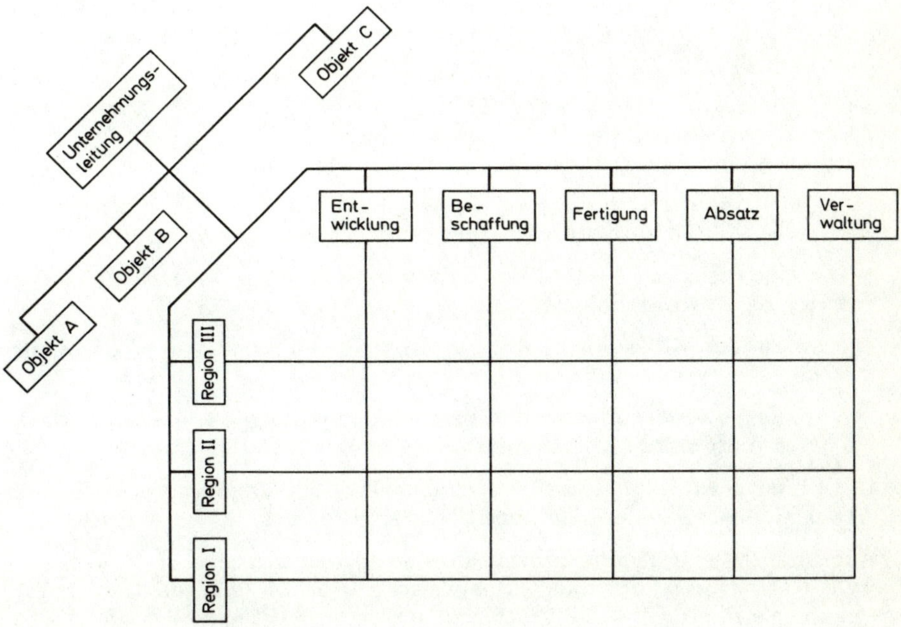

Abb. 4.24 Matrixorganisation aus Regionen und Verrichtungen mit Objektzentralableitungen (nach Bleicher, 1979)

* **Führungssysteme und Führungskräfte:**
  Von der Güte der Marktsegmentierung hängt der Erfolg der Strategienentwicklung und -implementierung in entscheidender Weise ab (vgl. auch Hinterhuber, 1980, Wittek, 1980). Deshalb muß dem Aufbau und der Funktionstüchtigkeit von **strategischen Planungs- und Kontrollsystemen** größte Aufmerksamkeit zukommen.

Personalentwicklungssysteme verlangen eine Orientierung an den Anforderungsprofilen, die durch die SGE-Organisation von den Mitarbeitern gefordert werden. Bei internen Diversifikationsstrategien können SGE nur aus eigenem Humankapital aufgebaut werden. Diesem Aspekt kommt bei den führungsorganisatorischen Maßnahmen der **Kaderentwicklung** große Bedeutung zu: Diversifikationsstrategien wirken sich auf die Entscheidungen zur Heranbildung des Führungskräftenachwuchses für eine SGE-Leitung insofern aus, als „general management"-Qualifikationen und weniger funktionsspezifische Fähigkeiten gefordert werden.

2.2.5 Führungsorganisation bei externem Wachstum

Bei *externem Wachstum* orientiert sich die strategische Stoßrichtung der Unternehmung an unternehmungsexternen Wettbewerbspotentialen. Eine SGE soll durch Einsatz von Ressourcen, die **außerhalb der Unternehmung** gewachsen sind, aufgebaut und entwickelt werden. Bei der Implementierung dieser Strategien wird die Gestaltung der Organisation von SGE bzw. der gesamten Unternehmung davon abhängen, ob die externen Kapazitäten durch Akquisition oder durch Kooperation (Joint Ventures) erfolgen. Je nach Art und Intensität der Einbindung bzw. organisatorischen Eingliederung dieser externen Ressourcen (Kapazitäten) in die (Stamm-) Unternehmung (Beziehungsintensität), werden die führungsorganisatorischen Konsequenzen der Strategien verschieden sein (z. B. Fusion oder Beteiligung).

Die **Gründe** der Unternehmungsführung, für bestimmte SGE **Akquisitions- und/oder Kooperationsstrategien** zu implementieren, liegen z. B. in den folgenden strategischen Überlegungen:

* Die **Eintrittsbarrieren** in einen neuen Markt sind bei internem Wachstum zu kostspielig (Markteintritt durch Akquisition).

  • Die Unternehmung findet keinen **Zugang zu neuen Technologien und Produkten** („Schlüsseltechnologien").

* Die **Anzahl der Mitbewerber** soll **reduziert** werden (Akquisition von Konkurrenten).

* Das **Gewinnpotential** soll **generell erhöht** werden (Nutzung von Synergieeffekten durch Akquisition/Kooperation).

* Der **Umsatzanteil** soll innerhalb kurzer Zeit **drastisch verbessert** werden (durch Akquisition/Kooperation Umsatzerhöhung z. B. in drei Jahren um 50%).

Akquisitions- und Kooperationsstrategien werden meistens im Zusammenhang mit Diversifikationsstrategien entworfen, wobei die diversifizierende Unternehmung sich Potentialen und Kapazitäten bedient, die außerhalb der Unternehmung bereits existieren. Deshalb wird bei Markteintritt durch Akquisition die Anzahl der im Wettbewerb stehenden Unternehmungen in einem spezifi-

<table>
<tr><th rowspan="3">Führungsorganisation</th><th colspan="5">Unternehmensbezug</th></tr>
<tr><th colspan="2">Akquisition</th><th colspan="2">Kooperation
(Joint Venture)</th><th rowspan="2">Eigenständigkeit</th></tr>
<tr><th>mit formaler Eingliederung in Ug.</th><th>ohne Eingliederung in Ug.</th><th>mit Unternehmungspotentialen</th><th>rein finanziell</th></tr>
<tr><td>Organisationsziele
– Produktivität (Synergie, „fit")
– Flexibilität (Slack)
– Selbständigkeit
– Sicherheit</td><td></td><td></td><td></td><td></td><td></td></tr>
<tr><td>Organisationsstruktur
– Aufgabendifferenzierung
– Entscheidungszentralisation
– Standardisierung</td><td></td><td></td><td></td><td></td><td></td></tr>
<tr><td>Führungssysteme
– Informationssystem (Planung/Kontrolle)
– Motivations-/Anreizsysteme
– Personalentwicklungssysteme</td><td></td><td></td><td></td><td></td><td></td></tr>
<tr><td>Führungsstil
– Aufgabenorientierung
– Mitarbeiterorientierung
– Koordination, Delegation
– Konfliktualität</td><td></td><td></td><td></td><td></td><td></td></tr>
<tr><td>Führungskräfte
– Führungskräftenachwuchs, Stellenbesetzung
– Qualifikation, Kapazität
– Problemlösungspotential, Kreativität
– Engagement (corporate identity)</td><td></td><td></td><td></td><td></td><td></td></tr>
</table>

Abb. 4.25 Problemfelder der strategischen Unternehmensorganisation bei unterschiedlichem Unternehmungsbezug

schen Markt nicht geändert. Es tritt im Wettbewerb **kein** neuer Konkurrent auf, wohl aber sollte er sich als ein durch die Akquisition **stärkerer** Konkurrent verstehen.

Führungsorganisatorisch steht das Problem der Gestaltung der Beziehungen unternehmungsexterner zu unternehmungsinternen Organisationskapazitäten im Mittelpunkt. Die **Integration zweier Unternehmungskulturen,** z. B. bei Fusionen (mergers), muß als Problem der strategischen Unternehmungsorganisation erkannt und gelöst werden.

2.2.5.1 Akquisitionsstrategien und Organisation

Da in der Unternehmungspraxis Akquisitionsstrategien in zunehmendem Maß an Bedeutung gewinnen (vgl. auch Porter, 1980), wollen wir deren führungsorganisatorische Relevanz noch kurz diskutieren.

Wittek (1980) analysierte Forschungsarbeiten zum Problembereich Markteintrittsstrategien von Unternehmungen und stellte dabei fest, daß die **empirischen Untersuchungen über den Erfolg von** Markteintrittsstrategien sich auf **Akquisitionen** konzentrieren:

a) **Zusammenfassung der empirischen Ergebnisse von *Kitching***

- In der Zeit unmittelbar nach der Fusion entscheidet die Qualität des Managements über Erfolg oder Mißerfolg des Projektes. Nur in dieser Periode kann Synergie entfaltet werden.

- Die Summe der Management-Fähigkeiten der fusionierenden Unternehmen muß die Erfordernisse des fusionierten Unternehmens übersteigen. In vielen Fällen wird die Management-Kapazität unterschätzt, die für eine erfolgreiche Fusion erforderlich ist.

- Die Aufgaben des Managements müssen von vornherein klar festgelegt werden. Präzise Zielsetzungen sind wichtig.

- Gute strategische Planung hat sich als wesentlich erwiesen, wenn sie zu Akquisitionen führt, die den Fähigkeiten des Managements entsprechen.

- Ein entscheidender Erfolgsfaktor sind Kriterien für die Auswahl von Akquisitionskandidaten, die den Unternehmenszielen entsprechen und strikt angewendet werden.

- Erfolgreiche Unternehmen analysieren sorgfältig den Bedarf an Finanzmitteln, die das erworbene Unternehmen nach der Fusion von der Muttergesellschaft verlangen wird.

b) **Zusammenfassung der empirischen Ergebnisse von *Ansoff***

- 21% der Firmen mit Akquisitionsaktivitäten erreichten ihre Ziele vollständig, 59% teilweise, 20% der Akquisitionen wurden als Fehlschläge eingestuft.

- Bei 18% der Akquisitionen tauchten unerwartete Probleme bei der organisatorischen Integration auf.

- Bei 49% der Akquisitionen lagen die Gewinnmargen signifikant unter den Erwartungen. Nur in 29% der Fälle übertrafen die tatsächlichen Ergebnisse die Erwartungen.

- Unternehmen, die ihre Akquisitionen planten, erzielten mit einer Ausnahme bei sämtlichen getesteten finanzwirtschaftlichen Variablen bessere Ergebnisse als Nicht-Planer.

Aus diesen zwei Beispielen empirischer Forschungsergebnisse über die Erfolgsträchtigkeit von Akquisitionen lassen sich die folgenden Auswirkungen auf die verschiedenen Elemente der Führungsorganisation ableiten:

⋆ **Organisationsziele:**
Das strategische Zielsystem muß neben leistungs- und finanzwirtschaftlichen Zielen (z.B. Wertschöpfungs-, Marktanteils-, Gewinn-, Cash-flow-Zielen) auch Organisationsziele als Elemente beinhalten. Ziele der strategischen Unternehmungsorganisation müssen auf die anzustrebende und für den Gesamterfolg der Akquisitionsstrategie notwendige Flexibilität und Anpassungsfähigkeit organisatorischer Strukturen und Prozesse ausgerichtet sein. In der Wahl der Organisationsziele müssen die Kriterien berücksichtigt werden, die die zu-

künftige Integration zweier vollkommen unterschiedlicher Organisationssysteme (-kulturen) bestimmen. Sie müssen sich auf die **„Schnittstelle“ („fit“)** der beiden zu integrierenden Organisationen beziehen und sich auf Beziehungsintensität, Synergiepotentiale, notwendige Änderungen, möglichen Änderungswiderstand etc. konzentrieren.

* **Organisationsstruktur:**
Strukturell müssen **Alternativen für den „Übergang“** (Eingliederungsphase) der neuen in die alte, bestehende Organisation konzipiert werden. Daraus läßt sich eine „Fusionsstruktur“ entwickeln, die den Implementierungsanforderungen entspricht. In der Konsequenz wird sich bei Fusionen – neben Änderungen in den Eigentumsverhältnissen – die strategische Position der Gesamtunternehmung und damit auch der organisatorische Kontext ändern. Durch erhöhtes Geschäftsvolumen wird sich z. B. die Aufgabenstruktur ändern und eine **partielle Anpassung der Organisation** (Aufgaben- und Beziehungsstruktur einzelner Funktions-/Produkt-/Marktbereiche ändern sich) notwendig machen. In den meisten Fällen wird bei Fusionen aber eine **vollkommen neue** Organisationsstruktur zu entwerfen und bei der Implementierung durchzusetzen sein.

Strukturell muß also das Problem der **Zentralisation/Dezentralisation** von Aufgaben-, Kompetenz- und Verantwortungsbereichen gelöst werden. Die horizontale und vertikale Autonomie der Organisationseinheiten muß so reorganisiert werden, daß durch die Akquisition und deren organisatorische Gestaltung keine Beeinträchtigung des strategischen Erfolges eintritt. Als möglicher struktureller Lösungsansatz kann eine **Organisation nach SGE** dienen, die im Rahmen der Akquisitionsstrategie ebenfalls neu definiert werden muß. Dies wird zeitlich jedoch erst nach der Eingliederung der neuen Organisationskapazitäten möglich sein, da die Kenntnis der „Grundgesamtheit“ der nun vorhandenen Aufgaben und Prozesse für die Zuordnung von SGE-Verantwortung eine Voraussetzung darstellt.

* **Führungssysteme:**
Der Konzeption von Informationssystemen kommt bei Akquisitionen eine entscheidende Bedeutung zu, geht es in erster Linie doch darum, das strategische Planungs- und Kontrollsystem so auszubauen, daß eine **stategieadäquate Steuerung und Kontrolle aller SGE** möglich ist.

Unternehmungen, die mit einer Zentralisierung der Ressourcenzuteilung eine Verschlechterung des Organisationsklimas bei den integrierten Organisationseinheiten befürchten und daher zersplitterte, inhomogene Führungssysteme in Kauf nehmen, geben die Vorteile z. B. eines zentralen Portfolio-Managements auf. „Bei Fusionen sollte daher bereits in den Übernahmeverhandlungen ein Zeitplan aufgestellt werden, der die Schritte zur Zentralisierung der strategischen Steuerung festlegt. Ein ungenügendes Kontrollsystem kann ebenfalls die Vorteile von Akquisitionen bei Diversifikation teilweise zunichte machen. Das übernehmende Unternehmen sollte bedenken, daß es sich auf unbekanntes Markt- und Wettbewerbsterrain begibt und oft nur auf völlig ungenügende Kosten- und Gewinnsteuerungsdaten im übernommenen Unternehmen zurückgreifen kann. Daher sollte es in der Lage sein, in dem übernommenen Unternehmen kurzfristig ein Frühwarnsystem zu installieren, mit dem die Kontrolle über Mittelflüsse sichergestellt wird. Ein solches System muß jedoch so effizient sein, daß es den Wettbewerbsvorteil der Akquisition nicht durch einen ausufernden Gemeinkostenblock für Kontrolle zunichte macht." (Wittek, 1980, S. 185f.).

- **Führungsstil und Führungskräfte:**
  Das Ausmaß an führungsorganisatorischen Problemen wird vor allem bei diesen beiden Elementen der Führungsorganisation offenkundig. Die menschliche, sozialpsychologische Dimension von Akquisitionsstrategien darf nicht übersehen werden. **Die Fusion von Geschäften wird zur Fusion von Organisationskulturen** mit ihren eigenen Wertstrukturen, ihrem eigenen Führungsverhalten und ihrer eigenen Qualifikationsstruktur (Fähigkeitsprofil) der Führungskräfte und Mitarbeiter auf allen Managementebenen. Situativ wird ein Konzept des geplanten Wandels erforderlich, das Personalentwicklungsprogramme neben entsprechenden Führungssystemen vorsieht und Organisationsentwicklungsmodelle unternehmungsumfassend realisiert.

2.2.5.2 Kooperationsstrategien und Organisation

Die Beweggründe der Unternehmungsführung, Wachstum z. B. durch Markteintritt im Rahmen von Kooperationsstrategien zu erreichen, sind annähernd dieselben wie bei Akquisitionen. Kooperation mit unternehmungsexternen Partnerfirmen kann die Gründung gemeinsamer Tochtergesellschaften in Form von „Joint Venture-Verträgen" vorsehen, in welche die beteiligten Partner Ressourcen (z. B. Kapital, Produktionskapazitäten, Patente, Management-Know-how) einbringen und je nach Beteiligungsquoten unterschiedlich hohes Risiko tragen. Die Nutzung von Synergieeffekten kann aber auch durch weniger stringente Kooperationsverträge erfolgen, die auf die Zusammenarbeit in bestimmten Märkten abzielen. **Kooperation zum Zweck der Reduzierung von Markteintrittsbarrieren** sind nicht die einzigen Kooperationsbereiche der Unternehmung. In großem Umfang nehmen Unternehmungen externe Kapazitäten und Ressourcen in Anspruch (z. B. Produktentwicklung, horizontale und vertikale Integration). Deshalb ist auch bei Kooperationen die **Beziehungsintensität** zwischen den Kooperationspartnern eine der wichtigsten Einflußgrößen auf die führungsorganisatorischen Konsequenzen von Kooperationsstrategien. Joint Ventures werden vor allem als Kooperationsform zwischen Unternehmungen unterschiedlicher Nationalität gewählt. Durch die Gründung neuer Firmen werden Funktionsspezialisten mit unterschiedlicher kultureller Herkunft zu einer organisatorsichen Einheit integriert.

- **Organisationsziele:**
  In Abhängigkeit von der zeitlichen Dauer und Perspektive werden die Organisationsziele anders formuliert werden müssen. Bei zeitlich begrenzten Joint Ventures (Projektkooperation) kommt den Organisationszielen Selbständigkeit und Sicherheit der Organisationsmitglieder besondere Bedeutung zu. Die Implementierung einer solchen Kooperationsstrategie wird nur dann erfolgreich sein, wenn in der Gestaltung der Organisationsstruktur den Organisationsmitgliedern **hohe Autonomie** eingeräumt wird, um ihr Selbstverständnis und die notwendige situative Flexibilität zu gewährleisten. Das Organisationsziel Sicherheit sollte den Organisationsmitgliedern durch Rollenspezifikation helfen, ihre Arbeitssituation auch nach dem Projekt abschätzen zu können und Unsicherheitsproblemen bezüglich **Wiedereingliederung in die Stammunternehmung** nach Ende des Joint-Venture-Projektes entgegenwirken.
- **Führungssysteme und Führungskräfte:**
  Bei Joint Ventures kommt den Kontrollsystemen sowie den Anreiz- und Per-

sonalentwicklungssystemen große Bedeutung zu. Jeder Kooperationspartner muß seine im Joint Venture Vertrag vereinbarten Rechte und Pflichten erfüllen. Dazu bedarf es umfangreicher Aufgaben-, Kompetenz- und Verantwortungsregelungen, die nur über ein adäquates Informations- und Kontrollsystem Funktionstüchtigkeit erlangen. Nur so können Konfliktpotentiale relativ niedrig gehalten und die Effizienz der Kooperationsstrategie gewährleistet werden.

Joint Ventures (speziell -Projekte) verlangen die Existenz spezifischer **Motivations- und Anreizsysteme,** um die „Attraktivität" dieser Strategien für die Organisationsmitglieder transparent zu machen. Die Ausgliederung aus der Muttergesellschaft muß durch die Schaffung zusätzlicher Motivationsinstrumente reizvoll gemacht und in gewissem Sinne kompensiert werden. Hohe Fluktuation bei Mitarbeitern und Führungskräften impliziert Personalentwicklungssysteme, die in der Lage sind, die „Verweildauer" der Organisationsmitglieder zu erhöhen, den Personalersatz zu gewährleisten, für die entsprechende Qualifikationsstruktur der Führungskräfte und Mitarbeiter zu sorgen und die kulturelle Integration vor Ort zu fördern.

2.2.6 Führungsorganisation bei Wachstum durch horizontale/vertikale Integration

„Unter der vertikalen Integration versteht man die Kombination technisch verschiedenartiger, jedoch mit der Hauptproduktion komplementärer Produktions-, Kommerzialisierungs- und anderer Wirtschaftsprozesse im Rahmen einer Unternehmung. In dem Umfang, in dem die Unternehmung beschließt, Rohstoffe, Materialien, Halbfertigprodukte und Dienstleistungen, die sie für ihre Tätigkeiten benötigt, selbst hervorzubringen bzw. bereitzustellen, wird eine **vertikale Entwicklung** der Unternehmungsgröße herbeigeführt; unter der horizontalen Entwicklung versteht man dagegen die Erweiterung der Produktionskapazität." (Hinterhuber, 1982, S. 194).

Durch vertikale Integration verändert sich die Definition der Geschäfte, in welchen die Unternehmung bisher tätig war in zweierlei Richtung (Vorwärts-, Rückwärts-/up-stream-, down-stream-Integration), die wir am Beispiel eines Produktionsbetriebes darstellen wollen (vgl. Glueck, 1980, S. 258):

Vertikale Integrationsstrategien im Sinn von **Rückwärtsintegration** zielen bei einem Produktionsbetrieb auf die Integration einiger oder aller der Produktion vorgelagerten Stufen im Prozeß der Leistungsentwicklung und -erstellung (vgl. Vollstufigkeit z.B. in Textilindustrie: Spinnen (Garne) – Weben – Veredeln – Konfektionieren).

Auch bei der horizontalen/vertikalen Integration muß in unternehmungsinterne und -externe Wachstumsstrategien differenziert werden, da unterschiedliche Konsequenzen für die Gestaltung der Führungsorganisation vorliegen.

Porter diskutiert die strategische Bedeutung der vertikalen Integration eingehend und weist auf die Kosten-/Nutzenfragen sowie Mißverständnisse bei Managemententscheidungen über vertikale Integrationsstrategien hin (vgl. Porter, 1980, S. 303ff.):

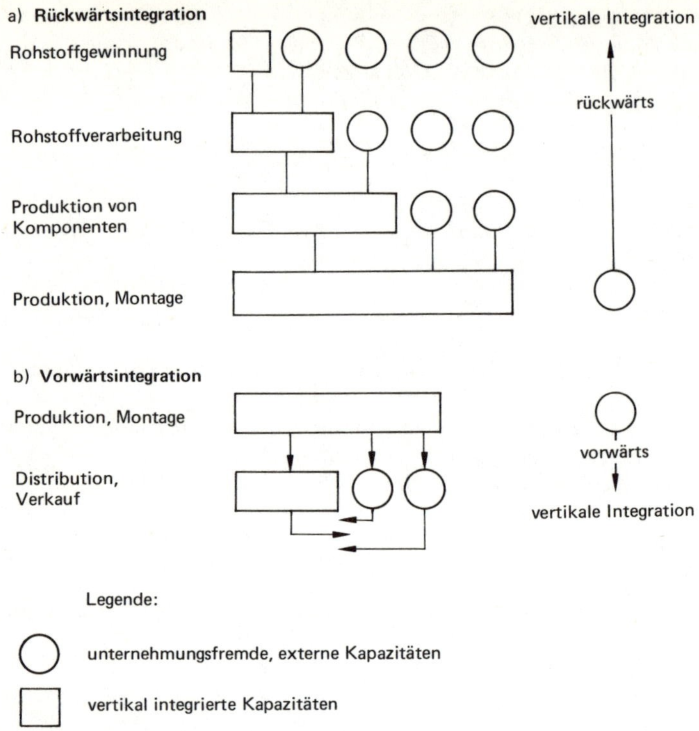

Abb. 4.26 Vorwärts-/Rückwärtsintegration am Beispiel eines Produktionsbetriebes (vgl. Glueck, 1980)

- **strategisch relevante Nutzenaspekte der vertikalen Integration:**
  - niedrigere Kosten durch Synergieeffekte in den Bereichen Produktion und/oder Marketing durch besseren Informationszugang (z. B. Marktinformationen, bessere interne Kontrolle)
  - Erwerb und Zugang zu technischen Know-how-Potentialen und/oder Vertriebskanälen
  - Sicherung der Versorgung und Nachfrage (Eigenlieferant, -verbraucher)
  - Verringerung der Abhängigkeit von Lieferanten und Abnehmern
  - Möglichkeit, sich von Konkurrenten zu differenzieren.
- **strategisch relevante Kostenaspekte der vertikalen Integration:**
  - vertikale Integration schafft Mobilitätsbarrieren für die Unternehmung als Ganzes (Flexibilitätsverluste)
  - vertikale Integration schafft neue Kostenstrukturen (früher variable werden durch Integration zu fixen Kosten)
  - vertikale Integration schafft Inflexibilität für Lieferanten/Abnehmerwechsel (z. B. können die internen Verrechnungspreise höher, die Qualität interner Leistungen schlechter sein als Preise und Leistungen externer Marktpartner).

Für die Gestaltung der Führungsorganisation von besonderer Relevanz sind die von *Porter* (1980, S. 307) genannten **Mißverständnisse bzw. falschen Vorstellungen,** die man sich über Strategien internen Wachstums durch vertikale Integration macht:

a) **„Eine starke Wettbewerbsposition z. B. in der Vertriebsstufe bedeutet nicht, auch in der integrierten Produktionsstufe automatisch stark zu sein.“** (Nur wenn durch Integration die Unternehmung als gesamte Einheit stärker wird, ist es sinnvoll, Geschäfte zu integrieren.)

b) **„Eigenständigkiet in Produktion, Vertrieb etc. ist immer billiger.“** (Die Kostenvorteile von Integrationsstrategien werden oft zu eng gesehen, so daß durch geschicktes Verhandeln mit unternehmungsexternen Partnern oft bessere Kostensituationen sich erzielen lassen als durch Eigenproduktion oder -vertrieb.)

c) **„Vertikale Integration hilft, ein „strategisch schwaches“ Geschäft zu retten.“** (Nur wenn jede Integrationsstufe „strategisch gesund“ ist, trägt die Integrationsstrategie zum Unternehmungserfolg bei.)

d) **„Managementerfahrung in einem Glied der Integrationskette (-stufen) qualifiziert auch für die diesem Geschäft vor- bzw. nachgelagerten Geschäfte.“** (Managementerfahrungen – oft historisch im (Stamm-) Geschäft gewachsen – dürfen nicht automatisch auf die neuen, integrierten Geschäfte übertragen werden.)

Ausgehend von den oben diskutierten Problemen und Merkmalen internen Wachstums durch vertikale Integration können wir nun einige führungsorganisatorische Konsequenzen der Implementierung von Integrationsstrategien kurz beschreiben.

* **Organisationsziele:**
  Bei der Konzeption von Organisationszielen muß berücksichtigt werden, daß durch jeden zusätzlichen Aufgabenbereich die **Gesamtaufgabe** der Unternehmung sich ändert und angepaßt werden muß. So bedeutet z. B. eine Strategie der Vorwärtsintegration bei einer bisher in Lohn produzierenden Unternehmung, die Neuformulierung der unternehmungspolitischen Grundsätze.

  Neue Aufgabenbereiche mit neuen Managementanforderungen müssen in die bisher gewachsenen Strukturen aufgenommen werden. Dies erfordert hohe organisatorische Flexibilität und hohe Anpassungsbereitschaft der Organisationsmitglieder. Andererseits müssen Synergieeffekte durch möglichst hohe organisatorische Produktivität realisiert werden, da sie als Kostensenkungspotentiale ja mit ein Grund dafür waren, daß vertikale Integrationsstrategien gewählt wurden.

* **Organisationsstruktur:**
  Zusätzliche Aufgaben bedeuten strukturell eine Änderung der horizontalen und vertikalen Beziehungsintensität und Autonomie der Stellen. Aufgabendifferenzierung und Entscheidungsdezentralisation bedingen aber auch eine entsprechende Erhöhung des Koordinations-/Zentralisationsaufwandes, um die universelle Funktionstüchtigkeit der Unternehmung als Einheit und Ganzheit nicht zu gefährden. Als Folge werden sich die **Leitungsspannen** der Führungskräfte auf oberster Ebene und die Spezialisierung von Leitungsfunktionen vergrößern.

  Strukturelle Lösungsmöglichkeiten ergeben sich durch den Einsatz flexibler Organisationsformen (z. B. Projekt-, Matrixorganisation) und durch die Zuordnung entscheidungsvorbereitender sowie koordinierender Aufgaben an Stabsstellen und/oder zentrale Dienste.

* **Führungssysteme und Führungskräfte:**
In der effizienten Gestaltung der Führungssysteme liegen bei vertikalen Integrationsstrategien sehr große Synergiepotentiale und Koordinationsmechanismen. **Synergiepotentiale** ergeben sich z. B. durch Erweiterung von zentralen Planungs-, Kontroll- oder Motivationssystemen auf die neu integrierten Bereiche. Trotz Unternehmungswachstum muß die Konzeption solcher Systeme oft nur marginal verändert werden. Für die interne Rekrutierung von Führungskräften und Funktionsspezialisten müssen Personalentwicklungsprogramme konzipiert und rechtzeitig eingesetzt werden, um den neuen, durch die Integrationsstrategien verursachten Anforderungen qualitativ und quantitativ gerecht zu werden.

Vor allem gilt es, Organisationsentwicklungsprogramme zu initiieren, da gerade bei vertikaler Integration eine automatische Anwendung der etablierten Denkweisen und Problemlösungsprozesse kaum möglich sein wird (hoher Diversifikationsgrad bei Organisationsstrukturen und -prozessen). Besonders muß der organisatorisch-kulturelle **„fit"** sowie die **Konsistenz** alter und neuer Anforderungen eingehend geprüft werden, da sonst der Aufbau von Innovationsbarrieren und Änderungswiderständen seitens der Organisationsmitglieder unvermeidbar wird und eine erfolgreiche Implementierung dieser Wachstumsstrategie behindert.

2.2.7 Führungsorganisatorische Konsequenzen von SGE in jungen Märkten

Wir haben bereits auf die grundsätzlichen Problemfelder der strategischen Unternehmungsorganisation hingewiesen, die durch Überlappung der Dimensionen Elemente der Führungsorganisation mit den Phasen des Produkt-/Marktlebenszyklus entstehen.

Für die **Entstehungs- und Einführungsphase** (start-up) sind die folgenden **Merkmale** typisch (vgl. Porter, 1980, S. 159 ff.):

* **Produktion:**
  - Überkapazitäten
  - sehr hohe Produktionskosten durch niedrigen Standardisierungsgrad
  - hochqualifizierte Arbeitskräfte (Facharbeiter), wenig Hilfskräfte
  - Problem der Produktionsüberführung (Serienproduktionstests)
* **Marketing:**
  - wenige, spezialisierte Verkaufskanäle (Überzeugung des Marktes)
  - häufige Designwechsel bei Produkten (Produktdifferenzierung)
* **F & E:**
  - intensive Produktentwicklung und -verbesserung
  - hohe F & E Kosten
  - hohes Innovationsrisiko
  - häufiger Wechsel der Technologien (Werkstoff-, Produktionstechnologien)
* **Unternehmungsführung:**
  - Hochpreispolitik, niedrige Gewinne, hohes Risiko
  - Erhöhung der Marktanteile
  - wenig Konkurrenten
  - Investitionen in F & E und Marketing

- **Organisationsziele:**
  Die Führungsorganisation in dieser Phase des Marktlebenszyklus muß auf einem Organisationsziel **hoher Flexibilität** beruhen, um der **hohen Innovationsdynamik** auf Produkt-, Markt- und Organisationsebene zu entsprechen.

- **Führungsstil und Führungssysteme:**
  In dieser Situation des „Aufbruchs" (Pionierphase) ist die Akzeptanz organisatorischer Regelungen bei den Organisationsmitgliedern sehr gering, was jedoch nicht bedeutet, daß die Notwendigkeit von Organisationsmaßnahmen nicht besteht. Im Gegenteil, besonders die führungsorganisatorischen Elemente **Führungsstil** und **Führungssysteme** gewinnen in dieser Phase an Bedeutung. Das Führungsverhalten der Manager weist eine sehr **hohe Aufgabenorientierung** auf. Im Mittelpunkt steht die Bewältigung der Probleme, die die Einführung der Produkte auf den diversen Märkten mit sich bringt. Durch die hohe „Außenorientierung" entsteht die Gefahr des Verlustes innerer Stabilität in den Beziehungen der Mitarbeiter untereinander. Dazu kommt das Problem der Integration neuer Mitarbeiter in das bestehende Beziehungsgefüge der Unternehmung (Organisationskultur).

Der Aufbau von **Führungssystemen** wird in der Regel „verschlampt". Diese Problemschau gewinnt nur dann an Relevanz, wenn wir an einen **rechtzeitigen Aufbau von Informationssystemen,** wie z. B. Planungs- und Kontrollsysteme, denken, die in späteren Phasen einer SGE im Marktzyklus unentbehrlich werden, wenn z. B. Kostenkontrolle an Bedeutung gewinnt oder ein Wechsel in den Motivations- und Anreizsystemen für die Mitarbeiter notwendig wird (z. B. Betonung qualitativer und weniger quantitativer Leistungsstandards im Verkauf).

2.2.8 Führungsorganisatorische Konsequenzen bei sehr schnellem Wachstum

Sehr schnelles Wachstum bedeutet z. B. in den Funktionsbereichen Produktion und Marketing:

- **Produktion:**
  - Überbelastung der Kapazitäten
  - sehr hohe Produktionskosten (Überstundenexplosion)
  - Gefährdung des Qualifikationsniveaus durch hastige Personalbeschaffung

- **Marketing:**
  - starke Nachfrage
  - wenig selektive Marktbearbeitung
  - geringe Marketingkosten

Vor diesem Wettbewerbshintergrund kann die Implementierung von Strategien schnellen Wachstums und deren Konsequenzen auf die verschiedenen Elemente der Führungsorganisation wie folgt beschrieben werden:

- **Organisationsziele:**
  Bei einem verrichtungsorientierten Organisationsmodell ist die Flexibilität der Marketingorganisation gegeben. Bei sehr schnellem Wachstum müssen die Organisationsziele eher so definiert werden, daß internes Chaos und daraus resultierende Mißverständnisse bei der Aufgabenerfüllung und im Kompetenzgebrauch, Konflikte, Frustrationen und die Gefahr hoher Mitarbeiterfluktuation vermieden werden können. **Erhöhung der Produktivität** z. B. durch Abbau von Doppelspurigkeiten und die **Erhöhung der Sicherheit** der Mitarbeiter z. B. durch klare Zuordnung von Aufgaben-, Kompetenz- und Verantwortungsbe-

reichen (Rollenspezifikation) sind als Organisationsziele **explizit** zu definieren.

* **Organisationsstruktur:**
  Die **Gliederung und Zuordnung** von Aufgaben- und Kompetenzbereichen wird in SGE/Unternehmungen mit sehr schnellem Marktwachstum nur **sehr oberflächlich** und damit für die betroffenen Mitarbeiter **unklar** durchgeführt, d.h., daß die Aufgaben zu global und damit wenig durchdacht zugeordnet werden, obwohl die getroffene Aufgabengliederung ein höheres Maß an Differenzierung von zu erfüllenden Aufgaben, einzusetzenden Kompetenzen und zu tragender Verantwortung notwendig machen würde. **Bei hohem Reifegrad** (z.B. Selbständigkeit der Mitarbeiter) wird der damit verbundene Dezentralisationseffekt von ihnen erkannt und erlaubt es ihnen, ihre autonomen Zielvorstellungen über die Art und Weise der Aufgabenerfüllung zu entwickeln. Um ihre Aktivitäten in Richtung der Unternehmungsziele zu lenken, bedarf es relativ geringer Koordinationsanstrengungen der vorgesetzten Instanzen.

  Bei niedrigem Reifegrad der Mitarbeiter werden durch das schnelle, oberflächliche Vorgehen der Vorgesetzten bei der Aufgabendifferenzierung Unsicherheit, Arbeitsunzufriedenheit, Konflikte und Frustration verbreitet, die durch mangelnde Koordination noch in ihrer effizienzhemmenden Wirkung unterstützt werden. Eine funktionsfähige Organisationsstruktur ist nur dann gegeben, wenn im selben Ausmaß der Aufgabendifferenzierung auch aufgabenintegrierende Mechanismen vorgesehen und eingesetzt werden.

  Die Zuordnung stabiler, repetitiver Aufgaben einerseits und flexibler, innovativer Aufgaben andererseits muß im Rahmen der Implementierung von Wachstumsstrategien sicher als eine wichtige, das Selbstverständnis und damit die strukturelle Effizienz fördernde Maßnahme bei der Gestaltung der Führungsorganisation verstanden und erkannt werden. Ebenfalls wird das organisatorische Instrument der **Delegation,** die vorhandenen Kapazitäten in ihrer Aufgabenerfüllung fördern (Entlastungseffekte für Vorgesetzte und Motivations-/Anreizeffekte für Mitarbeiter).

* **Führungssysteme:**
  Schnelles Wachstum macht Selbständigkeit und eine relativ hohe Autonomie der Organisationseinheiten notwendig, wenn zugleich geringer Koordinationsaufwand ohne Beeinträchtigung der Leistungsqualität betrieben werden soll. Um die einheitliche, in Richtung der SGE/Unternehmungsziele gehende Entwicklung zu gewährleisten, muß dem Aufbau von Planungs- und Kontrollsystemen größte Aufmerksamkeit geschenkt werden, da solche Systeme als Integrationsmechanismen wirken und Synergien für die Unternehmungsführung schaffen. Personalentwicklungssysteme müssen bei schnellem Wachstum so konzipiert werden, daß die **Expertisenentwicklung aus der SGE/Unternehmung heraus** möglich ist. Der Heranbildung eines qualifizierten und leistungs-bereiten **Führungskräftenachwuchses** kommt große Bedeutung als Basis für eine weitere Vergrößerung des Geschäftsvolumens zu. Durch Managemententwicklungsprogramme kann das Problemlösungspotential den Anforderungen schnellen Wachstums entsprechend vergrößert und damit das dafür notwendige „Hinterland" z.B. bei Akquisitionen geschaffen werden.

* **Führungsstil und Führungskräfte:**
  Das Führungsverhalten der Führungskräfte orientiert sich bei schnellem Wachstum in erster Linie an den zu realisierenden Aufgaben und weniger an

den Mitarbeitern. Die Herausforderungen des schnell wachsenden Marktes machen höchste Konzentration der Leistung auf die Befriedigung der Marktbedürfnisse und das Ausschöpfen der Marktattraktivität zum eigenen Vorteil erforderlich.

Motivations- und Anreizsysteme werden getragen von den Gewinnaussichten und den Chancen, die Marktanteile in relativ kurzer Zeit erheblich zu vergrößern. Hohe Arbeitszufriedenheit bei Mitarbeitern mit hohem Reifegrad resultiert aus der Befriedigung ihrer Bedürfnisse nach Leistungsanerkennung, Verantwortung, Markt und Prestige. Dementsprechend wird ihre Wertestruktur auf Erfolgsfaktoren aufbauen und wenig Platz für Schwächen in ihrem Umfeld einräumen. Den oben postulierten Organisationszielen folgend muß das effektive Führungsverhalten der Manager differenziert ausgelegt sein und bei der Implementierung von Wachstumsstrategien im Sinne einer harmonischen Organisationsentwicklung auch auf solche Organisationsmitglieder Rücksicht nehmen, die dem Änderungsdruck und dem Anpassungszwang bei schnellem Wachstum von ihrer Persönlichkeitsstruktur her nicht gewachsen sind. Gesamteffizienz bedeutet Effizienz sowohl in wirtschaftlich-technischer als auch sozio-emotionaler Hinsicht und kann nur durch Ausgewogenheit und Abstimmung der Zielerreichungsbeiträge auf allen Führungsebenen und in allen Unternehmungsbereichen erreicht werden. Auch Änderungswiderstand, Fluktuation, Managementlücken etc. können mögliche Konsequenzen der Implementierung von Strategien schnellen Wachstums sein.

2.3 Haltestrategien und deren organisatorische Konsequenzen

2.3.1 Charakterisierung von Haltestrategien für SGE in reifen Märkten

Die strategische Norm bei Haltestrategien orientiert die SGE/Unternehmungspotentiale in ihrer zukünftigen relativen Größenänderung am **„status quo"**, d.h. die Ressourcenzuteilung zielt nicht auf Wachstum des Geschäftes ab.

Bezugsobjekt für Investitionsstrategien sind Rationalisierungs- und Ersatzinvestitionen in den verschiedenen Funktions-, Produkt- und Marktbereichen einer SGE/Unternehmung. Ihre Position im Produkt-/Marktlebenszyklus liegt auf der Kurve im Bereich abnehmenden Wachstums und wird als **Reifephase** bezeichnet.

Diese Problemsituation steht im Mittelpunkt der folgenden kurzen Beschreibung der organisatorischen Konsequenzen bei der Implementierung von Haltestrategien. Sie stellt ein Teilproblem der Organisation von Haltestrategien dar, weil die Problemfelder der strategischen Unternehmungsorganisation bei dieser Normstrategie umfangreicher sind.

Auf die Unternehmungspotentiale bezogen lassen sich folgende Merkmalsausprägungen der Reifephase als Beispiele typisch zuordnen (vgl. Porter, 1980, S. 159ff.)

* **Produktion:**
  - Massenproduktion
  - Überkapazität
  - niedrige Anforderungen an menschliche Arbeit

* **Marketing:**
  - Massenvertrieb
  - Preiskampf, hohe Werbekosten
  - Marktsegmentierung
  - Verlängerung des Produkt-/Marktlebenszyklus durch marginale Produktdifferenzierung
  - hohe Distributionskosten

* **F&E:**
  - Prozeßinnovationen durch Standardisierungszwang
  - marginale Produktinnovation
  - Produktdifferenzierung durch Dienstleistungsinnovationen (Service)

* **Unternehmungsführung:**
  - Kosten und Marketing als Wettbewerbsvorteile einsetzen
  - rückgängige Margen, Gewinne
  - Stabilität bei Marktanteilen und Kostenstrukturen
  - etablierte Wettbewerber werden durch ausländische Konkurrenz z. B. aus Niedriglohnländern bedrängt.

Porter (1980) charakterisiert den Übergang von einem schnell wachsenden in einen reifen Markt (vgl. Porter, 1980, S. 238 ff.):

* **abnehmendes Wachstum bedeutet Verdrängungswettbewerb,** d. h. Marktanteile der Konkurrenten werden angegriffen, das Verhalten und vor allem die Reaktionen der Wettbewerber müssen neu analysiert und bewertert werden.
* **Wettbewerbssituation ändert sich und verlangt höhere Aufmerksamkeit bei der Gestaltung der Kosten- und Dienstleistungspolitik.**
* **Unternehmungen verkaufen ihe Produkte nicht an neue, sondern an erfahrene Kunden** (Wiederholungskäufe).
* **bei reduziertem Wachstum müssen Produktions- und Personalkapazitäten sorgfältig und gemäß dem Konkurrenzverhalten überprüft werden** (Überkapazitäten wirken sich auf Kostenstruktur verheerend aus; Produktion auf Lager, Kapitalbindung).
* **Unsicherheit durch „beruhigte" Marktnachfrage erhöht das Risiko für die Entwicklung neuer Produkte.**
* **Internationalisierung des Wettbewerbs.** Als Folge technologischer Reife, Massenproduktion und Standardisierung, Massenvertriebskanälen und Kostenwettbewerb treten neben den etablierten Wettbewerbern neue Konkurrenten aus Ländern auf, die Kostenvorteile z. B. durch Standort, Kostenstruktur (z. B. Personal) oder wirtschaftspolitische Förderungsprogramme (z. B. Steuervorteile, Exportunterstützung) besitzen.

Die **Übergangsphase** von schnell wachsenden in reife Branchen (Märkte) stellt für die Unternehmungsentwicklung eine sehr **kritische Phase** dar. Kritisch deshalb, weil eigentlich jedes Unternehmungspotential und jeder Produkt-/Marktbereich eine **neue strategische Orientierung** verlangt (z. B. Produktdifferenzierung, Kostenführerschaft, Konzentration auf Marktnischen). Neben Großänderungen bei Marktwachstums-, Marktanteilsraten, Gewinnen, Produktionskapazitäten und -volumina etc., die in quantitativer Hinsicht Anzeichen einer veränderten Wettbewerbssituation sind, macht die Übergangsphase auch eine **qualitative** Reorientierung der Unternehmungspotentiale notwendig.

2.3.2 Organisationsprobleme in reifen Märkten

Die Organisationsprobleme von SGE/Unternehmungen in reifen Märkten resultieren aus den komplexen Änderungsproblemen, die den Wechsel von Wachstum zu Reife oder Stagnation kennzeichnen. Lagen bei Wachstum die Organisationsprobleme im Schaffen innerer Stabilität bei hektischer Marktdynamik, so besteht in der Reifephase die Herausforderung an die Organisation, **innere Flexibilität gegenüber dem Anpassungszwang** zu beweisen, der durch veränderte Rahmenbedingungen im Wettbewerb nun entsteht.

Die **Anforderungen** an die innere Anpassungsfähigkeit und -bereitschaft der Organisation, ihrer Strukturen und Prozesse, ihrer Ziele und Mitglieder schildert beispielsweise *Porter* (vgl. Porter, 1980, S. 250ff.):

* **weniger „Kreativität" und mehr Sinn für Details und Pragmatismus**
* **mehr Aufmerksamkeit für die Kostenstruktur und -entwicklung**
* **mehr Mitarbeiterorientierung**
* **mehr Zentralisation und Koordination**

Produkt-/Marktkombinationen in ihrer Reifephase sind sowohl funktionell als auch technologisch vollständig genutzt und im Markt etabliert. Für Produktinnovationen bleibt kein Platz, es sei denn durch Diversifikationsstrategien. Dagegen wird die Unternehmung im Verdrängungswettbewerb ihre Position nur dann halten können, wenn das Management die Kostenstruktur und -entwicklung gemäß den unternehmungsspezifischen Anforderungen beherrscht. **Kontrolle wird in der Reifephase zum Organisationsprinzip.** Zugleich ändert sich die Attraktivität der Unternehmung für die Mitarbeiter; besonders für die Führungskräfte. Reife Geschäfte erfordern in ihrem Mangement andere Qualifikationen, basieren auf anderen Wertstrukturen der Manager, üben weniger Reiz auf „Wachstumsfetischisten" unter den Führungskräften aus etc. Durch diese Änderungen in den sozial-psychologischen Bereichen der Unternehmungsführung wird im Rahmen des Führungsverhaltens auf allen Führungsebenen eine **höhere Mitarbeiterorientierung** notwendig, um Änderungswiderständen zu begegnen und um den Anforderungen der Organisationsentwicklung gerecht zu werden.

Führungskräfte, die die hohe Autonomie bei schnellem Wachstum als Faktor der Arbeitszufriedenheit hoch eingestuft haben, werden in der Reifephase durch **verstärkten Formalismus und Bürokratie** als organisatorische Konsequenz der in dieser Phase erforderlichen Entscheidungszentralisation und Koordination verunsichert. Sie können darauf entweder mit Problemverdrängung oder mit Austritt aus der für sie nun unattraktiv gewordenen Unternehmung reagieren. Effizientes Management in der Reifephase muß sich beider Reaktionsmöglichkeiten der Führungskräfte bewußt sein.

2.3.3 Führungsorganisation bei Haltestrategien für SGE in reifen Märkten

Die Implementierung von Haltestrategien und deren organisatorische Konsequenzen für SGE, die sich in der Reifephase im Produkt-/Marktlebenszyklus befinden, geht von den oben skizzierten Organisationsproblemen aus und ordnet sie den verschiedenen Elementen der Führungsorganisation zu:

* **Organisationsziele:**
  Im Hinblick auf die geforderte organisatorische Disziplin bei SGE in der Reifephase werden die Organisationsziele darauf ausgerichtet sein, die Produkti-

vität der SGE, aber auch die Selbständigkeit und Sicherheit der Organisationsmitglieder zu erhöhen. Durch verschiedene Methoden der Reorganisation von Strukturen und Prozessen kann ein Beitrag zur Produktivitätssteigerung geleistet werden (z. B. Arbeitsablaufanalysen, Gemeinkosten-/Overhead-Analysen, Standardisierungstechniken). Sozio-emotionale Organisationsziele sind durch verstärkte Bemühungen bei der Rollenspezifikation, Personal- und Organisationsentwicklung zu erreichen.

* **Organisationsstruktur:**
In der Primärstruktur konzentrieren sich bei einem Verrichtungsmodell der Organisation alle in der Reifephase notwendigen Rationalisierungsprogramme auf die Ausschöpfung von Kostensenkungspotentialen in den Versorgungs- (z. B. Einkauf, Verwaltung) und Vollzugsbereichen (z. B. F & E, Produktion, Verkauf). Die Bildung von Stabsstellen wird für all die Spezialisierungsgebiete der Leitungsfunktionen begünstigt, die der Verbesserung der Informationssysteme dienen (z. B. Planungs- und Kontrollstäbe). Im Zusammenhang damit wird stärkere **Entscheidungszentralisation** notwendig, die wiederum eine Erhöhung des **Formalisierungsaufwandes** bewirkt und zu **bürokratischen Machtstrukturen** mit sehr niedrigem Innovationspotential führt.

* **Führungssysteme und Führungskräfte:**
Planungs- und Kontrollsysteme für SGE, die in reifen Märkten operieren, werden zu den wichtigsten Steuerungs- und Überwachungsinstrumenten der Unternehmungsführung. Sie ermöglichen die Koordination der Organisationseinheiten in Richtung der Kostensenkungsziele. **Strikte Budgetplanung und -kontrolle,** die Überwachung der Marktanteilsentwicklung durch Analysen und Prognosen, die permanente Neubewertung der Haltestrategien und die Bestimmung ihres Strategienprofils, die Initiierung und Überwachung von Reorganisationsprojekten usw. stellen an die Funktionstüchtigkeit von entsprechenden Informationssystemen hohe Anforderungen und bewirken eine **starke Formalisierung des Entscheidungsverhaltens** der Manager.

Geänderte Geschäfts- bzw. Wettbewerbsbedingungen machen auch eine Neuformulierung der bisherigen Leistungsstandards sowie der Motivations- und Anreizsysteme notwendig. Die erfolgreiche Implementierung von Haltestrategien verlangt von den Führungskräften eine penible und konsequente Kostenerfassung, Kostenoptimierung, Investitionsanalysen für Rationalisierungs- und Ersatzinvestitionen, laufende Beobachtungen des Konkurrenzverhaltens und der Reaktionen der Wettbewerber, Verhandlungen mit Lieferanten und Kunden nach vollkommen **neuen Spielregeln** (Preiskampf, Feilschen um marginale Konditionen oder Kosteneinsparungen).

Unternehmungsintern werden Gemeinkostenanalysen notwendig, um die letzten Kostensenkungspotentiale auszuschöpfen.

2.4 Schrumpfungsstrategien und deren organisatorische Konsequenzen

2.4.1 Charakterisierung von Schrumpfungsstrategien für SGE in rückgängigen Märkten

Schrumpfungsstrategien wollen wir als Strategien des **geordneten Rückzugs** aus einem Geschäft verstehen. Die Gründe, eine SGE bewußt und systematisch aus ihrem Markt zurückzuziehen, können sehr unterschiedlich sein (z. B. absolut schrumpfender Markt, Neuorientierung der Produkt-/Markt-Kombinationen einer Unternehmung, Finanzierungsengpässe, zu hohe Kosten für notwendige Maßnahmen zur Vergrößerung von Marktanteilen).

Die Entwicklung von Schrumpfungsstrategien als die dritte Art von Normstrategien, wird hier durch die Position von SGE in der Sättigungs-/Rückgangsphase des Produkt-/Marktlebenszyklus erklärt.

Diese Phase des Produkt-/Marktlebenszyklus läßt sich in ihrer Wettbewerbsstruktur wie folgt charakterisieren (vgl. Porter 1980, S. 159f):

* **Produktion:**
  - Überkapazität bei allen Anbietern
  - Massenproduktion
* **Marketing:**
  - Umsatzrückgänge in gesamter Branche
  - Massenvertriebskanäle
  - geringe Markentreue bei den Verbrauchern
  - Preiszerfall
* **F & E:**
  - geringe Bedeutung, da Technologien weit verbreitet und bekannt sind (Stagnation im technischen Fortschritt)
  - Konzentration auf die Entwicklung neuer Produkte
* **Unternehmungsführung:**
  - Kostenkontrolle wird zum Schlüsselfaktor
  - einzelne Konkurrenten verlassen den Markt
  - Suche nach Position der Marktbeherrschung
  - intensive Marktsegmentierung notwendig (Suche nach Marktnischen)

Neben Bevölkerungsrückgang, technologischer Substitution und einem Wechsel in den Bedürfnissen des Marktes als wichtigste Gründe für eine absolut rückgängige Marktentwicklung ist für die Wahl strategischer Alternativen des Schrumpfens die **Struktur der Austrittsbarrieren** entscheidend. Wir können diese Austrittsbarrieren zusammenfassen und unterscheiden (vgl. Porter, 1980, S. 259ff. und auch Hinterhuber, 1982):

* **technisch-wirtschaftliche Austrittsbarrieren**

  Beispiele sind:

  - hoher Spezialisierungsgrad der Produktionsanlagen, Vertriebskanäle (niedriger Restwert)
  - hohe Fixkosten bei Rückzug aus dem Markt (z. B. Verpflichtung zur Führung von Ersatzteillagern, Pönalen bei Nichterfüllung von Lieferverträgen)
  - hohe Betriebs- und Instandhaltungskosten
* **gesellschaftlich-institutionelle Austrittsbarrieren**

  Beispiele sind:

  - hohe Verpflichtungen gegenüber staatlichen Förderungsinstitutionen wegen schon beanspruchter Förderungsmittel
  - hohe Verpflichtungen gegenüber Mitarbeitern (z. B. Pensionszahlungen, Abfindungen)

• hohe Verpflichtungen gegenüber der Gesellschaft (z. B. Arbeitsplatzerhaltung, Vermeidung politischer Unruhen, Halten von Versprechungen gegenüber Gemeinden, Verbände etc.)

⋆ **sozio-emotionale Austrittsbarrieren**

Beispiele sind:

• hohe Verbundenheit mit Tradition der Unternehmung

• hohe berufliche Immobilität bei Management und Mitarbeitern sowie Angst, als „Verlierer" abgestempelt zu werden

• hohe Verbundenheit und Identifikation mit der Unternehmung (corporate identity)

• hohes Erfolgsimage in der Öffentlichkeit

⋆ **unternehmungspolitisch-strategische Austrittsbarrieren**

Beispiele sind:

• hoher Grad der vertikalen Integration (enges Beziehungsgefüge)

• hoher Verflechtungsgrad zwischen den einzelnen SGE (Strategische Gruppen)

• hoher Verflechtungsgrad durch Ressourcentransfers (z. B. gleiche Kundengruppen)

Der Portfolio-Methodik folgend würde eine Schrumpfungsstrategie dann für eine SGE entwickelt und implementiert, wenn sie durch die Merkmalsausprägungen niedrige Marktattraktivität und niedrige relative Wettbewerbsvorteile gekennzeichnet werden kann. *Hinterhuber* (1980) beschreibt diese Positionierung mit dem strategisch wichtigen Merkmal des Investitionsverhaltens bei der Formulierung von Normstrategien und schlägt eine Desinvestitionsstrategie für SGE vor, die keine hohen zukünftigen Gewinnchancen mehr enthalten. „Sie sind abzustoßen, wenn die Unternehmung unter Ausnutzung aller Rationalisierungsreserven und Synergieeffekte in Produktion und Distribution und/oder durch eine auf ein attraktives Marktsegment ausgerichtete Produktdifferenzierung keinen positiven Cash-flow erzielen kann. In der Regel handelt es sich hierbei um obsolete Produkte, die durch neue Produkte mit höherem Leistungspotential und größerer Umweltfreundlichkeit ersetzt werden .... Geschäftseinheiten mit niedriger Marktattraktivität und keinen oder geringen Wettbewerbsvorteilen sind in der Regel desinvestitionsverdächtig; in Zeiten guter Konjunktur erwirtschaften sie einen positiven Deckungsbeitrag, der allerdings in einer schlechten Konjunkturlage häufig wieder verschwindet. Die zweckmäßige Strategie besteht im allgemeinen darin, diese strategischen Geschäftseinheiten so rasch wie möglich abzustoßen und die freigesetzten finanziellen, personellen und materiellen Ressourcen in der Unternehmung gewinnbringender einzusetzen." (Hinterhuber, 1980, S. 97 f.)

Porter (1980) weist aber ausdrücklich darauf hin, daß die Entscheidung aus der Portfolio-Analyse, eine SGE aufgrund ihrer Positionierung in der Portfolio-Matrix schrumpfen zu lassen bzw. abzustoßen, nur **eine von mehreren** Verhaltensmöglichkeiten ist, die mit der Portfolio-Methodik aber nicht erfaßt und erklärt werden können. Er sieht die Entscheidungssituation, die sich der Unternehmungsführung in diesem Fall stellt, **komplexer** als die Portfolio-Management-Empfehlung, in einem absolut rückgängigen Markt nicht mehr zu investieren.

Zu Desinvestitions- und Abschöpfungsstrategien können in gesättigten, rückgängigen Branchen (Märkten) ebenso auch Investitionsstrategien als strategische Alternativen zur Anwendung kommen, und zwar

a) zum Ausbau der Marktanteile mit dem Zweck der Marktbeherrschung in führender Stellung oder
b) zum Ausbau der Unternehmungsstärken in einer Marktnische.

Porter (1980) betont, daß Unternehmungen, die mit ihren Produkt-/Markt-Kombinationen in der Sättigungs-/Rückgangsphase einer Branche sind, Desinvestitionsstrategien für SGE nur dann erfolgreich implementieren können, wenn in dieser Rückzugsphase im Wettbewerb unter den übrigen Konkurrenten keine Preiskampf-Situation herrscht und die Unternehmung noch in der Lage ist, ihre Stärken aus der Reifephase zum Tragen zu bringen. Durch gezielte Einschränkung der Produkt-/Modellvielfalt oder durch Abstoßen kleiner, sehr kostenintensiver Kunden oder Vertriebskanäle etc. kann sie – in längerfristiger Perspektive gesehen – durch Desinvestition **langsam** schrumpfen. Sind diese Voraussetzungen nicht gegeben, muß die SGE **sofort** verkauft oder liquidiert werden.

Schrumpfungsstrategien durch Liquidation von SGE bringen dann ihren größten Nettoertrag, wenn sie möglichst schnell bei Beginn der Rückgangsphase des Marktes durchgeführt werden, noch bevor die Motivation und Moral der Mitarbeiter angegriffen ist und ebenfalls Lieferanten wie Kunden in ihrem Vertrauen gegenüber der Unternehmung durch Liquidationsabsichten verunsichert sind. Im Erkennen des **rechtzeitigen** Austrittsmoments liegt auch der Grund, warum Schrumpfungsstrategien durch Liquidation von Geschäften so schwierig zu planen sind.

2.4.2 Organisationsprobleme bei Schrumpfungsstrategien für SGE in rückgängigen Märkten

Die Art und Höhe des Beitrages der Organisation für eine erfolgreiche Implementierung von Schrumpfungsstrategien für SGE, die sich in gesättigten bzw. rückgängigen Märkten befinden, hängt im wesentlichen von der **„Geschwindigkeit der Schrumpfungsprozesse“** und vom **„Ausmaß der Organisation“ als Austrittsbarriere** ab.

Eine Strategie schnellen Schrumpfens bedarf einer konzentrierteren Vorbereitung der organisatorischen Voraussetzungen als bei langsamem Schrumpfen, d. h., daß z. B. Liquidationsstrategien für eine SGE nur dann implementiert werden sollten, wenn dadurch Organisationsziele, die für die ganze Unternehmung verbindlich sind, keine Verletzung erfahren. Auch in dieser Situation muß die Organisation in der Lage sein, einen Beitrag zur Erhöhung der Produktivität, Anpassungsfähigkeit oder Sicherheit der Organisationsmitglieder zu leisten.

Organisatorische Strukturen und Prozesse können durch ihre Ausprägung in einer spezifischen Situation auch als **Austrittsbarriere** gelten und mit ein Grund dafür sein, daß – trotz der Notwendigkeit von Rückzugsstrategien aus dem Markt – eine SGE weiterhin nach den Spielregeln eines wachsenden oder reifen Marktes geführt wird.

⋆ **Organisation als Austrittsbarriere in technisch-wirtschaftlicher Hinsicht:**

Beispiele:

• die Produktion funktioniert ablauforganisatorisch einwandfrei, modernster Maschinenpark

• optimale Lenkung der Produktion durch EDV-gestützte Produktionsplanung und -steuerung

• Flexibilität der Produktion wurde durch Einsatz von Mehrzweckwerkzeugen und -automaten optimiert

• hohe Produktivitätsverluste, Personalfluktuation etc. bei Bekanntwerden von Rückzugsabsichten

⋆ **Organisation als Austrittsbarriere in gesellschaftlich-institutioneller Hinsicht:**

Beispiele:

• Organisationsentwicklungsprogramme wurden in Teilbereichen der Unternehmung erfolgreich initiiert und sollen, um die Anpassungsfähigkeit und Lernbereitschaft der Organisationsmitglieder zu erhöhen, auch in den übrigen Unternehmungsbereichen eingeführt werden

• Arbeitnehmervertretern gegenüber wurden keine Schrumpfungsabsichten (aus politischen Gründen) mitgeteilt

• Umschulungsprogramme wurden begonnen und aus Mitteln der Arbeitsmarktverwaltung unter der Bedingung einer erfolgreichen Beendigung finanziell unterstützt

⋆ **Organisation als Austrittsbarriere in sozio-emotionaler Hinsicht:**

Beispiele:

• Motivations- und Anreizsysteme sind in den Ansprüchen, die sie befriedigen, „nach unten" unelastisch und können nicht reduziert werden (Gewohnheitsrecht)

• hohes Durchschnittsalter der obersten Führungskräfte

• hoher Grad an Zweckoptimismus aufgrund vergangener Erfolge

⋆ **Organisation als Austrittsbarriere in unternehmungspolitisch-strategischer Hinsicht:**

Beispiele:

• durch vertikale Integration entstand ein hohes organisatorisches Synergiepotential (z. B. Informationssysteme, zentrale Dienste)

• durch Marktaustritt aus einem Geschäft werden übrige Vertriebsorganisationen schwer in Mitleidenschaft gezogen

• hohe Anzahl freiwerdender Arbeitsplätze mit hohem Qualifikationsniveau, die von anderen Unternehmungsbereichen nicht integriert werden können und der Unternehmung als Potential verlorengehen.

2.4.3 Führungsorganisation bei Liquidationsstrategien

Liquidationsstrategien können durch ihre Implementierung organisatorisch relevante Konsequenzen in dreifacher Hinsicht tragen, da ein **neues Beziehungsgefüge** in den Strukturen und Prozessen entsteht

1. bei der Unternehmung, die dieses Geschäft aufgibt
2. bei dem abgestoßenen Geschäftsbereich
3. bei der Unternehmung, die den abgestoßenen Geschäftsbereich unter Umständen akquiriert.

Die Konsequenzen von Schrumpfungs- bzw. Liquidationsstrategien auf die Führungsorganisation müssen differenziert nach diesen drei Problembereichen verstanden werden.

a) **Konsequenzen von Liquidationsstrategien auf die Führungsorganisation einer Unternehmung, die ein Geschäft liquidiert:**

* **Organisationsziele:**
Die Produktivität der Arbeits- und Führungsprozesse bei den übrigen Produkt-/Markt-Kombinationen darf in der Primär- und Sekundärstruktur nicht so stark beeinträchtigt werden, daß eine Verringerung der Ziele und Leistungsstandards um mehr als einen bei der Planung der Liquidationsstrategie festgelegten Prozentsatz erfolgt. Hohe Flexibilität der Unternehmungsorganisation ist ebenfalls z. B. für die **Neueingliederung** von Führungskräften der liquidierten SGE in andere Unternehmungsbereiche notwendig. In diesem Zusammenhang kommt dem sozio-emotional orientierten Organisationsziel „Sicherheit der Organisationsmitglieder" besondere Aufmerksamkeit zu. Das Verhalten der Unternehmungsführung gegenüber den von der Liquidation betroffenen SGE-Mitarbeitern muß dem allgemein in der Unternehmung praktizierten Stil entsprechen. War bzw. ist dieser kooperativ, loyal und von einem hohen kollektiven Selbstwertgefühl aller Mitarbeiter der Unternehmung getragen, werden für diese Mitarbeiter bei der Planung der Liquidationsstrategie bereits Programme ausgearbeitet, die für sie eine optimale Eingliederung in die Unternehmung vorsehen. Wird dieses Ziel verletzt, strahlen die negativ erlebten bzw. interpretierten Folgen der Liquidation stark auf die Mitglieder der übrigen Organisationseinheiten ab und beeinflussen das Organisationsklima und die Organisationskultur in der gesamten Unternehmung ebenfalls negativ.

* **Organisationsstruktur:**
Durch Liquidationsstrategien wird die Aufgabendifferenzierung um **alle** mit der zu liquidierenden SGE zusammenhängenden Aufgabenelemente reduziert. Bei einem Verrichtungsmodell der Organisation werden durch Liquidationsstrategien daher alle Funktionsbereiche betroffen und müssen die Änderungsprobleme durch die wegfallenden Aufgaben der liquidierten SGE gelöst werden. Als Folge werden umfangreiche Reorganisationsprojekte notwendig, die die neue Situation erfassen, auf strukturelle und prozessorientierte Änderungen hin überprüfen und analysieren sowie der Unternehmungsführung **Lösungsalternativen** vorschlagen, die in das **gesamte** strategische Konzept passen, welches ebenfalls neu bewertet werden muß.

* **Führungssysteme:**
In der Konzeption von Motivations- und Anreizsystemen kann eine Neuorientierung notwendig werden (z. B. Reorganisation der Karrierepfade für den Kadernachwuchs). Aufgabe von Personalentwicklungssystemen wird es sein, das freiwerdende Potential an Managern so einzusetzen, daß bestehende Erfahrungsökonomien bei diesen Führungskräften für die übrigen Unternehmungsbereiche genutzt werden können.

* **Führungsstil und Führungskräfte:**
Liquidationsstrategien verlangen einen Führungsstil, der ganz bewußt auf die Eingliederung von Mitarbeitern in für sie relativ neue Aufgabenbereiche abzielt. Dieses Mehr an Mitarbeiterorientierung wird vor allem auch wegen dem hohen **Konfliktpotential** notwendig, welches z. B. durch neue hierarchische Unterstellungsverhältnisse, durch Schwierigkeiten bei der Kompetenzabgrenzung oder durch andere sozio-emotionale Ursachen entstehen kann. Deshalb kommt dem Einsatz von Methoden der Organisationsentwicklung eine entscheidende Bedeutung zu.

b) **Konsequenzen von Liquidationsstrategien auf die Führungsorganisation eines liquidierten Geschäftsbereiches**

* **Organisationsziele:**
Die Herausforderung an die Organisation dieser, von der Stammunternehmung liquidierten Geschäftseinheit besteht darin, die strukturelle Flexibilität für die Anpassung an die Organisationskultur der neuen Muttergesellschaft zu beweisen. Für die Organisationsmitglieder bedeutet dies eine **Neuorientierung** ihrer **persönlichen Ziele und zukünftigen Entwicklungsmöglichkeiten.**

* **Organisationsstruktur:**
Je nachdem, ob die Art der Aufgabengliederung, die Spezialisierung von Leitungsfunktionen, die Standardisierung von Arbeitsprozessen in Verwaltung und Produktion etc. mit den Vorstellungen der strategischen Unternehmungsorganisation der Muttergesellschaft übereinstimmen oder nicht, werden unterschiedlich große Änderungen von Aufgaben-, Kompetenz- und Verantwortungsbereichen zu berücksichtigen sein. Strukturelle Änderungen wird das alte Beziehungsgefüge besonders im Falle seiner Ausgliederung im Rahmen einer neuen Gesamtstruktur der Unternehmung erfahren. Bisher durch den Geschäftsbereich dezentral und mit großer Autonomie wahrgenommene Aufgaben werden ihm weggenommen und zentralisiert.

* **Führungssysteme:**
Die Anpassung der Informations-, Motivations- und Anreizsysteme sowie der Personalentwicklungssysteme an die Struktur der Führungssysteme der neuen Muttergesellschaft erfordert von dem liquidierten Geschäftsbereich **hohe Lernbereitschaft und -fähigkeit,** wenn die Führungssysteme unternehmungsgesamthaft konzipiert und sie der Unternehmungsleitung der Muttergesellschaft eine strategische Steuerungs- und Kontrollmöglichkeit bieten sollen. Durch **Aufzeigen von Chancenpotentialen** für die Organisationsmitglieder in der neuen Unternehmungsstruktur kann die Personalentwicklung akzeptanzfördernd eingreifen (z. B. neue Karrieremöglichkeiten für Führungskräfte).

* **Führungsstil und Führungskräfte:**
Bei Geschäftsbereichen, die durch die Liquidation und Eingliederung in eine neue Muttergesellschaft sich strukturell nur wenig geändert haben, wird ein **kooperativer und mitarbeiterorientierter Führungsstil** der Manager in diesem Geschäftsbereich das kollektive Selbstwertgefühl der Organisationsmitglieder (corporate identity) und ihre Loyalität zur gesamten Unternehmung unterstützen. In der Eingliederungsphase wird auch die **Konsolidierung** des neuen Geschäftsbereichsmanagement erfolgen.

Weiterführende Literatur zu Kapitel 4:

Ansoff (1971)
Ansoff (1976)
Bleicher (1979)
Bleicher (1981)
Dunst (1979)
Gabele (1978)
Glueck (1980)
Grochla (1980)
Hammer (1982)
Hammer/Hübner/Kritzler/Schertler (1979)
Hill et al. (1981)
Hinterhuber (1980)
Hinterhuber (1982)
Kappler (1980)
Kirsch et al. (1979)
Kitching (1967)
Mayer (1975)
Porter (1980)
Potthast (1980)
Schertler (1981)
Schertler/Popp (1982)
Schmalenbach (1980)
Steiner (1971)
Streithofen (1975)
Szyperski/Wienand (1980)
Thom (1980)
Ulrich (1970)
Ulrich (1978)
Witte (1973)
Wittek (1980)

Kapitel 5: Die Gestaltung einer strategieadäquaten Organisation

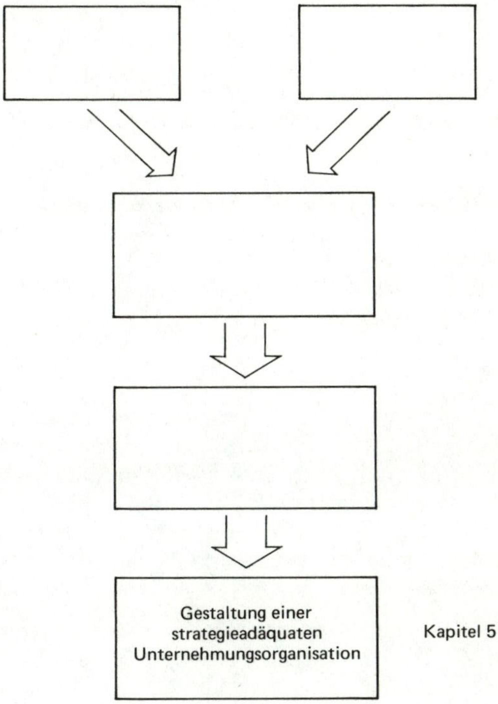

1. Komplexität und Varietät – Schlüsselvariablen der Organisationsgestaltung

Komplexität und Varietät sind Begriffe, die die Anzahl und Qualität von Zuständen, die ein System bzw. Element innehaben können, beschreiben und insofern voneinander abhängen, als durch die Varietät (als Meßgröße) ausgesagt wird, welche Anzahl von möglichen unterscheidbaren Zuständen (Muster, Verhalten etc.) ein Element/System besitzen kann: Hohe Komplexität bedeutet daher eine große Anzahl möglicher Zustände (große Varietät) und umgekehrt sind wenig komplexe Sachverhalte Ausdruck einer geringen Varietät.

Die Relevanz dieser beiden Begriffe für die in dieser Arbeit ausgewählte Problematik der strategischen Unternehmungsführung wird im Zusammenhang mit dem Management-Begriff offensichtlich. **Management soll als Prozeß der Gestaltung, Lenkung und Entwicklung sozialer Systeme verstanden werden,** deren Strukturen und Verhaltenszustände entsprechend vielzählig, vielschichtig und durch die gegenseitige Abhängigkeit vernetzt sind (vgl. Ulrich, 1985). Solche Prozesse zu gestalten und zu lenken bedeutet, sie einer Kontrolle (im Sinne von „unter Kontrolle halten") zugänglich zu machen.

Dadurch sollen von den grundsätzlich möglichen Zuständen diejenigen wahrscheinlicher gemacht werden, die (im Wiederholungsfall) gewünscht sind. Von der potentiellen Varietät wird nur ein ganz bestimmter, aktueller Teil gewünscht bzw. zu vermeiden versucht. Management ist daher in erster Linie ein Prozeß des Reduzierens von Komplexität; **Managern kommt deshalb auch in erster Linie die Funktion des Abbauens von Varietät zu:** Durch die Realisierung ihrer Führungsaufgaben schirmen sie ihre Mitarbeiter von zu hoher Komplexität ab und interpretieren laufend die potentiell bestehende Varietät im Hinblick auf die gewünschten, zulässigen Zustände.

Dies kommt besonders bei Prozessen der Zielbildung und -auswahl zum Tragen. „Die Zweckmäßigkeit, ein Muster besonderer Art auszuarbeiten und sich mit ihm zu beschäftigen, hängt davon ab, ob die von ihm beschriebene Struktur Bestand hat oder bloß zufällig ist. Unser vorwiegendes Interesse gilt solchen zusammenhängenden Strukturen, bei denen ein komplexes Muster Eigenschaften hervorbringt, die dazu führen, daß die von dem Muster abgebildete Struktur eine dauerhafte wird." (Hayek, 1972, S. 15)

Die Beschäftigung mit theoretischen Grundlagen komplexer Phänomene zeigt daher, warum die Funktion und Rolle von Führungskräften als „Komplexitätsreduzierer" um so wichtiger ist, je turbulenter Umweltentwicklungen sich zeigen. Auch die Frage, wie die Sachverhalte wären, wenn sie ihre potentielle Varietät entfalteten, ist gerade für die Lösung strategischer Probleme der Unternehmungsführung eine entscheidende. Sie orientiert sich weniger an den tatsächlich vorzufindenden (IST-)Situationen und -Positionen im Wettbewerb, sondern geht immer von dem aus, was sein könnte, also von einer Menge von Möglichkeiten. Der strategische Ansatz der Unternehmungsführung zeigt auch, daß Problemlösungsmechanismen und -prozesse sich ändern müssen, und zwar in der Richtung, daß die Zukunft nicht aus den Entwicklungen der Vergangenheit oder aus der gegenwärtigen Situation gestaltet werden kann (also nicht „mehr vom Selben"), sondern eine Evolution bekannter **und** neuer, bisher nicht beschrittener Wege und Möglichkeiten erfordert. Es ist eben falsch, einer realen, komplexen, strategischen Problemsituation eine „einfache", aus dem, was bisher war, abgeleiteten Problemlösung gegenüberzustellen.

Hinter diesem Vorgehen steckt die von R. ASHBY (vgl. Ashby, 1974) formulierte Gesetzmäßigkeit kybernetischer Problemlösungsprozesse, daß Varietät nur durch Varietät absorbiert werden kann oder, daß ein System mit einer gegebenen Komplexität nur mit Hilfe eines mindestens ebenso komplexen Systems unter Kontrolle gebracht werden kann." (vgl. Malik, 1984, S. 191)

Will eine Führungskraft z. B. eine Situation (mit einer bestimmten Varietät) beherrschen, so muß sie eine mindest gleich hohe Lenkungsvarietät einsetzen: sie muß quasi Problem und Problemlösungsmechanismus (Lenkung) ins Gleichgewicht bringen, was situationsspezifisch entweder eine Reduktion oder eine Verstärkung oder ein Gleichhalten der Varietät auf einem gegebenen Niveau erfordert.

Welche Mechanismen der Varietätsreduktion bzw. -verstärkung können nun zur Komplexitätsbeherrschung eingesetzt werden? Welche Möglichkeiten hat eine Führungskraft, komplexe Sachverhalte „unter Kontrolle" zu halten bzw. zu bringen? Diese Fragen zum Management komplexer Phänomene wurden von Managementkybernetikern und Sozialwissenschaftlern gestellt, deren Arbeit sich auf die Suche nach Paradigmen und Formen der Komplexitätsbeherrschung konzentrierte.

1.1 Komplexitätsreduzierung durch musterbildende Kräfte

Da jede Organisationsabsicht auf die Regelung von Aufgaben, Prozessen und Verhalten gerichtet ist, kommt dem Begriff der Ordnung eine zentrale Bedeutung zu. Im Sinne einer Begriffserweiterung wird Ordnung aber auch unmittelbar mit Macht assoziiert und die Entstehung, vor allem aber die Verwendung und der Einsatz von Macht über die Herstellung und Aufrechterhaltung von Ordnung betont. Demgemäß muß Ordnung zuerst geschaffen, dann aber aufrechterhalten werden, um das, was geordnet wurde, im Zustand der Ordnung auch weiterhin zu halten. Das einmal Entworfene muß laufend kontrolliert werden, um den Zustand der Ordnung, des einmal gefundenen (dynamischen) Gleichgewichtes zwischen der Varietät des Systems und der seiner Umwelt, nicht zu verlieren. **Ordnung ist daher nie statisch, sondern ein Prozeß der Komplexitätsbeherrschung oder Varietätsreduktion,** um die laufend sich ändernden Systemzustände (proliferierende Varietät) unter Kontrolle zu halten.

1.2 Muster – Zwischenstufen der Ordnung

In Anbetracht der Komplexität und hohen Varietät sozialer Systeme, die permanent Information (Energie) innerhalb ihrer Systemgrenzen, aber auch interaktiv zwischen Systemen austauschen, kommt der Ordnung eine Schlüsselfunktion zur Gestaltung, Lenkung und Entwicklung einer Unternehmung zu. „Mit Ordnung werden wir durchwegs einen Sachverhalt beschreiben, in dem eine Vielzahl von Elementen verschiedener Arten in solcher Beziehung zueinander stehen, daß wir aus unserer Bekanntschaft mit einem räumlichen oder zeitlichen Teil des Ganzen lernen können, richtige Erwartungen bezüglich des Restes zu bilden, oder doch zumindest Erwartungen, die sich sehr wahrscheinlich als richtig erweisen werden." (Hayek, 1980, S. 57). Das heißt, daß jedes System eine „gewisse" Ordnung aufweisen muß, die es uns als Ganzheit von anderen unterscheiden läßt.

C. Bresch bezeichnet Ordnung deshalb auch als Gesetzmäßigkeit (Regelmäßigkeit), die es dem Beobachter erlaubt, Fehlendes zu erkennen und zu ergänzen. „Das Gesetz erlaubt keine Freiheiten." (Bresch, 1977, S. 58), wohl aber musterhafte Anordnungen, die – weil sie weder chaotische noch streng geordnete, gesetzmäßige Anordnungen sind – Interpretationsspielräume (Freiheiten) zulassen. „Das Typische eines ‚Musters' sind die Abhängigkeiten von Ort und Art seiner Bausteine (Elemente, Anm. d. Verf.) ... Muster sind nur aus ihrer Entstehung heraus zu begreifen. Diese beruht stets auf einer Kette von Zufällen, in der die Resultate jeweils vergangener Zufallsereignisse die Wahrscheinlichkeit der zukünftigen beeinflussen." (ebenda)

Ordnung ist daher zweierlei: ein Sachverhalt und ein Prozeß der Musterbildung. Ordnung ist deshalb ein Gradbegriff, mit dem die Erfüllungschancen der auf ihrer Grundlage gebildeten Erwartungen mehr oder weniger groß sind, und dementsprechend Ordnung in einem mehr oder weniger großen Ausmaß in und zwischen Systemen realisiert werden kann (vgl. Malik, 1984, S. 213). Eine graduelle Abstufung kann so verstanden werden, daß Chaos (– es besteht keinerlei Beschränkung) und vollkommene Ordnung (– es besteht keinerlei Freiheit) Extremfälle sind und die Muster Mischformen der beiden Extreme zwischen Selbstbeschränkung und Freiheit darstellen. „Absolutes Chaos wie absolute Ordnung sind pathologische Zustände. Dem ersteren fehlt jegliche Beziehung, dem letzteren die Möglichkeit zu agieren, zu handeln, sich zu verändern ... Mit der absoluten Ordnung wird ein Ausweichen in einen neuen Lebensraum, eine Anpassung, eine Erhaltung oder Entwicklung ausgeschlossen." (Probst/Güntert, 1982, S. 175). Deshalb kann der Begriff Ordnung zu Mißverständnissen führen, wenn damit vollkommene Ordnung verstanden wird, die im Prinzip nur in geschlossenen Systemen entstehen kann, wo der Energie-(Informations-)Austausch zum Stillstand kommt (stationäre Zustände, Tod eines Systems). Um solche Mißverständnisse zu vermeiden, ziehe ich es vor, von **Muster-(bildung)** zu sprechen, wann immer ich Ordnung zwischen Chaos und vollkommener Ordnung meine.

Ein weiterer Grund liegt auch in der Prognostizierbarkeit der Ordnung: Ihre Entstehung kann nicht präzise prognostiziert, sondern nur in Form von „Mustervoraussagen" vermutet werden.

Der Begriff des Musters ist daher als „Zwischenstufe" zwischen Chaos und vollkommener Ordnung zu verstehen. Er erlaubt eine umfassende Beschreibung „geordneter" Sachverhalte und kann auch auf spontane Ordnungen angewandt werden (vgl. Prigogine, 1985, S. 117).

1.3 Arten musterbildender Kräfte

Die kurze Beschreibung des Problems der Komplexitätsbeherrschung hat gezeigt, daß eine unfaßbare Komplexität des Systems bzw. seiner Umwelt entstünde, wenn man alles mit allem verknüpfen würde. Eine Reduktion der Komplexität ist daher unumgänglich; *N. Luhmann* spricht von einer „organisierten Komplexität" (vgl. Luhmann, 1985, S. 46), was nichts anderes bedeutet, als in der Strukturierung eines Systems Möglichkeiten der Komplexitätsbeherrschung zu sehen. Strukturierung ist in diesem Sinne nicht einzig und allein als starre und statische Ordnung eines Systems zu verstehen. Vielmehr geht es um die Abgrenzung von Beziehungsmustern: Struktur als Muster der Beziehungen der Elemente eines Systems untereinander bzw. mit der Umwelt beinhaltet dann auch Problemlösungs- und Entscheidungsprozesse, durch die Systemverhalten ausgedrückt wird.

Neben **Struktur** und **Strategie** bewirkt die **Organisationskultur** ebenfalls **komplexitätsreduzierende Effekte durch Musterbildung.** Komplexitätsbeherrschung im Sinne „organisierter Komplexität" entsteht durch die Abgrenzungsleistung eines Systems: „Systeme haben Grenzen. Das unterscheidet den Systembegriff vom Strukturbegriff ... Sie (die Grenzen, Anm. d. Verf.) haben deshalb nach allgemeinem Verständnis die Doppelfunktion der Trennung und Verbindung von System und Umwelt ... Elemente müssen, wenn Grenzen scharf definiert sind, entweder dem System oder dessen Umwelt zugerechnet werden ... Eine Grenze trennt also Elemente, nicht notwendigerweise auch Relationen; sie trennt Ereignisse, aber kausale Wirkungen läßt sie passieren." (Luhmann, 1985, S. 52)

Wenn durch Grenzziehung Elemente entweder einem System oder dessen Umwelt zugeordnet werden, ist Abgrenzung ein konstituierendes Merkmal eines Systems bzw. der Entstehung eines Systems. Ohne Abgrenzung der Elemente (und Beziehungen) kann sich ein System nicht bilden, kann demzufolge die Identität eines Systems nicht gefunden werden. *N. Luhmann* sieht in dieser Notwendigkeit der Abgrenzung eines Systems die Grundlage für ein neues „Paradigma der Selbstreferenz". „Hierfür bietet sich die Differenz von Identität und Differenz an. Denn Selbstreferenz kann in den aktuellen Operationen des Systems nur realisiert werden, wenn ein Selbst (sei es als Element, als Prozeß oder als System) durch es selbst identifiziert und gegen anderes different gesetzt werden kann. Systeme müssen mit der Differenz von Identität und Differenz zurechtkommen, wenn sie sich als selbstreferentielle Systeme reproduzieren; oder anders gesagt: Reproduktion ist das Handhaben dieser Differenz." (Luhmann, 1985, S. 26f.)

Meines Erachtens muß hier auch die theoretische Fundierung der Phänomene der Organisationskultur erfolgen, deren Bedeutung für die Komplexitätsbeherrschung durch die Effekte von Verhaltensregeln, Artefakten, Werten und Handlungsmaximen klar zum Ausdruck kommt. Organisationskultur als die Summe aller, das Selbstverständnis einer Organisation festlegenden Verhaltensweisen hilft ihren Mitgliedern, sich von zu hoher Komplexität und Varietät „zu schützen" und formt ein unternehmungsspezifisches „Identitätsmuster", welches Sinnorientierung und soziale Lernprozesse (vgl. Schein, 1984, S. 34f.) ermöglicht, die unternehmungsspezifisch und damit nicht imitierbar ausgelegt sind. Diese Prozesse führen zu einer Evolution des „Selbst" einer Organisation (Identität), wie die Theorie selbstreferentieller Systeme noch zeigen wird.

1.4 Organisationsgestaltung durch „Organisierte Komplexität"

Im Rahmen der Theorie der Unternehmungsführung ergeben sich somit drei grundsätzliche Möglichkeiten der Komplexitätsbeherrschung durch Musterbildung: Die Komplexität der Unternehmungsführung kann auf eine „organisierte Komplexität" reduziert werden durch

- **Ordnungsmuster** (Struktur im Sinne endogener und exogener Ordnung),
- **Problemlösungsmuster** (Strategie im Sinne konstruktivistischer und evolutionärer Problemlösungsstrategie)
- **Systemabgrenzungsmuster** (Kultur im Sinne von Sinnorientierung und Organisationsidentität).

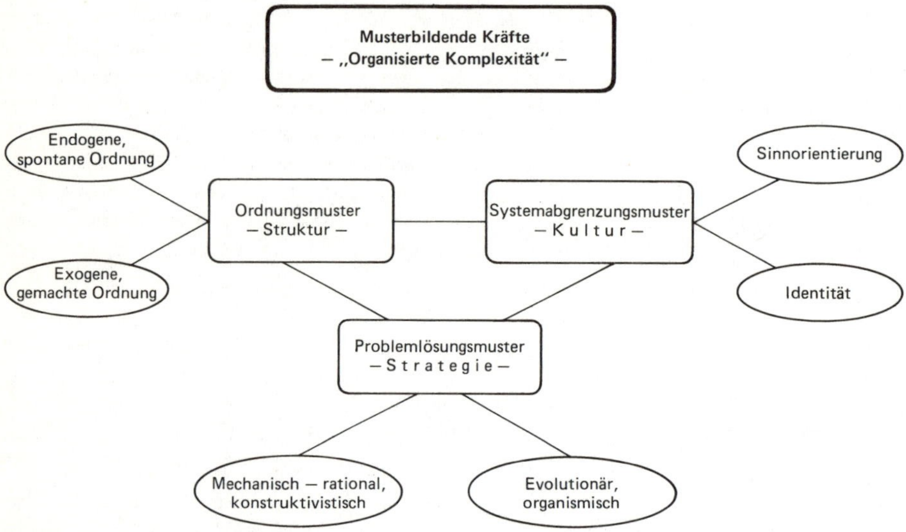

Abb. 5.1: Musterbildende Kräfte als Gestaltungsparameter einer „organisierten Komplexität"

Ich gehe davon aus, daß die Problematik der Organisationsgestaltung als Problem der Komplexitätsreduzierung aufzubauen ist und schlage vor, die Entwicklung von Ordnungsmustern in Organisationen als originäres Gestaltungsproblem einer „organisierten Komplexität" im Sinne *Luhmanns* zu verstehen. Gestaltungsakte haben demzufolge in den oben angeführten drei Arten musterbildender Kräfte ihre Orientierungsgrundlage und erfordern eine integrierende Berücksichtigung als Gestaltungsparameter beim Entwurf und der Umsetzung von Gestaltungsmaßnahmen.

Die dazu formulierte Arbeitshypothese lautet: Komplexitätsbeherrschung ist ein Prozeß des Ausbalancierens von Varietät zwischen System und Systemumwelt (z. B. Unternehmung und Unternehmungsumwelt). Das dadurch geschaffene (Varietäts-/Komplexitäts-) Gleichgewicht zwischen den Systemen ist als dynamisches Gleichgewicht („Fließgleichgewicht", Homöostase) zu verstehen. Die Unternehmungsführung kann die ihr zugrundeliegende Komplexität durch strukturelle, strategische und organisationskulturelle Kräfte ordnen („organisierte Komplexität"). Je besser es ihr gelingt, Struktur, Strategie und Kultur als Möglichkeiten der Komplexitätsbeherrschung einzusetzen, desto anpassungsfähiger und damit (über)lebensfähiger ist die Unternehmung.

Die Unternehmung muß also Mittel und Wege finden, sich in ihrer Umwelt derart zu verankern, daß sie einerseits genügend Informationen über die relevante Umwelt und deren Veränderungen hat und andererseits dieser Komplexität adäquate Maßnahmen der Varietätsverstärkung und/oder -reduktion entwickeln kann. Die Unternehmungsführung kann ihre Funktion der Gestaltung des Unternehmungsgeschehens nur dann erfüllen, wenn es ihr gelingt, die diesen Prozessen immanente Komplexität durch Struktur-, Strategie- und Organisationskultur-Muster unter Kontrolle zu halten.

2. Organisationsgestaltung durch Ordnungsmuster („Struktur")

2.1 Konstruierte Ordnung als Ergebnis der Funktion des Organisierens (exogene Ordnung)

Ein in der Betriebswirtschaft weit verbreiteter Organisationsbegriff versteht unter Organisation eine Tätigkeit, die zielorientiert „Ordnung" schafft und somit einen ganz spezifischen Beitrag zum Unternehmungserfolg leistet. „Überwiegend wird die Organisationstätigkeit heute als Strukturierungsvorgang im Sinne einer Differenzierung der Unternehmung in arbeitsteilige Subsysteme und deren Integration zu einem zielgerichteten Ganzen verstanden." (Hoffmann, 1980, Sp. 1428)

Dieses Verständnis hat sich erst über Jahrzehnte entwickeln können. Die Funktion des Organisierens beschränkte sich lange Zeit auf eine Rationalisierungsfunktion all derjenigen, die für die Gestaltung der Organisation zuständig waren. „Diese Betrachtung der Gestaltung von Organisationen als technisches Problem gründete sich vor allem auf der Trennung zwischen dem Problem der Stellenbildung (organizing) und der Stellenbesetzung (staffing). Den Managementtheoretikern war die Vielfalt und Unbestimmtheit menschlichen Verhaltens ohne Zweifel bewußt. Durch diese Trennung erschien es ihnen jedoch möglich, von diesem Problem zumindest vorläufig zu abstrahieren, indem sie sich zunächst auf das Problem der Stellenbildung konzentrieren. Sie wollten Aussagen über optimale Strukturen aufstellen und gingen davon aus, daß die anschließende Besetzung dieser Struktur mit Menschen zwangsläufig zu Einbußen an Effizienz führen würde, da Menschen sich eben nicht immer rational verhalten." (Kieser/Kubicek, 1978, S. 138.) Der Mensch wird so durch Organisieren zum bloßen Aufgabenträger reduziert und als „Störfaktor" verstanden, den es durch einen möglichst hohen Grad an Arbeitsteilung (Standardisierung) unter Kontrolle zu halten gilt. Organisieren kann in diesem Sinn mit „Konstruieren" eines Systems von Regelungen gleichgesetzt werden, was zur Entwicklung eines total konstruktivistischen Organisationsverständnisses führte und die Organisationslehre besonders im deutschen Sprachraum lang beherrschte. Äußerer Ausdruck dieser Bewegung ist die Entwicklung eines eigenen Berufsbildes des Organisators, das umfassend die Aufgabeninhalte des Organisierens beschreibt.

Eine kritische Beobachtung der Entwicklung dieses Berufsbildes zeigt aber, daß das ursprüngliche hohe Selbstverständnis des (vollamtlichen) „Organisators" einer hohen Verunsicherung über Funktion und Wirkungsweise gewichen ist. Einer der wichtigsten Gründe dafür liegt in der zunehmenden Einsicht, daß

Organisieren nicht Aufgabe von Organisationsspezialisten in den entsprechend ausgebildeten Stäben ist, sondern eine wichtige Führungsfunktion von Führungskräften: Die moderne Managementlehre versteht unter Organisieren mehr als das Entwerfen von arbeitsteiligen Strukturen, mehr als Stellenbildung und Beziehungsgefüge, wie die Ausführungen zu den Elementen der Führungsorganisation im Kapitel 3 dieser Arbeit zeigten. Organisation wird zur Gestaltungs-, Lenkungs- und Entwicklungsfunktion der Führungskräfte in einer Unternehmung: Sie bezieht sich natürlich auch auf das Schaffen, die Pflege und die Entwicklung einer Unternehmungsstruktur, jedoch nicht ausschließlich. Sie ergänzt diese Aufgabeninhalte mit der Gestaltung, Lenkung und Entwicklung der Führungs- und Informationssysteme, des Führungsverhaltens der Führungskräfte oder der Qualifikation der Führungskräfte und wird so zur nicht delegierbaren Aufgabe von Führungskräften.

2.2 Selbstorganisation als Prozeß der Selbststrukturierung und Selbstreferenz (endogene Ordnung)

Haben wir bisher von „gemachten" Strukturen (Ordnungen) gesprochen, so ist es notwendig, darauf hinzuweisen, daß Ordnungsmuster nicht nur durch den konstruktiven Prozeß der Ordnungsbildung entstehen, aufrechterhalten, verändert und weiterentwickelt werden können. Soziale und soziotechnische Institutionen können auch „aus sich heraus" Ordnungsmuster generieren, die ohne bewußtes Zutun der Organisationsmitglieder wachsen und sich entwickeln. Dafür wurde in der Sozialtheorie der Begriff der „Selbstorganisation" geschaffen, der ein grundlegend anderes Verständnis der Ordnungsbildung in sozialen Systemen impliziert.

Phänomene der Selbstorganisation sozialer Systeme sind ein Problemkreis, der in der betriebswirtschaftlichen Organisationslehre erst skizzenhaft umrissen ist und vor allem in der systemorientierten Managementlehre behandelt wird, die ihrerseits wiederum auf Forschungsergebnisse von Systemtheoretikern (in erster Linie Kybernetikern, Naturwissenschaftern) und Sozialwissenschaftern in den 60er Jahren dieses Jahrhunderts zurückgreift (vgl. die Werke von St. Beer, F. A. von Hayek, R. Riedl, H. von Foerster, N. Luhmann u.a.).

„Ordnung ist für einfach denkende Menschen das Ergebnis der ordnenden Tätigkeit eines ordnenden Wesens. Ein Großteil der Ordnung der Gesellschaft, von der wir sprechen, ist aber nicht von dieser Art ..." (Hayek, 1969, S. 32f.) Mit dieser Charakterisierung des „einfach denkenden" Menschen trifft *Hajek* eigentlich fast alle Organisationstheoretiker unter den Betriebswirten, denn Organisation als Funktion der Unternehmungsführung bzw. als Ergebnis menschlichen Handelns und menschlicher Absicht sind diesen Begriff konstituierende Merkmale. Der Hinweis auf eine alternative Ordnungsform ist jedoch nicht als Kritik zu verstehen, sondern soll auf Ordnungsmuster in unserer Gesellschaft aufmerksam machen, die zwar das Ergebnis menschlichen Handelns sind, aber nicht willentlich entworfen oder geplant wurden, sondern in irgendeiner Form aus der Interaktion menschlicher Gesellschaften entstehen und Ordnungsmuster darstellen, die das Verhalten der Menschen als „strukturiert" und somit als „organisiert" erscheinen lassen.

Ganz im Gegensatz zu den „konstruierten Ordnungen", sind die „gewachsenen" oder „spontan entstandenen" Ordnungen nicht das Ergebnis menschlicher

Absicht. Obwohl wir sie als Ordnungsmuster erkennen, können wir nicht genau sagen, wie sie entstanden sind, um im Wiederholungsfall instrumentell auf diese Ordnungsmechanismen zurückgreifen zu können. *Hayek* bezeichnet Ordnung, die selbst bestand oder sich unabhängig von irgendeinem auf dieses Ziel gerichteten menschlichen Willen bildete, als Kosmos, während er als Taxis eine „Anordnung", also eine gemachte Ordnung bezeichnet, die im Sinne einer Organisation ein System von Regelungen und Verhaltensvorschriften darstellt, welches zur besseren Funktions- und Zielerfüllung entworfen und installiert wurde. „Ein Kosmos entsteht durch die Regelmäßigkeiten im Verhalten der Elemente, aus denen er sich zusammensetzt. In diesem Sinne ist er ein endogenes, von innen her wachsendes oder, wie die Kybernetiker sagen, sich ‚selbstregulierendes' oder sich ‚selbstorganisierendes' System (endogene Ordnung, Anm. d. Verf.). Eine Taxis andererseits wird durch eine außerhalb der Ordnung stehende Wirkungskraft bestimmt und ist in demselben Sinne exogen oder auferlegt." (Hayek, 1969, S. 209.) Durch Kosmos entsteht Ordnung, wo bisher lediglich ungeordnete Prozesse angenommen bzw. Ordnungen nicht einmal vermutet wurden.

Dieses Phänomen der Selbststrukturierung in sozialen Systemen muß mit dem der Selbstreferenz in unmittelbaren Zusammenhang gebracht werden, um Musterbildung durch endogene Kräfte erklären zu können. War mit Selbststrukturierung die ordnungsgenerierende Kraft von Verhaltensregeln angesprochen, so wird mit Selbstreferenz die Kraft eines Systems verstanden, seine „Einmaligkeit", das „Selbst" und somit seine Identität über die Zeit hinweg zu bewahren. Selbstreferenz bedeutet daher, daß das System bei der Reproduktion seiner Elemente und Beziehungsmuster auf sich selbst Bezug nimmt. Es entwickelt Schritt für Schritt ein Selbstverständnis, welches auf die Erzielung einer möglichst hohen Autonomie ausgerichtet ist und alle Aktivitäten und Vorgänge ihrer Aufrechterhaltung unterordnet.

Wenn sich aber etwas von selbst entwickelt, wie beeinflußbar ist es? Und ist es möglich, spontane Ordnung zu lenken? Wir sind geneigt, im Hinblick auf den oben dargelegten Kosmos-Charakter spontaner Ordnung diese Frage zu verneinen, da durch spontan ja gerade das „Nicht-Machbare" zum Ausdruck kommen soll. Dennoch, die Beeinflußbarkeit (Gestaltbarkeit) von Beziehungsmustern, deren Kausalketten der Entstehung wir nicht kennen, wohl aber deren Existenz, ist gegeben: Zwar nicht in dem Sinn, daß der Begriff der spontanen Ordnung sich auf die Möglichkeit bezieht, die Beziehungsmuster der einzelnen Elemente und ihre genaue Positionierung im Rahmen der Gesamtordnung vorauszusagen, aber den allgemeinen Charakter der Ordnung. „Da wir bestenfalls die Regeln kennen können, die von den Elementen verschiedener Arten befolgt werden, aus denen die Strukturen bestehen, aber nicht alle individuellen Elemente und nie alle besonderen Umstände, in denen sich jedes von ihnen befindet, ist unser Wissen auf dem allgemeinen Charakter der Ordnung beschränkt, die sich bildet." (Hayek, 1980, S. 64)

Im Rahmen der Unternehmungsführung bedeutet dies, daß es Situationen gibt, die durch detaillierte Anweisungen – wegen der zugrundeliegenden Komplexität – nicht unter Kontrolle gehalten werden können, sondern Ordnungsmuster (Komplexitätsbeherrschung) nur durch allgemeine Regelung herbeigeführt werden können. Die genaue Verhaltensbestimmung der Organisationsmitglieder könnte sogar das Gegenteil (Unordnung) bewirken, da sie die Entstehung einer Gesetzesordnung nicht fördert, sondern vereitelt. „Wünsche, die wir hinsichtlich der besonderen Position eines einzelnen Elements oder des Verhältnisses zwischen besonderen Individuen oder Gruppen haben mögen, könnten wir nicht befriedigen, ohne die Gesamtordnung zu stören." (Hayek, 1980, S. 64)

Führungsrichtlinien sind dafür ein gutes Beispiel: Wird eine Richtlinie zu spezifisch formuliert, verliert sie für das Organisationsmitglied ihren Orientierungscharakter im Sinne einer „Bandbreite des organisationalen Verhaltens" und wird zur Führungsanweisung, die detaillierte Verhaltenserwartungen an das Individuum formuliert, und regelt so Einzelfälle, die nur für ganz spezifische Personen/-gruppen oder Teilbereiche Geltung haben und daher nicht geeignet sind, eine Gesamtordnung herzustellen.

Führungsrichtlinien begünstigen die Entstehung spontaner Ordnung nur dann, wenn sie als Verhaltensregeln so formuliert sind, daß sie dem Individuum eine Anpassung an die Vielzahl von Umständen ermöglichen, die ihm situativ bekannt sind, die aber in ihrem vollen Umfang und als Ganzes keinem Organisationsmitglied bekannt sind.

3. Organisationsgestaltung durch Problemlösungsmuster („Strategie")

Problemlösungsmuster sind grundsätzliche Vorstellungen des Entscheidungsträgers, wie Problemlösungs- und Entscheidungsprozesse ablaufen sollen. Zwei Modelle können unterschieden werden: das konstruktivistische und das evolutionäre Problemlösungsmuster.

3.1 Konstruktivistische Problemlösungsmuster

Problemlösungs- und Entscheidungsprozesse werden als konstruktivistisch charakterisiert, wenn im Zentrum aller Bemühungen, Problemlösungs- und Entscheidungsmethoden zu entwickeln, die Idee der rationalen Wahl/Entscheidung steht (vgl. Malik, 1984, S. 255). Deren Einsatz soll zu vernünftigen Entscheidungen und somit richtigen Lösungen führen.

„Das Modell zweckrationalen Managements geht von der Grundvorstellung eines planmäßig organisierten sozialen Systems aus, in dem eine oberste Leitungsinstanz die Ziele und Aufgaben festlegt und über die Mittel bestimmt, die zur Aufgabenerfüllung einzusetzen sind." (Hill, 1984, S. 4.) Mit dieser knappen Charakterisierung der Idee rationalen Handelns weist *W. Hill* auf die wichtigsten Merkmale eines rational-umfassenden Weltbildes der Unternehmungsführung hin, spricht aber zugleich von der „Fiktion zweckrationaler Führung", der er Vorstellungen wie z. B. „planbare" Zukunft, „gewollte" Beziehungsstrukturen (Organisation), Hierarchie, positionsspezifische Autorität, zweckmäßiger Mitteleinsatz etc. zuordnet, und kritisiert, daß alles und stets versucht werde, die Methodik der zweckrationalen Führung sozialer Systeme trotz zunehmender Komplexität zu perfektionieren, „in der Meinung, Mißerfolge der Praxis seien Abweichungen vom rechten Pfad der Theorie und fehlende Antworten der Theorie seien durch mehr Forschung in der einmal eingeschlagenen Richtung zu finden". (ebenda)

G. Schreyögg bezeichnet die Übertragung vom Paradigma des rationalen Aktors in die Betriebswirtschaftslehre als Planungsrationalität, die folgendermaßen zum Ausdruck kommt (vgl. Schreyögg, 1984, S. 134 f.):

1. Es sollen soziale Ganzheiten „in den Griff bekommen“ und nach bestimmten Zielen hin ausgerichtet werden.
2. Zukünftige Gesamtzustände des Systems werden projektiert, ihre Realisierung geplant und als machbar angestrebt.
3. Um das Auftauchen nicht kalkulierter Gefahren, aber auch Möglichkeiten rechtzeitig wahrnehmen zu können, erfolgt eine zukunftsorientierte Überwachung der Umweltentwicklungen.
4. Durch Erstellen eines Gesamtplans werden interdependente Einzelentscheidungen zentral koordiniert.
5. Es erfolgt eine systematische Entscheidungsfindung in Form von Zweck-Mittel-Analysen: Zuerst erfolgt die Zielbestimmung, dann werden die zur Zielrealisierung notwendigen Strategien und Mittel bereitgestellt.
6. Im Rahmen der Entscheidungsanalyse werden alle Alternativen im Hinblick auf die relevanten Kriterien und Ziele geprüft, von denen angenommen wird, daß sie widerspruchsfrei und genügend genau abgegrenzt sind und weitgehend unverändert bleiben.
7. Die Alternative ist die beste, die den gesetzten Zweck erfüllt.
8. Unter Anwendung von Forschungsergebnissen wird der Entscheidungsprozeß mit wissenschaftlichen Methoden und Techniken unterstützt.

Die konstruktivistische Planungsmethode ist sehr wohl ein geeigneter Mechanismus, wenn es um die Bewältigung „einfacher“, sogenannter „wohl-definierter“ *(Kirsch)* oder „strukturierter“ Probleme geht, die *J. Röpke* in Anlehnung an *Guilford* als operationale Probleme versteht, die dann gegeben sind, wenn eindeutig festgestellt werden kann, ob eine Lösungsmöglichkeit im Hinblick auf spezifische Bewertungskriterien oder Ziele der zugrundeliegenden Aufgabenstellung tatsächlich eine Lösung darstellt oder nicht (vgl. Röpke, 1977, S. 90). Interessant ist, daß der Autor von operationalen Problemen spricht, wenn er „einfache“ meint; wahrscheinlich ordnet er die Begriffsinhalte des Operationalen denen des Operativen gleich. Beziehen wir sie auf die Ebene der Unterscheidung in operative, taktische und strategische Entscheidungen in einer Unternehmung, so handelt es sich in der Tat um einfachere, weil besser strukturierte Probleme, die für die operativen, unmittelbar handlungsvollziehenden, ausführenden Tätigkeitsbereiche in Einzelwirtschaften typisch sind.

Die Komplexität strategischer Problemstellungen zwingt den Anwender konstruktivistischer Rationalität zur kritischen Prüfung, ob dieser Problemlösungsansatz für die spezifischen (Teil-)Probleme überhaupt geeignet ist oder ob sein Problemlösungsverhalten einem, im Sinne von *K. Popper,* „naiven“ Rationalismus entspricht und a priori wenig, wenn nicht sogar Falsches zur Lösung strategischer Probleme beitragen kann.

3.2 Evolutionäre Problemlösungsmuster

D. Dörner hat mit Hilfe von Experimenten („Lohhausen") die Fähigkeit des Menschen simuliert, mit komplexen Fragestellungen umzugehen und hat folgende Fehler entdeckt, die die Versuchspersonen in ihrem Bemühen machten, Problemlösungsmuster zu finden und zu erkennen (vgl. Vester, 1985, S. 24f.):

* **Schwierigkeiten bei der Zielerkennung.** Die Zielfindung konzentriert sich auf solche Ziele, die zeitlich bald zu realisieren sind; die Planung geschieht ohne große Linie. Die Fragestellung wird abgetastet, bis ein oder mehrere offensichtliche Probleme gefunden werden, welche im Sinne eines „Reparaturdienstverhaltens" sequentiell behoben werden.

* **Denken in Wirkungsketten und nicht in Wirkungsnetzen.** Der Abhängigkeit der Einflußfaktoren untereinander wurde kaum Rechnung getragen. „Zielstrebiges" Vorgehen fördert geradliniges Denken und mißachtet Verzweigungen, die ihrerseits Nebenwirkungen verursachen. Diese unbeachteten Nebenwirkungen werden nicht analysiert; sie beinhalten aber oft Schwierigkeiten und Probleme, die weit über das ursprüngliche Problem hinausgehen können.

* **Einseitige Schwerpunktbildung – Ganzheitlichkeit wird nicht gesucht.** Man versteift sich auf einen, einmal als richtig erkannten bzw. vermuteten Teilaspekt und „geht tief". Die Analyse der Probleme erfolgt sequentiell. Statt die Lösung in der Breite zu suchen (laterales Denken), wird voreilig die Tiefe einer Problemstellung nach Lösungsmöglichkeiten ausgelotet.

* **Tendenz zur Übersteuerung.** Anfänglich zögerndes Vorgehen kippt ins Gegenteil um: Wenn man bemerkt, daß sich nichts tut, greift man kräftig ein, um bei der ersten unerwünschten Reaktion wieder komplett zu bremsen. Die Macht, das System verändern zu können, und der Glaube, es unter Kontrolle zu haben, führen tendenziell zu autoritärem (im Sinne autokratischem) Verhalten.

Wir sehen, wie eng diese Fehler des Problemlösungsverhaltens mit konstruktivistischen Denkmustern zusammenhängen und wie typisch Merkmale einfacher Problemlösungsstrategien auf komplexe Systeme angewandt werden, ohne deren spezifische Anforderungen an ein „anderes" Vorgehen bei der Identifikation und Lösung schlecht strukturierter Probleme zu überlegen. Genau diese Ausgangssituation finden wir aber für die Beantwortung von Fragen der strategischen Unternehmungsführung vor, deren Probleme nicht operational und „einfach" (also wohl-definiert), sondern von so großer Tragweite, Vernetzung, Heterogenität des Verhaltens etc. und damit so komplex sind, daß deren falsche und „naive" Lösung die Überlebensfähigkeit der ganzen Unternehmung bedrohen kann.

Im Prinzip beruht die evolutionäre Konzeption von Problemlösungsmustern auf der Annahme, daß soziale Institutionen nicht das Ergebnis einer gestaltenden und lenkenden Vernunft sind, die aufgrund der Einsicht in die Zusammenhänge von Ursache und Wirkung zielorientiert Effizienz hervorbringt, sondern das Ergebnis von Wachstums- und Entwicklungsprozessen der Problemlösung und Entscheidungsfindung, die auf der weitgehend unbewußten faktischen Befolgung von Regeln beruht (vgl. Malik, 1984, S. 254). Dadurch wird auch im Bereich der Problemlösung die unmittelbar intervenierende Kraft menschlicher Rationalität auf ein Maß eingeschränkt, das meines Erachtens nicht die konstruktivistischen Muster von Problemlösungsprozessen ihrer Funktion enthebt, jedoch wertvolle Alternativen zum „So-wie-bisher" eröffnet.

Es gibt klare Grenzen der Aussagefähigkeit evolutionsbiologischer Mechanismen für organisationstheoretische Problemstellungen sozialer Systeme: Sie liegen einerseits in der Vernachlässigung bzw. Unmöglichkeit biologischer Aussagen auf der Sinnebene und andererseits in der mangelnden Kraft, individuelles Problemlösungsverhalten zu erklären. Ein auf der Evolutionsbiologie basierender Ansatz kann im Rahmen der Organisationstheorie zur Erforschung der Sinnebene sozialer Systeme keinen Beitrag leisten.

Die Berücksichtigung dieser Ebene ist jedoch von konstitutiver Bedeutung für das Verständnis von sozialen Systemen, so daß schon einmal ein sehr großer und wichtiger Aspekt der Glaubwürdigkeit evolutionsbiologischer Ähnlichkeitsbeziehungen wegfällt. Konsequenterweise führen daher evolutionäre Ansätze bewußt irre, wenn sie sich als umfassende Theorien zur Gestaltung, Lenkung und Entwicklung sozialer Systeme präsentieren. Sie können nur die Aufgabe eines ausdrücklich spezialisierten Ansatzes zur Verfolgung begrenzter Zwecke oder eines Teilansatzes zu einem umfassenderen Gesamtansatz der Organisationstheorie erfüllen. Meines Erachtens resultieren die bedeutendsten Impulse und zugleich interessantesten Weiterentwicklungsmöglichkeiten aus der, in der Anwendung metaphorisch verstandenen Ähnlichkeitsbeziehung zwischen der Evolutionsbiologie und der Organisationstheorie:

* **Musterbildung:** Prognosen über das zukünftige Verhalten können nicht auf der Ebene individuellen Verhaltens, sondern nur populationsbezogen als Muster-Voraussagen getroffen werden. Eine Lenkung en detail ist nicht möglich, wohl aber können die Rahmenbedingungen beeinflußt werden, die zu einem „erwünschten" Verhaltensmuster in der Organisation führen können (vgl. die Überlegungen zur Selbstorganisation).
* **Evolutions-Mechanismen:** Der Grundmechanismus der Evolution (Variation–Selektion–Retention) beeinflußt die Musterbildung für den Ablauf von Problemlösungswegen und kann als Strategie evolutionärer Problemlösungsprozesse zu einem besseren Verständnis der Anpassung bzw. des Wandels von Organisationen führen (z. B. Innovation, Kreativität, strategischer Wandel).
* **Populationsökologie:** Populationsökologische Modelle der Evolutionstheorie gehen auf die Wechselwirkung zwischen Population und Umwelt ein. Ausgangspunkt populationsökologischer Ähnlichkeitsbeziehungen zu sozialen Organisationen bilden die Erkenntnisse, daß die Funktionstüchtigkeit von Organisationen immer im Zusammenhang mit ihrer jeweiligen Nische (Teilumwelt) und dem kontinuierlichen Wandel dieser gesehen werden müssen. Damit werden wichtige Problembereiche der Unternehmungsführung unmittelbar angesprochen und eine Anwendung evolutionstheoretischer Ansätze z. B. im Rahmen der Strategieforschung interessant.

Besonders für die funktionelle Betrachtung der Führungsaufgabe „Entwicklung" ganzer sozialer Systeme (im Sinne der Organisationsentwicklung) erscheint die Berücksichtigung der Evolutionstheorie erfolgversprechend (vgl. Semmel, 1984, S. 424). Auch für die historische Analyse der Entstehungsbedingungen und des Wandels der Organisationsformen von sozialen Institutionen (wie z. B. Unternehmungen) kann die evolutionäre Erklärung langfristiger Veränderungen ganzer Klassen von Systemen beigezogen werden.

„Strategisches Denken ist Richtungsdenken“ betont *Hinterhuber* und erwähnt, daß die Unternehmungsleitung bewußt die Art und Richtung der Unternehmung in einer mittel- bis langfristigen Perspektive bestimmt, sich selektiv auf die zentralen Faktoren konzentriert, von denen der Erfolg der Strategie abhängt und die Hauptschritte zeitlich fixiert, die notwendig sind, um die Unternehmung in die gewünschte Richtung mit der gewünschten Geschwindigkeit zu bewegen (vgl. Hinterhuber, 1984, S. 31 f.).

Die Qualität des strategischen Denkens in einer Unternehmung hängt daher davon ab, wie gut es der Unternehmungsleitung gelingt, die Art und Richtung der Unternehmungsentwicklung in der Zukunft zu bestimmen (strategische Stoßrichtung).

Aus diesen Darlegungen ist auch die musterbildende Kraft der Strategie gut ersichtlich: Sie wurzelt einerseits in der Zweckrationalität von Problemlösungs- und Entscheidungsprozessen und andererseits in der Wahlfreiheit, die Richtung und Art der Unternehmungsentwicklung in der Zukunft so zu gestalten, daß der längerfristige Bestand, und damit die Lebensfähigkeit des Systems (der Unternehmung) gesichert ist. Die Strategie hilft dem System und seinen Elementen Komplexität zu reduzieren und schützt sie durch Musterbildung vor zu hoher Varietät ihres eigenen Verhaltens.

Die musterbildende Kraft der Strategie basiert auf ihrem Orientierungscharakter für die Systemmitglieder. Strategien haben die Aufgabe, auf der Ebene der strategischen Geschäftseinheiten (SGE) und auf der Ebene der Gesamtunternehmung über die Art und Richtung der zukünftigen Entwicklung der Unternehmung zu orientieren. Die Kenntnis der Strategie der Unternehmungsleitung, ihrer Wertvorstellungen und Ziele ist nicht nur für das Top-Management, sondern für alle Organisationsmitglieder notwendig, die an der Umsetzung und Realisierung der Strategien mitarbeiten. Nur so kann „Stoßkraft“ erzeugt und in die richtige „Richtung“ gelenkt werden.

All diesen Merkmalen der Strategie sind Kräfte immanent, die zu mannigfaltigen Mustern des Problemlösungs- und Entscheidungsverhaltens der Organisationsmitglieder führen und sowohl das interne als auch das externe Verhalten der Organisation lenken. Strategie wirkt daher komplexitätsreduzierend:

• Die **Wertvorstellungen** determinieren die Wahl der rationalen Kriterien und deren Akzeptanz. Werte und Normen bestimmen den Freiraum der strategischen Wahl grundsätzlich. Sie haben oft prinzipiellen Charakter und prägen entsprechend die Kultur des Unternehmungsverhaltens.

• Die **Ziele** sind Ausdruck der Zweckorientierung und definieren ganz bestimmte Erwartungen an die Leistungserbringung und deren Träger. Sie haben Maßstab-Funktion zur Beurteilung individueller Handlungsrationalität (aber nur dann, wenn sie explizit gemacht werden).

• **Die Festlegung der Stoßrichtung** ist deshalb so wichtig, weil ein Effekt der „Konzentration der Kräfte“ bei den Organisationsmitgliedern entsteht. Die Wahl einer bestimmten Strategie kanalisiert die Informations- und Kommunikationsströme in einer ganz bestimmten Art und in eine ganz bestimmte Richtung.

Strategien legen somit Muster des Verhaltens im Rahmen von Problemlösungs- und Entscheidungsprozessen fest, indem sie dem Verhalten des einzelnen Organisationsmitgliedes Anhaltspunkte und Orientierungshinweise zur Gestaltung seines eigenen Verhaltens geben, und das nicht einmal, sondern laufend. So macht eine Strategie Konzentration erst möglich, und zwar dadurch, daß sie nur ganz bestimmte Handlungen erlaubt und alle anderen ausschließt. Jede Strategie selektiert die Wege der potentiell vorhandenen Problemlösungsmöglichkeiten zur Erreichung festgelegter Ziele. Dadurch ist strategischen Entscheidungsprozessen ein evolutionärer Problemlösungscharakter eigen, der durch Variation bewußt Vielfalt produziert, dann selektiert und anschließend nur solange bewahrt, als der Rahmen zur Zielerreichung durch operative Resultate und extreme Fakten nicht verlassen wird.

- Die **Entscheidungslogik** der strategischen Unternehmungplanung wird über ein methodisches Instrumentarium zur Gestaltung und Lenkung von Entscheidungsprozessen formalisiert, deren Ergebnis die strategischen Pläne auf SGE-Ebene und auf Ebene des übergeordneten Systems der Gesamtunternehmung darstellen. Die zugrunde liegende Entscheidungslogik entspricht einer synoptischen Planungsrationalität, deren Merkmale der „Theorie der rationalen Wahl" sehr ähnlich sind und konstruktivistische Problemlösungsmuster eher favorisieren als evolutionäre, wie die deskriptive Strategieforschung nachzuweisen versucht (vgl. Schreyögg, 1984, S. 133–212).

Durch die Abstraktion der Strategie als mustergenerierende und dadurch komplexitätsreduzierende Kraft wird deutlich, welche prinzipiellen Nutzenkategorien eine strategieorientierte Unternehmungsführung beinhaltet.

Wenn in der Literatur auf die Notwendigkeit strategischer Unternehmungsführung hingewiesen und argumentativ vor allem auf die turbulenten, weil diskontinuierlichen Entwicklungen innerhalb und außerhalb der Unternehmung Bezug genommen wird, dann wird deutlich, welchen ordnenden Beitrag die Strategie-Muster besitzen und welche Bedeutung einer Ordnung der Problemlösungs- und Entscheidungsprozesse durch diese Muster zukommt. Strategien schützen die Organisationsmitglieder vor zu hoher Komplexität, denn durch die musterbildende Kraft einer Strategie entsteht „Sicherheit" und „Kontinuität". Jedoch nicht im Sinne von Beharrung, sondern als „Fließgleichgewicht" verstanden, welches den Varietätsausgleich zwischen Element und System (Unternehmung und Umwelt) im Sinne eines dynamisch und permanent stattfindenden Ausbalancierens ermöglicht.

4. Organisationsgestaltung durch Systemabgrenzungsmuster („Kultur")

Die „Entdeckung" der Kultur als komplexes Phänomen und Problem der Unternehmungsführung hat nicht erst in jüngster Zeit stattgefunden. Zwar stimmt es, daß die kulturelle Dimension der Unternehmungsführung in der betriebswirtschaftlichen Literatur der 80er Jahre schwerpunktartig behandelt wird, doch sind kulturelle Problemstellungen schon seit langem Objekt der sozial- und wirtschaftswissenschaftlichen Forschung. Die in der Vergangenheit berücksichtigte Kulturkomponente war organisationstheoretisch als exogener Faktor verstanden worden. Ganz im Gegensatz dazu schreibt die aktuelle „Kulturforschung" der Unternehmungskultur eine große „innere" Bedeutung als ordnende, weil musterbildende Kraft zu, in der all das, was eine Unternehmung als typisch auszeichnet, vereinigt ist.

Die Kultur-Definition von *C. Kluckhohn* ist zwar allgemein, doch nimmt er explizit auf die Musterbildungseffekte der Kultur Bezug: „Kultur besteht aus Mustern von Denken, Fühlen und Handeln, hauptsächlich erworben und übertragen durch Symbole, die die charakteristischen Errungenschaften von bestimmten Gruppen von Menschen bilden, dazu ihre Verkörperungen in Artefakte; der wesentliche Kern der Kultur besteht aus traditionellen (d.h. in der Geschichte begründeten und von ihr ausgewählten) Ideen und insbesondere ihre zugehörigen Werthaltungen." (Kluckhohn, 1951, S.86)

Ähnlich formuliert auch *E. Jaques,* der bereits vor 30 Jahren die Unternehmungskultur als die herkömmlichen und tradierten Denkschemata und Problemlösungsmuster bezeichnete, die im Prinzip von allen Systemmitgliedern geteilt und getragen werden (Jaques, 1951, S.56). Der Autor nennt ebenda eine ganze Reihe von organisationskulturellen Verhaltensdimensionen wie z.B. die Unternehmungsziele, die Produktionsverfahren, die Bräuche und Gewohnheiten der Führungskader, die Einstellung der Organisationsmitglieder zu Disziplin und Sanktionen sowie die „kaum bewußten" Konventionen und Tabus.

Demgemäß sind die zentralen Merkmale der Kultur jene Denk-, Handlungs- und Gefühlsmuster, die als Summe rationaler und irrationaler Verhaltensmuster bei der Gestaltung, Lenkung und Entwicklung der Unternehmung beachtet werden müssen. Wie im folgenden gezeigt werden soll, sind es **Muster,** die vor allem die **Sinnorientierung erleichtern** und die **Identitätsfindung unterstützen.** Die richtige Perspektive erklärt die Kultur einer Unternehmung aus ihrer historisch gewachsenen Tradition, berücksichtigt aber gleichermaßen aktuelle und zu erwartende, zukünftige Entwicklungen. Sie ist traditionsgebunden und wird nur dann weitergegeben, wenn sie sich in der Gegenwart bewährt. Dieses evolutionäre Merkmal der Kultur bestätigt *E. Schein,* der Kultur als einen dynamischen Lernprozeß auffaßt, der an die nächste Generation die Arten des Wahrnehmens, des Denkens, des Fühlens und Tuns weitergibt, die so gut genug funktioniert haben, um als selbstverständlich und richtig zu gelten (Schein, 1984, S.34f.).

Für ihn liegt im evolutionären Charakter der Kultur auch eine Möglichkeit, Kultur Lernprozessen zugänglich zu machen. „Wenn man Kultur aus evolutionärer Sicht betrachtet und erkennt, daß Gruppen und Organisationen dauernd Kulturen hervorbringen und zerstören, kann man Kultur als sozialen Lernprozeß verstehen." (ebenda)

Hinweise auf einfach tradierte, „gewachsene" Ordnungsmuster (im Sinne F. A. von *Hayeks* spontaner Ordnung) sind eine für das Phänomen Organisationskultur typische Erklärungsthese dafür, daß Ordnung wohl das Ergebnis menschlicher Handlung, jedoch nicht menschlicher Absicht sein muß. Im Gegenteil, gerade das „Nicht-Absichtsvolle", „Un-Vernünftige" oder „Ir-Rationale", d.h. unserer Rationalität nicht Zugängliche, wird in diesem Zusammenhang betont. Die Unternehmungskultur ist mehr als kybernetisches Regelkreis-Denken und beinhaltet eben Gefühle, Werturteile, Normen etc., um ihre sozialintegratorischen Funktionen erfüllen zu können, denn eine „gesunde", tragfähige Unternehmungskultur bedeutet (vgl.Ulrich, 1984, S.311):

- Sie **konstituiert die kulturelle Identität** einer Unternehmung („Wir-Gefühle“ und individuelles Selbstbewußtsein aus Berufsrolle, „Wer sind wir?“)

- Sie **vermittelt** in symbolischer und/oder rationaler Form **einen glaubwürdigen Sinnzusammenhang** des unternehmerischen Handelns („Motivation“ nach innen, „Legitimation“ nach außen, Leitbild: „Was ist unsere unternehmerische Mission?“)

- Sie **sichert eine „konflikttolerante“ Form der Zusammenarbeit** durch tradiertes Grundeinverständnis (Basiskonsens) über fundamentale Normen und durch ein kommunikatives Verständigungspotential (Konsensfindungspotential) („Was verbindet uns?“, „Verstehen wir uns?“)

- Sie **entlastet die Organisationsmitglieder durch die Handlungs-/Entscheidungsorientierung** der vorhandenen Sinngemeinschaft unter den Beteiligten (Effekt der Selbstorganisation, weniger Führungs- und Kontrollaufwand, „Was habe ich zu tun?“)

- Sie bleibt **„weltoffen“ für Veränderungen** und sichert die Existenzfähigkeit der Unternehmung dadurch, daß sie die Lern- und Entwicklungspotentiale der Organisationsmitglieder fördert („Welchen Anforderungen der Zukunft muß ich gerecht werden?“)

Ebenda betont *P. Ulrich,* daß eine Unternehmungskultur, die alle oben genannten sozialintegratorischen Funktionen nach innen und außen leistet, wohl als ebenso entscheidende Voraussetzung erfolgbringender Unternehmungsführung betrachtet werden darf, wie die Qualität ihrer Geschäftsstrategien, Strukturen und Führungssysteme; sie ist das „weiche“ Fundament des unternehmerischen Erfolgs.

Besonders die Arbeit von *Peters/Waterman* hat auf die Existenz und die Bedeutung der von ihnen als „weich“ bezeichneten Faktoren der Unternehmungsführung (wie Stammpersonal, Spezialkenntnisse, Stil und Selbstverständnis) hingewiesen und den Erfolg („excellence“) einer Unternehmung auf die organisationskulturelle Orientierungsfunktion der Unternehmungsführung – neben der Realisierung der „harten“ Faktoren (wie Struktur, Strategie, Systeme) – zurückgeführt (vgl. Peters/Waterman, 1984). Auch die grundlegende Arbeit von *Deal/Kennedy* versucht, die wichtigsten Orientierungsmerkmale einer Unternehmungskultur (corporate culture) aufzuzeigen – wie z. B. hohe/niedrige Risikobereitschaft, mittelbare/unmittelbare Erfolgsrückkopplung, Ursächlichkeit der Erfolgszumessung, Rolle des Individuums („Einzelheld“) und des Kollektivs („Mannschaft“) –, geht dann aber einen Schritt weiter und konzipiert Kulturtypen in Abhängigkeit von den Dimensionen Risiko (risk) und Rückkopplung (feedback) (vgl. Deal/Kennedy, 1982).

Die Frage, wie und wodurch organisationskulturelle Phänomene erfaßt, analysiert und so gelenkt werden können, daß festgestellte Diskrepanzen vor allem zwischen Strategie und Kultur, durch entsprechende Maßnahmen aufgehoben werden können, muß in diesem Zusammenhang erlaubt sein. Diese Forderung ist gleichbedeutend mit der Forderung nach „Planbarkeit der Organisationskultur“ mittels entsprechender systemrationaler Entscheidungen der Unternehmungsführung, und sie ist im Prinzip unabhängig sowohl von der kulturellen Perzeption als auch von den Präferenzen des Managements.

„Organisationskultur muß daher der menschlichen Vernunft zugänglich gemacht werden!", könnte eine Verbalisierung dieser Forderung lauten. Können wir dieser Aussage zustimmen? Das, was wir bisher über den Rationalismus menschlichen Problemlösungsverhaltens kennengelernt haben, hindert uns, diese Frage mit einem klaren Ja/Nein zu beantworten, denn es wäre naiv zu glauben, daß organisationskulturelle Phänomene, einmal entdeckt und analysiert, in Zukunft geplant und auf Soll-Ist-Abweichungen geprüft werden können. „Ist die ‚subversive' Kraft einer Kultur, ihren den authentischen Lebenserfahrungen der Menschen entspringenden ‚Eigensinn' zu entfalten, nicht unendlich viel stärker als jeder Anspruch, diese Lebenserfahrungen anderer Menschen zum Objekt planvoller Gestaltung für Zwecke, die ‚von außen' kommen, zu machen?" Und ist die Idee, Kulturentwicklungsprozesse zu lenken und damit letztlich zu ‚beherrschen', nicht die äußerste Steigerung eines technokratischen Zeitgeistes und als solche im Grunde ein zutiefst zynischer Gedanke?" fragt *P. Ulrich* kritisch und betont, daß eine Unternehmungskultur, die den Organisationsmitgliedern von außen durch die Systemleitung aufoktroyiert wird und nicht aus den „Hintergrundüberzeugungen" der Mitarbeiter herauswachsen kann, von ihnen als zusätzlicher Funktionszwang („Werte-Drill") erlebt wird (Ulrich, 1984, S. 317 f.).

Auch die Theorien von *F. A. von Hayek* über das Entstehen spontaner Ordnung sind wichtige Aussagen über die Machbarkeit der Organisationskultur und zeigen die Grenzen des an sich verständlichen Wunsches technokratischer Kontrollgesinnung auf: Soziale Organisationen können, als Konsequenz komplexer Phänomene, nicht einer absoluten Systemrationalität unterworfen sein, sondern weisen Ordnungs- und Verhaltensmuster auf, die nicht das Ergebnis menschlicher Absicht, wohl aber menschlichen Handelns sind. Von ihnen wissen wir vielleicht die Bedingungen, unter denen sie sich entwickeln, doch nie die detaillierte Funktionsweise.

Das Wesen der Organisationskultur zeichnet sich daher gerade durch „Nicht-Machbarkeit" aus und kann deshalb auch nicht vollständig „unter Kontrolle" gebracht werden, wie etwa der Stromverbrauch einer Fertigungsmaschine. Gilt diese Feststellung für die Kontrolle spezifischer Einzelmaßnahmen der Beeinflussung, so bedeutet sie noch lange nicht, daß organisationskulturelle Phänomene sich generell und jeder Gestaltungsabsicht entziehen.

Wie bereits erwähnt, können aus einem richtigen Verständnis vom Wesen und Wirken der Organisationskultur wichtige und zudem noch sehr konkrete Maßnahmen seitens der Organisationsmitglieder ergriffen werden. Allerdings nicht im Sinne der Konstruktion einer „Einheitskultur" für die ganze Unternehmung, sondern als positive und fördernde Maßnahmen zur Schaffung eines betrieblichen Bedingungsrahmens, unter welchem sich das Netzwerk von Subkulturen „fließend" zu einer Unternehmungskultur entwickeln kann.

Für die Unternehmungsführung bedeutet dies eine Umorientierung des Managementgedankens: nicht die Unternehmungskultur muß „gemacht" werden, sondern das Management muß „kulturbewußt" werden (Ulrich, 1984, S. 318).

Bezogen auf die Gestaltung einer strategieadäquaten Organisation fordert *Bleicher*, daß die Einsicht der gegenseitigen Interdependenz dieser beiden die Unternehmungsentwicklung bestimmenden Größen zum Ausgangspunkt einer Betrachtung des Bedingungsverhältnisses von strategischer Gestaltung und kultureller Entwicklung werden muß. „Die Unternehmungskultur lenkt einerseits implizit die Wahl und Implementierung von Strategien der Unternehmungsführung. Die gewählten und mit Erfolg oder Mißerfolg durchgesetzten Strategien werden andererseits zu geschichtlichen Ereignissen, die zum Bestandteil der Unternehmungskultur werden und in Einstellungs- und Verhaltensregeln wiederum die Wahl ähnlicher oder verschiedener Strategien in der Zukunft, wie ihrer Implementierungschancen und -risiken beeinflussen." (Bleicher, 1986, S. 776)

Aufgrund dieser Tatsache muß beachtet werden, daß strategische Systemsteuerung und kulturelle Entwicklung dazu neigen, nicht im Gleichschritt zu verlaufen, das heißt, Strategien können kulturverträglich oder -unverträglich sein. Es entsteht das Problem einer nicht strategieadäquaten Kultur, die laufend Diskrepanzen und Konflikte erzeugt, weil z. B. die in den Strategien postulierte Kundenorientierung durch das faktische Verhalten der Organisationsmitglieder konterkariert wird, da ihnen sämtliche kulturelle Hintergrundinformationen (Werte, Erfahrungen etc.) fehlen. Eine Disharmonie von strategischem Wollen und andersartiger kultureller Prägung wird dagegen eine Fülle von Akzeptanzwiderständen wecken, die die vom Management intendierten Strategien verfälschen oder sogar scheitern lassen können. Daher sollte im Rahmen der Konkurrenzanalyse auch die Suche nach möglichen Hinweisen auf eine Diskrepanz zwischen tradierter Kultur und beabsichtigter Strategie bei den Mitbewerbern berücksichtigt werden. Aus dieser Problematik resultiert die Überlegung, strategische Systemsteuerung sorgsam auf die Kulturentwicklung auszurichten. *P. Ulrich* schlägt deshalb einen dualen Ansatz vor, „in dem die beiden Perspektiven des Managements als Systemsteuerung und als Kulturentwicklung gleichrangig (aber nicht gleichgültig) nebeneinander stehen." (Ulrich, 1984, S. 320)

In diesem Ansatz wird deutlich, welches Problempotential ein „naiver" Umgang mit Fragen der Organisationskultur besitzen kann: Vom „Weltbild" des Managements angefangen bis zu konkreten Handlungsentwürfen der Management-Praxis (und -Theorie) müssen für die Lösung komplexer Probleme von den Organisationsmitgliedern Verhaltensmuster entwickelt werden, die im Spannungsfeld zwischen Systemgestaltung und Systemkultur anzusiedeln sind.

Allen Begriffsbestimmungen der Organisationskultur ist der Hinweis auf ihren identitätsfördernden Charakter eigen. Wie oben dargestellt, schaffen organisationskulturelle Phänomene Orientierungsgrößen und Verhaltensmuster bei den Organisationsmitgliedern, die es einer Gruppe, aber auch jedem einzelnen erlauben, ihr/sein spezifisches Verhalten (die Denk- und Handlungsentwürfe) so zu gestalten, wie es eine Situation im Einzelfall erfordert.

Das „Selbst"-Verständnis eines Systems ist auch die notwendige Voraussetzung für dessen Fähigkeit, auf sich Bezug zu nehmen (Autopoiese, Selbstreferenz). Einen „Selbstbezug" (Selbstreferenz) herstellen bedeutet, sich selbst von seiner Umwelt abzugrenzen. Die Überlegungen und Aussagen zur Organisationskultur, als identitätsgenerierendes Phänomen in sozialen Organisationen, können ihre theoretische Fundierung daher in der Theorie selbstreferentieller Systeme finden. Für die Sozialwissenschaften kann die Arbeit von *N. Luhmann* „Soziale Systeme" als Grundlagenarbeit verstanden werden, die über die Beschreibung einzelner systemtheoretischer Problemstellungen hinausgeht und eine Theorie selbstreferentieller Systeme entwirft (vgl. Luhmann, 1986). Ihre Aussagen lassen sich im Hinblick auf die Bedeutung für die Gestaltung einer strategieadäquaten Unternehmungsorganisation kurz wie folgt zusammenfassen (vgl. Luhmann, 1985, S. 35–71):

* **System und Umwelt sind eine** durch das eigene System selbst konstituierte **Einheit.**

* Jeder Differenzierungsvorgang hat sich am Einheitsgedanken zu orientieren. **Eine Gesamtheit bildet den Ausgangspunkt für eine Differenzierung.** Die Auflösung in Teilsysteme (Systemdifferenzierung) ist eine Form der Dekomposition, die ein System in Elemente und Beziehungen (Systemkomplexität) zerlegt.

* Ein „Organisationsüberschuß" (in der Organisationstheorie als „slack"-Potential bezeichnet) ist nicht ein Zeichen der Ineffizienz (weil durch aktuelle Prozesse nicht ausgeschöpft), sondern Voraussetzung für Selektion. Nicht das „Einmal-sich-bewährt-Habende", sondern **das „Sich-laufend-Bewährende" wirkt als Selektionskriterium.**

* **Die These des „Umweltdeterminismus" ist in ihrer Ausschließlichkeit aufzugeben.** Es gibt daneben auch einen Anpassungszwang an systemeigene Unzulänglichkeiten und „innere Diskontinuitäten" (Selbstanpassung). Diese Eigenschaft selbstreferentieller (autonomer) Systeme konnte in den bisherigen kontingenztheoretischen Modellen des situativen Ansatzes der Organisationstheorie nicht berücksichtigt werden. Sie fehlt und erfordert eine Relativierung dieser Ansätze im Hinblick auf deren System/Umwelt-Paradigma.

* **Von der Vorstellung, daß die Berücksichtigung von Einheiten immer schon „gegebene" Einheiten voraussetzt, kann Abstand genommen werden.** Einheitsbildung (z. B. strategische Geschäftseinheiten) muß eine originäre Handlung sein, bei der strukturell besonders die „Anschlußfähigkeit" zu anderen Einheiten beachtet werden muß. Die Selbstbeobachtung der Einheit konstituiert Identität und schafft so eine „Sinn"-Einheit (das „Anders-sein-als-andere", die Differenz zu anderen).

  Selbstreferentielle Systeme beinhalten daher auch eine wichtige strukturelle Konsequenz, nämlich den **Verzicht auf einseitige Kontrolle.** „Es mag Einflußdifferenzen, Hierarchien, Asymmetrisierungen geben, aber kein Teil des Systems kann andere kontrollieren, ohne selbst der Kontrolle zu unterliegen." (Ein Sachverhalt, der in Führungsprozessen gar nicht so selbstverständlich ist.)

* Soziale Systeme sind funktionstüchtig, wenn sie Instabilitäten (Widersprüche) aufweisen. Durch ihren Selbstbezug können sie autonom darauf reagieren (Selbstregulierung), und zwar so, daß sie durch diese Anpassung (Umwelt- und Selbstanpassung) ihre Identität weiterhin erhalten. Etwas überzogen könnte man feststellen: „Das System lebt vom Widerspruch!" **Diskontinuierliche Entwicklungen sind nicht disfunktional, sondern für selbstreferentielle Systeme notwendig.** Auflösung und Reproduktion, Selbstbeobachtung, ausreichend anschlußfähige Strukturen und Kulturbewußtsein sind Eigenschaften, die den Selbstbezug erst ermöglichen. Sie konstituieren ein System als selbstreferentiell.

Zusammenfassung

Nicht die vielfältigen Erscheinungsformen und faktischen Gestaltungsalternativen strategischer Unternehmungsführung, sondern die Suche nach dem gemeinsamen Nenner strategischer Planungs- und Organisationsprobleme bei der Gestaltung eines sozialen Systems, das (industrielle) Unternehmung heißt, standen im Mittelpunkt dieses Kapitels. Das Gemeinsame liegt im komplexitätsreduzierenden Effekt musterbildender Kräfte. Sie sind Gestaltungsparameter für Konzeptionen einer strategieadäquaten Organisation, deren Ziel es ist, die Voraussetzungen für ein sich strategiekonform entwickelndes soziales System zu schaffen und laufend dafür zu sorgen, daß die längerfristige Überlebensfähigkeit der Organisation entwickelt und gepflegt wird.

Gestaltungsakte sind demnach nicht strategieadäquat, wenn strategischen Problemstellungen mit Verhaltensmustern begegnet wird, die z. B. weder potentialorientiert noch ganzheitlich ausgelegt sind und den politischen Charakter strategischer Willensbildungs- und -durchsetzungsprozesse mißachten.

Die Gestaltung einer strategieadäquaten Organisation orientiert sich daher an den komplexitätsreduzierenden Effekten der Musterbildung. Sie berücksichtigt exogene **und** endogene Ordnungsmuster, konstruktivistische **und** evolutionäre Problemlösungsmuster sowie Sinn- **und** Identitätsmuster der Organisationskultur als Gestaltungsparameter einer strategieadäquaten Organisation der Unternehmung.

Auf die Zwecksetzung strategischer Unternehmungsführung bezogen bedeutet dies, daß die Formulierung und Implementierung von Strategien Verhaltensmuster erfordert, die dem Wesen von Strategien möglichst entsprechen. Etwas drastischer formuliert könnte man sagen, die Lebensfähigkeit einer Organisation kann gestalterisch nur dann aufrechterhalten werden, wenn das faktische Verhalten mit dem beabsichtigten Verhalten in Einklang gebracht wird.

Eine Erhöhung des strategischen Problemlösungspotentials durch Strategieentwicklung allein kann wohl die „Stoßrichtung“ klarer als bisher festlegen, jedoch noch nicht die „Stoßkraft“ entfalten, die zur Lebensfähigkeit energiemäßig freigesetzt werden muß. Es bedarf einer strategieadäquaten Form der Organisationsgestaltung, die konzeptionell sowohl die Formulierung als auch die Implementierung von Strategien fördert. Inwiefern dies auf bestehende Konzepte organisatorischen Gestaltens zutrifft, muß festgestellt werden, denn durch die Beurteilung ihrer „Strategieadäquanz“ können sich wertvolle Hinweise für konzeptionelle Ergänzungen ergeben.

5. Gestaltung einer strategieadäquaten Organisation auf der Basis strategischer Geschäftseinheiten

5.1 Strategische Geschäftseinheiten als Organisationseinheiten

Strategische Geschäftseinheiten werden in der Literatur zur strategischen Unternehmungsführung als Gestaltungselemente von zentraler Bedeutung für den Erfolg strategischer Führung behandelt. Ihre begriffliche Abgrenzung hat mit der Entwicklung von Methoden und Prozeßmodellen des strategischen Ansatzes der

Unternehmungsführung aber nicht im selben Ausmaß Schritt gehalten, und zwar deshalb, weil das Verständnis über die Funktion und die Verwendung von strategischen Geschäftseinheiten kein einheitliches ist. Zwei Begriffsgruppen finden sich:

a) strategische Geschäftseinheiten werden synonym mit „strategischem Geschäftsfeld (SGF)“, „strategic business unit (SBU)“, „strategic business area (SBA)“ verwendet, wie etwa von *Hinterhuber* (vgl. Hinterhuber, 1984, S. 265) oder *Gerl/Roventa* (vgl. Gerl/Roventa, 33. Jg., 9/1981, S. 847) und

b) es erfolgt eine klare Unterscheidung zwischen SGE (SBU) und SGF (SBA), wie z. B. *Ansoff* (vgl. Ansoff, 1984, S. 37 ff.) oder *Link* (vgl. Link, 1985, S. 51).

Als „gedankliche Konstruktionen“ bezeichnete strategische Segmente hätten demgemäß im Verhältnis zu strategischen Geschäftseinheiten eine andere nicht vergleichbare Funktion (vgl. Gälweiler, 5/1979, S. 252 ff.). Beispielsweise ist *Gälweiler* der Ansicht, daß strategische Geschäftseinheiten wohl ein spezifisches Problem bei der Organisation der strategischen Führungs- und Planungsaufgabe sind, „aber kein Problem der Unternehmungs-Organisation. Organisation der strategischen Führung und Planung heißt aber vor allem Organisation eines geistigen Prozesses“ (vgl. ebenda).

Die Frage ist nun, ob die trennenden Merkmale zwischen SGE/SBU und SGE/SBA zahlreicher und für eine einheitliche Begriffsbestimmung bedeutender sind als die sie verbindenden, gemeinsamen Eigenschaften. Im Rahmen der Begriffsanalyse ist mir aufgefallen, daß Unklarheiten in erster Linie darüber bestehen, ob die Begriffe als Planungs- oder als Organisationseinheit Verwendung finden.

Wie die gewählte Bezeichnung „-einheit“ schon ausdrückt, sehe ich mögliche Gemeinsamkeiten in der Abgrenzungsleistung und im „Prozeß der Einheitsfindung“, d. h. in der Segmentierungsproblematik und in der Suche nach „strategisch relevanten Einheiten“ bzw. deren Merkmalen.

Die Marketingplanung hat schon seit langem in der Marktsegmentierung ihren zentralen Ansatzpunkt gefunden und Plangrößen der Unternehmung aus der Art und Weise der Abgrenzung des Marktes als Ganzes abgeleitet. So dienen z. B. die Bestimmung von Kundengruppen/Zielgruppen und die Analyse der sie beschreibenden Eigenschaften als wichtige Orientierungsgrößen für die Produktpolitik (Qualitätsgestaltung, Programmpolitik, Produktverpackung, Markenpolitik etc.) (vgl. Hansen/Leitherer, 1984, S. 34 ff.).

Die Segmentierungsproblematik der strategischen Unternehmungsführung ist jedoch eine andere, als die eines einzelnen Funktionsbereiches (Marketing), wenn auch enge Wechselbeziehungen das Verhältnis charakterisieren mögen (vgl. Böhler, 1977, S. 150 ff.). Sie geht über die Marktsegmentierungsproblematik (vgl. Abell, 1980) hinaus und konzentriert sich auf die Umfeldsegmentierung und deren Übersetzung in strategische Geschäftseinheiten. Die SGE's bauen Aufgaben und Verantwortlichkeiten auf klar definierte Erfolgsfaktoren (key success factors) und Vorteile des zugrunde liegenden Geschäftes auf. Daß Produkt-Markt-Kombinationen nicht nur auf der Abnehmerseite segmentiert werden können, sondern auch Märkte auf der Lieferantenseite zu beachten sind, zeigt *K.-G. Eick* (vgl. Eick, Augsburg, 1982).

Durch Segmentierung wird „organisierte Komplexität“ erzeugt und die Komplexität auf bestimmte Segmente reduziert, die in ihrer musterbildenden Kraft großen Einfluß auf die Struktur, Strategie und Kultur einer Unternehmung besitzen:

- **Segmentierung bewirkt eine Aufgabenspezialisierung** dadurch, daß sie ursprünglich ganzheitliche „Umwelten“ in Teilumwelten differenziert. Wie die Aussagen von *Lawrence/Lorsch* zeigen, wächst damit der Bedarf an Integrationsleistungen (z. B. Koordination durch Strategien auf Unternehmungsebene).

- **Segmentierung ermöglicht** durch ihre komplexitätsreduzierende Wirkung **eine Konzentration der Kräfte,** und zwar besonders auf die Segmente, die z. B. eine bessere Wettbewerbsposition haben als andere, deren relativer Marktanteil schneller ausgeweitet werden kann, die Ertragspotentiale schneller erschließen können etc. Segmentierung schafft daher die Voraussetzungen für eine strategische Führung auf der Ebene relativ autonomer Führungseinheiten.

- **Segmentierung grenzt die Tätigkeitsgebiete der Unternehmung ab** und leistet einen entscheidenden Beitrag zur Funktionstüchtigkeit selbstreferentieller Systeme. Die Segmentierung bzw. ihre Abgrenzungskraft beeinflussen die Entwicklung der „Selbstfindung“ (Identität) eines Systems und dessen Organisationskultur.

Mit Hilfe eines umfangreichen Instrumentariums (vgl. z. B. Böhler, 1977, S. 150 ff.) kann die Vielzahl von Merkmalen und Merkmalsausprägungen auf Homogenität getestet und festgestellt werden, welche Merkmalsgruppen unter dem Gesichtspunkt ihrer Einheitlichkeit (z. B. in Funktion, Kundengruppe, Technologie) zusammengefaßt werden können. Dieselben Verfahren könnten auch für die Suche nach Aufgaben-/Verantwortungseinheiten zur Bildung von Organisationseinheiten (Stellen) eingesetzt werden, doch zeigt gerade diese Überlegung, daß dem instrumentellen Einsatz Grenzen gesetzt sind: Raffinierte, computergestützte Modelle der Entscheidungsfindung (DSS = decision support systems) können den Anforderungen unstrukturierter Problemlösungsprozesse nur unzureichend entsprechen und liefern daher nur Teilunterstützung. Segmentierungsprozesse sind heuristische Prozesse und verlangen nach lateralem Denken, Kreativität, Intuition und unternehmerischer Erfahrung im Umgang mit Chancen und Risiken, ebenso wie die Prozesse der Stellenbildung und Stellenbesetzung, die sich immer auch an den Persönlichkeiten der Stelleninhaber (Fähigkeitsprofil vs. Anforderungsprofil) orientieren, obwohl rationale Organisationsgestaltung eher empfiehlt, Stellen nur vom Anforderungsprofil her und personenunabhängig zu besetzen.

Die Suche nach Teilumwelten (Segmenten) in den Märkten, deren Erfassung und Bearbeitung, begründen Aufgabenkomplexe, die miteinander unmittelbar zusammenhängen. Die ihnen zugrundeliegenden Entscheidungen sind von einer Tragweite, die über einzelne Funktionsbereiche (z. B. Marketing) hinausgeht und die Gesamtunternehmung betreffen. Eine strategische Segmentierung wird von den Wesensmerkmalen des Strategischen bestimmt und ist in ihrem Ursprung auf die Erschließung von Potentialen zur längerfristigen Sicherung der Unternehmungsexistenz ausgerichtet.

Als Anliegen einer stategischen Unternehmungsführung muß die strategische Segmentierung Einheiten hervorbringen, die „manageable“ sind und einen Beitrag zur Gestaltung, Lenkung und Entwicklung der Unternehmung als Ganzes leisten. Da Planungsaktivitäten in der entscheidungslogischen Sequenz der Durchführung des Geplanten vorangehen, liegt es auf der Hand, daß nicht alles, was geplant wurde, zur Durchführung kommen kann, weil konsequenterweise aus der Fülle an Planalternativen ausgewählt wird und nur bestimmte übrigbleiben. Strategische Geschäftseinheiten als Planungseinheiten müssen daher nicht identisch mit strategischen Geschäftseinheiten als Organisationseinheiten sein; wohl aber gilt, daß strategische Geschäftseinheiten als Organisationseinheiten sich nur aus strategischen Geschäftseinheiten zusammensetzen können, die bereits als Planungseinheit berücksichtigt wurden, denn die Segmentierungsmerkmale der SGF (SBA) können zu Merkmalen der Organisationsgestaltung werden und unmittelbar den Einsatz des organisatorischen Instrumentariums beeinflussen.

Aufgrund dieser Überlegungen sehe ich keinen zwingenden Grund, zwischen SGF (SGA) als Planungseinheiten und strategischen Geschäftseinheiten (strategic business units) als Organisationseinheiten zu unterscheiden. Das Gemeinsame, nämlich die Bestimmung der Tätigkeitsgebiete und die Suche nach Ganzheiten, läßt das Trennende (z.B. Umsetzungsgrad, originärer Charakter [vgl. Link, 1985, S. 41 f.]) unbedeutend für eine Begriffsbestimmung werden. Ebenfalls liegt eine pragmatische Forderung der Unternehmungspraxis vor, die strategische Planung – solange sie „nur auf Papier" steht – weniger schätzt als Planungsinhalte, die auch in Maßnahmen und Aktivitäten umgesetzt werden. Gemäß dieser Forderung müssen strategische Geschäftseinheiten zu Organisationseinheiten zusammengefaßt werden, um überhaupt Verrichtungsprozesse auszulösen. Hier liegt wahrscheinlich der Grund dafür, daß der Großteil der US-amerikanischen Literatur von ‚strategic business units' spricht und klar deren Charakter als Organisationseinheiten betonen.

Aaker bezeichnet als ‚strategic business unit' jede Organisationseinheit, die über eine eigene Strategie verfügt und von einer einsatz- und gewinnverantwortlichen Führungskraft geleitet wird, dabei verweist er auf die Erfahrungen des SBU-Pioniers „General Electric" (GE) (vgl. Aaker, 1984, S. 9). In dieser Firma wurde das SBU-Konzept erfolgreich in die Führungsorganisation aufgenommen, um in einem multidivisionalen Großkonzern mehr „Unternehmer-Geist" entfalten zu lassen.

Um die Realisierung von Strategien in einer Unternehmung besser vorantreiben zu können, schlagen *Newman/Logan* vor, dafür eigene Organisationseinheiten zu schaffen (vgl. Newman/Logan, 1981, S. 429); sie sehen aber die Notwendigkeit von Kompromißlösungen, weil die Bildung divisionsähnlicher Organisationseinheiten (relativ autonomer Verantwortungsbereiche) lange dauert und sehr kostspielig ist. *Galbraith/Nathanson* (vgl. Galbraith/Nathanson, 1978, S. 127) greifen ebenfalls auf das „General-Electric"-Beispiel zurück und betonen die Bedeutung von strategic business units als Organisationseinheit mit strategischer Verantwortung, die *P. Lorange* auch als „strategic center" bezeichnet und diesen Einheiten hohe Autonomie zuordnet (vgl. Lorange, 1982, S. 144).

Ähnliche Überlegungen stellt *Hinterhuber* an und erwähnt: „Die strategische Geschäftseinheit strebt nach Überwindung der Nachteile, die aus der Fragmentierung der Unternehmungstätigkeiten in Profit Centers resultieren" (vgl. Hinterhuber, Jg. 48, 5/1978, S. 426).

Strategische Geschäftseinheiten können daher als Organisationseinheiten verstanden werden, denen prinzipiell der Charakter von „Mikro-Unternehmungen" zukommt (vgl. Hinterhuber, 1984, S. 75). Diese Form der strukturellen Ausprägung einer SGE-Organisation muß konsequenterweise davon ausgehen, daß eine SGE über die Vollzugsbereiche Forschung und Entwicklung, Produktion und Absatz autonom verfügen kann. Ihre Abgrenzung gegenüber anderen strategischen Geschäftseinheiten ist vollständig, daher auch die Zuordnung von strategischer Verantwortung möglich. „Unter einer strategischen Geschäftseinheit versteht man die Unternehmungseinheit, an die der Prozeß der Formulierung und Ausführung spezifischer Strategien von der Unternehmungsleitung delegiert wird" (vgl. ebenda, S. 267 f.).

In diesem Fall fällt es leichter, den Abgrenzungskriterien „eigene Marktaufgabe", „identifizierbare, unternehmungsexterne Wettbewerber" und „wenig Überschneidungen mit anderen strategischen Geschäftseinheiten" zu entsprechen, da die Führungskräfte sowohl für die Entwicklung und Durchführung ihrer Strategien verantwortlich sind, als auch die Kontrolle über die für die Ausführung der Strategie erforderlichen Ressourcen in den Funktionsbereichen besitzen (vgl. ebenda, S. 268).

Diese Konzeption einer SGE-Organisation kann als **„SGE-Mikrounternehmungs-Konzept"** bezeichnet werden, von dem sich das **„SGE-Matrix-Konzept"** insofern unterscheidet, als es über Funktionsbereiche nicht autonom, sondern im Sinne geteilter Ressourcen nur gemeinsam mit anderen verfügen kann. Der SGE-Manager betreut seine SGE quer über die Funktionsbereiche hinweg und ist für die konsequente Umsetzung der strategischen Pläne verantwortlich (vgl. Gerl/Roventa, 1983, S. 855). Da diese Form der SGE-Organisation eng an die Idealform der Matrixorganisation angelehnt ist, finden die bekannten Vor-, aber auch Nachteile dieser Strukturform Anwendung; sie sind in erster Linie mit den Eigenschaften der Matrixorganisation verbunden, nicht mit denen der SGE-Organisation. Diese Unterscheidung ist notwendig, da sonst die Führungsprobleme einer auf SGE-Ebene wirkenden Querkoordination den neuen Aufgabenkomplexen sofort der SGE zugeschrieben werden.

Strategische Geschäftseinheiten wirken im Sinne einer „Sekundärorganisation", die grundsätzlich die situativ unterschiedlich gegebenen Schwächen der „Primärorganisation" auffangen soll. Diese auch als „duale Organisation" (*Szyperski/Winand* [vgl. Szyperski/Winand, 31. Jg., 4/1979, S. 199 ff.]) bezeichnete Strukturform stellt eine Kompromißlösung dar, die zwischen dem „SGE-Mikrounternehmungs-Konzept" und anderen relativ losen Formen der SGE-Organisation, wie z. B. das „SGE-Team-Konzept" anzusiedeln ist; sie besitzt jedoch den entscheidenden Vorteil, eine permanente Form der Institutionalisierung von SGE-Verantwortlichkeit zu sein.

Das **„SGE-Team-Konzept"** entspricht den Erfahrungen der Organisationsentwicklung, wonach Änderungsprozesse die Einbeziehung der von ihnen betroffenen Organisationsmitglieder erfordern und Prozesse sozialen Lernens notwendig sind, um einen Wandel von und in Organisationen zu erreichen. Die Verantwortungszuordnung bei dieser Form einer SGE-Organisation muß so differenziert werden, daß „Strategieteams" in erster Linie für die Entwicklung und Formulierung von Strategien sowie für die Strategiekontrolle eingesetzt werden. Als Träger von Entscheidungs- und Ausführungsaktivitäten bei der Strategienimplementierung wirken jedoch noch andere Organisationseinheiten mit, so daß nicht mehr von einer umfassenden Zuordnung von SGE-Verantwortung gesprochen werden kann. Zentrale Idee der „SGE-Team-Konzeption" ist „die Belastung vieler in Sachen Strategie!", das heißt, die Transparenz und die Handhabbarkeit operativer und strategischer Probleme wird erhöht, wenn durch das Strategieteam strategische Pläne für die strategischen Geschäftseinheiten, ihrer Wettbewerbsposition gemäß erarbeitet und laufend überwacht sowie bei Bedarf angepaßt werden und die operativen Aktivitäten stets auch unter strategischer Orientierung geplant werden.

Wird im Rahmen von Informationsveranstaltungen für Führungskräfte seitens der Geschäftsführung das Problem der strategischen Unternehmungsführung thematisiert und im Sinne einer, auf eine bestimmte Dauer festgelegten Initiative (Projekt) verstanden, um strategisches Management diskussionsmäßig auf eine breitere Basis zu stellen, so kann von einem **„SGE-Projekt-Konzept"** gesprochen werden. Die Führungskräfte sollen für strategisches Denken sensibel werden, die Methoden der strategischen Planung kennenlernen und in Arbeitsgruppen den Umgang mit strategischen Geschäftseinheiten üben.

Diese Form einer SGE-Organisation kann als erste Stufe zur Entwicklung einer „SGE-Organisation höheren Ranges" verstanden werden. Das Änderungspotential ist gering, die Chancen für Organisationsentwicklungsprozesse dagegen hoch.

Die oben kurz vorgestellten Strukturformen einer SGE-Organisation sind Gestaltungsvorschläge, die in der Literatur immer wieder genannt werden. Eine ausführliche Beschreibung fehlt jedoch weitgehend, so daß die vorhandenen Aussagen eher Skizzen- denn Modellcharakter haben. Der Mangel einer organisationstheoretisch anspruchsvolleren Beschreibung der strategischen Geschäftseinheiten wird offenkundig, wenn der Nachweis erbracht werden soll, daß die SGE-Organisation eine Organisationsform darstellt, die unserer Forderung nach einer strategieadäquaten Organisationsgestaltung in idealer Weise entsprechen könnte. Eine SGE-Organisation in diesem anspruchsvolleren Sinn ist eben nur in Konturen sichtbar. Es gibt zwar einige Spekulationen und Erfahrungen über sich in der Praxis bewährende Strukturformen, solche Konfigurationsalternativen konstituieren aber noch lange nicht eine lebensfähige und in diesem Sinn funktionsfähige Organisation.

Wie ich an anderer Stelle eingehend ausgeführt habe, ist Organisation mehr als die Darstellung von Strukturgruppen (Konfiguration). Praeskriptive Organisationsmodelle müssen vielmehr auf allen Ebenen instrumentellen Organisierens beschrieben werden und Aussagen zu den verschiedensten Elementen der Führungsorganisation enthalten, wie etwa zum Problem der Qualifikation der SGE-Führungskräfte, zur Gestaltung von SGE-Informations-, -Motivations- und -Anreizsystemen (incentives) oder zur Gestaltung des Führungsstils. Von besonders großem Nutzen wären empirische Befunde über die Bewährung der SGE-Organisation in der Wirtschaftspraxis, über die vorgefundenen Ausprägungen, über ihre Vor-/Nachteile sowie Grenzen der Verwendung als führungsorganisatorische Alternative.

Trotz dieser Mängel kann die bisher durchgeführte Kurzcharakterisierung aber aufzeigen, daß eine SGE-orientierte Organisationsgestaltung in hervorragender Weise in der Lage ist, den in dieser Arbeit theoretisch hergeleiteten und beschriebenen Anforderungen des „Strategischen" und der „organisierten Komplexität" zu entsprechen. Ebenfalls kann festgestellt werden, daß eine strategieadäquate Organisationsgestaltung ohne die Konzentration auf strategische Geschäftseinheiten als Gestaltungselemente schwer den Anspruch wird erheben können, Strategie und Organisation als Ganzheit und in ihrem integrativen Wesen zu verstehen.

5.2 Gestaltungsfunktion strategischer Geschäftseinheiten im Prozeß der strategischen Unternehmungsführung

Im Prozeß der strategischen Unternehmungsführung kommt der Bildung von strategischen Geschäftseinheiten eine zentrale, den gesamten Prozeß beeinflussende Rolle zu. So weist *Hinterhuber* darauf hin, daß der Erfolg einer Strategie in erster Linie von der Zusammensetzung, Organisation und Integration strategischer Geschäftseinheiten abhängt und führt dazu aus: „Die Verpflichtung der Unternehmungsleitung zu differenzierten Zielsetzungen für die verschiedenen strategischen Geschäftseinheiten geht somit parallel zu der zweckmäßigsten Entwicklung der Unternehmungsorganisation" (vgl. Hinterhuber, 1984, S. 40). Strategische Geschäftseinheiten als Produkt/Markt-Kombinationen werden zum grundlegenden Erklärungsobjekt relativer Wettbewerbsvorteile gegenüber Mitbewerbern.

In der Analysephase, der ersten Prozeßstufe einer strategischen Unternehmungsführung, orientiert sich ein Großteil der Analysemethoden an strategischen Geschäftseinheiten, deren Position – z. B. im Portfolio der Unternehmung – bewertet und bestimmt werden, um die IST-Situation der Unternehmung im Hinblick auf Wettbewerbsstärke und Attraktivität ihrer Märkte feststellen zu können. Die Entwicklung von Zielvorstellungen und -größen beziehen sich ebenfalls auf strategische Geschäftseinheiten, so daß auch das proaktive Verhalten und die zukünftige Sicherung der Überlebensfähigkeit der Unternehmung entscheidend von der Bestimmung und Abgrenzung der strategischen Geschäftseinheiten abhängen; dies in zweifacher Weise: über die Zieldefinition einerseits und über die Formulierung der Strategien und funktionalen Politiken andererseits. Wenn also strategische Geschäftseinheiten Grundlagencharakter in sämtlichen Phasen des Prozesses der strategischen Unternehmungsführung zukommt, dann müssen sie zwangsläufig auch zum dominanten Organisationsprinzip in diesem Prozeß erhoben werden.

Es eröffnet sich der betriebswirtschaftlichen Organisationslehre eine interessante Möglichkeit, durch den Einsatz von strategischen Geschäftseinheiten, die Flexibilität der Unternehmungsführung zu erhöhen, denn in ihrer Funktion als Produkt/Markt-Kombination verbinden sie produktions-/angebotsspezifische mit markt-/nachfragespezifischen Aspekten. Diese Infiltration von Anforderungen des Marktes in das Problemlösungsverhalten der Produktion führt zur Schaffung von Nachfrage-/Kunden-Situationen innerhalb einer Unternehmung.

Organisatorisch entstehen Produkt-/Markt-Verantwortlichkeiten, die den Rahmen und die Funktion z. B. des Produktmanagements wesentlich erweitern. Ganz im Gegensatz auch zum Profit-Center-Konzept, welches in seinen Grundzügen gegenwartsorientiert und auf die Nutzung momentaner Vorteile ausgelegt ist, konzentriert sich ein Konzept strategischer Geschäftseinheiten auf die Schaffung und Nutzung zukünftiger Ertragspotentiale. Jede Strukturierung nach strategischen Geschäftseinheiten muß daher Kreativität, Innovation, Eigenentwicklung und -anpassung als spezifische Merkmale besitzen (vgl. Schertler, 1987). Die Anpassungsprozesse erfolgen proaktiv und in Abhängigkeit von strategischen Zielen, die den Bedingungsrahmen für operative Teilziele, Maßnahmenprogramme, Aktivitäten und Arbeitsprozessen bilden.

Die Bedeutung von strategischen Geschäftseinheiten liegt aber nicht nur in der ihnen immanenten Markt- und Potentialbetrachtungsweise. Sie entsprechen besonders auch den Anforderungen ganzheitlicher Führung. Durch den „Einheits"-Gedanken besitzen strategische Geschäftseinheiten einen großen führungsorganisatorischen Vorteil, indem sie aufgabenhomogene Einheiten darstellen und wertvolle Synergiepotentiale eröffnen, die auf Ebene der Gesamtunternehmung genutzt werden können. So vermeidet die einheitsorientierte Abgrenzung die Gefahr von Doppelspurigkeit (z.B. bei der Bearbeitung von Vertriebskanälen) und ermöglicht weiters eine Spezialisierung auf der Produkt/Markt-Ebene, ohne daß gleich überdimensionale Spartenstrukturen als einzige Alternative einer marktorientierten Organisation diskutiert werden müssen.

Da strategische Geschäftseinheiten Basis und Objekt der Strategienformulierung und -umsetzung sind, besitzen sie für strategische Programme eine logische Implementierungsfunktion, d.h. sie vereinen auf sich die Analyse, Zielbildung, Implementierung und Kontrolle des strategischen Erfolges. Es kommt zu keiner Trennung von Entscheidungsvorbereitung, Durchführung und Kontrolle; der Sinnzusammenhang bleibt erhalten. Dadurch werden strategische Geschäftseinheiten auch den Anforderungen „kontrollierter", nämlich koordinierter, dezentraler Willensbildungs- und Willensdurchsetzungsprozessen gerecht und eröffnen Autonomiepotentiale für die Organisationsmitglieder im Sinne ganzheitlicher unternehmerischer Konzeption und Verantwortung („intrapreneurship") (vgl. Kanter, 1983, und Halbe, 1986).

Meiner Meinung nach entsprechen strategische Geschäftseinheiten als Gestaltungsmodell der Unternehmungsführung auch sehr gut den Anforderungen der „organizational responsiveness" – wie *Ansoff* sie bezeichnet, und damit ausdrükken will, daß ganz bestimmte Fähigkeitsprofile in einer Unternehmung vorhanden sein müssen, um die Flexibilität (Reaktionsfähigkeit, -bereitschaft) und damit die Überlebensfähigkeit der Organisation als Ganzes in Anbetracht der Umweltturbulenzen und Anpassungszwänge zu sichern (vgl. Ansoff, 1984, S. 280ff.). Darin liegt ein wichtiger Wesenszug der strategischen Geschäftseinheiten: sie integrieren die unternehmungsinternen Fähigkeiten mit den Anforderungen, die die Umweltdynamik stellt, und schaffen dadurch die Voraussetzungen für unmittelbare Anpassungs- und Änderungsprozesse in beiden Systemen (Multistabilität). Dieser „Verbundvorteil durch Einheitsbildung" führt dazu, daß sowohl die bekannten Koordinations- und Kommunikationsprobleme z.B. zwischen Verkaufs-, Produktions- und Entwicklungsabteilungen reduziert als auch die Reaktionsgeschwindigkeit der Anpassungsprozesse erhöht werden können. Die Voraussetzungen für die Entfaltung selbstorganisierender Kräfte und Selbstanpassung im Sinne *Luhmanns* sind vorhanden.

Strategische Geschäftseinheiten sind auch ein Grundpfeiler der Organisationsentwicklung. Organisationsentwicklungsprozesse im Sinne eines geplanten organisatorischen Wandels, der auf eine Verbesserung der Problemlösungs- und Entscheidungsprozesse der Organisationsmitglieder („institutionalisierte Lernprozesse") ausgerichtet ist und die Schaffung selbstorganisierender, lernender

Systeme unterstützt, werden mit einer auf strategische Geschäftseinheiten basierenden Konzeption der Unternehmungsführung initiiert und realisiert. Mit der Entscheidung der Unternehmungsführung, konsequent den Prozeß der Strategienformulierung und -realisierung umzusetzen, ist zugleich eine „top-down-Einstiegsstrategie", wie die Initiierung von Änderungsprozessen aus der Sicht der Organisationsentwicklung bezeichnet wird, verbunden. Die Unternehmungsführung gibt – z. B. auf Basis eines bereichs- und hierarchieübergreifend zusammengesetzten Strategieteams – die Diskussion über strategische Ziele und Stoßrichtungen zur Entscheidungsvorbereitung frei.

Dies ist für Führungskräfte und Mitarbeiter eine große Chance, der Unternehmungsführung (Geschäftsführung, Vorstand, Direktion) ihre Vorstellungen und Erwartungen zu vermitteln. Aber auch die Führungsspitze erzielt mit der Einrichtung von geschäftseinheitenspezifischen Strategieteams Vorteile: Abgesehen von Effekten des „Irrtumsausgleichsmechanismus" durch das Zusammenwirken von Produkt/Markt-Spezialisten im Rahmen dieser Teams entstehen Dezentralisationstendenzen, die die Entscheidungsfreiräume für reaktives und proaktives Verhalten der Organisationsmitglieder wesentlich erweitern. Die Erhöhung der Autonomie auf Ebene der strategischen Geschäftseinheiten erfolgt aber in Abstimmung mit den Strategien auf Unternehmungsebene, daher handelt es sich bei einer Organisation nach strategischen Geschäftseinheiten um „kontrollierte Dezentralisation".

Da strategische Geschäftseinheiten – als Sekundärorganisation verstanden – eine Querabstimmung der Abteilungen untereinander erfordern und bereichsübergreifend eine strategische Koordination und Kommunikation auslösen, machen sie die Wahrnehmung von „Geschäftsführungsfunktionen" notwendig.

Wurden Strategieteams mit der Analyse von Unternehmung und Umwelt befaßt, so geschah dies vor dem Hintergrund einer Konzentration von Informationen und Problemlösungskompetenz. Die Berücksichtigung der Vorstellungen und Meinungen der Strategieteam-Mitglieder führt nun zu einer Verbesserung des Sinnzusammenhanges von Maßnahmen in operativen Bereichen und zum Abbau von Änderungswiderstand. Diesen Effekten kommt bei der Implementierung der Strategien eine Schlüsselrolle zu, indem sie die Akzeptanz des Neuen bei den Organisationsmitgliedern fördern, Reibungsverluste durch den Mangel an Information und Integration der Betroffenen verhindern und die Umsetzung der Strategien in Aktionsprogramme beschleunigen. Eine Geschäftseinheiten-orientierte Organisation leitet die Fähigkeits- und Kapazitätspotentiale in der Unternehmung von der Phase der Strategienformulierung über in die Phase der Strategienimplementierung.

Zusammenfassung

Eine strategieadäquate Organisation der Unternehmung kann grundsätzlich als Problem des Komplexitätsabgleiches zwischen den Zweckinhalten von Strategie und Organisation verstanden werden. Die zugrundeliegende Zielfunktion orientiert sich an der Harmonisierungsabsicht organisatorischer und strategischer Handlungsentwürfe und basiert auf der Überlegung, daß eine solche Harmonie (Adäquanz, Ausgeglichenheit) zwischen Strategie und Organisation den Unternehmungserfolg positiv beeinflußt. Die entsprechende These lautet: Je harmonischer das Verhältnis Strategie und Organisation gestaltet werden kann, desto überlebensfähiger wird das System Unternehmung.

Eine Theorie (Aussagensystem, Satzsystem) der strategieadäquaten Organisation der Unternehmung kann als konsistent erachtet werden, wenn die Wesensmerkmale und Grundannahmen der sie konstituierenden Inhalte übereinstimmen (vgl. Chmielewicz, 1979, S. 80ff.). Daraus entsteht die Forderung, daß das „Strategische" der Strategie auch das Wesen der Organisation bestimmen muß bzw. umgekehrt. Konsequenterweise geht dann organisatorisches Gestalten von Prozessen strategischer Unternehmungsführung fehl, wenn etablierte Strukturen (z. B. Aufgabengliederung, Informationssysteme, Beurteilungssysteme, Qualifikation) ungeprüft auf Änderungsfähigkeit und Änderungsbereitschaft für die Konzeption und Realisierung strategieorientierter Prozesse herangezogen werden.

In diesen Überlegungen kommt die Forderung nach Organisationsformen zum Ausdruck, die die Gestaltung einer strategieadäquaten Organisation der Unternehmung unterstützen.

Da wir an anderer Stelle festhalten konnten, daß strategische Unternehmungsführung an sich nicht vollkommen neue, bisher unbekannte Problemlösungsmuster begründet, sondern wegen dem für viele Branchen neuen Bedingungsrahmen (z. B. Stagnation, Schrumpfung, Verdrängungswettbewerb) vorhandene, aber nur in geringem Umfang aktualisierte Problemlösungs- und Entscheidungsprozesse besonders notwendig macht, kann auch nicht die Forderung nach ganz neuen Organisationsformen in den Raum gestellt werden. Ich vermute daher eher die Notwendigkeit einer Anpassung bestehender und die Notwendigkeit deren Ergänzung oder Erweiterung um Merkmale und Ausprägungen des Strategischen. Diese Feststellung entspricht auch eher einer „Entwicklungstheorie" sozialer Systeme, die auf evolutionären Anpassungsprozessen durch Umwelteinflüsse, aber auch durch Selbstanpassung und Selbstreferenz beruht.

Ich bin daher der Meinung, daß eine strategieadäquate Organisation nicht „gemacht" und nicht „gekauft" werden kann, sondern auf Basis des kulturell Gewachsenen „entwickelt" werden muß; daß die Formulierung und Umsetzung von Strategien auf (organisatorisch) Bekanntes und Vertrautes zurückgreifen, es jedoch im Hinblick auf die Anforderungen des Strategischen ergänzen und erweitern muß.

So wie die Strategie ein anderes als bisher geübtes Problemlösungs- und Entscheidungsverhalten impliziert, werden auch die Verhaltensstrukturen angepaßt werden müssen, und zwar so, daß kein Bruch, sondern eine Brücke zwischen Tradiertem und „Neuem" entsteht.

Im Sinne dieser Metapher konnten wir sehen, daß sich strategische Geschäftseinheiten als Möglichkeit einer strategieadäquaten Gestaltung der Unternehmungsorganisation geradezu anbieten und als Planungs- und Organisationseinheiten Objekt ganzheitlicher Führung sein können.

Literaturverzeichnis

Aaker, D. A., Developing Business Strategies. New York 1984

Abell, D. F., Defining the Business. The Starting Point of Strategic Planning. Englewood Cliffs, N.J. 1980

Albach, H., Beiträge zur Unternehmungsplanung, 3. Aufl., Wiesbaden 1979

Anders, H., Die finanziellen Zielsetzungen internationaler Unternehmen, Frankfurt a. M. 1980

Andreae, C. A., Freudenfeld, B., Mohr, W., Standort und Perspektive der deutschen Wirtschaft, Köln 1976

Ansoff, H. I., Implanting Strategic Management. Englewood Cliffs, New Jersey 1984

Ansoff, H. I., Managing Strategic Surprise by Response to Weak Signals, in: California Management Review 18 (1975), Nr. 2, S. 21–33

Ansoff, H. I., Strategic Management, New York 1979

Ansoff, H. I., Declerck, R. P., Hayes, R. L., From Strategic Planning to Strategic Management, London, New York, Sidney, Toronto 1976

Ansoff, H. I., Toward a Strategic Theory of the Firm, in: Business Strategy – Selected Readings. Hrsg. von Ansoff, H. I., Harmondsworth Middlessex 1969, S. 11–40

Ansoff, H. I., Brandenburg, R. G., A Language for Organization Design, in: Management Science (17) 1971, B-705-B-716

Ashby, W. R., Einführung in die Kybernetik. Frankfurt a. M. 1974

Bartölke, K., Organisationsentwicklung, in: Erwin Grochla, Handwörterbuch der Organisation, 2. Aufl., Stuttgart 1980, Sp. 1468–1481

Bartölke, K., Kappler, E., Laske, St., Nieder, N. (Hrsg.), Arbeitsqualität in Organisationen, Wiesbaden 1978

Baumgarten, R., Führungsstile und Führungstechniken, Berlin, New York 1977

Beckhard, R., Organization Development. Strategies and Models. Reading, Mass. 1969

Bedeian, A. G., Organizations: Theory and Analysis, Hinsdale (III.) 1980

Beer, M., Organization change and development – a systems view, Santa Monica (Calif.) 1980

Beer, St., Brain of the Firm, London 1979

Beer, St., Heart of Enterprise, London 1979

Beer, St., Kybernetische Führungslehre. Frankfurt–New York 1973

Beer, St., The Brain of the Firm. 2nd edition, London 1981

Beer, St., The Heart of Interprise. London 1979

Berthel, J., Managementprinzipien, in: Erwin Grochla, Handwörterbuch der Organisation, 2. Aufl., Stuttgart 1980, Sp. 1265–1280

Berthel, J., Personalmanagement, Stuttgart 1979

Bey, C. C., Organisationsgestaltung, Stuttgart 1981

Bidlingmaier, J., Unternehmerziele und Unternehmerstrategien, 2. Aufl., Wiesbaden 1973

Bircher, B., Langfristige Unternehmungsplanung, Bern, Stuttgart 1976

Blake, R. R., Shephard, H. A., Mouton, J. S., Managing Intergroup Conflict in Industry, Houston 1964

Bleicher, K. (Hrsg.), Organisation als System, Wiesbaden 1972

Bleicher, K., Unternehmungsentwicklung und organisatorische Gestaltung, Stuttgart, New York 1979

Bleicher, K.: Unternehmungskultur und strategische Unternehmungsführung. In: Hahn, D., Taylor, B. (Hrsg.): Strategische Unternehmungsplanung. Stand und Entwicklungstendenzen. 4., veränderte und erweiterte Auflage. Heidelberg–Wien 1986

Bleicher, K., Zentralisation und Dezentralisation von Aufgaben in der Organisation der Unternehmung, Berlin 1966

Bleicher, K., Perspektiven für Organisation und Führung von Unternehmungen, Baden-Baden 1971

Bleicher/Meyer, Führung in der Unternehmung – Formen und Modelle, Reinbek b. Hamburg 1976

Böhnisch, W., Personale Widerstände bei der Durchsetzung von Innovationen, Stuttgart 1979

Böhler, H., Methoden und Modelle der Marktsegmentierung. Stuttgart 1977

Bos, A. H., Verbreitung von Konzeptionen, in: Glasl, F., de la Houssaye, L., Organisationsentwicklung, Bern, Stuttgart 1975, S. 95–106

Bosetzky, H., Mensch und Organisation – Aspekte bürokratischer Sozialisation, Köln–Stuttgart 1980

Bratschitsch, R., Schnellinger, W. (Hrsg.), Unternehmenskrisen – Ursachen, Frühwarnung, Bewältigung, Stuttgart 1981

Brauchlin, E., Der Dienstweg, Bern–Stuttgart 1973

Brauchlin, E., Problemlösungs- und Entscheidungsmethodik – eine Einführung, Bern–Stuttgart 1978

Brauchlin, E. (Hrsg.), Konzepte und Methoden der Unternehmungsführung, Bern–Stuttgart 1981

Bresch, C., Zwischenstufe Leben – Evolution ohne Ziel? München 1977

Budde, A., Kieser, A., Die Messung des Unternehmenswachstums, in: Wirtschaftliche Meßprobleme, hrsg. von Hans-Christian Pfohl und Bert Rürup, Köln 1977, S. 147–159

Büschges, G. (Hrsg.), Organisation und Herrschaft – Klassische und moderne Studientexte zur sozialwissenschaftlichen Organisationstheorie, Reinbek b. Hamburg 1976

Busse von Colbe, W., Die Planung der Betriebsgröße, Wiesbaden 1964

Chandler, A. D. Jr., Strategy and Structure – Chapters in the History of the Industrial Enterprise, Cambridge, Mass. and London 1962

Channon, D. F., The Strategy and Structure of British Enterprise, Cambridge Mass. 1973

Child, J., Organization – A guide to problems and practice, London 1977

Child, J., Organizational Structure, Environment and Performance: The Role of Strategic Choice, in Sociology 1972, S. 1–22

Chmielewicz, K., Forschungskonzeptionen der Wirtschaftswissenschaft. 2., überarbeitete und erweiterte Auflage, Stuttgart 1979

Deal, T. E., Kennedy, A. A., Corporate Cultures. The Rites and Rituals of Corporate Life. Reading, Mass. 1982

Dierkes, M. (Hrsg.), Unternehmenspolitik und gesellschaftlicher Wandel, Königstein/Ts. 1980

Dorloff, F. D., Praktische Methoden zur Ertragsverbesserung und Vorsteuersenkung, München 1979

Drucker, P. F., Management in turbulenter Zeit, Düsseldorf, Wien 1980

Drumm, H. H., Automation und Leistungsstruktur, Berlin 1970

Dubs, R., Wirtschaftliche Grundbegriffe – Einführung in die Unternehmung, 2. Aufl., Zürich 1981

Dunst, K. H., Portfolio-Management, Berlin, New York 1979

Eick, K.-G., Segmentierung von Geschäftsfeldern und Geschäftseinheiten. Eine strategische Analyse im Strategie-Struktur-Zusammenhang. Diss., Augsburg 1982

Eiff, W. von (Hrsg.), Unternehmungsplanung in Fällen, München 1979

Etzioni, A., A sociological reader on complex organisations, 3rd edition, New York–San Francisco 1980

Fessmann, K. D., Organisatorische Effizienz in Unternehmungen und Unternehmensteilbereichen, Düsseldorf 1980

Foerster, H. von: Principles of Self-organization in a Socio-material Context. In: Ulrich, H., Probst, G. J. B. (eds.), Self-Organization and Management of Social Systems. Berlin–Heidelberg 1984

French, W. L., Bell, C. H., Organisationsentwicklung, Sozialwissenschaftliche Strategien zur Organisationsveränderung, Bern 1977

Frese, E., Grundlagen der Organisation, Wiesbaden 1980

Frese, E., Koordination, in: Handwörterbuch der Betriebswirtschaft, hrsg. von E. Grochla und W. Wittmann, 4. Aufl., 2. Bd., Stuttgart 1975, Sp. 2263–2274

Frese, E., Organisationslehre, Gießen 1978

Frese/Schmitz/Szyperski (Hrsg.), Organisation, Planung, Informationssysteme, Stuttgart 1981

Friedmann, G., Grenzen der Arbeitsteilung, Frankfurt am Main 1959

Frohmann, M. A., Sashkin, M., Kavanagh, M. J., Action research as an organization development approach, Manuskript, Ann Arbor, Mich. 1974

Gabele, E., Das Management von Neuerungen, in: Zeitschrift für betriebswirtschaftliche Forschung, 1978, S. 194–226

Gabele, E., Unternehmungsstrategie und Organisationsstruktur, in: Zeitschrift für Organisation 1979, Heft 4

Gabele, E., Werte von Führungskräften der deutschen Wirtschaft, München 1977

Gälweiler, A., Strategische Geschäftseinheiten (SGE) und Aufbauorganisation der Unternehmung. In: Zeitschrift für Organisation 5/1979, S. 252–260

Gälweiler, A., Unternehmungsplanung – Grundlagen und Praxis, Frankfurt–New York 1974

Gaitanides, M., Industrielle Arbeitsorganisation und technische Entwicklung, Berlin–New York 1976

Galbraith, J. R., Strategy implementation: the role of structure and process, St. Paul 1978

Galbraith, J. R., Nathanson, D. A., Strategy Implementation: The Role of Structure and Process. New York 1978

Gaugler, E., Handwörterbuch des Personalwesens, Stuttgart 1975

Gaugler, E., Humanisierung der Arbeitswelt, 2. Aufl., München 1977

Gaugler, E., Personalpolitik und Unternehmungspolitik im Wandel, Köln 1977

Gebert, D., Organisation und Umwelt, Stuttgart, Berlin, Köln, Mainz 1978

Geist/Köhler (Hrsg.), Die Führung des Betriebs, Stuttgart 1981

Gerl, K., Roventa, P., Strategische Geschäftseinheiten – Perspektiven aus der Sicht des Strategischen Managements. In: Zeitschrift für betriebswirtschaftliche Forschung, 33. Jg., 9/1981

Glasl, F., Konfliktmanagement, Bern–Stuttgart 1980

Glasl, F., De la Houssaye, L., Organisationsentwicklung, Bern, Stuttgart 1975

Greiner, L., u. a., Breakthrough in Organization Development, in: Harvard Business Review, Nov.–Dec. 1964, S. 133–155

Grochla, E. (Hrsg.), Handwörterbuch der Organisation, 2. völl. neugest. Auflage, Stuttgart 1980

Grochla, E., Grundlagen der organisatorischen Gestaltung, Stuttgart 1980

Grochla, E., Einführung in die Organisationstheorie, Stuttgart 1978

Grochla, E., Organisationstheorie, 1. Teilband, Stuttgart 1975

Grochla, E., Betriebliche Planung und Informationssysteme, Reinbek bei Hamburg 1975

Grochla, E., Unternehmungsorganisation, Reinbek bei Hamburg 1972

Grossekettler, H., Macht, Strategie und Wettbewerb. Versuch einer prüfbaren Theorie strategischen Unternehmerverhaltens, Bamberg 1972

Gutenberg, E., Grundlagen der Betriebswirtschaftslehre – Die Produktion, 22. Aufl., Berlin 1976

Gutenberg, E., Grundlagen der Betriebswirtschaftslehre – Der Absatz, 16. Aufl., Berlin 1979

Gutenberg, E., Grundlagen der Betriebswirtschaftslehre – Die Finanzen, 8. erg. Aufl., Berlin 1980

Gutenberg, E., Unternehmungsführung, Organisation und Entscheidungen, Wiesbaden 1962

Haberfellner, R., Die Unternehmung als dynamisches System – Der Prozeß der Unternehmungsaktivitäten, Zürich 1974
Hahn, D. (Hrsg.), Führungsprobleme industrieller Unternehmungen, Berlin–New York 1980
Hahn, D., Planungs- und Kontrollrechnung, Wiesbaden 1974
Hahn/Taylor (Hrsg.), Strategische Unternehmungsplanung, Würzburg–Wien 1980
Halbe, P., Die neuen Unternehmer. Wie aus Mitarbeitern Mitunternehmer werden. Freiburg i. Br. 1986
Hammer, R., Unternehmungsplanung, München–Wien 1982
Hammer/Hübner/Kritzler/Schertler, Die optimale Lenkung der Produktion, München 1979
Hansen, U., Leitherer, E., Produktpolitik. 2., neu bearbeitete und erweiterte Auflage. Stuttgart 1984
Hayek, F. A. von, Die Theorie komplexer Phänomene. Walter-Eucken-Institut, Vorträge und Aufsätze, Band 36, Tübingen 1972
Hayek, F. A. von, Freiburger Studien. Gesammelte Aufsätze. Tübingen 1969
Hayek, F. A. von: Recht, Gesetzgebung und Freiheit. Band 1: Regeln und Ordnung. Eine neue Darstellung der liberalen Prinzipien der Gerechtigkeit und der politischen Ökonomie. München 1980
Heinen, E., Industriebetriebslehre, 6. Aufl., Wiesbaden 1978
Heinen, E., Grundlagen der entscheidungsorientierten Betriebswirtschaftslehre, München 1976
Heinen, E., Das Zielsystem der Unternehmung – Grundlagen betriebswirtschaftlicher Entscheidungen, Wiesbaden 1966
Henzler, H., Strategische Geschäftseinheiten (SGE). Das Umsetzen von strategischer Planung in Organisation. In: Zeitschrift für Betriebswirtschaft, 48. Jg., 1978, S. 912–919
Hersey, P., Blanchard, K. H., Management of Organizational Behavior. Utilizing Human Resources, Homewood 1977
Heuer, G. C., Projektmanagement, Würzburg 1979
Hill, W., Auf der Suche nach einem neuen Rationalitätsverständnis der Führung. Basel 1984
Hill, W., Fehlbaum, R., Ulrich, P., Organisationslehre Band 1 und 2, 3. Aufl., Bern, Stuttgart 1981
Hinterhuber, H. H., Innovationsdynamik und Unternehmungsführung, Wien–New York 1975
Hinterhuber, H. H., Die organisatorische Umsetzung der strategischen Planung im Unternehmen. In: Zeitschrift für Betriebswirtschaft, 48 Jg., 5/1978, S. 425–432
Hinterhuber, H. H., Strategische Unternehmungsführung, 2. Aufl., Berlin, New York 1980
Hinterhuber, H. H., Strategische Unternehmungsführung. 3., verbesserte und erweiterte Auflage, Berlin–New York 1984
Hinterhuber, H. H., Wettbewerbsstrategie, Berlin, New York 1982
Hinterhuber, H. H., Laske, St. (Hrsg.), Organisations- und Personalentwicklung, Freiburg i. Br. 1982
Höhn, R., Stellenbeschreibung und Führungsanweisung. Die organisatorische Aufgabe moderner Betriebsführung, 9. Aufl., Bad Harzburg 1977.
Hoffmann, F., Begriff der Organisation. In: Grochla, E. (Hrsg.): Handwörterbuch der Organisation. 2., völlig neu gestaltete Auflage, Stuttgart 1980, Sp. 1428
Hoffmann, F., Führungsorganisation, Band I, Tübingen 1980
Hübner, H., Integration und Informationstechnologie im Unternehmen, München 1979

Jakob, H., Unternehmensorganisation, Stuttgart 1980
Jaques, E., The Changing Culture of a Factory. London 1951

Kanter, R. M., The Change Masters. Innovation for Productivity in the American Corporation. New York 1983
Kappler, E., Unternehmensstruktur und Unternehmensentwicklung, Freiburg 1980

Kasper, H., Innovation in Organisationen – konzeptionelle Arbeit mit empirischen Befunden, Wien 1980
Kaufer, E., Industrieökonomik, München 1980
Kaufer, E., Patente, Wettbewerb und technischer Fortschritt, Baden-Baden 1970
Khandwalla, P. N., The design of Organizations, New York 1977
Kienbaum, G., Strategische Unternehmungsführung, München 1976
Kieser, A., Krüger, M., Röber, M., Organisatorische Änderungsprozesse, in: RKW HFO, Kap. 1852, 3. Lfg. VIII 79, Berlin 1978
Kieser, A. (Hrsg.), Organisationstheoretische Ansätze, München 1981
Kieser, A., Kubicek, H., Organisation, Berlin, New York 1977
Kieser, A., Kubicek, H., Organisationstheorien, Band 1 und 2, Stuttgart 1978
Kieser, A., Kubicek, H., Organisationstheorien I. Wissenschaftstheoretische Anforderungen und kritische Analyse klassischer Ansätze. Stuttgart 1978
Kiesler, C. A., Collins, B. E., Miller, N., Attitude change – A Critical Analysis of Theoretical Approaches, New York 1969
Kimberley, M., The organizational life-cycle, San Francisco–London 1980
Kirsch, W., Abhandlungen zu organisationstheoretischen Grundlagen der Betriebswirtschaftslehre, München 1976
Kirsch, W., Unternehmenspolitik: von der Zielforschung zum strategischen Management, München 1981
Kirsch, W., Esser, W. M., Gabele, E., Das Management des geplanten Wandels von Organisationen, Stuttgart 1979
Kirsch, W., et al., Planung und Organisation im Unternehmen – Bericht aus einem empirischen Forschungsprojekt, Planungs- und organisationswissenschaftliche Schriften, Bd. II, München 1975
Kitching, J., Why do Mergers miscarry?, in: Harvard Business Review, 11/12 1967, S. 84–101
Kluckhohn, C.: The Study of Culture. In: Lerner, D., Larswell, H. D. (eds.), The Policy Sciences. Stanford 1951
Knopf, R., Esser, W. M., Kirsch, W., Der Abbruch von Reorganisationsprozessen, München 1976
Koch/Meuers/Schuck (Hrsg.), Organisationsentwicklung in Theorie und Praxis, Zürich 1980
Koontz, H., O'Donell, C., Principles of Management, 3rd ed., McGraw Hill, New York 1964
Kosiol, E., Organisation der Unternehmung, 2. Aufl., Wiesbaden 1976
Kosiol, E. (Hrsg.), Organisation des Entscheidungsprozesses, 2. Aufl., Berlin 1975
Kreikebaum, H., Strategische Unternehmensplanung, Stuttgart 1981
Krieg, W., Kybernetische Grundlagen der Unternehmungsgestaltung, Bern, Stuttgart 1971
Kubicek, H., Bestimmungsfaktoren der Organisationsstruktur, in: RKW-Handbuch, Führungstechnik und Organisation, Berlin 1980, S. 3–63.

Laske, St., Privatautonome Vereinbarungen oder gesetzlich geregelte Mitbestimmung?, in: Kappler, E. (Hrsg.), Unternehmensstruktur und Unternehmensentwicklung, Freiburg i. Br. 1980
Laske, St., Zum Partizipationspotential eines zielgesteuerten Organisationskonzeptes, in: Bartölke/Kappler/Laske/Nieder (Hrsg.), Arbeitsqualität in Organisationen, Wiesbaden 1978
Laux, H., Grundfragen der Organisation. Delegation, Anreiz und Kontrolle, Berlin, Heidelberg, New York 1979
Lattmann, Ch., Die Leistungsbeurteilung als Führungsmittel – Zwecke und Aufgaben von Qualifikationssystemen, Bern–Stuttgart 1975
Lattmann, Ch., Führung durch Zielsetzungen, Bern–Stuttgart 1977
Lattmann, Ch., Führungsstil und Führungsrichtlinien, Bern–Stuttgart 1975
Lawrence, P. R., Lorsch, J. W., Developing Organizations: Diagnose and Action, Reading, Mass. 1969

Lechner/Egger/Schauer, Einführung in die Allgemeine Betriebswirtschaftslehre, Wien 1981

Lievegoed, B. C. J., Organisationen im Wandel, Bern, Stuttgart 1974

Likert, R., Die integrierte Führungs- und Organisationsstruktur, Frankfurt–New York 1975

Lindblom, C. E., The Intelligence of Democracy, New York, London 1965

Link, J.: Organisation der Strategischen Planung. Heidelberg–Wien 1985

Littmann, H. E., Organisationstechnik – die Arbeit des Organisators im Betrieb, 2. Aufl., Bad Harzburg 1978

Lorange, P.: Implementation of Strategic Planning. Englewood Cliffs, N. J. 1982

Lorsch, J. W., Environment, Organization and the Individual, in: Modern Organizational Theory, hrsg. von A. R. Negandhi, Kent, Ohio, S. 132–144, 1973

Luhmann, N., Funktionen und Folgen formaler Organisation, 3. Aufl., Berlin 1976

Luhmann, N., Soziale Systeme. Grundriß einer allgemeinen Theorie. 2. Auflage, Frankfurt a.M. 1985

Lutz, B., Die finanzielle Führung der Unternehmung, Schweizerische Volksbank: Die Orientierung Nr. 62, Bern 1976

Macharzina, K., Empirische Untersuchungen zur organisatorischen Effizienz, Stuttgart 1979

Malik, F., Strategie des Managements komplexer Systeme. Ein Beitrag zur Management-Kybernetik evolutionärer Systeme. Bern–Stuttgart 1984

March, J. G., Simon, H. A., Organisation und Individuum. Menschliches Verhalten in Organisationen, Wiesbaden 1976

Marzen, W., Von der autoritären zur kooperativen Unternehmungsführung, in: Führung in Organisationen, Festschrift für Carl W. Meyer zum 60. Geburtstag, Berlin 1979

Mayer, A. (Hrsg.), Organisationspsychologie, Stuttgart 1978

Mayer, G., Der Prozeß der Divisionalisierung – Eine explorative Studie über Reorganisationen von 13 Großunternehmen, München 1975

Meffert, H., Informationssysteme, Tübingen 1975

Megginson, L. C., Personnel and human resources administration, 3rd ed., Georgetown, Ontario 1977

Mellerowicz, K., Unternehmenspolitik, 3. Bd., 4. Aufl., Freiburg i. Br. 1978

Menzl, A., Die Gestaltung komplexer Unternehmungsorganisationen, Bern, Stuttgart 1977

Menzl, A., Nauer, A., Das Funktionendiagramm, Bern 1972

Miles, R. E., Snow, Ch. C., Organizational Strategy, Structure, and Process, Tokio 1978

Mintzberg, H., The Structuring of Organizations, Englewood Cliffs 1979

Mintzberg, H., The Manager's Job: Folklore and Fact, in: Harvard Business Review, July/August 1975

Morel, J., Enthüllung der Ordnung, Innsbruck 1977

Morel, J., Wandel im Wertsystem, in: Hanf, Th., et. al., Sozialer Wandel, Frankfurt/M. 1975

Morel, J., Meleghy, T., Preglau, M., Führungsforschung, Göttingen, Toronto, Zürich 1980

Müller, G., Strategische Frühaufklärung, Wartaweil 1981

Müller, W., Kaderentwicklung und Kaderplanung, Bern–Stuttgart–Wien 1971

Neuberger, O., Organisation und Führung, Stuttgart 1977

Newman, W. H., Logan, J. P., Strategy, Policy, and Central Management, 8th edition, Cincinnati 1981

Ouchi, W. G., Theorie Z – How American Business can meet the Japanese challenge, Reading (Mass.) 1981

Ouchi, W. G., Dowling, J. B., Defining the Span of Control, Administrative Science Quarterly, Vol. 19, 1974, S. 357–365

Odiorne, G. S., Management by Objectives, München 1973

Pascale, R. T., Athos, A. G., The Art of Japanese Management, New York 1981

Peters, N. A., Arbeits- und Organisationsgestaltung in einer post-industriellen Gesellschaft, Bern 1981

Peters, T. J., Waterman, R. H., In Search of Excellence. Lessons from America's Best-run Companies. New York 1982. (Deutsche Übersetzung von H. Reddmann: Auf der Suche nach Spitzenleistungen. 10. Auflage, Landsberg am Lech 1984.)

Poensgen, O. H., Geschäftsbereichsorganisation, Opladen 1973

Porter, M. E., Competitive Strategy, New York 1980

Potthast, R., Unternehmensphilosophie, Köln 1981

Prigogine, I., Vom Sein zum Werden. 4., überarbeitete und erneuerte Auflage. München 1985

Probst, G. J. B., Güntert, B.: Die Erfassung und Beurteilung der Sensitivität von Systemen im Gesundheitswesen. In: Pfeiffer, R., Lindner, H.: Systemtheorie und Kybernetik in Wirtschaft und Verwaltung. Beiträge zur Tagung der Gesellschaft für Wirtschafts- und Sozialkybernetik 1981. Berlin 1982

Pugh/Payne (eds.), Organizational behavior in its context – The Aston programme 3, Farnborough 1977

Pümpin, C., Information und Marketing – Informationssysteme als Führungsgrundlage, St. Gallen 1973

Pümpin, C., Strategische Führung in der Unternehmungspraxis, Schweizerische Volksbank: Die Orientierung Nr. 76, Bern 1980

Pümpin, C., Gählweiler, A., Neubauer, F. F., Bane, W. T., Produkt-Markt-Strategien, Bern 1980

Reddin, W. J., Das 3-D-Programm zur Leistungssteigerung des Managements, München 1977

Rieckmann, H., Sievers, B., Lernende Organisation – organisiertes Lernen. Systemveränderung und Lernen in Sozialen Organisationen, in: Klaus Bartölke, Ekkehard Kappler, Stephan Laske, Peter Nieder (Hrsg.), Arbeitsqualität in Organisationen, Wiesbaden 1978, S. 259–276

Rohner, J., Reorganisation, Bern–Stuttgart 1976

Röpcke, J.: Die Strategie der Innovation, Tübingen 1977

Rosenstiel, L. von, Motivation im Betrieb, München 1976

Rosove, P. E., Developing Computer-Based Information Systems, New York 1967

Roventa, P., Portfolio-Analyse und strategisches Management, München 1979

Roy, R., The cultures of management, London 1977

Rühli, E., Unternehmungsführung und Unternehmungspolitik, Bd. 2, Bern–Stuttgart 1978

Rumelt, R. P., Strategy, Structure, and Economic Performance, Boston 1974

Saynisch/Schelle/Schub, Projektmanagement, München–Wien 1979

Scott, R. C., Directions of Organizations Growth: Adaption to Contingencies, Ann Arbor 1968

Scott, W. R., Organizations – Rational, natural and open systems, Engleward Cliffs (N.J.) 1981

Seiler, Th. B., Kognitive Strukturiertheit, Stuttgart 1973

Seiwut, L., Mitbestimmung und Zielsystem der Unternehmung, Göttingen 1979

Semmel, M., Die Unternehmung aus evolutionstheoretischer Sicht. Eine kritische Bestandsaufnahme aktueller evolutionärer Ansätze der Organisations- und Managementtheorie. Bern–Stuttgart 1984

Siegwart, H., Das Rechnungswesen als Instrument der Unternehmungsführung, in: Hahn, Dietger (Hrsg.), Führungsprobleme industrieller Unternehmungen, Berlin–New York 1980, S. 237–255

Siegwart, H., Produktentwicklung in der industriellen Unternehmung, Bern–Stuttgart 1974

Siegwart, H., Menzl, I., Kontrolle als Führungsaufgabe – Führen durch Kontrolle von Verhalten und Prozessen, Bern–Stuttgart 1978

Sievers, B., Organisationsentwicklung als Problem, Stuttgart 1977

Sievers, B. (Hrsg.), Organisationsentwicklung, in: RKW-Handbuch, Führungstechnik und Organisation, Berlin 1978

Soom, E., Optimale Lagerbewirtschaftung in Industrie, Gewerbe und Handel, Bern–Stuttgart 1976

Springer, C. H., Strategic Management in General Electric. In: Operations Research, Nov.–Dec. 1973, S. 1177–1184

Szyperski, N., Winand, U., Duale Organisation – Ein Konzept zur organisatorischen Integration der strategischen Geschäftsplanung. In: Zeitschrift für betriebswirtschaftliche Forschung, 31. Jg., 4/1979, S. 199ff.

Szyperski, N., Winand, U., Grundbegriffe der Unternehmungsplanung, Stuttgart 1980

Schackert, H. R., Das Verhalten in betrieblichen Systemen, Frankfurt a. M. 1979

Schäfer, E., Die Unternehmung, 10. Aufl., Wiesbaden 1980

Schanz, G., Verhalten in Wirtschaftsorganisationen, München 1978

Schanz, G., Betriebswirtschaftslehre als Sozialwissenschaft. Eine Einführung, Stuttgart, Berlin, Köln, Mainz 1979

Schein, E. H., Soll und kann man eine Organisations-Kultur verändern? Organisationsentwicklung vor neuen Fragestellungen. In: GDI-Impulse 2/1984, S. 34f.

Schendel/Hofer, Strategic Management, Boston–Toronto 1979

Schertler, W.: From Profit Center to Strategy Center Management. In: Hinterhuber, H. H., Grubbström, R. (eds.): Production Economics. Amsterdam 1987.

Schertler, W., Unternehmungsleitbild und Führungsgrundsätze, Schriften der Vereinigung Österreichischer Industrieller, Wien 1981, a)

Schertler, W., Innovationsmanagement und strategische Unternehmungsführung – Probleme und Lösungsansätze, in: Hoffmann, M. (Hrsg.), Management Forum, Bd. 2/4, 7/81, Wien 1981, b)

Schertler, W., Thesen zum strategischen Management von Innovationen, in: Schmutzer, E. A. (Hrsg.), Technische Innovation – Soziale Innovation, Interdisziplinäres Forschungszentrum, Wien 1979, a)

Schertler, W., Innovationspolitische Entscheidungsgrundlagen für eine Landesregierung, in: Summa-Wirtschaftsberichte, 2/78 (Neuaufl. 1979), Wien 1979, b)

Schertler, W., Popp, W., Attraktivitätsanalyse von Dienstleistungen, Nünchen 1982

Schierenbeck, H., Grundzüge der Betriebswirtschaftslehre, 6. Aufl., München 1981

Schmalenbach, E., Unternehmungsberatung – Hilfe zur Selbsthilfe, in: Kappler, E. (Hrsg.), Unternehmensstruktur und Unternehmensentwicklung, Freiburg i. Br. 1980

Schmidt, G., Organisation, Methode und Technik, 2. Aufl., Gießen 1975

Schreyögg, G., Umwelt, Technologie und Organisationsstruktur. Eine Analyse des kontingenztheoretischen Ansatzes, Bern, Stuttgart 1978

Schreyögg, G.: Unternehmensstrategie. Grundfragen einer Theorie strategischer Unternehmungsführung. Berlin–New York 1984

Schwarz, H., Betriebsorganisation als Führungsaufgabe, 8. Aufl., München 1977

Stadler, K., Innovative Unternehmungspolitik, Diessenhofen 1978

Stähle, W. H., Organisation und Führung sozio-technischer Systeme – Grundlagen einer Situationstheorie, Stuttgart 1973

Stähle, W. H., Management – eine verhaltenswissenschaftliche Einführung, München 1980

Stärkle, R., Führungsstil und Organisationsklima – Entwicklungstendenzen und Einflußfaktoren, in: HSG-Weiterbildungsstufe, Wirtschaft und Gesellschaft im Umbruch, Bern–Stuttgart 1975

Stärkle, R., Konflikthandhabung in Profit-Center- und Matrixorganisationen, in: Die Unternehmung, 32. Jg., Heft 4, 1978, S. 393–411

Stärkle, R., Konzepte der Unternehmungs- und Führungsorganisation, in: Brauchlin, Emil (Hrsg.): Konzepte und Methoden der Unternehmungsführung, Bern–Stuttgart 1981, S. 159–182

Stärkle, R., Heeb, F., Unternehmungsorganisation, HSG, St. Gallen 1976

Steinbuch, P. A., Organisation, Ludwigshafen 1977

Steiner, G. A., Strategic Planning, New York 1979

Steiner, G. A., Top Management Planung, München 1971
Steinle, C., Führung. Grundlagen, Prozesse und Modelle der Führung in der Unternehmung, Stuttgart 1978
Steinmann, H. von (Hrsg.), Planung und Kontrolle – Probleme der strategischen Unternehmungsführung, München 1981
Strebel, H., Umwelt und Betriebswirtschaft, Berlin 1980

Taylor, F. W., The Principles of Scientific Management, 2nd ed., New York 1922
Thom, N., Grundlagen des betrieblichen Innovationsmanagements, 2. Aufl., Königstein/Ts. 1980
Timmermann, M. (Hrsg.), Management in der öffentlichen Verwaltung, München 1977
Timmermann, M. (Hrsg.), Personalführung, Stuttgart 1977
Timmermann, M., Wettbewerb ohne Wachstum, in: Wittmann, Walter (Hrsg.): Unternehmer – Träger der Zukunft, Stuttgart 1981
Thorelli, H. B., Strategy + Structure = Performance, Bloomington, London 1977
Tosi/Hammer (eds.), Organizational behavior and management – A contingency approach, 2nd print, Chicago 1978
Trebesch, K. (Hrsg.), Organisationsentwicklung in Europa, Bern–Stuttgart 1980
Tschirky, H., Führungsrichtlinien, Zürich 1981
Türk, K. (Hrsg.), Organisationstheorie, Hamburg 1975

Ulrich, H., Die Unternehmung als produktives soziales System, Bern 1970
Ulrich, H., Entwicklungstendenzen der Managementlehre, Führungsmodelle und -konzepte, Unternehmungspolitik, alle in: Brauchlin, Emil (Hrsg.): Konzepte und Methoden der Unternehmungsführung, Bern–Stuttgart 1981, S. 19–32, 43–53, 33–41
Ulrich, H., Konstanz und Veränderung – strategische Aspekte der Unternehmungsführung, in: Beurle/Hinderer/Salt (Hrsg.): Strategien zur Sicherung der Wettbewerbsfähigkeit, Bern–Stuttgart 1979
Ulrich, H., Unternehmungspolitik, Bern, Stuttgart 1978
Ulrich, H., Wandlungen im Unternehmungsbild und ihre Konsequenzen für das Organisationskonzept. In: Ulrich, H., Probst, G. J. B. (Hrsg.): Unternehmungsorganisation. Entwicklung in Theorie und Praxis. Bern–Stuttgart 1985
Ulrich, P., Systemsteuerung und Kulturentwicklung. In: Die Unternehmung, 38. Jg., 4/1984, S. 311–322
Ullrich, K. V., Gesellschaftsbezogene Unternehmensphilosophie, Köln 1977
Uyterhoeven, H. E. R., *Ackermann, R. W.*, *Rosenblum, J. W.*, Strategy and Organization, Homewood 1973

Vester, F., Neuland des Denkens. Vom technokratischen zum kybernetischen Zeitalter. 3., durchgesehene und ergänzte Auflage, Stuttgart 1985

Waterman, R. H., *Peters, Th. J.*, *Phillips, J. R.*, Structure is not Organization, in: Business Horizons, 6/80
Watson, G., Resistance to Change, in: American Behavioral Scientist, 1971, Vol. 14, 5, S. 745
Weinert, A. B., Lehrbuch der Organisationspsychologie – Menschliches Verhalten in Organisationen, München 1981
Wild, J., Grundlagen der Unternehmungsplanung, Reinbek bei Hamburg 1974
Witte, E., Organisation für Innovationsentscheidungen, Göttingen 1973
Wittek, B. F., Strategische Unternehmungsführung bei Diversifikation, Berlin, New York 1980
Wittlage, H., Unternehmensorganisation, Herne/Berlin 1976
Woodward, J., Industrial organisation
Wunderer, R., *Grunwald, W.*, Führungslehre, Bd. I: Grundlagen der Führung, Bd. II: Kooperative Führung, Berlin–New York 1980

Zahn, E., Strategische Planung zur Steuerung der langfristigen Unternehmungsentwicklung, Berlin 1979

Zangemeister, C., Nutzwertanalyse in der Systemtechnik, München 1970

Sachregister